情報公開・
オープンデータ・
公文書管理

Information Disclosure, Open Data and Management of Public Documents

宇賀克也
UGA Katsuya

有斐閣

は し が き

　本書に収録した論文は，著者が東京大学在職中に執筆したものである。著者は，2018年の初頭に，それまで執筆してきた情報法関係の論文集を刊行することを企画し，論文を整理する作業を開始したところ，4冊の論文集にまとめることが適切に思われた。そこで，同年7月に有斐閣に論文集の刊行のご相談をし，ご快諾をいただいた。本書は，その3冊目であり，論文集にまとめるための作業も，東京大学在職中に完了し，原稿を有斐閣にお渡しすることができた。なお，条文等は最新のものに改めた。

　本書では，情報公開・個人情報保護に係る裁判例，情報公開の国際的動向，開示請求対象の捉え方，電子メールの公文書該当性，情報公開（・個人情報保護）審査会への諮問の遅滞，文書不存在に係る主張立証責任，情報公開訴訟におけるヴォーンインデックスとインカメラ審理，地質地盤情報の公開，内閣官房報償費の情報公開，オープンデータ政策，ウェブサイトにおける情報の掲載と名誉毀損・信用毀損，行政機関による消費者事故の公表，意思形成過程の文書作成と情報公開，情報公開と公文書管理という多様な問題について論じている。

　本書が，わが国における情報公開，オープンデータ，公文書管理の理解の増進に寄与することができれば幸いである。

　本書の刊行に当たっては，上記の4冊の論文集の1冊目である『個人情報保護法制』と同じく，有斐閣法律編集局書籍編集部の中野亜樹氏に精緻な編集作業をしていただいた。ここに記して厚く御礼申し上げたい。

2019年10月

宇 賀 克 也

目　次

■第1章　情報公開・個人情報保護に係る裁判例 ——————— 1

1　情報公開　1
2　個人情報保護　43

■第2章　情報公開の国際的動向 ——————— 51

1　はじめに　51
2　国際協力　52
3　北　米　64
4　ヨーロッパ　81
5　オセアニア　91
6　ロシア　92
7　東アジア　92
8　東南アジア　94
9　南アジア　96
10　中央アジア諸国　100
11　中南米　100
12　アフリカ　105
13　西アジア　112

■第3章　請求対象の捉え方
——最高裁平成17年6月14日判決 ——————— 113

1　情報と文書　113
2　県営渡船越立業務等文書開示請求事件　115
3　本判決の意義　117

目　次　iii

■第4章　電子メールの公文書該当性 ———————————— 121

1　はじめに　121

2　事実の概要　121

3　一審における当事者の主張　123

4　原判決　125

5　控訴審における追加主張　127

6　本判決　130

7　検　討　132

■第5章　審査会への諮問の遅滞を理由とする国家賠償
——東京高裁平成24年11月29日判決 ———————— 137

1　はじめに　137

2　事実の概要　137

3　原判決　139

4　本判決　142

5　検　討　144

■第6章　文書不存在の主張立証責任
——沖縄返還「密約」文書開示請求事件
（最高裁平成26年7月14日判決）———————— 151

1　はじめに　151

2　事実の概要　151

3　一審判決　152

4　原判決　153

5　本判決　154

6　検　討　155

iv

■第7章　情報公開訴訟におけるヴォーン・インデックスと インカメラ審理 ———— 165

第1節　情報公開訴訟におけるインカメラ審理 ——沖縄ヘリ墜落事件 ………… 165

1　行政改革委員会答申　165

2　「情報公開法の制度運営に関する検討会」報告書　166

3　日弁連等の提言　166

4　東京地裁平成16年12月21日決定　166

5　福岡高裁平成20年5月12日決定　167

6　最高裁平成21年1月15日決定　169

7　検　討　171

第2節　行政機関情報公開法改正案におけるヴォーン・インデックスと インカメラ審理 ………… 180

1　はじめに　180

2　ヴォーン・インデックス　181

3　インカメラ審理　187

■第8章　地質地盤情報の共有化と公開 ———— 203

1　共有化と公開の意義　203

2　諸外国における制度　205

3　わが国の取組　213

4　法的論点　224

■第9章　内閣官房報償費に係る情報開示請求 ——最高裁平成30年1月19日判決 ———— 251

1　内閣官房報償費の概要　251

2　事実の概要　254

目　次　v

3　一審判決　255

4　原判決　256

5　本判決　257

6　山本庸幸裁判官の意見　259

7　検　討　261

■第10章　オープンデータ政策の展開と課題 ———— 269

1　はじめに　269

2　オープンデータ政策の国際的展開　271

3　日本政府におけるオープンデータ政策の動向　284

4　わが国の地方公共団体におけるオープンデータ政策の取組　303

5　オープンデータ政策の課題　307

■第11章　国税局ウェブサイトへの注意文書の掲載と名誉毀損, 信用毀損
——東京地裁平成18年6月6日判決 ———— 319

1　はじめに　319

2　事実の概要　319

3　判　旨　323

4　検　討　331

■第12章　行政による食品安全に関する情報提供と国の責任
——東京高裁平成15年5月21日判決 ———— 341

1　はじめに　341

2　事実の概要　341

3　判　旨　342

4　検　討　343

vi

■第13章　公文書管理 —————————————— 349

第1節　意思形成過程の文書作成と情報公開················· 349

1　行政手続法・行政手続条例における透明性の向上　349

2　審議会等の公開　350

3　情報公開法・情報公開条例による説明責任の確保　351

4　公文書管理法による説明責任の確保　352

5　文書不存在　354

6　現行法における文書不存在への対応　356

7　文書の保存状況　360

8　文書不存在問題への抜本的対策　361

9　審議・検討・協議に関する情報　363

第2節　情報公開と公文書管理···························· 364

1　情報公開と公文書管理をめぐる深刻な問題の発生　364

2　公文書管理の適正の確保のための取組　366

3　情報公開および公文書管理の課題　375

初出一覧　379

事項索引　380

判例索引　386

著者紹介

宇 賀 克 也（うが　かつや）

　東京大学法学部卒業，東京大学名誉教授。この間，東京大学大学院法学政治学研究科教授（東京大学法学部教授・公共政策大学院教授），ハーバード大学，カリフォルニア大学バークレー校，ジョージタウン大学客員研究員，ハーバード大学，コロンビア大学客員教授を務める。

〈主要著書〉

行政法一般

行政法〔第2版〕（有斐閣，2018年）

行政法概説Ⅰ〔第6版〕（有斐閣，2017年）

行政法概説Ⅱ〔第6版〕（有斐閣，2018年）

行政法概説Ⅲ〔第5版〕（有斐閣，2019年）

ブリッジブック行政法〔第3版〕（編著，信山社，2017年）

行政法評論（有斐閣，2015年）

判例で学ぶ行政法（第一法規，2015年）

対話で学ぶ行政法（共編著，有斐閣，2003年）

アメリカ行政法〔第2版〕（弘文堂，2000年）

情報法関係

個人情報の保護と利用（有斐閣，2019年）

個人情報保護法制（有斐閣，2019年）

次世代医療基盤法の逐条解説（有斐閣，2019年）

新・情報公開法の逐条解説〔第8版〕（有斐閣，2018年）

個人情報保護法の逐条解説〔第6版〕（有斐閣，2018年）

自治体のための 解説 個人情報保護制度——行政機関個人情報保護法から各分野の特別法まで（第一法規，2018年）

論点解説 個人情報保護法と取扱実務（共著，日本法令，2017年）

逐条解説 公文書等の管理に関する法律〔第3版〕（第一法規，2015年）

情報公開・個人情報保護——最新重要裁判例・審査会答申の紹介と分析（有斐閣，2013年）

情報法（共編著，有斐閣，2012年）

情報公開と公文書管理（有斐閣，2010年）

個人情報保護の理論と実務（有斐閣，2009年）

地理空間情報の活用とプライバシー保護（共編著，地域科学研究会，2009年）

災害弱者の救援計画とプライバシー保護（共編著，地域科学研究会，2007年）

大量閲覧防止の情報セキュリティ（編著，地域科学研究会，2006年）

情報公開の理論と実務（有斐閣，2005年）

諸外国の情報公開法（編著，行政管理研究センター，2005年）

情報公開法——アメリカの制度と運用（日本評論社，2004年）

プライバシーの保護とセキュリティ（編著，地域科学研究会，2004年）

解説 個人情報の保護に関する法律（第一法規，2003年）

個人情報保護の実務Ⅰ・Ⅱ（編著，第一法規，2003年刊行・加除式）

ケースブック情報公開法（有斐閣，2002年）

情報公開法・情報公開条例（有斐閣，2001年）

情報公開法の理論〔新版〕（有斐閣，2000年）

行政手続・情報公開（弘文堂，1999年）

情報公開の実務Ⅰ・Ⅱ・Ⅲ（編著，第一法規，1998年刊行・加除式）

アメリカの情報公開（良書普及会，1998年）

行政手続・マイナンバー法関係

番号法の逐条解説〔第2版〕（有斐閣，2016年）

行政手続三法の解説〔第2次改訂版〕（学陽書房，2016年）

論点解説 マイナンバー法と企業実務（共著，日本法令，2015年）

完全対応 特定個人情報保護評価のための番号法解説（監修，第一法規，2015年）

完全対応 自治体職員のための番号法解説［実例編］（監修，第一法規，2015年）

施行令完全対応 自治体職員のための番号法解説［制度編］（共著，第一法規，2014年）

施行令完全対応 自治体職員のための番号法解説［実務編］（共著，第一法規，2014年）

行政手続法制定資料(11)〜(16)（共編，信山社，2013〜2014年）

行政手続法の解説〔第6次改訂版〕（学陽書房，2013年）

完全対応 自治体職員のための番号法解説（共著，第一法規，2013年）

マイナンバー（共通番号）制度と自治体クラウド（共著，地域科学研究会，2012年）

行政手続と行政情報化（有斐閣，2006年）

改正行政手続法とパブリック・コメント（編著，第一法規，2006 年）

行政手続オンライン化 3 法（第一法規，2003 年）

行政サービス・手続の電子化（編著，地域科学研究会，2002 年）

行政手続と監査制度（編著，地域科学研究会，1998 年）

自治体行政手続の改革（ぎょうせい，1996 年）

税務行政手続改革の課題（監修，第一法規，1996 年）

明解 行政手続の手引（編著，新日本法規，1996 年）

行政手続法の理論（東京大学出版会，1995 年）

政策評価関係

政策評価の法制度——政策評価法・条例の解説（有斐閣，2002 年）

行政争訟関係

行政不服審査法の逐条解説〔第 2 版〕（有斐閣，2017 年）

解説 行政不服審査法関連三法（弘文堂，2015 年）

Q & A 新しい行政不服審査法の解説（新日本法規，2014 年）

改正行政事件訴訟法〔補訂版〕（青林書院，2006 年）

国家補償関係

条解 国家賠償法（共編著，弘文堂，2019 年）

国家賠償法［昭和 22 年］（日本立法資料全集）（編著，信山社，2015 年）

国家補償法（有斐閣，1997 年）

国家責任法の分析（有斐閣，1988 年）

地方自治関係

地方自治法概説〔第 8 版〕（有斐閣，2019 年）

2017 年地方自治法改正——実務への影響と対応のポイント（編著，第一法規，2017 年）

環境対策条例の立法と運用（編著，地域科学研究会，2013 年）

地方分権——条例制定の要点（編著，新日本法規，2000 年）

法人法関係

Q & A 新しい社団・財団法人の設立・運営（共著，新日本法規，2007 年）

Q & A 新しい社団・財団法人制度のポイント（共著，新日本法規，2006 年）

宇宙法関係

逐条解説 宇宙二法（弘文堂，2019 年）

第1章

情報公開・個人情報保護に係る裁判例

1 情報公開

(1) 文書の特定

　文書の特定について興味深いのが，東京高判平成 23・7・20 判自 354 号 9 頁[1]である。本件では，①「平成 13 年度に土木部用地課の業務によって生じた公文書及び資料等・工事，業務委託，買収，物件等の契約書類すべて」②「公文書・資料の存在する一覧表。平成 13 年度土木部用地課の業務において契約した工事及び業務委託等全ての契約状況……が 1 件ごとに記載されている一覧表形式になった表」の開示請求が行われた。同判決は，請求対象公文書を「○○課の業務によって生じた公文書」とする記載（特定の部署の公文書を包括的に請求する趣旨の記載）について，文書の範囲は，形式的・外形的には一応明確であり，形式論理的にみると「公文書を指定するために必要な事項」の記載があるとみることも不可能ではないとする。しかし，行政組織の活動は多種多様であるところ，開示請求者が特定の部署の行政文書の全部の開示を希望しているとは通常考え難いことや，上記のような包括的請求における対象行政文書の量は膨大になるのが通常であることなどに照らし，本件条例の開示請求権制度

---

[1] 佐伯彰洋・判自 365 号 16 頁（一審の横浜地判平成 22・10・6 判自 345 号 25 頁について，藤原静雄・判例セレクト 2011-2（法教 378 号別冊）4 頁，藤原孝洋＝古田隆・判自 349 号 6 頁）参照。

上は,「公文書を指定するために必要な事項」の記載としては,原則として不十分であると考えられるとする。すなわち,「公文書を指定するために必要な事項」を必要的記載事項とするのは,処分行政庁の担当職員において,請求の対象となる公文書を識別した上,請求の対象となる公文書の全部について非開示事由の有無の調査・判断を行うことを可能とするためであるところ,請求者が開示を希望しない文書（その量が膨大になるのが通常である）についてもそのような調査・判断を行わせることは,処分行政庁の担当職員および行政組織をいたずらに疲弊させ,行政機関の他の活動をいわれなく停滞させる原因ともなるのであって,「公文書を指定するために必要な事項」を必要的記載事項とした趣旨を没却させることになるとする。そして,このような「公文書を指定するために必要な事項」を必要的記載事項とした趣旨を考慮すると,文言を形式論理的に解釈するのは,必ずしも適当であるとはいえないとする。したがって,本件条例の定める公開請求制度上は,特定部署の公文書を包括請求する趣旨の記載は,特段の事情のない限り「公文書を指定するために必要な事項」の記載には当たらないと解すべきと判示している。特段の事情のある場合とは,「公文書を指定するために必要な事項」が必要的記載事項とされた趣旨を没却しないような例外的事情がある場合,例えば,請求者が真に特定部署の公文書全部の閲覧等を希望しており,かつ,請求対象公文書の全部の閲覧等を相当期間内に実行することのできる態勢を整えており,行政機関をいたずらに疲弊させるものでないような場合に限られるとする。

　本件では,「○○課の業務によって生じた公文書」という包括記載部分は,その文理上,市の用地課または道路建設課において平成13年度に生じた公文書を包括的に請求するものと解するほかなく,開示請求者は,用地課または道路建設課の公文書全部の閲覧を希望しているわけではないこと,担当課は,本件条例4条3項（請求の容易,的確な実行を支援すべき処分行政庁の責務），10条2項（形式上の不備についての補正の促し）の趣旨に従い,開示請求者にどのような情報が必要であるのかを3回繰り返して文書で質問し,請求の特定を促したが,開示請求者は文書の特定に協力しない対応に終始し,行政機関をいたずらに疲弊させかねない対応をしていることが認められるため,前記特段の事情があるとはいえず,「公文書を指定するために必要な事項」の記載を欠き不適法と判

示する。

　開示請求者は，包括記載に見える部分は，平成13年度に用地課または道路建設課の業務によって生じた公文書の中で，「資料等・工事，業務委託，買収，物件等の契約書類すべて」をいうもの，すなわち，用地課または道路建設課の文書のうち契約関係の文書に限定して開示を求めたものと解すべきであると主張したが，「用地課又は道路建設課の業務によって生じた公文書」という部分と「資料等・工事，業務委託，買収，物件等の契約書類すべて」という部分とは「及び」という並列を意味する語で繋がれており，「の中で」またはこれに類似する語は用いられていないから，包括記載部分を開示請求者主張のように限定解釈するには無理があるというほかないとする。

　開示請求者は，平成13年度の両課の公文書全部（段ボール120箱分）を保管していることを市が自認しているところ，この程度の分量であれば，担当職員が文書を識別して特定することは可能であると主張したが，開示請求者が真実開示を求めているのは上記段ボール120箱分の全部ではなくその一部にとどまるものであること，それにもかかわらず，包括記載部分に係る本件開示請求に対し開示決定をすると，処分行政庁の担当職員は上記段ボール120箱分の公文書の全部について非開示事由の有無を調査・判断し，非開示事由のある部分の全部についてマスキング等の措置を講じなければならないことが認められ，かかる事情の下における特定部署の公文書の包括請求は，「公文書を指定するために必要な事項」の記載がないものと解すべきであるとする。

　これに対し，平成13年度土木部用地課の業務において契約した工事および業務委託等全ての契約状況が1件ごとに記載されている一覧形式になった表，平成13年度土木部用地課予算書（詳細な項目まで明示してあるもの）等（以下「個別記載部分」という）は，表（一覧表）形式の文書または予算もしくは決算関係の文書であって記載内容や記載態様について個別記載部分のような特色のあるものの開示を求める趣旨が明らかであり，この記載をもとに，担当職員が請求対象公文書を他の公文書と識別して文書の存否を確定し，文書が存在する場合には，非開示事由の有無等の必要な判断作業に入ることが可能であり，特定性に欠けることはないとする。しかし，個別記載部分に記載された公文書が存在することを認めるに足りる証拠はないとする。

4　第1章　情報公開・個人情報保護に係る裁判例

　このように，結局，同判決は，権利濫用の主張について判断するまでもなく本件公文書公開請求拒否処分には違法性がないとしたが，念のために権利濫用についても判断し，一審判決同様，権利濫用にも該当することを認めている。

　横浜地判平成 14・10・23 判例集未登載[2]（東京高判平成 15・3・26 判自 246 号 113 頁は控訴棄却，最決平成 15・9・25 判例集未登載は上告棄却，上告不受理）は，横浜市福祉局が平成 9～11 年度国庫補助金を受け入れた事業の経費の使途が明らかになる書類等の開示請求について，公文書の特定はなされていると判示したが，前掲東京高判平成 23・7・20 は，文書の特定について形式論理で判断せず，特定部署の公文書の包括請求は原則として文書特定を欠くとし，例外的に文書特定の要件を満たすかの判断に当たり，開示請求者の意思，処分行政庁の開示請求処理態勢も考慮要素になりうるとしている点が注目される。

(2)　個人に関する情報

　厚生労働省の地方支分部局である大阪労働局管内の各労働基準監督署長が，脳血管疾患および虚血性心疾患に係る労働者災害補償保険給付の支給決定を行った事案の処理状況を記載した処理経過簿のうち，被災した労働者が所属していた事業場名欄の法人名および当該給付の支給決定年月日の開示請求がなされた事案において，処分行政庁は，個人情報であることを理由に一部不開示決定を行い，法人名は不開示としたが，支給決定年月日は開示した。そこで，原告は，法人名の開示を求めて，不開示決定取消訴訟を提起した（訴訟係属中に，一部の事業場名については不開示決定を変更して開示されている）。大阪地判平成 23・11・10 労判 1039 号 5 頁[3]は，処理経過簿に記載されている事業場名はそれ自体で被災労働者個人を特定できる情報に当たらないことは明らかであるので，事業場名が，「他の情報」と照合することによって本件文書に記載されている

---

2)　宇賀克也・新・情報公開法の逐条解説〔第 8 版〕（有斐閣，2018 年）158 頁，163 頁，藤原 = 古田・前掲注 **1)** 6 頁参照。

3)　大江裕幸・季報情報公開・個人情報保護 45 号 39 頁，立野嘉英・労働法律旬報 1758 号 48 頁，同・季刊労働者の権利 293 号 75 頁，夏井高人・判自 349 号 104 頁参照。控訴審の大阪高判平成 24・11・29 判時 2185 号 49 頁（佐伯彰洋・新・判例解説 Watch〔法セ増刊〕13 号 47 頁，池村正道・判評 665〔判時 2220〕号 141 頁，高橋正人・静岡大学法政研究 20 巻 1 号 12 頁参照）は，一部取消し，一部控訴棄却の判決を出している。

労働者災害補償保険給付の支給決定を受けた被災労働者個人を特定することができることとなる情報に当たるか否かについて判断している。いわゆるモザイク・アプローチ[4]の問題である。これについては，一般人基準と特定人基準の対立があり，裁判例も分かれているが，まず留意する必要があるのは，「一般」「特定」といっても相対的であり，単純な二分法で問題を処理できるわけではないことである。例えば，国民一般を念頭に置けば，全国紙は照合の対象になり，地方紙はそうでないことになるであろうが，当該地方においては，地方紙は一般に入手可能なものである。また，特定人基準の問題として，近親者が知りうる情報まで含めてモザイク・アプローチを行うと，個人に関する情報はほとんど開示できなくなると指摘されることがあり，同判決もそうであるが，一般に近親者に対してはプライバシーは放棄されていると考えられ，近親者との関係でのプライバシー保護まで念頭に置く必要はない。したがって，特定人基準を論ずる場合には，近親者のみが有しうる情報まで念頭に置くべきではないといえよう。同判決は，行政機関の保有する情報の公開に関する法律（以下「行政機関情報公開法」という）が行政文書の公開を原則とし，個人に関する情報であっても，特定の個人を識別できる情報に当たると認められない限り，公開すべきものとしていることに鑑みれば，同法が開示請求の主体につき何らの制約を設けていないため，当該個人の近親者等も開示請求をする可能性があることを考慮しても，それと照合することにより特定の個人を識別することができることとなる「他の情報」について，一般人が通常入手しうる情報にとどまらず，特別の調査をして初めて入手可能な情報や，当該個人の近親者や知人等の特定の者のみが保有する情報をも含むと解することは，不開示とすべき範囲をあまりにも広範に認めるものであって，個人に関する情報については基本的に不開示とすべきものというに等しく，行政機関情報公開法の定める公開原則にそぐわないとする。そして，同法5条1号にいう「他の情報」とは，広く刊行されている新聞，雑誌，書籍や，図書館等の公共施設で一般に入手可能な情報等の一般人が通常入手しうる情報をいうものと解するのが相当であり，特別の

---

4) アメリカの情報公開におけるモザイク・アプローチについて，宇賀克也・情報公開法——アメリカの制度と運用（日本評論社，2004年）209頁参照。

調査をすれば入手しうるかもしれないような情報や，当該個人の近親者，知人等のみが保有していたり，入手しうる情報についてはこれに含まれないと判示している。そして，このように解しても，当該個人の近親者等が開示請求によって得た情報を自己の保有する情報と照合することにより当該個人が特定され，その結果当該個人の権利利益が害されるおそれがある場合には，行政機関情報公開法5条1号後段にいう，公にすることにより個人の権利利益を害するおそれがある情報としての不開示事由に当たりうると考えられるから，当該個人の保護に欠けることはないといえると付言している。

上記の検討を踏まえて，本件文書中の事業場名が行政機関情報公開法5条1号の不開示情報に該当するか否かにつき検討がなされ，本件文書中の監督署名，職種，業種，疾患名，支給決定年月日等の情報については本件一部不開示決定により開示されたものであるから，一般人が通常入手しうる情報に当たるといえるが，開示を求められている事業場において，ある年度に死亡または療養，休業した者や，労働者災害補償保険給付を申請した者の氏名や人数については，当該事業場と関係を有しない一般人が特別の調査を要せずに通常入手しうる情報であるということはできず，上記の監督署名，職種，業種，疾患名，支給決定年月日等に加えて事業場名が開示されたとしても，上記のような当該事業場における脳血管疾患および虚血性心疾患等により死亡または療養等をした者およびそれを原因とする労働者災害補償保険給付申請をした者の氏名や人数についての情報を有しない一般人にとっては，被災労働者個人を特定することは不可能であるから，事業場名は「他の情報と照合することにより，特定の個人を識別することができることとなる」情報に当たるとは認められないとする。

被告（国）は，大阪労働局管内における脳血管疾患および虚血性心疾患等による労働者災害補償保険給付請求およびこれに対する認定の各件数の絶対数および労働者災害補償保険給付新規受給者数全体に占める割合は極めて少なく，開示されている監督署名，職種，業種，疾患名等の情報により相当程度被災労働者個人を限定することが可能であるところ，これらの情報と事業場名とを照合することにより被災労働者個人が特定される可能性が極めて高いとも主張したが，上記のように被災労働者個人につながる具体的な情報を入手することは通常は不可能である以上，当該被災労働者個人を特定することはできないとい

うほかなく，この点は上記判断を左右するものではないとされた。したがって，本件文書中の事業場名は行政機関情報公開法5条1号所定の不開示情報には当たらず，この点に関する被告の主張は理由がないとして退けられている。

　同判決の論理については，以下の問題を指摘しうる。第1に，モザイク・アプローチにおいて，一般人基準を採用することの問題である。わが国の行政機関情報公開法5条は，1号の個人に関する情報についてのみ他の情報との照合により不開示情報該当性を判断する場合について規定しているが，全ての不開示情報について，他の情報との照合により不開示情報が明らかにならないかを検討する必要があることはいうまでもない。例えば，法人等情報について，企業Aと企業Bが業界トップを目指して鎬を削る状態にあり，企業Aが競争上有利な地位に立つため，企業Bに関する情報の開示請求をした場合，開示請求対象文書と企業Aが保有する情報を照合することにより，企業Bの重要な戦略・ノウハウがAに明らかになってしまうことがありうる。他方，他の業界の者はもとより，当該業界の一般の企業も，企業Aが有しているような高度の情報を有しないため，これらの企業に開示請求対象文書を開示しても，Bの競争上の地位は害されないとする。一般人基準を採れば，開示請求対象文書は行政機関情報公開法5条2号に該当せず，Aに対しても開示されるべきことになるが，それによりBはAとの競争上不利益な立場に置かれるという不都合が生ずることになる。法人等情報については，上記のように特別な企業が有する情報も念頭に置いたモザイク・アプローチが必要になり，法人等情報としての不開示範囲が広がることにより真に不都合な状態が生ずる懸念に対しては，公益上の義務的開示で対応すべきである。

　同様に，行政機関情報公開法5条3号の国の安全に関する情報であれば外国の諜報機関，同条4号の公共の安全に関する情報であれば犯罪捜査に関する特殊な情報を有する犯罪組織による開示請求も念頭に置いたモザイク・アプローチが必要になる。これらの場合に一般人基準を採ることの問題は明らかと思われる。

　個人情報についても同様に，開示請求対象文書に記載された個人を知る者が，プライバシーを詮索するために開示請求を行うことはありうる。そもそも，個人が自分のプライバシーが露見することを恐れるのは，同僚であったり，近隣

8　第1章　情報公開・個人情報保護に係る裁判例

の住民に対してであることが多いであろう。自分のことが全く知られていない
外国で自分の個人情報が公になっても，当該国の誰もその固有名詞には関心を
持たず，匿名情報の公開と変わらない。他方，自分のことをよく知る同僚や近
隣の住民に当該情報が公開されれば，噂話や誹謗中傷の対象になるおそれがあ
る。プライバシー侵害を最も警戒しなければならないのは，このように自分を
よく知るコミュニティ内においてであることが多いと思われる（他方，近親者
の場合には，プライバシーは放棄されているのが通常であると考えられることは前述し
た）。そして，自分をよく知るコミュニティ内では，一般人が有しない特別の
情報が共有されており，それと開示請求対象文書を照合することにより，特定
の個人が識別され，深刻なプライバシー侵害が発生するおそれがある。

　モザイク・アプローチは，全ての不開示情報について行われる必要があり，
行政機関情報公開法5条が，1号についてのみ不開示情報該当性の判断方法と
してこれを規定したのは，プライバシー権が憲法上保障されたものであり，そ
の侵害がなされないように他の情報との照合に特に留意すべきことを確認的に
規定したものと解される[5]。このことは，行政改革委員会行政情報公開部会の
中間報告において，個人情報についてのみ公益上の裁量的開示を禁止していた
こと，情報公開条例に多くみられる解釈規定において，「実施機関は，この条
例の解釈及び運用に当たっては，公文書の開示を請求する都民の権利を十分に
尊重するものとする。この場合において，実施機関は，個人に関する情報がみ
だりに公にされることのないよう最大限の配慮をしなければならない」（東京
都情報公開条例3条）と個人情報のみを特に取り上げて，その保護への最大限の
配慮を求めていることからも窺える。

　もっとも，同判決は，行政機関情報公開法5条1号につき一般人基準を採る
ことによる弊害は，「公にすることにより，なお個人の権利利益を害するおそ
れがあるもの」に該当することを理由として，不開示にすればよいとする。こ
れは，総務省情報公開・個人情報保護審査会が採る解釈でもあるが，この規定
は，カルテ，反省文のように極めてセンシティブな内容の個人情報について，
あくまで例外的に用いることを念頭に置いて設けられたものであり[6]，同判決

---

5)　宇賀・前掲注2)75頁参照。

の解釈は立法者意思とは大きく乖離している。また，その点は措くとしても，同審査会では，筆跡のように，本人にごく近い者によってしか特定の個人が識別されない場合であっても，特定の個人が識別されうるとして，「公にすることにより，なお個人の権利利益を害するおそれがあるもの」に当たるとする運用がみられるので，一般人基準を採るといっても，実際の運用は特定人基準になっていると思われる。このことは，結局のところ，一般人が容易に入手可能な情報のみとの照合では，プライバシー侵害を回避しえないことを意味しているように思われる。もっとも，同判決は，一般人基準を採った上で，「公にすることにより，なお個人の権利利益を害するおそれがあるもの」に該当することについて，被告から主張がないことをもって，行政機関情報公開法5条1号該当性を否定したので，一般人基準を採るか否かが結論を左右したようにみえるが，これは大きな問題を孕んでいる。なぜならば，処分行政庁は，特定の個人が識別される情報であるか，または特定の個人は識別できないが公にすることにより個人の権利利益を害するおそれがあり，行政機関情報公開法5条1号ただし書のいずれにも該当しないとして不開示決定を行っているからである。被告は，訴訟においては，特定人基準を採用すべきとの主張を行い，同判決は，この主張を容れず一般人基準を採用したのであるが，重大な病気に罹患したかという情報や労働者災害補償保険給付を受けているかという情報がプライバシー情報であることは疑いなく，一般人基準の下でかかる情報を公開すれば，個人の権利利益を害するおそれがあることは明らかであり，被告の主張は，仮に一般人基準を採り，特定個人識別性なしとして開示してしまえば，個人の権利利益が害されるおそれがあるという主張を含意していると解すべきであったし，少なくとも，その点について釈明を行い主張を促すべきであった。

　また，同判決は，容易に入手しうる情報のみによるモザイク・アプローチを採るべきとしているが，個人情報の保護に関する法律2条1項が照合の容易性の要件により，個人情報の範囲を限定し営業の自由に配慮しているのに対し，行政機関情報公開法や行政機関の保有する個人情報の保護に関する法律は，行政機関の保有する情報については営業の自由への配慮は不要であるため，照合

---

6) 宇賀・前掲注**2)**80頁参照。

の容易性を要件とせずに個人情報保護を重視して意識的に照合の容易性を要件としなかったのであり[7]，文理上もこの点は明確にされている。

　もとより，国は説明責務を負っているので，たとえ特定の個人が識別されても，個人情報を開示すべき場合がある。しかし，その要請はモザイク・アプローチにおける一般人基準の採用により応えるべき問題ではなく，行政機関情報公開法5条1号ただし書ロの公益上の義務的開示や7条の公益上の裁量的開示を行ったり，5条1号ただし書イの公領域情報規定を用いて「社会通念上公にされるべき情報」として開示すること（いわゆる「べき論」）によって応えるべきであると思われる。本件においては，公益上の義務的開示の可能性が真剣に検討されるべきであったと考えられる。

(3)　法人等に関する情報

①　省エネ法に基づく定期報告書

　エネルギーの使用の合理化に関する法律（平成25年法律第25号による改正前のもの。以下「省エネ法」という）に基づき事業者が中部経済産業局に提出した「燃料等の使用量」等が記載された定期報告書の開示請求がなされた事案において，最判平成23・10・14判時2159号55頁[8]は，本件数値情報は，本件各工場において特定の年度に使用された各種エネルギーの種別および使用量ならびに前年度比等の各数値を示す情報であり，本件各事業者の内部において管理される情報としての性質を有するものであって，製造業者としての事業活動に係る技術上または営業上の事項等と密接に関係するものということができるとする。そして，平成17年法律第61号による「地球温暖化対策の推進に関する

---

7)　宇賀克也・個人情報保護法の逐条解説〔第6版〕（有斐閣，2018年）411頁参照。

8)　藤原淳一郎・自治研究89巻11号128頁，宇賀克也・判例で学ぶ行政法（第一法規，2015年）34頁以下，高橋滋・平成23年度重判解（ジュリ臨増1440号）40頁，佐伯彰洋・民商146巻3号327頁，同・同志社法学64巻7号309頁，同・環境法判例百選〔第3版〕210頁，橋本博之「情報公開法における『法人情報』の解釈——省エネ法情報公開事件最高裁判決を素材に」慶應法学24号11頁，友岡史仁・判評652（判時2181）号164頁，同・法セ684号127頁，北村喜宣・新・判例解説Watch（法セ増刊）11号293頁，島村健・民事判例4号170頁，山田健吾・新・判例解説Watch（法セ増刊）11号61頁，上拂耕生・季報情報公開・個人情報保護45号35頁，萩原聡央・名経法学31号183頁，片野正樹・平成23年行政関係判例解説126頁参照。

法律」（以下「地球温暖化対策推進法」という）の改正によって定められた温室効果ガス算定排出量の公表および開示に係る制度においては，事業所単位のエネルギー起源二酸化炭素の温室効果ガス算定排出量を算定する基礎となる本件数値情報に相当する情報が報告および開示の対象から除外されており，かつ，この情報が行政機関情報公開法5条2号イと同様の要件を満たす場合には，各事業者の権利，競争上の地位その他正当な利益（以下「権利利益」という）に配慮して，事業所単位各物質排出量に代えてこれを一定の方法で合計した量をもって環境大臣および経済産業大臣に通知し，公表および開示の対象とする制度が併せて定められていることを指摘する。すなわち，上記の関係法令の制度においては，本件数値情報に相当する情報よりも抽象度の高い事業所単位のエネルギー起源二酸化炭素の温室効果ガス算定排出量についてさえ，事業者の権利利益に配慮して開示の範囲を制限することが特に定められているのであって，このことからも，本件数値情報が事業者の権利利益と密接に関係する情報であることが窺われるというのである。

　最高裁は，省エネ法において所定の数値に関する情報を記載した定期報告書の提出が義務付けられた趣旨は，各事業者において自らエネルギーの使用の状況等を詳細に把握して整理分析することを促すとともに，主務大臣が適切な指示等（平成17年改正前の同法12条。現在の17条）を行うために各事業者におけるエネルギーの使用の状況等について各年度ごとに具体的な数値を含めて詳細に把握することにあるものと解されるとし，このような省エネ法の報告制度の趣旨に鑑みると，行政機関情報公開法による定期報告書の開示の範囲を検討するに当たっては，上記のような当該情報の性質や当該制度との整合性を考慮した判断が求められるとする。そして，本件数値情報は，事業者単位ではなく工場単位の情報であるという点で個別性が高く，その内容も法令で定められた事項および細目について個々の数値に何らの加工も施されない詳細な基礎データを示すもので，本件各工場における省エネルギーの技術の実績としての性質も有するものであり，しかも，定期報告書は毎年定期的に提出され，前年度比の数値もその記載事項に含まれているから，これを総合的に分析することによって，本件各工場におけるエネルギーコスト，製造原価および省エネルギーの技術水準ならびにこれらの経年的推移等についてより精度の高い推計を行うこと

が可能となるとする。したがって，競業者にとっては，本件数値情報が開示された場合，上記のような総合的な分析に自らの同種の数値に関する情報等との比較検討を加味することによって，上記の点についてのさらに精度の高い推計を行うことができることになり，本件各工場におけるエネルギーコスト，製造原価および省エネルギーの技術水準ならびにこれらの経年的推移等についての各種の分析に資する情報として，これを自らの設備や技術の改善計画等に用いることが可能となると述べている。また，需要者にとっても，本件数値情報が開示された場合，上記のような総合的な分析によってエネルギーコストおよび製造原価ならびにこれらの経年的推移等の推計を行うことにより，本件各工場におけるエネルギーコストの減少の度合い等を把握することができることになり，本件各事業者との製品の価格交渉等において，この点についての客観的な裏付けのある情報としてこれを交渉の材料等に用いることが可能となると指摘している。そして，供給者にとっても，本件数値情報が開示された場合，本件各工場における燃料等の使用量と本件各工場への自らの供給量とを比較することにより，その供給量が本件各工場における燃料等の全使用量に占める割合等を正確に把握することができることになり，本件各事業者との燃料等の価格交渉等において，この点についての客観的な裏付けのある情報としてこれを交渉の材料等に用いることが可能となるとする。

　他方，本件各事業者は，製造業を事業目的とする一般の私企業であることが認められるところ，本件数値情報は，その内容に関して法令で事項および細目を定められているため，本件各事業者としては，定期報告書を提出する際にこれが将来開示されうる可能性を考慮して表現に配慮するなどの余地がなく，報告についても罰則をもって強制されていることから，仮に本件数値情報が開示されるとすれば上記のような不利な状況に置かれることを回避することは極めて困難であるものといわざるをえないと指摘している。そして，以上のような本件数値情報の内容，性質およびその法制度上の位置付け，本件数値情報をめぐる競業者，需要者および供給者と本件各事業者との利害の状況等の諸事情を総合勘案すれば，本件数値情報は，競業者にとって本件各事業者の工場単位のエネルギーに係るコストや技術水準等に関する各種の分析およびこれに基づく設備や技術の改善計画等に資する有益な情報であり，また，需要者や供給者に

とっても本件各事業者との製品や燃料等の価格交渉等において有意な事項に関する客観的な裏付けのある交渉の材料等となる有益な情報であるということができ，本件数値情報が開示された場合には，これが開示されない場合と比べて，これらの者は事業上の競争や価格交渉等においてより有利な地位に立つことができる反面，本件各事業者はより不利な条件の下での事業上の競争や価格交渉等を強いられ，このような不利な状況に置かれることによって本件各事業者の競争上の地位その他正当な利益が害される蓋然性が客観的に認められると判示している。原審は，本件数値情報による推計の精度の程度を主な理由として，本件数値情報は行政機関情報公開法5条2号イ所定の不開示情報に当たらないとしたが，最高裁は，上記の諸事情に照らせば，その精度の程度等をもって，本件数値情報の開示によって本件各事業者が上記のように事業上の競争や価格交渉等において不利な状況に置かれる蓋然性の有無の判断が左右されるものではないとする。そして，本件数値情報は，これが公にされることにより本件各事業者の競争上の地位その他正当な利益を害するおそれがあるものとして，行政機関情報公開法5条2号イ所定の不開示情報に当たるとし，公益上の義務的開示も否定している。

　同判決の特色の一つは，地球温暖化対策推進法という行政機関情報公開法とは別の法律における関連情報の取扱いを参考としていることにある。すなわち，地球温暖化対策推進法において，本件数値情報に相当する情報よりも抽象度の高い情報であっても，事業者の権利利益に配慮して開示の範囲を制限することが特に定められていることを，本件数値情報の行政機関情報公開法5条2号イ該当性を肯定する根拠の一つとしているのである。行政事件訴訟法9条2項が，当該処分または裁決の根拠となる法令の趣旨および目的を考慮するに当たって，当該法令と目的を共通にする関係法令があるときはその趣旨および目的をも参酌するものとすると定めているが，同判決は，省エネ法と地球温暖化対策推進法を関係法令ととらえて，後者において本件数値情報よりも抽象度の高い情報についてすら事業者の権利利益に配慮されていることから，省エネ法における本件数値情報については一層，事業者の権利利益への配慮が必要であるという論理を展開し，さらにそのことを行政機関情報公開法5条2号の解釈に反映させているように思われる。この点について，東京高判平成21・9・30裁判所ウ

ェブサイト[9]は，本件数値情報を開示するか否かは，あくまで行政機関情報公開法 5 条 2 号イに定める例外事由に該当するか否かによって判断するものであり，当該文書の作成根拠となった法律による当該情報の位置付けや取扱い等によって左右されるものではないと判示しているのと対照的である。前掲東京高判平成 21・9・30 のこの判示部分は，行政機関情報公開法 15 条における他の法令による開示の実施との調整規定の趣旨に適合したものと考えられる。すなわち，行政機関情報公開法 15 条は，他の法令において行政機関情報公開法よりも限定的な開示について定めている場合において，行政機関情報公開法に基づく開示をそれにより限定することなく，同法に基づく開示を並行して認めているのである。換言すれば，個別法による開示規定は，行政機関情報公開法に基づく開示の範囲を縮減する趣旨のものと解してはならず，例外的に，他の法令の規定により，何人にも開示請求に係る行政文書が行政機関情報公開法 14 条 1 項本文に規定する方法と同一の方法で開示することとされている場合（開示の期間が定められている場合にあっては，当該期間内に限る）に，同項本文の規定にかかわらず，当該行政文書については，当該同一の方法による開示を行わないとするにとどまるのである。前掲東京高判平成 21・9・30 が，個別法による限定的な開示により，行政機関情報公開法に基づく開示が影響を受けないと解したのは，行政機関情報公開法 15 条の趣旨を斟酌したように思われる。

② 労働者災害補償保険給付の支給決定を行った事案の処理状況を記載した処理経過簿

前掲大阪地判平成 23・11・10 は，行政機関情報公開法 5 条 2 号イは，法人等に関する情報であって，公にすることにより，当該法人等の権利，競争上の地位その他正当な利益を害するおそれがあるものを不開示情報と定めているところ，当該不開示情報に該当するためには，主観的に他人に知られたくない情報であるというだけでは足りず，当該情報を開示することにより，当該法人等の権利や，公正な競争関係における地位，ノウハウ，信用等の利益を害するおそれが客観的に認められることが必要であり，また，ここにいうおそれがあるといえるためには，単なる抽象的，確率的な可能性が存するだけでは足りず，

---

9)　上拂耕生・季報情報公開・個人情報保護 36 号 29 頁以下参照。

法的保護に値する蓋然性が存することが必要であると解するのが相当であると
する。被告は，本件文書に記載されている事業場名が開示されれば，労働災害
を発生させた事実のみから法令違反の事実の有無にかかわらず法令を遵守しな
い事業場であると認識され，当該事業場に対する社会的評価が低下する旨主張
した。同判決は，近時，企業における法令遵守が重視され，労働者の職場環境
に対する関心の高まりもあいまって，過労死等の労働災害認定をめぐる紛争等
が報道されることも多く，その中には使用者側に対し批判的な報道がされるこ
とも少なくないこと，労働者が過重労働により死亡や発病等した事案では長時
間の勤務がその一要因と思われるものも少なくないこと等の事情からすると，
ある事業場において過重業務に起因する脳血管疾患および虚血性心疾患等の発
症およびそれに基づく死亡等の労働災害が発生したという事実が明らかになれ
ば，そのこと自体から当該事業場について一定の社会的評価の低下が生じる可
能性は否定できないことを認めている。しかし，労働者災害補償保険制度は，
業務上の事由または通勤による労働者の負傷，疾病，障害，死亡等に対して迅
速かつ公正な保護をするため，必要な保険給付を行い，併せて，業務上の事由
または通勤により負傷し，または疾病にかかった労働者の社会復帰の促進，当
該労働者およびその遺族の援護，労働者の安全および衛生の確保等を図り，も
って労働者の福祉の増進に寄与することを目的とするものであり（労働者災害
補償保険法1条），その支給決定に当たって使用者に労働基準法等の法令違反が
あったか否かを問題とするものではないから，ある事業場における労働災害に
対して労働者災害補償保険給付の支給決定がされたとの事実が当該事業場にお
いて法令違反行為が存在したことを意味するものではなく，当該事実自体は当
該事業場に対する社会的評価の低下と直ちに結びつくものとはいえないところ
であって，当該事実が明らかになることにより一定の社会的評価の低下が生じ
うるとしても，それは多分に推測を含んだ不確かなものにすぎないと指摘して
いる。さらに，本件で問題となっている脳血管疾患および虚血性心疾患等その
ものは，労働時間等の労働環境以外に年齢，生活習慣等の様々な要因が影響す
るものとされており，一般的には単純に労働時間の長短や労働環境の影響のみ
によって発生するものとまで認識されてはいないものと解されるとする。
　また，仮に労働災害に対して労働者災害補償保険給付の支給決定がされたと

いう事実により一定の社会的評価の低下が生じたとしても，そのことが直ちに当該事業場が取引先からの信用を失い，あるいは，求職者から当該事業場への就職を敬遠されるような事態を招く蓋然性が存するものと認めるに足りる的確な証拠はなく，そのようなおそれはあくまでも抽象的な可能性にすぎないから，本件文書中の事業場名は行政機関情報公開法5条2号イ所定の不開示情報には当たらないと判示している。

　法令違反を理由とする是正指導に係る文書については，行政機関情報公開法5条2号イ該当性を認めるのが裁判例の一般的傾向であるのに対し[10]，同判決が本件で同号イ該当性を否定したポイントになったのは，労働者災害補償保険給付決定があったからといって，法令違反があったとは限らないことであった。もっとも，法令違反と直結しないものの法人等がマイナスのイメージを持たれ，競争上の地位等が害されるおそれがある場合には，当該情報の不開示により保護される正当な利益があるとする考え方も成立しえないわけではない。しかし，本件情報の開示により，求職者が減少したり，取引先の信用を失墜したりする蓋然性が法的保護に値するものであることについての被告の主張立証が十分になされたかには疑問の余地があり，この点が結論にかなりの影響を与えたようにも思われる。

③　一般廃棄物処理施設の建設発注関係文書

　名古屋地判平成 22・8・23 裁判所ウェブサイト[11]は，法人等に関する非開示情報該当性の立証責任は被告地方公共団体が負うとするが，当該文書に記録されている情報が非開示情報に該当することを立証するために，被告に結果的にその情報自体を推知できることになる程度の立証の負担を課すことは，条例により非開示情報を定めた意味を没却することになるから，上記の非開示情報該当性の判断は，当該情報の内容，性質に照らして，一般的，類型的な形でせざるをえないとする。そして，当該情報が「公にすることにより，当該法人等又は当該事業を営む個人の権利，競争上の地位その他正当な利益を害するおそれがあるもの」に当たるとの主張立証としては，その情報の内容，性質に照らし，

---

10)　宇賀克也・情報公開・個人情報保護——最新重要裁判例・審査会答申の紹介と分析（有斐閣，2013 年）221 頁以下参照。

11)　板垣勝彦・季報情報公開・個人情報保護 46 号 32 頁参照。

それを開示することにより，一般的に見て，当該法人に競争上の地位等正当な利益が害されるおそれがあることを主張立証すれば足り，それ以上，個別具体的に，当該情報が開示された場合に，当該法人のどのような具体的利益がどのように侵害される危険があるかという事実まで主張立証する必要はないとする。ただし，上記の「おそれ」は，一般的に見て，当該企業の正当な利益を害する客観的な可能性があると認められることが必要であり，当該企業の主観的なものでは足りないことを付言している。そして，これらの判断は，当該情報が記録されている文書の趣旨，作成の目的，記載内容等の客観的事情から，当該情報の趣旨や性質，その重要性や価値等を推論し，それを前提として，当該情報が公開された場合に，当該法人等または当該事業を営む個人の権利，地位その他正当な利益を害するおそれがあるか否かを，社会通念に従って判断するほかないと判示している。

　以上のような一般論を前提として，同判決は，本件開示請求対象文書は，被告にとっては，本件施設の建設業者を選定するための極めて重要な資料であり，その受注を目指すＡ，Ｂ両社にとっては，自社の技術等が他社よりも優れていることを示すための資料であるといえ，この趣旨は，Ａ，Ｂ両社とも理解していたものと認められるので，本件開示請求対象文書には，その文書を作成した事業者が他の事業者に比べて優れた技術力を有し，被告が求める本件施設をより的確に建設する能力を有していることを根拠付ける具体的な事実が記載されることになるため，本件開示請求対象文書には，当該企業独自の技術や独創性のあるアイデア等が記載されていることが推測され，本件開示請求対象文書に記録された情報は，一般的に見て「公にすることにより，当該法人等又は当該事業を営む個人の権利，競争上の地位その他正当な利益を害するおそれがあるもの」に該当する可能性が高いものといえるとする。また，同判決は，個別に詳細な検討を行い，本件開示請求対象文書にはＡ，Ｂ両社の技術・ノウハウ等の重要な情報が記録されており，開示により当該法人の競争上の地位その他正当な利益を害するおそれがあると認定している。さらに，本件条例７条３号ただし書の「人の生命，健康，生活又は財産を保護するため，公にすることが必要であると認められる情報」に該当するというためには，当該情報が非開示とされることによって，現実に人の生命等に侵害が発生しているか，または将来

18　　第1章　情報公開・個人情報保護に係る裁判例

これらが侵害される蓋然性が高く，当該情報を開示することによってこれらの侵害が除去される蓋然性がある場合であることが必要であるが，本件においては，本件非開示部分に記録された情報が開示されないことにより，本件施設付近の住民の生命，健康，生活または財産等が現実に侵害され，または侵害される蓋然性が高い状況に置かれていることを示す的確な証拠はないとして，公益上の義務的開示も否定している。その控訴審の名古屋高判平成23・7・8裁判所ウェブサイト[12]も，同様の理由により，控訴を棄却している。

(4)　国の安全等に関する情報

①　内閣官房報償費のうち政策推進費に係る領収書等

　内閣官房長官としての高度な政策的判断により機動的に用いることが予定された経費である政策推進費は，内閣官房長官が非公式に関係者等に対する協力依頼や交渉等の活動を行うに際して支払う対価，情報収集の対価等に使用される。大阪地判平成24・3・23判時2166号33頁[13]（大阪高判平成28・2・24判時2323号41頁[14]は控訴棄却）は，内閣官房の所掌事務が内閣の政策運営全般に関する事項に及んでいることからすれば，非公式に行う協力依頼や交渉等の活動が，他国や国際機関との間における外交関係に関するものである場合もあると考えられ，また，直接外交に関する事項でなくとも，内閣官房の所掌事務がわが国の重要事項に及ぶことからすれば，他国等の利害に関わる事項に関するものが少なくないと考えられるとする。そのため，政策推進費に係る領収書等が開示され，わが国が他国等の利害に関係する事項につき，特定の者に対する働きかけを行ったり，情報収集等を行ったりしたことが明らかとなれば，他国等との信頼関係が損なわれ，わが国の安全が害され，または他国等との交渉上の不利益が生じる可能性があることも一概に否定することはできず，そのようなおそれがあるとした内閣官房内閣総務官の判断が合理性を持つものとして許容される限度を超えるものとはいえないから，当該判断に裁量権の範囲の逸脱ま

---

12)　板垣・前掲注**11)**32頁参照。

13)　藤原淳一郎・自治研究90巻9号126頁，米丸恒治・判評655（判時2190）号148頁，高橋信行・季報情報公開・個人情報保護46号26頁参照。

14)　岩本浩史・判評706（判時2347）号148頁参照。

たはその濫用があるとは認められないので，政策推進費に係る領収書等に記録されている情報の行政機関情報公開法5条3号の不開示情報該当性が認められると判示している。

② **調査情報対策費に係る領収書等**

内閣官房の施策の円滑かつ効率的な推進のため，その時々の状況に応じ必要な情報を得るために必要とされる経費であり，情報収集等のための対価や会合経費として使用される調査情報対策費について，前掲大阪地判平成24・3・23は，情報収集等の対価として使用された調査情報対策費に係る領収書等には，支払相手方である情報提供者等の氏名や支払った金額，領収日等の日付が記載されていることから，これが開示された場合には，前記の政策推進費に係る領収書等が開示された場合と同様の支障が生じうると指摘する。また，調査情報対策費に係る領収書等には，支払の相手方である会合場所の名称の記載があることから，これが開示された場合には，当該会合場所が明らかになり，そのような会合場所については，そこで行われる会合の内容の重要性，機密性に鑑みれば，相当信用しうる場所や業者を選定していると考えられるため，他の会合においても同じ場所や業者を反復して用いることになると考えられるとする。そのため，当該会合場所が明らかになることにより，内閣の行う内政・外政に関する重要施策やわが国の政策運営等に関する情報を不正に入手しようとする者や重要政策の関係者・情報提供者等に対する働きかけを行おうとする者が，当該会合場所に対する監視，盗聴等を行ったり，会合場所の従業員等に対する不正な工作を行ったりし，内閣官房が非公式に行っている活動に関する情報を入手して悪用し，それを利用して内閣官房の行う事務を妨害するなどの可能性があるとする。さらに，領収書等には，支払金額や領収等の年月日の記載があることから，上記会合場所とこれらの事項を照らし合わせることにより，内閣の行う非公式の活動の内容やそれに関する内閣の重要政策や外交活動等の内容が推知される可能性もあり，上記のような活動，情報が他国等の利害に関する事項につき生じたものである場合には，国の安全が害され，他国等との信頼関係が損なわれ，または交渉上不利益を被る可能性があることも一概に否定することはできないとして，行政機関情報公開法5条3号該当性が認められると判示している。

20 第1章 情報公開・個人情報保護に係る裁判例

③ 内閣官房報償費の活動関係費に係る領収書等

内閣官房長官が政策推進，情報収集等の活動を行うに当たり，これらの活動が円滑に行われ，所期の目的が達成されるよう，これらを支援するために必要な経費である活動関係費について，前掲大阪地判平成24・3・23は，広範に行政機関情報公開法5条3号該当性を肯定している。活動関係費には，内閣官房長官が非公式の協力依頼や交渉，情報収集等の活動に際し，その相手方等の移動手段として，タクシーやハイヤー等の交通事業者を利用した場合に，その対価として支払われるものがあるが，その領収書等には，支払の相手方の氏名・名称の記載があることから，交通費として使用された活動関係費に係る領収書等が開示された場合，当該交通事業者の名称が明らかになり，内閣官房長官が内閣の重要政策等について行う非公式の協力依頼や交渉，情報収集等の活動を行うに際して利用するタクシーやハイヤー等の交通事業者については，特に信用することができる交通事業者を利用するものと考えられるため，当該交通事業者が明らかになることにより，内閣の行う政策等に関する情報を不正に入手しようとする者や，重要政策の関係者や情報提供者等に働きかけを行おうとする者が，当該交通事業者に接触し，内閣官房が非公式に行っている活動に関する情報を入手して悪用したり，それを利用して内閣官房の行う事務を妨害したりする可能性があり，また，以後当該交通事業者を利用する際，関係者の安全確保や情報の機密性の確保等にも不安が生じることが考えられ，上記のような事態が他国等の利害に関する事項につき生じたものである場合には，他国等との信頼関係が破壊されたり，安全保障上の問題が生じ，国の安全が害されたり，外交関係上の不利益を被ったりする可能性も一概に否定できず，そのようなおそれがあるとした内閣官房内閣総務官の判断が合理性を持つものとして許容される限度を超えるものとはいえないとする。

また，活動関係費には，調査情報対策費に係る会合の経費以外に必要となる政策推進のために開催される会合の経費として使用されるものがあると認められ，これは，情報提供者や協力者等に特定の事案に関する内々の情報提供や関係方面への働きかけ等を依頼するため，また，平素からこうした者との信頼関係を維持・強化するため，その者と会合を開催することがあり，上記活動関係費はこういった会合の費用として使用されるものであるところ，領収書等には

支払相手方の氏名・名称の記載があることから，会合費用に使用された活動関係費に係る領収書等が開示されると，その支払先である会合を行った会合場所が明らかになり，調査情報対策費に係る会合経費の領収書等が開示された場合と同様の支障が生じうると考えられるとする。

　さらに，活動関係費には，内閣官房長官が非公式に行う協力依頼や交渉，情報収集等の活動の相手方に渡す活動経費，謝礼，慶弔費等の費用，また，当該相手方に渡す贈答品の購入費用として使用されるものがあると認められ，これは，情報提供者や協力者等に特定の事案に関する内々の情報提供や関係方面への働きかけ等を依頼するため，また，平素からこうした者との信頼関係を維持・強化するため，その者に贈答品や謝礼，また香典等の慶弔費を渡すことがあり，活動関係費は，このような費用に支出されるものであるところ，これらの費用に使用された活動関係費に係る領収書等が開示された場合，領収書等には，支払相手方の名称等の記載があることから，活動経費，謝礼および慶弔費に係る領収書等については，その支払相手方である協力依頼および交渉の相手方，情報提供者等の氏名が明らかになることになるが，これにより，政策推進費および情報収集の対価として使用された調査情報対策費に係る領収書等が開示された場合と同様の支障が生じうると指摘する。また，贈答品の購入費用として使用された活動関係費に係る領収書等に記録された情報が開示された場合には，支払相手方である贈答品の購入先の事業者や店舗等が明らかになることになるが，そのような贈答品の購入先の事業者等については，贈答品を購入するに際し，贈り先の相手方の住所や氏名等の個人情報等を伝える必要がある場合があると考えられ，贈答品を相手方との会合場所に直接届けてもらう場合もあるから，贈答品を贈る相手がわが国の内外の重要政策等の関係者や重要情報の提供者等であることからすると，特に信頼の置ける事業者が選定されていると考えられると指摘する。したがって，当該事業者等が明らかになれば，内閣の行う内政・外政に関する重要施策やわが国の政策運営等に関する情報を不正に入手しようとする者や重要政策の関係者・情報提供者等に対する働きかけを行おうとする者が，当該事業者に対する接触を行ったり，当該事業者等の従業員等に対する不正な工作を行ったりし，内閣官房が非公式に行っている活動に関する情報等を入手して悪用し，当該事態が他国等の利害に関する事項につき

生じた場合には，他国等との信頼関係が破壊されたり，安全保障上の問題が生じ，国の安全が害されたり，外交関係上の不利益を被ったりする可能性も一概に否定できず，そのようなおそれがあるとした内閣官房内閣総務官の判断が合理性を持つものとして許容される限度を超えるものとはいえないとする。

活動関係費には，書籍等の購入費用として使用されるものがあるが，内閣官房は，内政・外政に関する重要政策等の企画・立案や総合調整等，わが国の政策運営に関する重要な事務を行っており，当該事務の遂行のためには，それら政策運営に関する様々な内容の書籍等を購入し，情報収集に当たる必要がある場合があると考えられるが，内閣官房が購入する必要のある書籍の中には，上記のような内閣官房の行う事務の性質上，一般的に書店等で販売されている通常の図書等とは異なる特殊なものや，その内容が特殊な事案や地域的な問題に関するものが含まれるので，そのような書籍等を購入したことが明らかになると，内閣の政策運営の方向性等が推知されるなどしてその事業の遂行上支障が生じるおそれがあるとする。そして，そういった書籍等の購入については，内閣官房報償費のうち活動関係費が使用されており，当該書籍等の購入費用として使用された活動関係費に係る領収書等が開示された場合，当該領収書等には，書籍等を購入した事業者等の名称が記載されており，また，購入した書籍等の名称が記載されている場合もあるから，それらの情報が明らかになり，それによって内閣の政策運営の方向性等が推知されるなどにより，内閣官房の行う事務の遂行上の支障が生じるおそれがあると認められ，それが他国等の利害に関するような事項であれば，それにより，わが国の安全や他国等との信頼関係の破壊，交渉上の不利益を被る可能性も一概に否定することができず，また，そのようなおそれがあるとした内閣官房内閣総務官の判断が合理性を持つものとして許容される限度を超えるものとはいえないとする。

活動関係費には，振込手数料等，内閣官房報償費の支払関係の事務を遂行するために必要な費用等の経費に使用されているものがあると認められるが，当該支払関係費用として使用された活動関係費に係る領収書等が開示された場合，内閣官房報償費の支払を依頼した金融機関に関する名称等の情報が明らかになり，このような内閣官房報償費の支払事務等を行った金融機関は，支払われた内閣官房報償費の個別の振込先やその金額等に関する情報を有しているため，

当該金融機関に関する情報が明らかになれば，内閣の行う内政・外政に関する重要政策やわが国の政策運営等に関する情報を不正に入手しようとする者や，重要政策の関係者・情報提供者等に働きかけを行おうとする者等が，金融機関の従業員等に接触したり，不正な工作を行ったりすることにより，内閣官房報償費の支払相手方，具体的には内閣官房長官が重要な政策等に関する協力依頼や交渉等を行う関係者，情報提供者，会合場所等の情報を入手して悪用し，それを利用して内閣官房の行う事務を妨害するなどの可能性があり，他国等との信頼関係が破壊されたり，安全保障上の問題が生じ，国の安全が害されたり，外交関係上の不利益を被ったりする可能性も一概に否定することができず，そのようなおそれがあるとした内閣官房内閣総務官の判断が合理性を持つものとして許容される限度を超えるものとはいえないと判示している。

④　内閣官房報償費の政策推進費受払簿

　前掲大阪地判平成24・3・23は，内閣官房報償費の政策推進費受払簿は，政策推進費の出納に関し，内閣官房長官が，国庫から支出された内閣官房報償費から，政策推進費として使用する額を区分（政策推進費の繰入れ）した際や，各年度末および内閣官房長官が交代する際に作成される文書であり，そこに記録される情報は，前回繰入れ後の政策推進費の残額，前回繰入れ時から今回までの政策推進費の支払額，今回の繰入れ前の政策推進費の残額，今回の繰入れ額，今回繰入れ後の政策推進費の合計額等のみであり，具体的な政策推進費の使途や，支払相手方の名称等は記載されず，また，そこに記載されている日付は，政策推進費受払簿の作成年月日であり，政策推進費の支払年月日を意味するものではないと認定する。したがって，政策推進費受払簿に記録された情報が開示されたとしても，一定期間内における支払合計額が明らかになるのみで，具体的な使途や相手方等が特定されるおそれがあるとは考え難いことからすれば，これを開示することにより，国の安全が害されるおそれ，他国等との信頼関係が損なわれるおそれまたは他国等との交渉上不利益を被るおそれ等があるとはおよそ考え難いので，そのようなおそれがあるとした内閣官房内閣総務官の判断は合理性を持つものとして許容される限度を超えるものであり，裁量権の範囲の逸脱またはその濫用があるというべきであり，政策推進費受払簿に記録された情報は，行政機関情報公開法5条3号の不開示情報に該当するとはいえな

いと判示している。

⑤ 内閣官房報償費の支払決定書

　前掲大阪地判平成 24・3・23 は，内閣官房報償費の支払決定書は，調査情報対策費および活動関係費についての支払決定を行う際に作成される文書であり，支払相手方等の氏名・名称（複数の支払決定をしている場合には，1つまたは複数のものが記載されている）の記載があり，また，支払目的として，調査情報対策費・活動関係費の別のほか，個別具体的な使途についての記載がされていると認められるとする。したがって，支払決定書が開示された場合には，調査情報対策費および活動関係費の支払相手方やその具体的使途が明らかになるから，調査情報対策費および活動関係費に係る領収書等が開示された場合と同様の支障が生じうるとし，支払決定書に記録された情報は行政機関情報公開法5条3号に該当すると判示している。

⑥ 内閣官房報償費の出納管理簿

　内閣官房報償費の出納に関する情報を一覧表にしてまとめた出納管理簿には，〈ア〉国庫からの内閣官房報償費の支出（受領），〈イ〉政策推進費の繰入れ，〈ウ〉調査情報対策費および活動関係費の支払決定の各出納があるごとに，当該各出納についての「年月日」「摘要（使用目的等）」「受領額」「支払額」「残額」「支払相手方等」の各項目の記載がされているほか，月分計部分および累計部分（各月ごとまたは年度当初から一定時期までの報償費の受領および支払の合計額等が記載された部分）ならびにそれらについての内閣官房長官の確認印があり，出納管理簿には，年度末および取扱責任者の異動があった場合等に，一覧表の枠外に立会者（事務補助者）および確認者の記名押印がされていることもある。前掲大阪地判平成 24・3・23 は，上記〈ア〉の国庫からの内閣官房報償費の支出（受領）に係る各項目の記載については，内閣官房長官から内閣官房会計担当内閣参事官に対して提出される請求書に記載された情報と同様の情報が記録されているにすぎないものと認められ，当該請求書はすでに開示されているから，当該情報が開示されても，他国等との関係で行政機関情報公開法5条3号に規定するようなおそれがあるとする内閣官房内閣総務官の判断は合理性を持つものとして許容される限度を超えるというべきであり，裁量権の範囲の逸脱またはその濫用があるから，当該情報が同条3号の不開示情報に該当するとは

認められないとする。一覧表のうち上記〈イ〉の政策推進費の繰入れに係る各項目の記載についても，政策推進費受払簿に記録された情報と同様の情報が記録されているにすぎないと認められ，政策推進費受払簿に記録された情報には同条3号の不開示情報該当性が認められないことからすれば，出納管理簿の一覧表のうち政策推進費の繰入れに係る各項目の記載部分についても同様に，同条3号の不開示情報該当性は認められないとする。他方，一覧表のうち上記〈ウ〉の調査情報対策費および活動関係費の支払決定に係る項目については，「摘要（使用目的等）」の欄には支払決定書と同様，個別具体的な使途が，「支払相手方等」の欄には支払決定書と同様，支払相手方の氏名・名称の記載があると認められるとする。したがって，当該記載部分が開示された場合，調査情報対策費および活動関係費に係る領収書等や支払決定書が開示された場合と同様の支障が生じると認められるから，同条3号の不開示情報に該当すると判示している。一覧表のうち，月分計部分および累計部分ならびにそれぞれに対する内閣官房長官の確認印については，当該情報が開示されたとしても，各月における内閣官房報償費の支払合計額および年度当初から特定の月の月末までの間の内閣官房報償費の支払合計額が明らかになるのみであり，それにより内閣官房報償費の具体的使途や支払の相手方等が明らかになるわけではないから，他国等との関係で行政機関情報公開法5条3号に規定するようなおそれがあるとした内閣官房内閣総務官の判断は合理性を持つものとして許容される限度を超えるものといえ，裁量権の範囲の逸脱またはその濫用があるから，当該情報について，同条3号の不開示情報に該当するとは認められないとする。

⑦　**内閣官房報償費支払明細書**

　前掲大阪地判平成24・3・23は，報償費支払明細書には，内閣官房報償費の各支払（政策推進費の繰入れならびに調査情報対策費および活動関係費の支払決定）についてまとめた一覧表の記載部分と，支払明細書繰越記載部分（前月繰越額，本月受入額，本月支払額，翌月繰越額等の記載部分）があることを認定し，一覧表のうち政策推進費の繰入れに係る各項目には，政策推進費受払簿に記録された情報が転記されており，政策推進費受払簿作成（政策推進費繰入れ）の日付，当該繰入れに係る金額が記載されるところ，政策推進費受払簿に記録された情報については，行政機関情報公開法5条3号の不開示情報該当性が認められない

から，報償費支払明細書の政策推進費の繰入れに係る各項目についても同様に，同条3号の不開示情報該当性は認められないとする。また，一覧表のうち調査情報対策費および活動関係費に係る各項目には，基本的に支払決定書に記録された情報が転記されており，支払決定書に記録された情報のうち，支払決定の日付，支払決定に係る金額，調査情報対策費および活動関係費の別等が記載されているが，支払決定書とは異なり，支払相手方の記載や個別具体的な使途の記載はないと認められるので，当該情報が開示されたとしても，支払相手方や具体的な使途が明らかになることはないと考えられるから，他国等との関係で行政機関情報公開法5条3号に規定するようなおそれがあるとした内閣官房内閣総務官の判断は合理性を持つものとして許容される限度を超えており，当該情報について，同条3号の不開示情報該当性は認められないと判示している。また，支払明細書繰越記載部分には，内閣官房報償費全体の先月繰越額，本月受入額（国庫から支出を受けた内閣官房報償費全額），本月支払額の合計，翌月繰越額の記載があるのみであるから，当該情報が開示された場合，特定の月において支出された内閣官房報償費の合計額が明らかとなるが，他国等との関係で行政機関情報公開法5条3号に規定するようなおそれがあると行政機関の長が判断することは，社会通念上著しく妥当性を欠くものであって，当該情報について，同条3号の不開示情報該当性は認められず，一覧表の「合計」欄の記載も同様であると判示する。

　以上見てきたように，同判決は，内閣官房報償費が機密を要する事務に使用される性質のものであることを重視し，利用する交通機関，会合場所および金融機関ならびに贈答品の購入先も含めて，外国の諜報機関等による探索的活動に利用されうる情報は広範に不開示にすることを認める一方，単に一定期間における内閣官房報償費の支出の合計額が明らかになるにすぎない場合は，そのような探索的活動に利用される懸念はないという立場を採っている。同判決は，内閣官房報償費の個別の使途の適正性の確保は，情報開示請求ではなく，会計検査等，別の方法で達成されるべきという立場に立つものと思われる。

(5) 審議・検討・協議に関する情報

　行政機関情報公開法5条5号の規定に基づく不開示決定はそれほど多くなく，

2017（平成29）年度の同条の不開示情報の中での援用率は，1.1％である。したがって，同号に係る裁判例も多くはないが，東京地判平成23・8・2判時2149号61頁[15]は，注目される判決である。本件において，開示請求者は，「利根川上流域の流出計算モデルについて」と題する行政文書の開示を請求したが，関東地方整備局長は，同文書中の「流域分割図」および「流出モデル図」は構想段階のものであり，公にすることにより国民の誤解や憶測を招き，国民に混乱を生じさせるおそれがあるので，行政機関情報公開法5条5号に該当すると主張した。

　同判決は，行政機関等の意思決定前の情報だからといって，当該事項に関する情報を全て不開示にすることになれば，政府がその諸活動を国民に説明する責務を全うするという行政機関情報公開法の理念と相反することになりかねないので，同法5条5号の「おそれ」は単なる確率的な可能性ではなく，法的保護に値する蓋然性がなければならないと解すべきであるとする。そして，仮に本件流域分割図の開示により，構想段階の洪水調節施設を示すものが明らかになったとしても，その位置を現地において特定するに足りる基点や，基点からの方位・角度・距離等が明確ではないから，一般に入手可能な地形図等と照合したとしても，当該施設の位置を下流端とする小流域等と地形図等との関係から，例えばある支川の中流あたりに構想段階の洪水調節施設の建設予定地があるという程度のことは判明しうるにせよ，被告（国）が懸念するような土地の先行買収騒ぎが生じるほどの確度をもって，洪水調節施設の建設予定地が特定できるとは到底考えられないとする。また，そもそも流域分割図は，構想段階の洪水調節施設の建設予定地を仮に定め，その地点を小流域の下流端とし，地形等を考慮して小流域界を加線して作成するものであるから，同地点が地形等から論理的に導かれるものではないことはもとより，加線された小流域界から一義的に同地点が判明するとも解し難いのであって，治水計画について一定の知識を有するからといって，その地点を上記のような確度をもって特定できるとは考え難いとする。すなわち，本件流域分割図は，構想段階の洪水調整施設周辺の土地を，それを購入することができるくらいの正確性をもって特定でき

15）　板垣勝彦・季報情報公開・個人情報保護44号25頁参照。

28 第1章 情報公開・個人情報保護に係る裁判例

るだけの現地復元性がある図面であるとは到底認め難いというのである。

　本件流出モデル図は，流域分割図に基づいて，洪水調節施設，基準地点，水位・流量観測所等について記号を用いて分かりやすくモデル形式で作成した図面にすぎないから，仮に本件流出モデル図において構想段階の洪水調節施設が記載されていても，構想段階における洪水調節施設周辺の土地を購入することができるくらいの正確性をもって特定するだけの現地復元性のある書面であるということはできないとする。

　したがって，本件各図面を公にすることになると，構想段階にとどまる洪水調節施設の位置を公にされ，当該予定地周辺での不適正な土地取引が助長されて，地域住民を含めて不当に国民の間に混乱を生じさせ，あるいは特定の者に不当に利益を与えるおそれがあるから行政機関情報公開法5条5号に該当するという被告の主張は，そもそもその前提を欠くと判示されている。

　被告は，沼田ダムの建設予定地の売買に関して混乱が生じた事例を援用することにより，本件においても行政機関情報公開法5条5号該当性を根拠付けようとしたが，同判決は，沼田ダムについては，計画の内容が単なる構想段階の域を超えて具体的な施設の位置等も特定して実現可能性があるかのように報道されたために混乱が生じたと解され，本件のように，およそ土地を購入しようにも特定の設置場所も判明しない構想段階にとどまる事案とは前提を異にするのであって，この点についての被告の主張も採用できないとして退けた。

　本件と同様，ダムサイトの候補地の開示による混乱の有無が問題になったものとして鴨川ダムサイト訴訟があり，京都地判平成3・3・27判タ775号85頁は，ダムサイト候補地点を20か所も概要図に整理番号で書き込んだものにすぎず，ダム構想が決定されたかのように誤解され事実に基づかない議論が高まる客観的かつ高度の蓋然性があるとは認められないし，20か所のいずれに決定されるかが不明である以上，土地の投機的取引が続発するとはいえないし，ダム建設による治水対策方式をめぐって陳情，申入れが行われ，鴨川改修協議会の委員に心理的圧迫が加えられ忌憚のない意見交換に支障が生ずる客観的かつ高度の蓋然性があるとも認められないと判示した。もっとも，その控訴審の大阪高判平成5・3・23判タ828号179頁[16]は，一審判決を取り消し，本件図面は，鴨川改修協議会の意思形成過程における未成熟な情報であり，公開する

ことにより，府民に無用の誤解や混乱を招き，同協議会の意思形成を公正かつ適切に行うことに著しい支障が生ずるおそれがあると認められるとした。大阪高裁は，第5回の鴨川改修協議会終了後，その審議内容の概略の報告が記者会見の形でなされた際，ダム構想のあること，その図面が協議会に提出されたことも発表された結果，同協議会委員に対し，ダム建設について交渉を申し入れる団体や面談を強要する者があり，また，同協議会委員宅に無言電話があり，さらに，電話で強い調子で申入れをする者が現れ，委員の中には，その職を辞したい意向を示す者もいたことを重視したものと思われる（最判平成6・3・25判時1512号22頁[17]は上告棄却）。

　鴨川ダムサイト訴訟の場合には，机上のプランであり多数の候補があったとはいえ，ダムサイト候補地を具体的に知ることができる図面が問題になったのに対し，前掲東京地判平成23・8・2の事案においては，ダムサイト候補地を具体的に知ることすら困難な程度の図面であった。また，鴨川ダムサイト訴訟の場合には，有識者等からなる同協議会委員に対し，脅迫に近い働きかけが実際にあり，委員を辞職したい旨の申出をする者すら存在し，同協議会における率直な意見交換への支障の高度の蓋然性を認めうる状態にあったのに対し，前掲東京地判平成23・8・2の事案においては，そのような問題があることは被告により主張されていない。したがって，前掲東京地判平成23・8・2の事案は，前掲最判平成6・3・25の射程外とみることも可能である。

　リゾート開発計画の事案であるが，徳島地判平成5・7・16判タ854号108頁（高松高判平成6・5・31判タ854号105頁は控訴棄却，最判平成6・12・18判例集未登載[18]は上告棄却）のように，開発許可の事前協議が始まったばかりで，その計画内容について相当な変更も予想されるから，ゴルフ場開発関係事前協議書を開示すると，県民に対し事業計画が確定したかのような無用の混乱，誤解を招くおそれがあるとして審議・検討・協議に関する不開示情報該当性を緩やか

16）　宇賀克也・ケースブック情報公開法（有斐閣，2002年）78頁参照。
17）　情報公開実務研究会編・情報公開の実務Ⅱ巻3181の2頁参照。同判決については，田中舘照橘・法令解説資料総覧158号92頁，松井茂記・民商113巻2号319頁，枝根茂・行政判例百選Ⅰ〔第7版〕74頁，神橋一彦・メディア判例百選〔第2版〕30頁参照。
18）　情報公開実務研究会編・前掲注**17）**3009頁参照。

に認めた裁判例もある。しかし，周辺住民に重大な影響を与える開発計画については，早期に計画を公開し，パブリック・インボルブメント[19]の下で検討を進めることの重要性に十分な配慮がなされたか疑問があり，前掲東京地判平成23・8・2が，説明責務という行政機関情報公開法の理念を重視した解釈をしたことは評価されよう。

(6) 事務・事業に関する情報

① 教科書調査員名簿

　横浜市教科書取扱審議会が推薦し，横浜市教育委員会が任命する教科書調査員は，教科書について調査・研究を行い，その結果を同審議会に報告し，同審議会は，この報告に基づき採択されるべき教科書についての審議結果を前記報告とともに同委員会に答申し，同委員会は答申に基づき審議を行い，教科書採択に係る決定を行う。この教科書調査員名簿の開示請求がなされた事案において，横浜地判平成23・6・15判自353号9頁[20]は，2010（平成22）年度横浜市教科書採択の基本方針によれば，採択は，採択権者である同委員会が，同審議会答申を受けて，その権限と責任において慎重に審議し，公正かつ適正に行われるものとされており，教科書採択手続の手順からしても，調査員の調査，研究報告が直接採択結果に反映されるわけではなく，調査員個人は採択結果や採択手続等に対し直接評価あるいは批判を受ける立場にあるとまではいえないことや，同委員会および同審議会の委員名簿は採択終了後には情報提供される扱いであると認められるところ，これにより教科書採択に関する業務の適正な遂行に支障があったという事情も窺われないことからすると，採択終了後に，調査員個人に対して，誹謗中傷等がなされる可能性はいまだ抽象的なものにすぎないと述べている。

　また，教科書採択前においては，過当な宣伝活動がなされることによって当該年度の調査員の業務に関しての静謐な環境が失われ，調査，研究業務の適正な遂行に支障を及ぼすおそれがあると認められる一方で，当該年度の調査員が，

---

19) 宇賀克也・行政法概説 I〔第6版〕（有斐閣，2017年）308頁参照。同・情報公開法の理論〔新版〕（有斐閣，2000年）146頁も参照。

20) 井上禎男・季報情報公開・個人情報保護44号32頁参照。

採択終了後においても，教科書発行者等に利害をもたらす何らかの業務を担っているといった事情は認められないことからすれば，すでに当該年度の教科書の採択が終了した段階で，教科書発行者等が当該年度の調査員に対しこのような宣伝活動を行うことは考え難く，この点においても，被告（横浜市）は抽象的な可能性を指摘するにすぎないとする。

　さらに，外部からの働きかけの可能性があるとしても，すでに採択が終了した段階においては，当該採択結果ないし手続の公正を事後的に検証する目的でなされる働きかけ以外は具体的には想定し難く，他に違法不当な目的ないし方法をもって何らかの働きかけがなされる可能性は抽象的なものにすぎないとする。

　また，採択結果等の公正を事後的に検証する目的で，相当な方法をもってなされる働きかけは，本件情報公開条例の目的に照らし，公正な教科書採択に関し市民に説明する責務の履行に資するものとして，調査員が受忍すべき範囲のものであるといえ，かかる程度の働きかけがなされる可能性自体が，次年度以降の調査員の業務に際し萎縮等を生じさせるか否かは，個々の調査員の主観的な受け止め方によるところが大きいとはいえ，とりたてて法的に保護しなければならないような具体的蓋然性をもって予測されるものとはいえないと判示している。

　被告は，現に，2009（平成21）年度における教科書採択に際して，調査員に任命された横浜市立中学校長が，採択終了後，開示された調査員名簿を見た記者により，特定の教科書調査等に関する個人的見解を求める取材をされ困惑し，不快感を持ったことを，教科書調査員名簿の開示が業務の適正な遂行に支障を及ぼすおそれがあることの根拠として援用したが，同判決は，上記取材は，通常の取材交渉を経て，同校長が任意に応じたものであって，同校長は自らの立場上可能な範囲で任意かつ適切に回答しており，この程度の働きかけは，調査員として受忍すべき範囲のものであるとする。そして，これにより同校長が多少なりとも困惑や不快感を抱いたとしても，そのことによって次年度以降の調査員の業務に際して萎縮等を生じさせるものとはいえず，その適正な遂行に支障を及ぼすおそれがあることについての具体的蓋然性を裏付けることはできないと判示している。さらに，被告は2004（平成16）年度から2009（平成21）年

度の教科書調査員名簿等については開示しており，そのことと 2010（平成 22）
年度の教科書調査員名簿のみ不開示にすることとの整合性を合理的に説明でき
るものでもないとも判示されている。そして，以上のとおり，被告の主張は，
いずれも業務の適正な遂行に支障を及ぼす具体的蓋然性を指摘するものではな
く，採用できないとして退けられたのである。

　名古屋地判平成 13・11・9 判自 230 号 52 頁[21]も，教科書採択に際し，教科
書を発行する会社等が，愛知県尾張西部地区教科書採択協議会の委員ないし研
究員と目される人物に対して自社の教科書を採択するよう営業活動を行う実態
があり，1999（平成 11）年度の教科書採択についても，1999（平成 11）年 3 月
31 日に，文部省初等中等教育局長（当時）から各教科書発行者あてに宣伝行為
等に関する自粛を求める通知（文初教第 147 号）がなされている事実を認めるも
のの，教科書の新規採択は原則として 4 年ごとに実施されるのに対し，委員は，
原則的に任期 1 年とされていて，4 年間に委員の顔ぶれは大幅に変更されるの
が常態と考えられるところ，教科書発行者等は，自社の教科書を採択させよう
とする目的で当該採択年度の委員等に働きかけを行うのであるから，当該年度
の採択が終了した後になって，どの委員がどのような意見を述べていたかが判
明したからといって，教科書発行者等がそれ以上当該委員に接触するとは考え
難いとする。したがって，本件情報の公開によって教科書発行者等による過剰
な宣伝行為が行われるようになるとの被告（愛知県教育委員会）の主張は，客観
的な裏付けを欠くものであって採用できないとして退けられている。また，被
告は，公開を前提とした場合，委員等が萎縮して自由な意見交換が阻害される
と主張したが，愛知県公文書公開条例 6 条 1 項 8 号の「事務事業に係る意思決
定」とは，公正かつ合理的な意思決定であることを当然の前提としていると解
されるところ，子弟の教育という点で住民に大きな影響を与える教科書採択は，
できる限り公正かつ透明な手続により行われることが望ましく，採択について
事実上の影響力を有する委員としては，そのような手続の中でも率直に意見交
換を行い，義務教育にふさわしい教科書を選定することが期待されており，か
つ，本件情報の公開によって，このような役割を果たすことが客観的に困難に

21）　藤原ゆき・季刊教育法 140 号 89 頁参照。

なるとは考え難く，住民に対する公開を前提としない審議を行うことが公正な採択という行政目的からみて合理的とはいい難いとする。また，不採択となった教科書の問題点を具体的に明らかにすることは，教科書発行者に改善の機会を与えるという意味で有益であり，これを秘密にしなければならない合理的理由もないと述べている。

したがって，本件情報が公開されることにより，仮に委員等が主観的に何らかの精神的負担を感じることがあったとしても，そのような精神的負担は非公開事由の判断に当たって考慮すべきものではなく，結局，本件においては，公開により行政の公正かつ合理的な意思決定に支障を来すとはいえないから，本件情報が審議・検討・協議に関する本件条例 6 条 1 項 8 号に該当するとは認め難いと判示している。これは，事務・事業情報に関する判示ではないが，事務・事業情報該当性についても同様に当てはまる判示といえよう。

② 労働者災害補償保険給付の支給決定を行った事案の処理状況を記載した処理経過簿

前掲大阪地判平成 23・11・10 の事案において，被告は，事業場名が開示されれば，当該事業場はもとより他の事業場においても，労働災害を発生させた事業場として事業場名が広く社会に知れ渡る可能性があることを危惧し，そのため，労働者災害補償保険事業における被災労働者の就労実態等に関する調査において上司および同僚等からの積極的な協力が得られないこととなり，迅速かつ公正な労働者の保護という労働者災害補償保険事業の適正な遂行に支障が生じる旨主張した。しかし，同判決は，業務に起因して脳血管疾患および虚血性心疾患等を発症し，労働者災害補償保険給付の支給決定を受けた労働者に係る事業場名が開示されたとしても，そのことによって当該事業場の社会的評価や信用が低下する抽象的な可能性があるにすぎず，その競争上の地位その他正当な利益が害される蓋然性が存するものとは認められないことからすれば，事業場名の開示によって，当該事業場はもとより他の事業場においても，労働災害を発症させた事業場であることが発覚することを恐れて就業実態の調査に対し非協力的となるという事態が一般的に想定されるものとはいえないから，事業場名の開示により労働者災害補償保険事業の適正な遂行に支障が生じる蓋然性が存するものと認めることはできないとし，本件文書中の事業場名は行政機

関情報公開法 5 条 6 号柱書所定の不開示情報には当たらないと判示している。

　行政調査一般に関する従前の裁判例においては，間接強制調査権限が付与されていても，任意の協力への支障を理由として，事務・事業情報該当性が肯定される傾向にあったが[22]，同判決は，支障が生ずる蓋然性の要件を厳格に解することにより，事務・事業該当性を否定しており注目される。

③　内閣官房報償費のうち政策推進費に係る領収書等

　前掲大阪地判平成 24・3・23 は，内閣官房が内閣補助機関であるとともに，内閣の首長である内閣総理大臣の職務を直接補佐する機能を担っており，内政・外政に関する重要政策等や行政各部の施策の統一等に関する企画・立案や総合調整，内閣の重要政策に関する情報の収集調査に関する事務等，わが国の政策運営に関する重要な事務を所掌するところ，内閣官房長官は，内閣官房の事務を統括する者であることから[23]，上記のような内閣官房の所掌事務を的確に行うため，その時々の政策的判断により，重要政策等の関係者に対し，非公式に協力依頼や交渉等の働きかけを行い，重要事項につき関係者や外部の情報提供者等からの情報収集を行うなど様々な活動が必要となると考えられるとする。そして，そのような活動を実効的に行うためには，当該関係者や情報提供者等に対し，合意・協力や情報提供に対する相当の対価の支払をするなど，一定の経費の支出が必要となることもありうるのであり，そのような経費については，内閣官房長官が行う活動の性質上，その時々の判断で機動的に使用することが必要となるため，政策推進費は，内閣官房長官が自ら出納管理を行い，直接相手方に交付することとされ，機動的かつ柔軟な使用が可能とされているものと考えられるとする。そして，そのような政策推進費の支払相手方である非公式の協力依頼・交渉等の相手方である関係者や情報提供者等は，内閣の重要政策等につき内閣官房長官と接触を行った事実，また相当の対価を受けた事実等が公にされないことを前提に，協力や情報提供等に応じる場合が通常であると考えられるところ，政策推進費に係る領収書等には，その支払相手方である上記関係者や情報提供者等の氏名・名称，支払われた金額，領収日等の日付

---

22)　宇賀・前掲注 **10)** 250 頁以下参照。

23)　内閣官房，内閣官房長官について詳しくは，宇賀克也・行政法概説Ⅲ〔第 5 版〕（有斐閣，2019 年）120 頁以下参照。

等が記載されていることから，これが開示された場合には，当該関係者等からの信頼が失われ，上記活動の目的である重要政策等に関する事務の遂行に支障が生じるおそれや，内閣官房の秘密保持に対する信頼が低下し，関係者等の協力や情報提供等が受けにくくなるなど，今後内閣官房において行われる活動全般に著しい支障が生じることも予想され，また，当該関係者や情報提供者等に対する不正な働きかけが可能となり，それらの者の安全が害されるおそれや，情報の漏えい等のおそれがあるとする。さらに，領収日等の日付，支払金額等の記載と支払相手方の氏名等を照らし合わせることにより，協力依頼・交渉や情報提供の内容等を推知することも相当程度可能になると考えられ，それにより，内閣の行う施策の内容やその方針等そのものが推知され，わが国の政策活動全般に関し，著しい支障が生じるおそれがあるとする。特に，政策推進費は内閣官房長官が自ら出納を管理し，相手方に交付するものであるから，特に重要性・秘匿性の高い事項に使用されている可能性があり，上記のような支障が生じるおそれがより一層高いものと考えられると判示している。また，政策推進費の使途や支払の相手方等が明らかとなれば，上記のような情報を明らかにしないことを前提とした内閣官房の活動が不可能となり，機動的な内閣官房の事務の遂行が阻害されることも予想されるので，政策推進費に係る領収書等に記録されている情報は，公にすることにより，内閣官房の行う事務の適正な遂行に支障を及ぼすおそれがある情報であると認めることができ，行政機関情報公開法5条6号の不開示情報に該当すると認められるとする。

④　内閣官房報償費のうち調査情報対策費に係る領収書等

　　前掲大阪地判平成24・3・23は，会合の経費として使用された調査情報対策費に係る領収書等に記録された情報が開示された場合においても，上記③と同様の理由により，内閣官房の行う事務の適正な遂行に支障を及ぼすおそれがあると認めることができ，当該領収書等には，行政機関情報公開法5条6号の不開示情報が記録されているものと認めることができると判示している。

⑤　内閣官房報償費の活動関係費に係る領収書等

　　内閣官房報償費の活動関係費に係る領収書等について，前掲大阪地判平成24・3・23は，広範に行政機関情報公開法5条6号該当性を肯定している。交通事業者を利用した場合にその対価として支払われるものの領収書等には，支

払の相手方の氏名・名称の記載があることから，それが開示された場合，当該交通事業者の名称が明らかになり，内閣の行う政策等に関する情報を不正に入手しようとする者や，重要政策の関係者や情報提供者等に働きかけを行おうとする者が，当該交通事業者に接触し，内閣官房が非公式に行っている活動に関する情報を入手して悪用したり，それを利用して内閣官房の行う事務を妨害したりする可能性があり，また，以後当該交通事業者を利用する際，関係者の安全確保や情報の機密性の確保等にも不安が生じることが考えられ，これにより，内閣官房の行う事業の遂行に支障が生じるおそれがあるとする。また，領収書等には，領収日等の日付，金額等の記載があることから，利用する交通手段によっては，当該交通事業者名と領収日等の日付，金額等を照らし合わせることにより，内閣官房長官が行った重要政策の関係者に対する協力依頼・交渉や情報収集等の活動の内容が推知される可能性があることも否定できず，これにより内閣官房の行う事務に支障が生じるおそれがあるとする。活動関係費に係る交通費以外の領収書等に記録された情報についても，同様の理由により，いずれも，公にすることにより内閣官房において行うわが国の重要施策等に関する事務の適正な遂行に支障を及ぼすおそれがあると認めることができると判示している。

⑥　**内閣官房報償費の政策推進費受払簿**

　前掲大阪地判平成24・3・23は，政策推進費受払簿が開示された場合には，前回繰入れ時から今回繰入れ時までの一定期間内における政策推進費の支払合計額が明らかになるのみであって，それ以上に政策推進費の具体的使途や支払の相手方の氏名等の情報が明らかになるものではないとする。したがって，政策推進費受払簿を開示したとしても，内閣官房の行う事務の遂行等に支障を生じる具体的なおそれがあるとは認められないので，政策推進費受払簿に記録された情報は，行政機関情報公開法5条6号の不開示情報に該当すると認めることはできないから，本件不開示決定のうち，政策推進費受払簿を不開示とした部分は違法であると判示している。

⑦　**内閣官房報償費の支払決定書**

　前掲大阪地判平成24・3・23は，内閣官房報償費の支払決定書が開示された場合には，調査情報対策費および活動関係費の支払相手方やその具体的使途が

明らかになるから，調査情報対策費および活動関係費に係る領収書等が開示された場合と同様の支障が生じうるものと考えられるとし，支払決定書に記録された情報は行政機関情報公開法5条6号に該当すると認められると判示している。

⑧　内閣官房報償費の出納管理簿

内閣官房報償費の出納に関する情報を一覧表にしてまとめた出納管理簿の行政機関情報公開法5条6号該当性について，前掲大阪地判平成24・3・23は，当該情報の同条3号該当性と同様の判示をしている。

⑨　内閣官房報償費支払明細書

内閣官房報償費支払明細書の行政機関情報公開法5条6号該当性について，前掲大阪地判平成24・3・23は，当該情報の同条3号該当性と同様の判示をしている。

以上見てきたように，内閣官房報償費については，行政機関の長の開示・不開示の判断に要件裁量が認められていない行政機関情報公開法5条6号についても，それが認められている同条3号の場合と同様に判断され，両号の相違が司法審査にどのように反映したのかは，判決文からは読み取りにくい。

(7)　部分開示

前掲大阪地判平成24・3・23は，行政機関情報公開法6条1項の部分開示について情報単位論[24]を採用し，独立した一体的な情報をどのように把握すべきかについて，行政機関情報公開法は明文の規定を置いていないから，社会通念に照らし合理的に解釈されるべきであり，具体的には，当該文書の作成の名義，趣旨・目的，作成時期，取得原因，当該記述等の形状，内容等を総合考慮の上，行政機関情報公開法の不開示事由に関する規定の趣旨に照らし，社会通念に従って判断するのが相当であるとする。

そして，領収書等は，概ね，誰が，誰に対し，いつ，いくらの金員の支払を受けたのか（領収書および受領書の場合）または金員の支払を求めるのか（請求書の場合）という事項を明らかにするものであると考えられるから，1通の領収

---

24)　宇賀・前掲注**2)**132頁以下参照。

38　第1章　情報公開・個人情報保護に係る裁判例

書等に記録された情報は，金員の受領または請求という社会的に有意な1つの
事実に関連した情報であって，社会通念上独立した一体的な情報であるとする。
したがって，各支払に対応する領収書等に記録された情報のうち，相手方氏名
等の記載部分等を除外して，その他の部分のみ開示の対象としなければならな
いものとすることはできないと判示している。また，支払決定書には，「支払
決定書」との文書名，支払決定の日付，金額，支払目的，支払相手方等，取扱
責任者である内閣官房長官の記名・押印，支払および確認を行った日付，事務
補助者の記名・押印等の記載があると認められ，当該記載内容に加え，支払決
定書が調査情報対策費および活動関係費の支払決定のために作成されるという
ことおよびその体裁に照らせば，支払決定書は，概ね，いつ，誰に対して，何
について，いくらの調査情報対策費または活動関係費を支払うかにつき決定を
行ったかという事項を明らかにするものであるといえるから，1通の支払決定
書に記録された情報は，支払決定という社会的に有意な1つの事実に関連した
情報であって，社会通念上独立した一体的な情報とみるべきであるとされ，各
支払決定に対応する支払決定書に記録された情報のうち，相手方氏名等の記載
部分等を除外して，その他の部分のみ開示の対象としなければならないとする
ことはできないとされた。

　内閣官房報償費の出納に関する情報を一覧表にしてまとめた出納管理簿には，
〈ア〉国庫からの内閣官房報償費の支出（受領），〈イ〉政策推進費の繰入れ，
〈ウ〉調査情報対策費および活動関係費の支払決定の各出納があるごとに，当
該各出納についての「年月日」「摘要（使用目的等）」「受領額」「支払額」「残
額」「支払相手方等」の各項目の記載がされているが，一覧表の内閣官房報償
費に関する上記〈ア〉から〈ウ〉までの出納に対応する情報が記載された部分
と，月分計部分および累計部分ならびにそれらに対する内閣官房長官の確認印
が記載されている部分がある。前掲大阪地判平成24・3・23は，内閣官房報償
費に関する上記〈ア〉から〈ウ〉までの各出納に対応する前記「年月日」「摘
要（使用目的等）」「受領額」「支払額」「残額」「支払相手方等」の各項目の記
載部分については，その記載内容に加え，出納管理簿が内閣官房報償費の出納
を管理するために作成されるものであること，およびその体裁にも照らせば，
概ね，内閣官房報償費の上記各出納について，それぞれ，いつ，いくらの内閣

官房報償費を，誰に対し，何の目的で受領または支出し，残額がいくらになったのかという事項を明らかにするものであると考えられるから，上記各出納ごとに，これに対応する上記の各項目の記載が，それぞれ内閣官房報償費の出納という社会的に有意な1つの事実に関連した情報を形成しており，社会通念上それぞれ独立した一体的な情報をなすものということができるとする。次に，月分計部分および累計部分については，各月における内閣官房報償費の受領額および支払額の合計額，年度当初から一定時点までの内閣官房報償費の受領額および支払額の累計額とその時点における残額等の記載およびそれぞれに対する内閣官房長官の確認印があるが，これらの記載は，その体裁にも照らせば，各月または年度当初から特定の月の月末までに合計いくらの内閣官房費を受け取り，支払を行ったか，およびそれについて内閣官房長官が確認をしたという事実を明らかにするものと考えられるから，月分計部分および累計部分ならびにそれぞれについての内閣官房長官の確認印が，それぞれ，社会的に有意な1つの事実に関連した情報を形成しており，社会通念上独立した一体的な情報をなすものということができるとする。また，出納管理簿には，年度末および取扱責任者の異動があった場合に一覧表の枠外に記載される立会者（事務補助者）および確認者が記名押印をする部分等があり，これらが不開示情報に該当しないことに争いはないところ，これらの部分は独立した一体的な情報をなすものと考えられると述べている。そして，出納管理簿に記載された情報については，一覧表の〈ウ〉調査情報対策費および活動関係費の各支払決定に係る各項目には行政機関情報公開法5条3号および6号の不開示情報が記録されていると認められるから，当該支払決定に対応する各項目の記載全てが一体として不開示情報に該当するため，不開示とすべきであるとする。一方，出納管理簿のその他の部分については不開示事由該当性が認められないところ，出納管理簿の様式に照らせば，上記不開示情報該当性が認められる部分については，他の部分と容易に区分して除くことができ，かつ当該部分を除いた部分に有意の情報が記録されていないと認めることもできないことからすれば，内閣官房内閣総務官は，出納管理簿について，調査情報対策費および活動関係費の各支払決定に関する各記載項目部分を除いて，同法6条1項の規定に基づく部分開示をすべきであったものと認められると判示している。

40　第 1 章　情報公開・個人情報保護に係る裁判例

　最判平成 19・4・17 判時 1971 号 109 頁により，最高裁は実質的に情報単位
論を放棄したとする見方もあるが，下級審裁判例をみる限り，上記最高裁判決
後も，情報単位論は有力であり[25]，下級審裁判例の多くは，上記最高裁判決の
射程を開示可能情報と不開示情報の共通部分がある場合に限定して理解してい
るように思われる。

(8)　主張立証責任

①　不開示情報該当性

　前掲大阪地判平成 24・3・23 は，行政機関情報公開法は，同法 3 条において，
「何人も……行政機関の長……に対し，当該行政機関の保有する行政文書の開
示を請求することができる」と規定し，同法 5 条本文においては，「行政機関
の長は，開示請求があったときは，開示請求に係る行政文書に次の各号に掲げ
る情報……のいずれかが記録されている場合を除き，開示請求者に対し，当該
行政文書を開示しなければならない」と規定するなど，行政文書の開示が原則
であることを明らかにしていること，また，不開示情報の有無が問題となる対
象文書については，請求者および裁判所がその具体的内容を知りうる地位にな
いこと等に鑑みると，開示請求に係る行政文書について，同条各号の不開示情
報が記録されているとして行政文書不開示決定がされた場合には，情報開示義
務を争う被告の側において，当該不開示情報該当性を基礎付ける事実の主張立
証責任を負うものと考えられるとする。そして，同条 6 号は，「国の機関，独
立行政法人等，地方公共団体又は地方独立行政法人が行う事務又は事業に関す
る情報であって，公にすることにより……当該事務又は事業の性質上，当該事
務又は事業の適正な遂行に支障を及ぼすおそれがあるもの」を不開示情報とし
て定めているので，行政機関の長が，同号に該当するとして不開示決定をした
場合には，開示義務を争う被告の側としては，当該文書の外形的事実等を示す
などして，当該文書に国の機関等が行う事務または事業に関する情報が記載さ
れていること，および，これが開示されると，当該事務または事業の性質上，
当該事務または事業の適正な遂行に支障を及ぼす具体的な蓋然性（おそれ）が

---

25)　宇賀・前掲注 **10)** 259 頁以下参照。

あることを主張立証することが必要であるとする。

　他方，同条 3 号は，「公にすることにより，国の安全が害されるおそれ，他国若しくは国際機関との信頼関係が損なわれるおそれ又は他国若しくは国際機関との交渉上不利益を被るおそれがあると行政機関の長が認めることにつき相当の理由がある情報」を不開示情報として規定しているところ，同号の「おそれがあると行政機関の長が認めることにつき相当の理由がある情報」との文言に加えて，当該情報が一般の行政運営に関する情報とは異なり，その性質上，高度の政策的判断を必要とするものであり，またわが国の安全保障上または対外関係上の将来予測としての専門的・技術的判断を要することなどの特殊性が認められること等に鑑みれば，同号該当性の判断には一定の裁量が認められ，行政機関情報公開法に基づき開示請求された行政文書につき，行政機関の長が同号に該当するとして不開示決定をした場合には，裁判所は，当該文書に同号に規定する情報が記録されているか否かについての行政機関の長の第 1 次的な判断を尊重し，その判断が合理性を持つものとして許容される限度内のものであるかどうかを審理判断すべきものであるとする。すなわち，同号に該当する旨の行政機関の長の判断は，それが重要な事実の基礎を欠き，または事実に対する評価が明白に合理性を欠くこと等により，社会通念に照らし合理性を持つものとして許容される限度を超えると認められる場合に限り，裁量権の範囲を超え，またはその濫用があったものとして違法となると解するのが相当であり，原告（開示請求者）の側において，上記裁量権の範囲の逸脱またはその濫用があったことを基礎付ける具体的事実について主張立証することを要するものと解すべきと述べている。ただし，不開示情報の有無が問題となる対象文書については，開示請求者および裁判所がその具体的内容を知りうる立場にないのであるから，被告において，まず，当該文書に記録された情報が，同号該当性が問題となりうる情報であることを示す外形的事実，すなわち，当該情報が国の安全や外交関係に関係する類型の情報であることを示す基礎的な事実関係について主張立証する必要があり，このような主張立証が果たされた場合に，原告において，裁量権の範囲の逸脱またはその濫用があったことを基礎付ける事実を主張立証すべきと判示している。行政機関情報公開法 5 条 3 号・4 号該当性の主張立証責任についての裁判例は分かれているが，同判決は，いわゆる 2 段

階型[26]を採用したものといえる。

② 文書不存在

　いわゆる密約訴訟において，東京高判平成24・3・15裁判所ウェブサイトは，本件開示請求の対象となる文書は，その形式上，外務省が定めた文書の保存および廃棄に関する規程によって，永久保存されるべき文書に該当しているのみならず，実質的にも，わが国の政治，外交等に関する重要史料として位置付けられる公文書といえるとし，本件において，本件文書は，1971（昭和46）年6月ころには，外務省がこれを保有するに至っていたことが証明されているところ，その後，本件不開示決定がされた2006（平成18）年4月27日の時点までの間に，紛失あるいは廃棄等による滅失その他により同文書が不存在となったことまでの証明はないと認定している。しかし，本件文書は通常の場合とは異なるごく特別な方法や態様等により保管，管理されていた可能性があることに加え，外務省に設置された調査チームや有識者委員会等による相当に徹底した調査によっても同文書を発見するに至らなかったことなどを総合すると，政治的，外交的配慮等に基づく意図的なものであったか否かはともかく，同文書は，正規の手続を経ずして隠匿，廃棄等がされた相当程度以上の蓋然性があると認められるとする。そのため，外務省が過去に本件文書を保有していた事実が認められるからといって，これにより，本件不開示決定の時点においてなお同文書を保有していたと推認することはできず，結局，行政組織としての外務省が上記時点において同文書を保有している事実については，本件全証拠によるもこれを認めるに足りないと判示している。原告（開示請求者）は，過去の一定時点で国が開示請求対象文書を保有していたことを立証したが，当該行政文書が行政機関が組織的に用いるものとして一定水準以上の管理体制下に置かれていたとは認められなかったため，不開示決定時点まで本件文書の保有が継続していたことが推認されなかったのである。

26）　宇賀・前掲注**10）**270頁以下参照。

2 個人情報保護

(1) 開示請求

① 議会の規律に関する検討委員会の議事録等

本巣市議会議員である原告が，本巣市議会に対し，本巣市個人情報保護条例に基づき，自己の非違行為に関する対応について検討された「議会の規律に関する検討委員会の議事録及び議事を録音しているもの」につき開示請求をしたところ，同議会は「議会の規律に関する検討委員会は秘密会として開催されたため」という理由で非開示決定を行ったので，原告は，当該処分の取消しおよび当該情報の開示決定の義務付けを求めて訴訟を提起した。議会の規律に関する検討委員会は，本巣市議会議長が本巣市議会会議規則 161 条 4 項の委任に基づき定めた「本巣市議会の協議等の場の運営等に関する要綱」（以下「運営要綱」という）5 条が準用する本巣市議会委員会条例 6 条 1 項の規定に基づき，議会の全員協議会の議決によって設置された委員会であり，同委員会は，運営要綱 5 条が準用する本巣市議会委員会条例 19 条の規定に基づき，秘密会とすることを決定しており，運営要綱 5 条が準用する本巣市議会会議規則 106 条 1 項の規定により，同委員会における秘密会の議事の記録は公表しないこととされている。

本巣市個人情報保護条例 14 条 2 号（現 3 号。以下同じ）は，「法令等の定めるところにより，又は実施機関が法律上従う義務を有する主務大臣等の指示により，開示することができないと認められる情報」を不開示情報として規定しており，本巣市議会会議規則 106 条 1 項が同条例 14 条 2 号の「法令等」に該当するかが争点になったが，岐阜地判平成 22・11・24 裁判所ウェブサイト[27]は，議会規則は「法令等」に含まれないから，「秘密会として開催されたこと」は，同条例 14 条 2 号に該当する旨の理由にはならず，他の不開示情報に該当する理由も記載されていないため，理由提示の瑕疵により，本件不開示決定は取り消されるべきとした。しかし，開示決定の義務付け訴訟については，同条 7 号

27） 渡井理佳子・季報情報公開・個人情報保護 41 号 26 頁参照。

44 第1章 情報公開・個人情報保護に係る裁判例

（現8号）の「市の機関又は国等の内部又は相互間における審議，検討又は協議に関する情報であって，開示することにより，率直な意見の交換若しくは意思決定の中立性が不当に損なわれるおそれ又は特定のものに不当に利益を与え若しくは不利益を及ぼすおそれがあるもの」に該当しないことが明らかとはいえないとして，棄却された（ただし，第1回の同委員会の議事録等については，会議が公開で行われたため，開示決定義務付け訴訟が認容されている）。その理由として，原告が同委員会の報告に不満を有していること，原告は2006（平成18）年から2007（平成19）年ころにかけて，自己の発行する本巣ときの会ニュースにおいて他者の名誉を毀損したり，他者に暴行したりなどしたことが認められること，同委員会の各委員は，第2回から第4回にかけての会議で，秘密会であるとの前提で，原告の行為の評価に関する率直な意見を述べていること，原告のそれまでの行動を踏まえると，同委員会における発言内容を含む本件個人情報が開示されることで，各委員に不当に不利益を及ぼすおそれがあり，今後も同様の検討委員会等が開催される場合には，率直な意見の交換または意思決定の中立性が不当に損なわれるおそれもないとはいえないことが挙げられている。

② 子供手当の消滅に関わる文書

　未成年者の親権者が，府中市個人情報の保護に関する条例に基づき「東京都から来ている子供手当の消滅に関わる文書」の開示請求をしたところ，府中市長は，東京都福祉保健局少子社会対策部育成支援課長から府中市子ども家庭部子育て支援課長宛て「配偶者からの暴力が認められる事例（通知）」と題する文書の一部開示決定を行った。不開示決定がされたのは3か所であり，本件不開示部分1には，東京都が原告に係る事案を配偶者からの暴力が認められる事例に該当すると判断した根拠（①保護命令等が出されている場合，②婦人相談所等による証明書が発行されている場合，③支援措置の対象となっている場合，④その他〔配偶者が監護または生計要件を満たさないと客観的事実に基づき判断できる場合〕のいずれかに該当すること）が記載され，本件不開示部分2には，配偶者からの暴力の被害者の保護活動等を行っている東京都の機関の名称が記載されている。そして，本件不開示部分3には，被害者の氏名および生年月日が記載されている。

　東京地判平成23・4・14判例集未登載[28]は，本件不開示部分2が開示され，

配偶者からの暴力の被害者の保護活動を行っている東京都の機関の名称が開示されると，当該機関においては，配偶者からの暴力の加害者がその機関を訪れ，当該機関に不服・不満を訴えるなどの行動をとったり，また，当該機関を通じて被害者に接触を図ったり，圧迫を加えたりするような行動をとるおそれがあり，そのような加害者の行動によって当該機関の執務が妨害されたり，当該機関において，上記のような事態が生ずることを想定し，それによって配偶者による暴力の被害者にさらなる被害が生ずることを防ぐための方策を検討，実行すること等が必要となったりするのであり，これにより，本件不開示部分2に記載された情報の提供をした東京都に属する当該機関の通常の業務が妨げられるおそれがあるといえるので，本件不開示部分2に記載されている情報は，それが開示されることにより，当該部分にその名称が記載されている東京都の機関の事務の執行に支障が生ずるおそれがあり，本件条例17条4号（「国又は他の地方公共団体から提供されたもので，開示することにより，その情報を提供した国又は他の地方公共団体の事務の執行に支障を生ずるおそれがあるとき」）に該当すると判示している。

　また，本件不開示部分1の記載は，例えば，「婦人相談所等による証明書が発行されている場合」が選択されていることが明らかとなった場合，東京都の機関である婦人相談所が配偶者からの暴力の被害者からの相談を受けていることが判明することになるので，本件不開示部分2の記載内容を推知させるものであるといえ，本件条例17条4号に該当すると判示している。

　本件不開示部分3が本件条例17条5号（「開示することにより，第三者の権利利益を侵害するおそれがあるとき」）に該当するといえるかどうかは，当該情報の性質や内容，請求者と当該第三者との関係等からみて，これを開示することにより，客観的に，当該第三者の権利利益が侵害されるおそれがあるかどうかによって判断すべきであるとする。そして，本件不開示部分3の記載は，単なる特定の者の氏名および生年月日を表す情報ではなく，配偶者からの暴力を受けているとして何らかの措置を受けている者の氏名および生年月日を表す情報であると解すべきであるが，このような情報は，配偶者からの暴力の被害者である

---

28)　塩入みほも・季報情報公開・個人情報保護46号45頁参照。

本人において，その加害者である配偶者を含め自己が欲しない他者にはみだりにこれを公開されたくないと考えるのが自然な情報であるといえ，これが開示されることによって本人のプライバシーなどを侵害するおそれがあるから，本件条例17条5号に該当すると判示している。

　本件においては，「児童虐待・DV事例における児童手当関係事務処理について」（平成20年5月9日雇児発第0509004号通知）と題する運用指針に基づき配偶者に対するDV加害者と認定された原告に対する子ども手当支給が停止されており（本件事案は，児童手当から子ども手当に制度が変更された時期のものであるが，本件当時，DV事例における子ども手当の支給事由の消滅処理については，上記ガイドラインに基づいて運用されていた），原告は不開示部分3に自己の配偶者の氏名，生年月日が記載されていることを知っていると認められるから，情報公開条例に基づく開示請求ではなく個人情報保護条例に基づく開示請求において，開示請求者が知っている情報を不開示にすることができるかという問題がある[29]。しかし，本件条例17条5号は，開示請求者の知・不知にかかわらず，開示することにより，第三者の権利利益を侵害するおそれがあるときに不開示にすることとしており，DV被害者は，DV加害者に子ども手当の消滅に係る措置を講じた証拠を把握されることを欲しないであろうから，本件条例17条5号に該当するとしたことは首肯しうる。

(2)　利用停止請求

　個人情報保護条例に基づく利用停止請求に係る裁判例は少ないが，注目すべきものに横浜地判平成23・8・31判時2187号15頁[30]（控訴審の東京高判平成24・7・18判時2187号3頁[31]は控訴棄却）がある。本件では，入学式・卒業式における国歌斉唱時に起立を拒否した神奈川県立学校教職員の氏名等の情報を校長から同県教育委員会に報告させ，当該情報を利用させていることが，同県個人情報保護条例6条（思想・信条等に係る個人情報の取扱禁止）および8条（収集制限）違反であるとして，34条の規定に基づく利用停止請求が行われ，これに

---

29)　宇賀・前掲注**7)**488頁以下参照。
30)　大林啓吾・季報情報公開・個人情報保護44号39頁参照。
31)　田村泰俊・判評662（判時2211）号138頁参照。

対し拒否決定がなされたため，同決定の取消し，当該不起立情報記載文書の抹消および慰謝料が訴求された。同判決は，儀式的行事である入学式や卒業式において，参列者が起立し君が代を斉唱する行為それ自体は，一般的，客観的にみて，これらの式典における慣例上の儀式的な所作として外部から認識されるから，かかる行為が，客観的にみて，特定の歴史観・世界観を有することを外部に表明する行為であると評価することは困難であるとする。しかし，原告らが教職員の立場で，入学式や卒業式における国歌斉唱時に起立する職務命令に違反した事実と不起立を職務命令に違反するものとして式の前後に指導した状況に関する報告が記載された経過説明書には，当該職務命令の根拠となった教育長通知に示された考え方には賛同できないという思想・信条に基づいて，当該教職員が独自に選択した行為等が記載されていることになり，当該教職員の国歌に対する歴史観・世界観や社会生活上の信念に直接結びつけることができる情報といえるから，思想・信条に関する情報に当たるというべきであって，これを外形的行動から内心を確定的に推知できないとの理由で，思想・信条に関する情報ではないとか，本件条例上，保護に値する程度の思想・信条と評価できないというものではないとする。

　そして，本件不起立情報が，本件条例6条ただし書により思想・信条および宗教に当たる事項に関する個人情報であっても例外として取扱いが認められる場合のうち「あらかじめ神奈川県個人情報保護審議会〔当時。以下同じ〕の意見を聴いた上で正当な事務若しくは事業の実施のために必要があると認めて取り扱うとき」に当たるかどうかについて検討が行われ，「あらかじめ神奈川県個人情報保護審議会の意見を聴いた上で」という手続要件は充足されていると認定し，次に，「正当な事務若しくは事業の実施のために必要があると認めて取り扱うとき」との要件充足の有無の検討をしている。

　そして，今回の入学式および卒業式における不起立情報は，国歌斉唱時に起立することを求める職務命令ないし選択の余地のない指示・指導に反した教職員の違反事実に関する情報といえ，こうした違反事実に関する情報は，当該教職員に対する指導を実施する上でも，また，当該教職員による服務違反に対する人事上の措置の要否・内容を検討する上でも必要とされるものであるから，これを原告らを含む県教職員の監督を担う立場で人事管理上必要なものとして

収集・記録することは「正当な事務若しくは事業の実施のために」されたものというほかはないとする。したがって，実施機関である教育委員会としては，本件条例の定めに従い，神奈川県個人情報保護審議会に諮問し，その答申を踏まえた上で，正当な事務もしくは事業の実施のために必要があるものと認めて取り扱ったもので，かかる判断をもって，神奈川県個人情報保護審議会の答申内容を無視し，ないしこれに反したものということは困難であるから，不起立情報を収集・保管することとした教育委員会の判断は，教職員等の服務規律の保持を担う行政機関として裁量内の判断と認めることができると判示している。

　原告らは，不起立情報の取扱目的が不明確であることが本件条例8条1項違反であることも主張したが，同判決は，原告らが，県立高等学校に勤務する地方公務員として，入学式・卒業式において，校長が定める式次第に従い，国歌斉唱時には起立して生徒を指導すべき指示・命令を受けており，これが原告らの具体的な職務行為になっていることを前提にした上，この命令に従わない教職員に対し，県教育委員会（教育局所管課）が各学校の校長と一体となって組織的・継続的な指導を行っていくことが不起立情報の取扱目的であることが明らかであるから，取扱目的が不明確であるとまではいえないとする。また，本件条例8条3項（当時。以下同じ）の本人収集原則違反の有無についても検討を行い，本件で問題となっている経過説明書は，校長，副校長等が，入学式および卒業式において国歌斉唱時に起立しなかった教職員を目視により確認し，教職員と面談し，不起立であったことについての事実確認を行い，個別指導を経た上で，その情報を記録することによって作成されたものであり，本人から事情を聴取の上収集したものであるから，その結果内容を収集することは本件条例8条3項の規定に反するものではないとする。一方，校長，副校長等が，入学式および卒業式において国歌斉唱時に起立しなかった教職員を目視により確認したことにより得られた情報については，本人が知らない間に収集されることも想定できないわけではないが，参列した校長，副校長等にとっては，直接現認した本人の行動を報告するものであるから，本人から収集した情報であるといって妨げない上，当該本人としても，実施機関である校長，副校長等が卒業式または入学式に参列していることを認識しているから，これらの者から，国歌斉唱時における不起立を現認され，これが服務上の義務違反として報告の

対象とされることを予見することは可能であり，本人が全く関知することのないまま収集された情報とはいえないから，本人収集原則違反とはいえないとする。

さらに，原告らは，国歌斉唱時に起立しなかった情報を本件条例に違反して収集・保管することが，思想および良心の自由を定めた憲法 19 条のほか憲法 13 条に違反するとして，人格権に基づいて経過説明書の抹消を求めたが，同判決は，経過説明書に記載されている事実は，当該教職員の国歌に対する歴史観・世界観や社会生活上の信念に直接結びつくものとして思想・信条に関する情報に当たるといえるものの，それをもって，直接，当該本人に対し，一定の事項を強制，あるいは禁止するものではなく，地方公務員としての職務遂行に当たって職務命令に従わなかったことについての情報であるから，このようなものを収集し，これを保管することそれ自体が，原告らの思想および良心の自由を侵害するとはいい難いとする。原告らは，憲法 13 条で保護されるプライバシーの侵害や自己に関する情報を統制する権利を侵害するとも主張したが，これらの情報が，学校行事において教職員である原告らがとった行為そのものに関するものであることからすると，原告らの個人情報ではあっても，それを監督権者において，本件条例に従い個人情報として取り扱うことが，プライバシー権や情報統制権などを侵害するものとはいえないから，その排除を求めることはできないと判示している。

大阪地判平成 19・4・26 判タ 1269 号 132 頁[32]，その控訴審の大阪高判平成 19・11・30 判例集未登載[33]は，教育委員会が不起立情報を教師から直接収集しておらず，校長による聴取に際し，教育委員会からの依頼に基づくものであるとの通知がされていなかったため，枚方市個人情報保護条例が定める本人収集原則違反としたのに対し，前掲横浜地判平成 23・8・31 は，本人収集原則違反になる場合を限定的に解している。また，前掲大阪高判平成 19・11・30 は，情報公開・個人情報保護審議会の意見聴取という手続がとられていないことから，センシティブ情報の取扱いに関する手続違反も認めたが（地方教育行政の組

---

32) 上拂耕生・季報情報公開・個人情報保護 27 号 55 頁，豊島明子・速報判例解説（法セ増刊）2 号 77 頁以下参照。

33) 大橋真由美・法セ 650 号 123 頁参照。

織及び運営に関する法律 23 条（当時。現在は 21 条）5 号・43 条 1 項は，センシティブ情報の収集を認める法令等の定めには該当しないとする），前掲横浜地判平成 23・8・31 の事案では，審議会の意見聴取手続がとられていたため，かかる手続違反はないとされた。

第2章

情報公開の国際的動向

1 はじめに

　わが国の行政改革委員会で行政機関の保有する情報の公開に関する法律の制定をめぐる議論が行われていた1990年代半ばにおいては，情報公開法は，基本的には一部の欧米先進国の法制度にとどまっていた。しかし，1990年代後半から情報公開法制定国は急速な国際的広がりを見せ[1]，最も情報公開法制定が遅れていた中東地域においても，「中東の春」以後，情報公開法制定を求める動きが高まっている。情報公開法制定国は，すでに110を超えている。情報公開法は，民主主義国家の標準的な法的インフラとしての地位を獲得しているといえる。そして，後述する「開かれた政府パートナーシップ（Open Government Partnership）」（以下「OGP」という）の動向にみられるように，情報公開をめぐる国際協力の動きが加速化している。情報公開法制定を終えたわが国にとっても，情報公開の国際的動向を把握しておく必要性は大きい。そこで，本章では，近年における情報公開の国際的動向について解説することにする。

---

[1] 諸外国の情報公開法については，宇賀克也・情報公開法の理論〔新版〕（有斐閣，2000年）41頁以下，同・情報公開法・情報公開条例（有斐閣，2001年）69頁以下，同・情報公開の理論と実務（有斐閣，2005年）206頁以下，同・情報公開と公文書管理（有斐閣，2010年）297頁以下，同編著・諸外国の情報公開法（行政管理研究センター，2005年）参照。

52 第2章 情報公開の国際的動向

2 国際協力

(1) OGP

① 設立と発展

　オバマ大統領（当時）の提唱で設けられた OGP の動きは，極めて注目される。2011 年 7 月 12 日にワシントン DC で 55 か国が参加して開かれた準備会合を経て，同年 9 月 20 日，ニューヨーク市で 46 か国が参加して，「開かれた政府」に関する共同宣言（「開かれた政府宣言」）を採択し，設立メンバーの 8 か国（共同議長国のアメリカ，ブラジルのほか，イギリス，ノルウェー，メキシコ，インドネシア，フィリピン，南アフリカ）が開かれた政府を推進するためのアクション・プランを公表し，他の 38 か国は，2012 年にブラジルで開催予定の次回会合までにアクション・プランを作成することに合意した。アジアでは，設立メンバーとなったインドネシア，フィリピンのほか，韓国も OGP の設立総会に参加した。この時点で加盟資格[2]があると認定されたのは 79 か国であり，アジア諸国の中で，この時点で加盟を見送ったのは，日本，タイ，インド，パキスタンであった（インドは当初，参加する意向で設立準備にも関わっていたが，参加を取りやめた）。2011 年 12 月 7 日・8 日にブラジルで OGP の作業部会が開かれているが，この時点で OGP の参加国は 50 に達している。OGP には，2012 年にコスタリカ，パナマ，トリニダード・トバゴ，セルビア，ロシア，フィンランド，ハンガリー，アルゼンチンが参加し，同年末現在，その加盟国は 58 になった。その後，ロシアは 2013 年 5 月 17 日に OGP から脱退する旨の通知を行ったが，他方，同月 20 日にアイルランドが，同月 22 日にオーストラリアが，同年 7 月 4 日にマラウイが，同年 9 月 9 日にニュージーランドが OGP への加盟を宣言した。また，情報公開法を制定したシエラレオネが加盟資格を認められ，同年 11 月 1 日に OGP に加盟した。OGP に加盟するためには加盟資格を満たさな

---

2) 　加盟資格は，16 点満点中 12 点以上の国に認められ，独立した専門家グループが採点を行う。情報へのアクセス，公務員情報の公表，市民参加について各 4 点，政府予算原案と会計検査報告書の公開について各 2 点の配点となっている。加盟資格を認められた国の採点結果は公表されているが，認められなかった国の採点結果は公表されていない。

けれぱならないが，その後，アンゴラ，ブータン，ギニア，ルクセンブルク，ナミビア，ナイジェリアも加盟資格を認められ，加盟資格があるものの加盟していない国は，2014年末現在，28か国になった。同年には，チュニジア，フランス，ボスニア＝ヘルツェゴビナが新たにOGPに加盟し，加盟国は65か国になった。日本は，2012年のG8で発展途上国のOGP加盟促進を援助する旨の共同声明に加わっていたが，2014年に安倍晋三内閣総理大臣がイギリスを訪問した際，OGPへの加盟の検討を加速する旨を約束している。2015年には，カーボベルデがOGPに66番目の加盟国として加わった。2016年12月7日から9日にかけてパリで開催されたOGPサミットの会合で，アフガニスタン，ブルキナファソ，ドイツ，ジャマイカ，ルクセンブルク，パキスタン，ポルトガルの7か国がOGPへの参加を表明し，「怠惰な」加盟国と認定されるおそれのあったハンガリーが脱退を表明した。脱退は，ロシアに次いで2例目になる。モロッコは，2018年4月にOGPに加盟している。2019年2月17日現在，加盟国は79に増加し，その他，20の州（オンタリオ州等）や地方公共団体（パリ市，ソウル市等）が加盟している。

② 組織上の特色

OGPの組織上の特色は，国の代表に加えて，市民団体の代表も運営委員会の正式の構成員になっていることである。すなわち，各国政府と民間団体が対等の立場で共同で運営する公私協働の国際組織であり，OGPに関与する民間団体の数も何千にのぼり，ツイッターのフォロワーは6万を優に超えている。

③ 第1回年次総会

第1回年次総会の前日の2012年4月16日にOGPの運営委員会がArticles of Governanceを全会一致で可決した。同月17日・18日にブラジリアで最初の年次総会が開催され，加盟国の代表，各国の民間団体，国際的NGOの代表等，数百名が参加し，47の国別のアクション・プランやテーマ別の議論が行われた。アクション・プランの実行については，各国政府が自己評価するが，それを補完する第三者評価システムの詳細については，この時点では，議論の途上にあった。次回の年次総会は，2013年にロンドンで開催されることとなった。

④　OGP の加盟国への関与

2013 年 2 月 18 日，OGP の「ガバナンス及びリーダーシップ」小委員会がジャカルタで開催された。OGP の運営委員会が個別の国の情報公開をめぐる国内の論争にコメントをすべきかは，南アフリカの秘密保護法をめぐり，OGP 内で議論されたが，フィリピン議会が情報公開法案を長期にわたり可決しないことをめぐって，再び議論の対象になった。OGP の運営委員会は，2013 年 2 月 21 日，かかる各国の問題については，明確な例外的事情がある場合を除いては，コメントしない方針を公表した。その理由は，OGP の運営委員会の任務は，情報公開に関する国際協力の一般的な原則を作成することにあり，各国の論争を調停することではないからである。

⑤　第 2 回年次総会

2013 年 10 月 31 日から 11 月 1 日にかけてロンドンで開催された第 2 回年次総会においては，37 の政府が，情報公開を推進するための新たな約束を行った。また，OGP 創設に携わった 8 か国のアクション・プランに対する独立審査報告書が公にされた。各国のアクション・プランを独立の立場から評価する者が使用する調査ガイド案についてのパブリック・コメントは，2013 年 2 月下旬から 3 月上旬までの期間，募集された。各国のアクション・プランに対する独立審査員による審査報告は，OGP が機能するための要として位置付けられるが，報告書の事実認定に対する各国政府への照会が不十分であったという不満を述べる政府もあった。また，この総会において，OGP に情報アクセスに関するワーキンググループが設けられた。さらに，オープンデータ推進のNGO と情報公開推進の NGO の協力の必要性も議論された。

⑥　加盟国への援助

OGP の情報アクセスに関するワーキンググループは，2014 年に，加盟国を援助することを主目的とする作業計画を取りまとめた。具体的には，加盟国の第 1 次のアクション・プランを分析し，第 2 次のアクション・プランを作成する政府の代表に必要な援助について打診し，主要なステークホルダーである情報公開に係る監督機関，民間団体の参加を支援すること等を決定している。

⑦　地域別会議

2014 年にはアメリカ，ヨーロッパ，アジア，アフリカ等の地域別に加盟国

が一堂に会する会議も開催された。

⑧ 民間セクター会議

OGPへの民間セクターの参加を検討する民間セクター会議も設立され，その提案を同年5月5日にバリで開催されたOGPの運営委員会に提出している。

⑨ 第三者評価委員会

OGPの第三者評価委員会は，43か国の評価データを2014年4月に公表している。

⑩ アクション・プランの提出期限の不遵守

OGPは，加盟国の自主性を尊重した仕組みであり，自らアクション・プランを策定し，その進展について自己評価と第三者評価が行われる。加盟国のアクション・プランの提出期限は4段階で設定されている。提出期限を4か月経過すると注意がなされるが，リトアニア，マルタ，トルコの3か国は，自己評価の提出期限（2013年9月）までに報告書を提出できず，2014年2月11日，OGPは，このことを公にした。なお，オランダもこの期限を遵守できなかったが，アクション・プランの改善のためにより広範に意見を聴取している事情等を斟酌し，提出期限の延長が認められた。また，同年7月1日のアクション・プランの提出期限から4か月経過しても提出がなかった12か国（トルコ，マルタ，オーストラリア，コロンビア，イタリア，ケニア，ラトビア，マラウイ，モンテネグロ，ペルー，スロバキア，ウクライナ）にも注意がなされた。トルコ，マルタは，第1次のアクション・プランについての自己評価の提出期限を遵守しなかったとして注意を受けており，今度は，第2次アクション・プランの策定期限を遵守しなかったとして2度目の注意を受けたことになる。もっとも，OGPは，強制と制裁ではなく，自主性と相互支援を尊重する仕組みであるため，加盟国が義務を遵守できなかったときも，特別の事情がなければ制裁を科さない方針をとっている。もっとも，2012年に，加盟国の義務違反に対する取決めはなされている。それによれば，加盟国がOGPのプロセスを遵守しなかったり，自己のアクション・プランを履行しなかったり，第三者評価で指摘された事項に適切に対応しなかった場合には，3年の猶予期間内に是正されないときに制裁が可能としていた。その後，アクション・プランが2年ごとに作成・評価のプロセスを反復することを考慮し改訂が行われている。すなわち，

2期連続して，注意を受けた場合には，運営委員会で対応を協議することとしている。2014年には，この要件の見直しの議論が行われた。①「開かれた政府宣言」への支持を表明しないこと，②アクション・プランを提出期限から4か月経過しても提出しないこと，③アクション・プラン作成に当たり，市民や民間団体を含めたマルチ・ステークホルダー・プロセスを採用しないこと，④自己評価報告書を提出期限から4か月経過しても提出しないこと，⑤自己評価報告書の提出前に第三者評価のための研究者との議論を拒否すること，⑥第三者評価者の目から見て，アクション・プランの履行のための進展がみられないこと等が，参加資格の見直しの議論を開始する端緒として検討された。また，自己評価報告書には，第三者評価における勧告への対応を必ず記述することが決定された。また，加盟国が加盟資格の要件（公開度が16点満点中12点以上であること）を下回ってしまった場合，加盟基準に達するように努めるための1年間の猶予期間を認める案が検討された。OGPは，同年9月24日，3周年の記念大会をニューヨーク市で開催したが，そこで，民間団体からの苦情等に対応する手続についての決定もなされた。

⑪ 「怠惰な加盟国」としての認定

2013年にロンドンで開催されたOGP第2回年次総会において，情報公開の原理に反している政府への対応をとることが市民団体により強く要請され，これを受けて，OGPは対応方針を決定した。これに従い，市民団体は，アゼルバイジャン政府によるOGPへの市民参加を抑止する行為に対する苦情を申し立てた。OGPは，2015年5月に，市民団体の申立てに同意するという第1段階の措置をとった。OGPは，加盟国に制裁を科すのではなく，時間を要しても支援を行い改善を促す慎重な対応方針をとっているが，最終的には，OGP加盟国としての責務を履行しない「怠惰な（inactive）」状態にあるという認定が行われうる。ハンガリー政府に対しても同様の申立てがなされ，調査が行われた。

OGPの基準小委員会は，2016年3月，アゼルバイジャンがOGPの原則を遵守しない「怠惰な」加盟国であると宣言することを勧告した。この問題は，同国政府がとりわけ政府の情報公開の推進を提唱するNGOを抑圧していると3つのNGOが2015年3月2日にOGPに苦情を申し立てたことに起因する。

OGPの運営委員会は，2016年5月4日，賛成16，反対3（棄権3）でアゼルバイジャンを「怠惰な」加盟国と認定した。OGPが加盟国にかかる認定を行った初の例である。これにより，アゼルバイジャンはOGPにおける投票権を失い，オブザーバーとして参加できるにとどまることになる。もっとも，アゼルバイジャンは，最長1年間のうちに，改善がなされたと認定されれば，基準小委員会が運営委員会に対して，アゼルバイジャンに正式加盟国としての地位を再び与えることを勧告することができる。

　OGPの運営委員会は，2年連続してアクション・プランの提出を懈怠した国に対しては，基準小委員会の勧告に基づきOGP加盟国としてふさわしいかの審査を開始できることになっているが，アクション・プランを提出期限までに提出しなかった5国のうち，トルコを除く4国（オーストラリア，ケニア，マラウイ，モンテネグロ）は，遠からずアクション・プランを提出することを誓約していた。そのため，トルコについて，基準小委員会からの勧告を受けて，運営委員会で「怠惰な」加盟国と認定するかについて判断することとされたが，トルコが直前の2016年4月27日に，真摯な努力をすることを約束したため，同年5月4日の運営委員会の会議では，「怠惰な」加盟国との認定はなされなかった。ただし，OGPの運営委員会は，4つの課題をトルコ政府に課した。すなわち，（ⅰ）アクション・プランを作成し，市民団体との協働を進めるための責務を負う大臣および連絡先を明確にすること，（ⅱ）2016年5月31日までに，アクション・プランを作成するためのロードマップを公表すること，（ⅲ）アクション・プランの作成過程において，OGPの支援チームと協力すること，（ⅳ）遅くとも2016年9月1日までにアクション・プランを作成すること，である。そして，期限までに以上の課題を履行しない場合には，同年9月開催の運営委員会において，トルコは，自動的に「怠惰な」加盟国と認定されることになった。しかし，トルコは，期限までにアクション・プランを作成しなかったので，同月21日の運営会議で「怠惰な」加盟国と認定された。

⑫　第3回年次総会

　OGPの運営委員会は2015年10月26日・27日に，第3回年次総会は同月28日・29日に，いずれもメキシコシティで開催された。この総会でOGPは，地方公共団体の透明性に関するパイロット・プロジェクトに同意した。対象と

58　第 2 章　情報公開の国際的動向

なるのは，原則として，OGP 加盟国の人口 25 万人以上の地方公共団体であり，申請に基づいて対象が選択される。このパイロット・プロジェクトにおいても，地方公共団体職員および民間団体の代表が，開かれた政府に関するアクション・プランを策定することが想定されている。毎年，最も革新的な情報公開改革を実現した地方公共団体を顕彰することも予定されている。

⑬　**OGP の優先課題**

　2016 年 1 月 20 日から 21 日にかけて，南アフリカで開催された OGP の「ガバナンス及びリーダーシップ」小委員会において，共同議長国のメキシコと南アフリカは，2016 年の OGP の優先課題を提案した。その内容は，市民とより近く，開かれた政府のためのイノベーションの源泉となる州や地方公共団体の OGP への参加の選択肢を設けること，国の議会をより体系的に OGP に参加させること，市民団体の参加を国内および国際の両面において深化させること等であり，同小委員会において支持された。同年 9 月 20 日には，ニューヨーク市で OGP の 5 周年になる会議が開催された。

(2)　国際連合

① **情報公開の推進**

　国際連合は，2012 年 1 月，情報公開とデータ保護に関するオンライン・プラットフォームを構築する計画について学者や民間団体から助言を求め始めた。また，2015 年以降の発展計画を議論している国際連合の委員会が 2013 年 5 月に公表した草案においては，政府情報への国民のアクセスを保障すべきであり，情報公開法制定は，グローバルな最低限の水準であるとされており，情報公開法が国際的な法的インフラとしての標準装備であるという考えが示されている。

② **持続可能な開発会議**

　2012 年 6 月 20 日から 22 日にかけてリオデジャネイロで開催された国際連合持続可能な開発会議（リオ + 20）は，環境と開発に関するリオ宣言（1992 年）の第 10 原則（市民参加，情報公開，救済）を強化し，環境情報の一層の公開を促進することを宣言した。

③ **国際連合環境計画**

　国際連合環境計画（以下「UNEP」という）は，2013 年 2 月 16 日から 17 日に

かけて，ケニアのナイロビで開催された第14回の主要グループおよびステークホルダーによるグローバル会議で，「UNEPにおけるステークホルダーの参加原則」を採択した。また，同年1月22日から23日にかけてスイスのジュネーブで開催された専門家集団会合で「UNEPにおける市民社会の参加のモデルとメカニズム」についての報告書がまとめられた。そこにおいては，利害関係者および市民社会の参加の拡大に合意したことも重要であるが，情報公開との関連では，UNEP事務局長に，全てのステークホルダーの完全な参加の下で，情報の公表と情報へのアクセスに関する政策を作成することを命じたことが注目される。UNEPは，2016年，パブリック・コメント手続を経て，新たな情報アクセス方針を採択した。

④　ユネスコ

ユネスコは，2012年，「開かれたアクセスの発展と促進のための政策ガイドライン」を公表した。これは，主として，科学情報へのアクセスの拡大を意図したものである。これまで秘密にする情報に係る内部規則しか有しなかったユネスコも，情報公開指針の作成作業を開始した。58の市民団体が，ユネスコに対して，指針作成過程で市民団体と協議するよう要請したが，ユネスコ内で改正の検討がされ，新しい規則は，2017年3月1日に施行された。

2015年にパリで開催された第38回総会において，同年11月17日に，毎年9月28日を「情報へのユニバーサルアクセスの日」とすることを決定した。この日が選ばれたのは，2002年9月26日から28日にかけて，ブルガリアのソフィアで開催された15か国の民間団体の会議で，9月28日を「知る権利の日」とすることが決定され，情報公開の促進を目的とする世界の団体がこの日に記念行事を催してきたからである。「情報へのユニバーサルアクセスの日」の第1回の記念行事が，2016年9月26日に2日前倒しで開催された。

⑤　国際電気通信連合

国際電気通信連合（以下「ITU」という）は，2017年1月2日に，同機関の保有する情報へのアクセス・ポリシーを公表した。ITUの政策を形成する研究会に係る情報については明示的な規定は存在しないが，ITUは，それもアクセス・ポリシーの対象になるという解釈を明らかにした。情報開示の求めに対する回答期限についても規定はないが，ITUは20労働日内に回答する方針を

60 　第 2 章　情報公開の国際的動向

表明している。開示が拒否された場合の不服の申出についての規定も置かれていない。

(3)　情報コミッショナー国際会議

　2011 年 10 月 4 日・5 日には，オタワで，第 7 回情報コミッショナー国際会議が開催された。データ保護プライバシーコミッショナー国際会議とは異なり，これまで情報コミッショナー国際会議は共同声明を発表してこなかったが，この会議で，初めて共同声明が発表された。OGP の共同宣言を支持することも共同声明に含まれている。2013 年 9 月に第 8 回情報コミッショナー国際会議がベルリンで開催された。この会議では，情報公開制度が直面している危機が議題の 1 つになったが，電子メール等の新しい通信技術の利用により，行政文書としての保存が適切に行われなくなる傾向があることが指摘された。

　2015 年 4 月 21 日，25 か国・35 名の情報コミッショナーが集い，第 9 回情報コミッショナー国際会議がチリのサンティアゴで開催された。この会議では，情報アクセス権が保障されない市民が存在し続けていること，情報公開を制限する立法により情報アクセス権が弱体化する例があること，私的な電子メールの使用等の新技術の使用により情報へのアクセスが困難になる例があること，情報公開のための監視機関に対する適切な財政措置・支援が欠けていること等への懸念が表明された。また，情報アクセスに係る紛争解決のための代替的紛争解決手段（以下「ADR」という）の使用が奨励され，ADR のベスト・プラクティスに関する情報を共有することが決議された。さらに，情報コミッショナー国際会議の下に恒常的なワーキンググループを設置し，親会議で議論された事項についてのフォローアップを行い，経験やグッド・プラクティスの共有を図ることで合意した。第 10 回情報コミッショナー国際会議は，2017 年 9 月 21 日にイギリスのマンチェスターで開催された。第 11 回情報コミッショナー国際会議は，2019 年 3 月 10 日から 13 日にかけて南アフリカのヨハネスブルクで開催された。第 12 回情報コミッショナー国際会議は，2020 年 6 月にブラジルのブラジリアで開催することが決定された。

(4) G8

「アラブの春」により，アラブ諸国で民主化の動きが広まり，情報公開を求める声も高まっているが，2012 年 5 月 19 日にメリーランド州キャンプデービッドで開かれた G8 の会合において，民主主義に移行した国が OGP に参加できるように援助することが合意された。実際，チュニジア，リビア，モロッコ，エジプト，ルワンダ，ザンビア，ミャンマー，パレスチナが OGP への参加を希望していた。アメリカは，中東と北アフリカにおける政府情報の公開と政治参加を支援するため，OECD に 150 万ドルを拠出することを決定した。イギリス政府も，同年 5 月 24 日，リビア政府の情報公開を進めるための多様な協力を行うことを表明した。

2013 年 6 月 17 日から 18 日にかけての G8 サミットは北アイルランドで開催されたが，同月 18 日，G8 は「オープンデータ憲章」に署名した。そして，同年 10 月にその履行のためのアクション・プランを作成することについても合意した。なお，G8 以外の国も同憲章の署名国となることが認められている。

(5) G20

G20 については，主催国が毎年代わり，恒常的な事務局がなく，毎年のサミットのウェブサイト以外に公的な情報源がないが，トロント大学の G20 情報センターのように，私的な情報源も存在する。しかし，G20 の意思決定過程の情報も，合意事項のフォローアップの情報も十分に公開されてこなかった。もっとも，2011 年には，2010 年にソウルで開催された G20 で合意された事項のコンプライアンス報告書が公表された。

2014 年 11 月にオーストラリアのブリスベーンで開催された G20 の会合において，「公的セクターの透明性と清廉性」に関する決議が採択され，国際的なベスト・プラクティスを実践することが公約された。とりわけ，公的投資と調達過程の透明性が，企業による公的セクターへの信頼を高め，国境を越えた貿易と投資を拡大するので，かかる分野での具体的行動は，G20 の開発計画を直接に支援することにつながるとする。G20 の腐敗防止ワーキンググループは，公的調達，オープンデータ，公益通報，財政・予算の透明性等に特に留意すべ

きことを指摘している。

(6) ASEAN

2012年11月19日にASEANが人権宣言を採択したが，その中にも抽象的ではあるが，情報を受ける権利・伝える権利が盛り込まれた。

(7) 世界銀行

世界銀行は，グローバルな情報公開を担当する3名の職を廃止し，地域の事務所にその機能を委ねる方針をとったが，これにより，世界銀行が発展途上国の情報公開の推進に果たしてきた役割が縮小しないか懸念されている。

(8) アジアインフラ投資銀行（AIIB）

中国が主導し，57か国が参加（2019年7月には100の国・地域が参加）したアジアインフラ投資銀行（AIIB）は，2016年1月に情報開示に関する暫定的な方針を公表した。不開示事項は，おおむね世界銀行の先例に準じたものになっているものの，能動的な情報提供が少ないこと，開示することの公益との比較衡量がないこと，独立機関への不服申立制度がないこと等，問題が指摘されている。

(9) BRICS諸国が設立した新銀行

BRICS諸国が2014年に設立した新銀行も，2016年8月30日に，情報開示に関する暫定的な方針を公表している。

(10) 北大西洋条約機構

北大西洋条約機構は，2015年6月3日，初めて，財務規則，コーポレートガバナンス・コードおよび会計原則に関する文書を公表した。もっとも，同機構は，情報開示請求手続をいまだ設けておらず，この点については不満が表明されることがある。同機構の過去の文書については，2008年に，北大西洋条約機構情報公開指針が定められ，2014年に，北大西洋条約機構情報公開指令として，より詳細に定められるようになった。それによれば，作成または取得

から30年を経過した文書は、加盟国の同意を得て、同機構のアーキビストが秘密指定を解除し公表することとされている。同機構が長期にわたり保存している文書についても、直接同機構に開示請求をすることはできず、加盟国の情報公開法を用いて加盟国に開示請求を行い、これを受けて加盟国政府が同機構に開示請求するという間接的な方法によっている。2014年には、約1000の文書に対して15の開示請求があったが、通常、開示請求者は研究者またはジャーナリストである。1949年から1982年までの期間の文書については、これまでで約32万5000の文書が公開され、そのうち約4万2000の文書は、公文書館オンラインポータルから閲覧可能であり、その他の文書は同機構の公文書館閲覧室で閲覧できる。

(11) 「国家安全保障と情報への権利に関する国際原則」

Open Society Justice Initiatives を始めとする22の国際団体の協力により、「国家安全保障と情報への権利に関する国際原則」（いわゆるツワネ原則）が2013年6月12日に公表されたことも注目される。これは、70を超える国の500人を超える専門家の意見を聴取し、2年にわたる検討の結果、取りまとめられたものであり、秘密指定、指定解除、公益通報者の保護等について、非常に詳細に定めている。

(12) Global Open Data Initiative

オープンデータに関する民間での国際協力も進行しており、Sunlight 財団、World Wide Web 財団等の5団体が、2013年6月11日に Global Open Data Initiative の創設を宣言している。

(13) 採取産業透明性イニシアティブ

採取産業透明性イニシアティブ（Extractive Industries Transparency Initiative：EITI）は、石油・ガス・鉱物資源等の開発に関する採取産業から資源産出国政府への資金の流れの透明性を向上させることにより、腐敗および紛争を防止し、責任ある資源開発を推進することを目的とした多国間協力の枠組みであり、資源産出国政府、採取企業、NGO が対等の立場で参加する開放的組織

である。EITI は，アゼルバイジャンが EITI の審議過程における市民参加を妨害しているという理由で，2015 年 4 月 15 日，同国を「遵守国」から「候補国」に格下げした。そして，2016 年 10 月に決定した市民参加の要件をアゼルバイジャンがなお充足していないという理由で，2017 年 3 月 9 日に，同国の加盟資格を停止した。同国は，これを不服として，翌日，EITI を脱退した。

(14)　透明性研究に関するグローバル会議

2011 年 5 月 19 日・20 日に，ニュージャージー州のラトガース大学において，透明性研究に関するグローバル会議が開催され，約 160 名が参加し，130 のペーパーが提出されたことも注目される。

(15)　行政契約の情報公開に関する国際会議

2012 年 10 月 24 日から 26 日にかけて，南アフリカのヨハネスブルクで，行政契約の情報公開に関する最初の国際会議が開かれたことも注目される。ここでいう行政契約には国際機関の締結する契約も対象に含まれている。

(16)　透明性研究大西洋会議

2012 年 6 月 7 日から 9 日にかけて，オランダのユトレヒト大学で開催された透明性研究大西洋会議では，50 を超える学術論文が提出され，多元的な議論がなされた。

3　北　米

(1)　アメリカ合衆国

①　「管理された非秘密指定情報」

アメリカ合衆国（以下「アメリカ」という）では，2010 年 11 月 4 日，オバマ大統領が，「管理された非秘密指定情報（Controlled Unclassified Information）」（以下「CUI」という）に係る新たな大統領命令に署名した。2008 年 5 月 7 日の「CUI の指定と共有」に関する大統領のメモランダムにおいては，秘密指定されていない情報の取扱いについての一貫した方針が欠け，情報共有に不明確で

不必要な制約があったことに鑑み，新たな大統領命令は公開性と統一性を重視している。この大統領命令の対象になるのは，公開されるべきではないものの秘密指定するほどセンシティブではないと公務員が判断する情報である。この改革は，2006年にNGOであるNational Security Archiveが行った調査結果に基づいている。国立公文書館記録管理院（以下「NARA」という）がこの大統領命令を執行し，その遵守を監視する任務を負っている。各行政機関は，この大統領命令の施行後180日以内に，CUIのカテゴリーを審査し，NARAに報告する義務を負う。NARAは提出されたカテゴリーを審査し，承認の是非を判断する。NARAは，CUIとして承認したカテゴリーの登録簿を公表する義務があり，国民は，いかなるカテゴリーのCUIが存在するかを知ることができる。

② ドッド = フランク・ウォール街改革・消費者保護法

2010年7月21日に大幅な金融改革のために制定されたDodd-Frank Wall Street Reform and Consumer Protection Actの929 I 条は，証券取引法，投資会社法，投資顧問法を改正して，監視・リスク評価その他の規制・監督目的で取得した登録者の記録の開示を強制されない旨を規定し，この規定が，連邦情報自由法（以下「FOIA」という）のExemption 3[3]の規定に該当するものとした。これに対しては，この不開示情報は広範すぎるとする批判があった。そのため，この不開示規定を削除する法案が提出され，同年10月4日に成立した。この改正法は，ヘッジファンドのように，SECの規制を受けることになった新しい機関も，FOIAのExemption 8[4]の金融機関であることを確認する内容も含んでいる。

③ 法人とプライバシー

2011年3月1日，アメリカの連邦最高裁判所は，Federal Communications Commission（FCC）が調査の過程で収集した情報の開示をAT&Tがプライバシーを理由に差し止めようとした事案において，会社はFOIAの下でプライ

---

3) FOIAのExemption 3について詳しくは，宇賀克也・情報公開法——アメリカの制度と運用（日本評論社，2004年）188頁以下参照。2009年のFOIAのExemption 3に係る改正については，同・前掲注**1)**情報公開と公文書管理335頁参照。

4) FOIAのExemption 8について詳しくは，宇賀・前掲注**3)**情報公開法308頁以下参照。

バシー権を有する主体として扱われないと全員一致で判示した（FCC v. AT&T Inc., 562 U. S. 397, 131 S. Ct. 1177 (2011)）。AT&T は連邦行政手続法の "person" という文言が会社も含んでいることから，FOIA の "personal privacy" も，会社のプライバシーを含むと主張したが，容れられなかった。

④ Exemption 2 の射程制限

より大きな影響を与えるのが 2011 年 3 月 7 日の連邦最高裁判所判決（Milner v. Department of Navy, 562 U. S. 562, 131 S. Ct. 1259 (2011)）である。同判決は，海軍の弾薬集積所の爆発による損害の予想データと地図を Exemption 2 により不開示にすることはできないとして，原判決を破棄した。連邦最高裁判所は，「内部的な服務に関する規則または行政慣行」を不開示情報とする Exemption 2 は，職員の服務に関する事項を念頭に置いたもので，いわゆる low 2 のみを対象とするとし，法令の潜脱を奨励して行政機関の法執行活動の実効性を阻害するおそれのある情報を不開示とする high 2 を射程にしていないと判示したのである。これは，Crooker v. Bureau of Alcohol, Tobacco & Firearms, 670 F. 2d 1051 (D. C. Cir. 1981) 以来，30 年以上にわたり high 2 を認めてきた裁判例を覆すものであり，その影響は甚大であろう（特に 9. 11 の同時多発テロ以後，high 2 が多用されてきた)⁵⁾。そのため，アリト裁判官の補足意見では，Exemption 7(F) をセキュリティの観点から使用することが示唆されており，ブライヤー裁判官は反対意見を書いている。

⑤ 情報開示請求処理遅延問題

連邦の上院は，2011 年 5 月，情報開示請求処理遅延問題に関する委員会設置法案を可決した。

⑥ ユタ州における情報公開法改正

オバマ政権は FOIA.gov というウェブサイトを開設し，FOIA の運用に関する多様な情報を掲載したが，一部の州においては，逆に情報公開を制限する動きもみられた。2011 年 3 月 8 日，知事の署名を得てユタ州の情報公開法改正案が成立したが，この改正は，ボイスメール，ビデオチャットを開示請求対象から除外し，不開示決定に対する不服申立人に開示がもたらす公益が不利益を

---

5) low 2 と high 2 について詳しくは，宇賀・前掲注 3)情報公開法 176 頁以下参照。

上回ることについて「証拠の優越（preponderance of evidence）」の基準の下で疎明することを義務付け，州議会議員間および州議会議員と州議会職員間の通信を不開示情報とする等，情報公開を大幅に制限する内容であり，しかも，極めて短い審議時間で上下両院が可決したことから，強い批判を招いた。

⑦ FOI ポータル

FOIA に基づく開示請求の処理状況を確認し回答をダウンロードできる FOI ポータルは，環境省が先陣を切って検討してきたが，全行政機関において整備が進められた。

⑧ ODA との連携

オバマ政権は，発展途上国への援助を行うか否かの判断基準の中で，情報公開法を制定しているか，制定しようとしているかの要素を高める決定をした。このような動きが ODA 供与国の間で広まれば，発展途上国の間での情報公開法制定の動きは一層大きくなろう。

⑨ 「デジタル政府：アメリカ国民によりよく奉仕する 21 世紀のプラットフォームの構築」

アメリカ政府は，2012 年 5 月 23 日，「デジタル政府：アメリカ国民によりよく奉仕する 21 世紀のプラットフォームの構築」を公表した。特に注目に値するのは，モバイル技術およびウェブ技術を最大限に活用することを志向していることである。オバマ大統領は，連邦行政機関に対し，12 か月以内にこの方針を遵守すること，90 日以内にこの方針の遵守に向けた進捗状況を公表するウェブサイトを設けることを命じている。アメリカ市長会議も先端技術を活用した地方公共団体の情報公開の推進等を議論するタスクフォースを設置した。

⑩ 記録管理に関する通達

2012 年 8 月 24 日，行政管理予算庁（以下「OMB」という）と NARA は，記録管理に関する通達を発し，（ⅰ）2019 年 12 月 31 日までに，全ての永久保存電子文書を最大限電子的に管理し，国立公文書館に電子的に移管すること，2013 年 12 月 31 日までに，この目的を達成するための計画を作成し，実行に移すこと，（ⅱ）2016 年 12 月 31 日までに，全ての電子メールを電子的形態で検索可能なように管理し，本通達発布後 1 年後から OMB と NARA に進捗状況を報告すること，（ⅲ）2012 年 11 月 15 日までに記録管理を監査する上級職

68　第2章　情報公開の国際的動向

員を任命すること，(iv)2013年12月31日までに，NARAが電子メールの管理・廃棄・移管に関する新しいガイダンスを作成すること等を指示した。

⑪　**州の住民でない者の開示請求権**

アメリカの連邦最高裁判所は，2013年4月29日に，州の住民でない者に当該州の情報公開法に基づく開示請求権を付与しない州法が違憲ではないと判示した。アメリカには，かかる制限を課す州が9つある（アラバマ，アーカンサス，デラウェア，ジョージア，ミズーリ，ニューハンプシャー，ニュージャージー，テネシー，ヴァージニア）。

⑫　**開示決定等の意味**

コロンビア特別区連邦控訴裁判所が2013年4月2日に下した判決も注目される。FOIAにおいては，開示請求があってから20労働日以内（特段の事情があるときには30労働日以内）に行政機関は開示決定等を行わなければならず，法定された期限内に開示決定等がなされなかった場合には，開示請求者は不服申立てを前置したものとみなし，訴訟を提起することが認められている[6]。本件で問題になったのは，ここでいう開示決定等の意味である。連邦選挙管理委員会は，情報公開を進めるNGOからの開示請求に対し，法定期限内に，「開示請求を受け取ったので，不開示情報に該当しない記録を審査が終了したものから開示していく」旨の回答を行った。原告は，これでは法定期限内に開示決定等を行ったことにはならないとして，不服申立前置のみなし規定を根拠に訴訟を提起した。これに対し，連邦選挙管理委員会は，法定期限内に開示決定等を行ったにもかかわらず，不服申立てを前置せずに訴訟を提起したから，当該訴訟は不適法であると主張し，当該訴訟の却下を求め，一審の地方裁判所は，この主張を認め，正式事実審理を経ない判決を行ったが，コロンビア特別区連邦控訴裁判所は，(ⅰ)開示決定等には理由付記が義務付けられていること，(ⅱ)開示決定等に対する不服申立ての教示が義務付けられていること，(ⅲ)「特段の事情」がある場合にさらに10労働日までの期間，開示決定等の期限を延長できること，(iv)訴訟提起後も「例外的事情」があれば，処理期限を延長でき

---

6)　FOIAに基づく開示請求に対する応答期限について，宇賀・前掲注**3)**情報公開法68頁以下参照。

ることに照らすと，開示決定等があったといえるためには，少なくとも開示される記録の範囲と不開示部分がいかなる不開示情報に該当するかを開示請求者に示さなければならないとした。

⑬　**サイバー脅威情報**

連邦議会下院は，2013 年 4 月に，サイバー脅威情報を企業が連邦政府と共有した場合，当該情報を FOIA の不開示情報とする法案を可決した。これに対しては，サイバー脅威情報は FOIA の既存の不開示規定により不開示にしうるので，不開示規定を新設する必要はないという批判や，サイバー脅威情報の概念が不明確であるという批判がなされている。

⑭　**オープンデータ**

2013 年 5 月 9 日の大統領命令および政策指令において，政府が今後作成するデータは機械で読取り可能なフォーマットにすることが原則とされ，オープンガバメント政策[7]が一層推進されたことにも注目すべきであろう。

⑮　**OGP のアクション・プラン**

アメリカ連邦政府が 2013 年 10 月 31 日から 11 月 1 日にかけてロンドンで開催された OGP 総会に提出したアクション・プランにおいては，FOIA に基づく開示請求を連邦政府の統一ポータルで受け付けることを義務化すること，FOIA 現代化諮問委員会を設けること，FOIA 規則を基本的に統一し，例外的に各行政機関による特例を設けるようにすること，FOIA の専門職やその他の職員用の標準的な e ラーニング教材を利用できるようにすること等が含まれた。

アメリカが 2013 年 12 月 5 日に OGP に提出した第 2 次アクション・プランにおいて，NARA の下にあり FOIA オンブズマンとも称される政府情報サービス室（以下「OGIS」という）が FOIA の改善のための方策を提言することを誓約した。これを受けて，NARA 内に設置された FOIA 諮問委員会は，2 年間の審議を経て，2016 年 4 月 19 日に報告書を NARA の長に提出した。同報告書では，FOIA の手数料免除に関する新たな指針を出すように OMB に勧告すること，また，技術の進展に伴いジャーナリズムの形態も変遷していること

---

7)　オバマ政権のオープンガバメント政策について，宇賀・前掲注 1)情報公開と公文書管理 331 頁以下，奥村裕一「オープン（ガバメント）データ」ジュリ 1464 号 45 頁以下参照。

を考慮して，「ニュースメディアの代表」の定義に関する追加的な指針を
OMB が出すことを提言している。

⑯　**コネティカット州における法改正**

　コネティカット州では，2012 年 12 月に小学校で 26 人が銃殺される事件が
発生したが，これが契機になり，2013 年 6 月 5 日に，殺人の被害者の写真に
ついては，情報公開請求があっても開示を禁止する法案が圧倒的多数で可決さ
れ，翌日，知事の署名を得て成立した。

⑰　**テキサス州における会議公開法および情報公開法の改正**

　テキサス州では，会議公開法が改正された。改正法は，公的な会議外で会議
の構成員が電磁的記録により通信することを認めるともに，当該電磁的記録を
30 日以内に政府のオンライン・メッセージ掲示板に掲載することを義務付け
ている。また，同州の情報公開法も改正され，公務員の電子メールが対象記録
になることが明記され，さらに，州政府に財や役務を提供する者は，当該契約
において，当該提供に係る記録を州の情報公開法に基づき開示することに同意
することとされた。

⑱　**大統領記録および電子メールに係る H. R. 1233**

　アメリカの連邦議会下院は，2014 年 1 月 14 日，大統領記録の適時な公開と
電子メールの保存を義務付けるための法案（H. R. 1233）を全会一致で可決した。
同法案は，NARA の長が公開すべきと決定した記録について前大統領が特権
を主張する期限を設定することを眼目とする。法律でかかる期限を設定しない
場合，前大統領による特権の主張への対応は，現職大統領がその裁量により大
統領命令で定めるところに委ねられることになる。同法案のもう一つのポイン
トは，連邦職員による私的な電子メールの利用に関するものであり，公務のた
めに私的な電子メールを利用することを禁止するものではないが，私的な電子
メールで公務を行った場合には，当該メールの内容を公用のメールに転送する
こと等を義務付けている。

⑲　**デジタルアカウンタビリティ及び透明性法**

　アメリカの連邦議会上院は，2014 年 4 月 10 日，「デジタルアカウンタビリ
ティ及び透明性法案」（S. 994）を全会一致で可決した。同法案は，政府の歳出
の透明性向上を目的とするもので，①財務長官および OMB 長官に政府全体の

財務データの標準を確立すること，②標準化された情報を USAspending.gov のウェブサイトで公開すること，③各行政機関の監察官および会計検査院は，上記サイトで公表されたデータの完全性，適時性，質および正確性について報告を行い，④契約，補助金および融資に係る既存の要件を遵守コスト削減の観点から見直すことを義務付ける内容になっている。同様の法案は，2013 年末に下院で可決されており，この法案の提出者と協力して，上記法案が作成されている。オバマ大統領は，2014 年 5 月 9 日，この法案に署名し，同法が成立した。

⑳ FOIA 諮問委員会

　アメリカ政府の OGP における第 2 次アクション・プランを受けて FOIA の運用を改善するために設置された FOIA 諮問委員会は，政府職員と外部の情報公開の専門家それぞれ 10 名ずつから構成されており，2014 年 10 月に第 2 回の会合を開催した。主要議題は，①訴訟を減少させ，ADR を増加させる方策，②情報提供，③手数料であった。②については，反復して開示請求された開示文書の公表義務が FOIA の 1996 年改正（電子的情報自由法〔EFOIA〕）[8] で課され，司法省のガイドラインでは，3 回以上開示請求された開示文書については公表することとされていたが，実際には，開示請求された回数を確認することが容易でないため，このガイドラインは必ずしも遵守されていなかった。この問題を解決する方法は，1 回でも開示された記録を公開することであり，環境保護庁，国務省等の数機関は，実際，そのような運用をしていた。③について，2007 年の FOIA 改正（「開かれた政府法」）[9] は，開示等決定の期限を遵守できなかった場合，行政機関は検索費用（検索費用を課されない教育機関もしくは非営利の科学研究機関または報道機関の代表者の場合には複写費用）を課すことができないこととされたが，開示請求の処理について異常または例外的な事情があった場合には，費用を課すことが認められるので，かかる事情があったという主張を行政機関が行うことが多いという問題があることが指摘された。

---

8) 電子的情報自由法について，宇賀克也・行政手続・情報公開（弘文堂，1999 年）265 頁以下参照。

9) 開かれた政府法について，宇賀・前掲注 1)情報公開と公文書管理 324 頁以下参照。

72 第2章 情報公開の国際的動向

㉑ FOIA 改正に係る H. R. 1211

アメリカの連邦議会下院の「監視及び政府改革委員会」委員長のアイサ議員らが提案した FOIA 改正案（H. R. 1211）が，2014年2月25日に下院本会議において全会一致で可決された。この法案は，①OMB に FOIA に基づく開示請求のための統一的なポータルサイトを整備する3年計画の調査研究を義務付け，②OGIS に行政機関に対するガイダンスを提供する役割，行政機関の規則を審査する役割，報告書を議会に提出する役割も担わせ，③開示が具体的な損害をもたらすと合理的に予見できるか，または開示が法により禁じられていない限り，不開示決定をすべきでないというオバマ大統領の FOIA に関する覚書の内容を法定し，④FOIA に基づき3回以上開示請求のあった開示文書をオンラインでアクセスできるように公表し，⑤各行政機関の監察官に FOIA に基づく開示義務の遵守状況を定期的に点検し，勧告を行うことを義務付け，⑥最新の技術を利用して最大限に情報提供を行うことを各行政機関に義務付け，⑦NARA の長に，政府の透明性を向上させるための「開かれた政府諮問委員会」を設置することを義務付け，⑧改正法の成立から180日以内に，FOIA 規則を改正し，⑨FOIA 規則に FOIA 連絡職員（FOIA Public Liaisons）および OGIS による調停を利用する手続を規定し，⑨一般に関心を持たれたり一般人に有益と思われたりする記録を選定し，電子的なフォーマットで公表することを各行政機関に義務付けること等を内容とする。

㉒ FOIA 改正に係る S. 2520

上院では，レイヒー上院議員とコーニン上院議員が，類似の法案（S. 2520）を作成して同年6月24日に議会に提出したが，上院司法委員会は，若干の修正をした上で，同年11月20日に同法案を全会一致で可決した。この改正法案の眼目は，H. R. 1211 と同様，FOIA に基づく開示請求を受けて開示・不開示の判断をするに当たり，開示の推定が働くとするもので，予見しうる損害があるか，法令で特に開示が禁止されている場合を除き，開示決定を行うことになる。この基準は，オバマ政権の情報公開方針を法定化しようとするものである。この改正により，濫用されてきたと指摘されることが多い Exemption 5[10]の恋

10） Exemption 5 について詳しくは，宇賀・前掲注 **3）**情報公開法 242 頁以下参照。Exemp-

意的な援用が抑制されることを情報公開の推進を求める諸団体は期待した。さらに，H. R. 1211 より一層強力に Exemption 5 の過剰利用の抑制を図る規定も設けられており，作成または取得から 25 年を超える記録には Exemption 5 の適用を認めないこととされた。また，会計検査院に Exemption 5 の援用について調査することを義務付ける規定も設けられている。行政機関が開示決定等の期限を遵守できない場合に，手数料を徴収することを禁ずる規定は，委員会での修正で 5 万頁を超える記録の開示を求める大量請求には適用されないことになった。会計検査院が隔年で 3 以上の行政機関の FOIA に係る活動を検査することを義務付ける規定，開示請求の未処理案件を削減する方策について会計検査院に調査を義務付ける規定，オンラインによる開示請求をワンストップで行うためのポータルを設けて運営することを OMB に義務付ける規定，OGIS の役割を拡大強化する規定，行政機関による FOIA の遵守と効率を改善し，行政機関のベスト・プラクティスについての情報を提供し，透明性と「開かれた政府」を前進させる方策を調整するために，首席 FOIA 担当職員会議を設置する規定も置かれている。もっとも，レイヒー議員とコーニン議員作成の案に含まれていた Exemption 5 の援用に公益との比較衡量テストを義務付ける規定は，他の上院議員の反対があったため，可決された法案からは除かれている。

この法案は同年 12 月 8 日に上院本会議で全会一致で可決され，下院に送付された。しかし，結局，下院では同法案は採決に付されないまま会期末の同年 12 月 11 日を迎えた。上院においても，すでに下院で可決された法案（H. R. 1211）を可決する動きはみられなかった。そのため，2014 年には，FOIA の改正は実現しなかった。

㉓　FOIA 改正に係る H. R. 653

アメリカでは，連邦議会下院が 2016 年 1 月 11 日に FOIA 改正案（H. R. 653）

---

tion 5 の援用の限定が連邦議会で大きな関心を呼んだ背景には，この規定の援用が急増し，2013 会計年度において 8 万 7152 回（開示請求拒否数の約 12%）も援用されたこと，53 年前の事件について作成された文書であっても，コロンビア特別区連邦控訴裁判所が Exemption 5 の適用を認める判決（National Security Archive v. CIA, 752 F. 3d 460（D. C. Cir. 2014））を出したことがある。

を可決した。改正案は，開示請求者が開示請求を行い，その処理状況を認識することを容易にする規定を設けていた。すなわち，①各行政機関が電子メールによる開示請求を受け付けること，②OMBに単一のウェブサイトから全ての行政機関にオンラインで開示請求をし，その処理状況を認識することが可能になる統合ポータルサイトを設置すること，③各行政機関が個々の開示請求の処理状況について情報を提供する職員の氏名および連絡先の情報を提供すること，④各行政機関が手数料額やその見込み額の計算方法を詳細に説明すること，⑤各行政機関が開示請求を受け付けた日に各請求に追跡番号を付すこと，を義務付けていた。また，3回以上開示請求を受けて開示した記録をオンラインで入手可能にすることを各行政機関に義務付けていた。行政機関は，開示決定がFOIAの不開示規定により保護される利益に具体的に特定できる支障を及ぼすことを合理的に予見可能であると示すことができない限り，不開示決定をすることができないとする規定も設けていた。したがって，不開示規定に文言上該当する場合であっても，「予見可能な支障」を行政機関が具体的に示せない場合には，不開示情報に該当しないことになる。

また，H. R. 653は，行政機関内または行政機関間で作成されたメモ等の記録であって，最終決定前の審議過程を示すものを不開示にすることを認めるExemption 5についても，25年を超えるものまたは法的効果を有する最終的意見もしくは国民への対応に用いた指針文書を不開示とすることを禁ずる内容になっていた。さらに，H. R. 653では，行政機関が法定された期間内に応答しなかった場合には手数料を徴収することを禁じ，開示決定の義務付け訴訟で勝訴した原告の弁護士費用の支払を合衆国に裁判所が命ずる要件を緩和していた。

他の行政機関が作成した記録を取得した行政機関に開示請求があった場合，開示すべきかの判断に際して，取得元の行政機関と協議することが多いが，H. R. 653では，他の行政機関と協議することを開示請求者に通知することを行政機関（諜報機関を除く）に義務付けていた。また，開示請求を拒否した記録のリストを公表し，不開示決定を受けた職員の氏名および職名を確認できるようにすることも行政機関（諜報機関を除く）に義務付け，OGISに直接連邦議会との意見交換等を行い，調停において勧告を出す権限を認めることにより，その独

立性を強化していた。また，各行政機関には，紛争解決のために OGIS のサービスを利用する選択権があることを開示請求者に教示することを義務付けていた。

それに加えて，（ⅰ）首席 FOIA 担当職員が，毎年，FOIA の遵守状況を審査し，改善に必要な勧告を行うこと，（ⅱ）会計検査院が，FOIA の施行状況の監査を行い，Exemption 3 に係る法律のリストを作成すること，（ⅲ）各行政機関が，業績評価の一環として FOIA の遵守状況を評価し，FOIA に係る責務を有する全ての職員に毎年研修を行うことを義務付ける規定を設けていた。また，各行政機関が 180 日以内に FOIA 規則を改訂し進捗状況を報告すること，法執行に係るイクスクルージョン規定の援用，OGIS の調停の利用の回数，能動的に提供した記録の数，行政機関が手数料を課したが 20 日の開示決定等の期限を遵守できなかった数を毎年報告することを各行政機関に義務付けていた。さらに，ベスト・プラクティスその他の情報の共有を図り，FOIA の遵守を改善する勧告を行い，業績測定の標準化を推進するために各行政機関の首席 FOIA 担当職員および連邦の FOIA 関係の幹部職員による協議会を設けることとしていた。

他方において，下院における審議の最終段階で，諜報源と諜報方法に支障を生ずるおそれがある記録の開示を禁ずる規定が設けられた。FOIA は，Exemption 1 において，適切に秘密指定された記録を不開示にする規定を設けており，また，諜報源と諜報方法が開示されることを防止するための連邦法は他に存在するので，この不開示規定の必要性には，疑問が提起されていた。

㉔　FOIA 改正に係る S. 337

上院では，2015 年 2 月 9 日に司法委員会が可決した S. 337 の審議が行われ，同年 3 月 15 日に全会一致で可決された。その後，下院で S. 337 の審議が行われ，6 月 13 日に全会一致で可決された。そして，オバマ大統領が，同月 30 日に署名して，改正法が成立した。上院では，全会一致による可決を目指したため，1 人でも反対する改正条項は削除していった。そのため，H. R. 653 に含まれていた改正条項であって，上院で可決した法案に含まれていないものは多い。

具体的には，全ての職員が FOIA 関連の責務に係る研修を受けることを行政機関に義務付ける条項，連邦の監察官に FOIA の遵守状況を審査し，行政

76   第2章　情報公開の国際的動向

機関の長に勧告を行い，必要に応じ，懲戒処分を求める権限を付与する条項，FOIA およびその施行規則違反を当該行政機関の監察官に報告することを行政機関に義務付ける条項，故意に FOIA およびその施行規則に違反した職員を停職または免職にする条項，電子メールによる開示請求を認める条項，全ての開示請求に追跡番号を付し，開示請求者が開示請求の処理状況を確認できるシステムを整備することを行政機関に義務付ける条項，行政機関が受け付けた各開示請求の処理状況について情報を提供する職員の氏名，電話番号，メールアドレスを公にすることを行政機関に義務付ける条項，行政機関が他の行政機関または当該記録に重大な関心を有する行政外部の者と協議する場合に，その旨および協議過程を開示請求者に通知することを行政機関に義務付ける条項，主要な法解釈，最終報告書，国民への対応に用いた指針文書を不開示にすることを禁ずる条項，全部または一部不開示決定を行った職員の氏名および職名を不開示決定の通知書に明記する条項，職務の遂行に係る連邦職員の氏名は Exemption 6 のプライバシーに該当しないことを明確にする条項，開示請求を拒否する場合においては，法により禁じられていない限り，不開示とされた記録のリストを開示請求者に示すことを行政機関に義務付ける条項，記録の存否を明らかにすることが法執行手続に支障を及ぼしたり，秘密の情報源を露見させたりすると合理的に予見できることを司法省に報告し説明することを行政機関に義務付ける条項，開示請求者に当該事案において課される FOIA の手数料について詳細な説明を行うことを行政機関に義務付ける条項，連邦政府に対する FOIA 訴訟で原告が勝訴した場合に合理的な弁護士費用と訴訟費用を連邦政府に負担させる要件を緩和する条項，FOIA の運用を監査し，Exemption 3 の使用例を分類することを会計検査院に義務付ける条項等が，上院の法案には含まれなかった。また，H. R. 653 では，開示が不開示規定により保護される利益に具体的かつ明確な支障を及ぼすことを行政機関が予見できる場合にのみ不開示にできるとしていたが，上院では，司法省や金融規制機関の反対に配慮し，かかる厳格な要件を設けなかった。

　しかし，それでも情報公開を推進する改正事項は多く，改正法成立後180日以内に FOIA 施行規則を改正することを行政機関に義務付けたこと，透明性および FOIA の遵守を向上させるために首席 FOIA 担当職員会議を設置し，

首席 FOIA 担当職員の役割をより明確にしたこと，FOIA ガイダンスと FOIA レポートを国民が電子的に閲覧できるようにすることを行政機関に義務付けたこと，3 回以上開示請求されて開示した情報を公表することを行政機関に義務付けたこと[11]，開示請求の統合的オンラインポータルの整備を OMB に義務付けたこと[12]，FOIA 連絡職員に対し援助を求めることができること，OGIS の ADR を求めることができることを開示請求者に教示すること，不開示規定により保護されている利益に支障を及ぼすことが合理的に予見できるか，または法により開示が禁止されていない限り，開示を義務付けたこと，内部の審議に関する Exemption 5 を 25 年の時限秘としたこと，行政機関が教示義務を懈怠したり，開示決定等の期限を遵守できなかったりした場合には，5000 頁を超える大量請求の場合を除き，検索および複写の費用を開示請求者に負担させることを禁じたこと，OGIS に，直接に議会に報告する権限および他の行政機関の同意なしに立法の勧告を行う権限を付与したことなど，2007 年以来の FOIA の大改正であったといっても過言でないと思われる。

㉕　**ホワイトハウスの FOIA からの適用除外**

　ホワイトハウスは，2015 年 3 月 17 日，自らは FOIA の適用除外であるとして規則を改正した。これは，ホワイトハウスの電子メールに係る連邦地方裁判所判決において，ホワイトハウスは FOIA の適用を受ける行政機関ではないとされたことを受けたものである。この事件において，連邦控訴裁判所は，ホワイトハウスは，電子メールを保存しなければならないが，FOIA の下で開示する必要はなく，大統領記録法の下で，当該政権の終了後，少なくとも 5 年を経過してから開示すれば足りる旨判示した。

㉖　**公務への私的な電子メールの利用**

　ヒラリー・クリントン氏が国務長官時代に公務に私的な電子メールアドレスを用いて私的なサーバに電子メールを保存した問題について，2015 年 5 月 6

---

11)　2015 年 6 月 30 日に，司法省は，FOIA に基づく開示請求を受けて開示した記録を全て公表することについてのパイロット・プロジェクトに係る報告書を公表したが，それによれば，かかる試みにより重大な支障が生ずるとは認められないとされている。改正法により設置される首席 FOIA 担当職員会議の最初のテーマとして，この問題が取り上げられている。
12)　本改正以前に 12 の省が任意に FOIA Online と呼ばれる統合的な開示請求ポータルサイトを設けていた。

78 第2章 情報公開の国際的動向

日に，上院司法委員会で審議が行われ，司法省，NARA，国務省の職員に対するヒアリングが実施された。クリントン氏は，公的な電子メールについては，国務省の職員に転送し，国務省が保存したから，連邦記録法，連邦規則（36 CFR 1263.22），NARA ガイダンス（NARA Bulletin 2011-03）を遵守していると主張したが，国務省の監察官が同年3月に公表した報告書では，国務省の職員は，電子メールの保存に係る研修を十分に受けていなかったため，保存が適切に行われていなかったことを指摘しており，クリントン氏が私的な電子メールアドレスを用いて公的な職務を行った記録についても，保存が的確に行われていないのではないかという懸念が高まった。

㉗ **法執行職員が装着するビデオカメラ**

法執行職員や消防士が身体に付着させたビデオカメラで撮影した記録が情報公開法の不開示情報になるかについては全米で議論が盛り上がっているが，ノースダコタ州では，私的な場所で撮影されたこれらの記録が不開示情報になることを明確にした法案が，上院では全会一致で，下院では賛成87票，反対5票で可決され，2015年4月15日，知事が署名し成立した。

フロリダ州では，同年5月21日，警察職員が身体に付着させたカメラで私宅内，病院内のように，秘匿するのが合理的と認められる場所で撮影した記録を原則的に不開示情報とする法案が知事の署名により成立した。例外的に，公務に必要な場合には他の行政機関にアクセスをさせることが可能であり，また，撮影された本人もアクセス可能とされている。裁判所も，やむをえない理由がある場合には，開示を命ずることができるとされている。

コロンビア特別区議会は，同年12月1日，警察官が装着したビデオカメラにより撮影された記録の取扱いに関する方針を決定したが，同方針では，情報公開法によらずにかかる記録が開示されるのは，①司法長官，司法長官室，警察苦情室，②秘密保持契約を締結した学術研究者，③監察官室およびコロンビア特別区監査人のような調査機関，④ビデオカメラで撮影された者（当該者または当該警察官に係る刑事訴追が行われていない場合）[13]に対してであるが，⑤重要

---

13) 刑事被告人は，刑事訴訟におけるディスカバリーにより，当該記録にアクセス可能である。

な公益上の必要がある場合（警察官が拳銃を使用した場合，警察官が攻撃され入院したような場合等）には，市長は，検察，警察と協議して，メディアや公衆にも開示しうる。また，ビデオカメラで撮影された者は情報公開法に基づく開示請求を行うこともできる。この場合，第三者も撮影されているのであれば，その部分は当該第三者のプライバシーを保護するために不開示にされることになろう。他方，一般的な開示請求に対しては，私宅内での撮影である場合，家庭内暴力に関係する場合等は全部不開示になる。

　サウスダコタ州では，法執行職員や消防士が身体に付着させたビデオカメラで撮影した記録を情報公開法の適用除外とするが，被写体となった者，現在刑事被告人である者，民事訴訟の提起を予定している者，撮影中に財産が毀損されたり差し押さえられた者には，当該映像へのアクセスを認める内容の法案が提出された。

　同様の法案は，少なくとも 30 を超える州で審議されたが，プライバシー保護の要請と法執行の透明性の要請の調和をいかに図るか，ビデオカメラの作動開始時と作動終了時をいかに規制するか，撮影記録の保存期間をどのように定めるか等の論点をめぐり，議論がなされている。マスコミ等の間では，プライバシー保護のための不開示情報は，すでに情報公開法に置かれており，新たな不開示規定を設ける必要はないという意見，法執行のアカウンタビリティの観点から開示すべき場合にも不開示とすることは不合理であるという意見が述べられることが多い。

㉘　国家安全保障会議への FOIA の適用

　国家安全保障会議は，FOIA 施行後，同法の適用を受ける行政機関として運用されてきたが，1996 年にコロンビア特別区連邦控訴裁判所が国家安全保障会議は FOIA の「行政機関」に該当しないと判示[14]して以来，同法の適用を受けてこなかった。そこで，2016 年，下院に国家安全保障会議を FOIA の適用対象とする法案が提出されたが成立しなかった。

㉙　オープンデータ

　連邦議会でも，オープンデータに関する関心は高く，それを推進するための

14）　Armstrong v. Executive Office of the President, 90 F. 3d 553（D. C. Cir. 1996）.

80 第2章 情報公開の国際的動向

法案が連邦議会に提出されている[15]。

(2) カナダ

① 開示決定等の延長期間

　カナダでは，軍事資産の売却に関する国防省に対する情報開示請求に対して，国防省が，請求対象文書が大量であり，かつ，関係者との協議が必要なため，開示決定等を行うために1110日を要するであろうと回答した。これに対し，情報コミッショナーは，この応答期間の延長は無効であると主張し，より迅速な応答を求めたが，国防省はその求めに従わなかったため，情報コミッショナーは，開示請求者の同意を得て，訴訟を提起した。一審の連邦地方裁判所が延長期間について審査する管轄は有しないとして請求を棄却したため，情報コミッショナーが控訴したところ，連邦控訴裁判所は，2015年3月3日，延長期間の適法性についても司法審査が可能であるとし，延長期間の算定は厳格に行われなければならないと判示した。

② 情報コミッショナーによる情報アクセス法改善のための提言

　情報コミッショナーは，2015年3月，「透明性のための適正な均衡の確保──情報アクセス法の現代化のための提言」を連邦議会に提出した。そこでは，情報アクセス法改善のための85の提言が行われている。その内容は，対象機関の拡大，開示請求手続の改善，開示決定等の期間延長の厳格化，開示範囲の拡大，監視機能の強化，情報提供の拡充，同法の定期的見直し等，多岐にわたる。

③ 改正法案

　カナダでは，2015年に政権に就いた自由党が，情報公開法を改正して情報公開を拡大することを選挙公約にしていた。具体的には，情報コミッショナーに政府記録の提出を命ずる権限を付与したり，首相や大臣，連邦議会事務局，連邦裁判所にも，情報公開法の適用を拡大すること等を約束していた。そして，公約に従い，同法を大幅に改正する法案（Bill C-58）が連邦議会に提出された。

---

15) オープンデータの国際的状況については，World Wide Web 財団が，Open Data Barometer と称する調査を行ってきたが，2016年4月21日に3回目の調査結果を公表している（https://opendatabarometer.org/3rdedition/report/）。

2019 年 6 月 21 日に，同法案が成立した。これは，同法の最も重要な改正であり，政府の公開性および透明性を大きく改善するものといえる。具体的には，（ⅰ）情報コミッショナーに，開示請求との関連で拘束的決定を行う権限を付与し，（ⅱ）5 ドルの開示請求に係る手数料を除き，全ての手数料を廃止し，（ⅲ）公衆の関心の対象であると認められる特定の情報について，開示請求を待つのではなく能動的に公表することを政府機関に義務付けること等を内容とする。

4　ヨーロッパ

(1)　EU

①　アクセス規則

　EU では，アクセス規則の改正の検討が継続してきたが，欧州委員会が EU の機関が保有する文書へのアクセス規則を改正する提言を 2008 年に行った。しかし，文書の定義を狭めているのではないか，不開示情報の範囲を拡大しているのではないか等の批判があり，2011 年 1 月，100 以上の市民団体が署名した書簡が欧州議会に提出され，欧州議会が，欧州委員会の改正案を修正するように要望した。要望の主たる内容は，同規則の適用範囲を全ての EU の組織に拡大すること，開示請求の対象になる文書にデータベースを含めて全ての形態の文書が含まれるようにし，公式に登録されていない文書が除外されないようにすること，加盟国が EU の機関に提出した文書の開示について加盟国に無条件の拒否権を付与しないこと，開示決定等の期限を短縮しないことである。実際，2011 年 12 月 15 日に欧州議会が圧倒的多数で可決した規則案は，情報公開を大幅に拡大する内容となっている[16]。

②　EU 公務員に係る 5 原則

　EU のオンブズマンが，EU 公務員に係る 5 原則を公表したが，第 5 原則は透明性であり，情報公開の重要性を強調している。

---

16)　なお，2012 年 5 月 31 日，スウェーデンとフィンランドの法務大臣が連名で，EU における透明性を低下させる動きに懸念を示したことから窺われるように，EU における透明性が一貫して向上しているわけでは必ずしもないようである。

③ 欧州人権条約

　欧州人権裁判所は，2016 年 11 月 8 日，欧州人権条約 10 条の情報を受け取り，提供する自由に内在する要素として，一定の条件の下で，情報にアクセスする権利が保障されると判示した[17]。

(2)　欧州評議会

　欧州評議会議員会議の法務・人権委員会は，2013 年 6 月 24 日，公益通報者を保護し，文書へのアクセスを推進する決議を採択した。

(3)　イギリス

① 情報公開法改正に向けた動き

　2011 年 1 月 7 日，イギリス政府は，情報公開法を改正する意向を表明した。改正の方向として示されたのでは，同法の対象機関の拡大[18]，情報コミッショナーの独立性の強化（情報コミッショナー室の職員の任命，給与，年金の決定についての情報コミッショナーの権限強化，罷免事由の明確化等），歴史的文書の公開期限の短縮（30 年から 20 年に）である。情報コミッショナーの任期は 5 年とし，再任は認めない方向が示された。他方，王室に係る情報の保護は強化することが示唆された。従前は，王室との通信に係る情報は不開示情報であったが，公益上の理由により開示が認められる可能性があった。この公益上の理由による例外的開示も認めない方向での改正が示唆された。2013 年，情報審判所への不服申立料として一律に 80 ポンドを課すこと等の改正素案に対し，情報公開を求める NGO 等から反対の声が上がった。

② 自由擁護法による情報公開法改正

　イギリスでは，自由擁護法（Protection of Freedoms Act）が 2012 年 5 月 1 日に施行されたが，同法により，情報公開法も改正されている。改正の主要な内

---

17)　http://hudoc.echr.coe.int/eng?i＝001-167828.

18)　イギリスの情報公開法の対象機関の拡大についての政府の検討は，かなり以前から行われている。2007 年以降の司法省による意見聴取について，榊原秀訓「行政民間化に伴う基本理念の変容と基本制度への法的対応」同編・行政サービス提供主体の多様化と行政法——イギリスモデルの構造と展開（日本評論社，2012 年）15 頁以下参照。

容は以下のとおりである。第1に，公的機関がデータセットの形式で保有する情報を開示請求され，開示請求者が電子的形式での開示を求めた場合，公的機関は，合理的に可能な範囲で再利用可能な形式で開示することが義務付けられた。第2に，開示されるデータセットに係る著作権を公的機関が保有している場合には，再利用について所管大臣の許可を受けなければならず，公的機関は再利用に係る著作権使用料を課すことができることとされ，使用料が支払われるまで再利用を認めないことができることとされた。第3に，複数の公的機関により設立される機関も情報公開法の規定の適用を受けることとされた。第4に，情報コミッショナーの任期が5年から7年に延長される一方，再任は認めないこととされた。第5に，情報コミッショナーは研修・出版等のサービスの対価を所管大臣との協議なしに徴収することができることとされた。

③ 閣議等議事録

　イギリスの情報公開法の下で，ウェストランド社救済問題についての閣議議事録が2010年10月に開示請求を受けて開示されるなど，閣議・閣僚委員会の議事録（以下「閣議等議事録」という）の開示が行われた例もあるが，閣議等議事録の開示について法務総裁等の拒否権が認められている[19]。1997年から1998年にかけてのスコットランド，ウェールズおよびイングランド地域の自治権拡大に関する閣議等議事録の不開示決定に係る2011年9月12日・13日の情報コミッショナーによる決定通知（上記議事録の大部分の開示を命じたもの）について，2012年2月8日，ドミニック・グリーブ法務総裁は，情報コミッショナーに情報公開法53条の規定に基づく証明書を交付し，上記決定通知を失効させた。法務総裁は，本件における議事録の開示が，内閣の連帯責任および内閣の効果的な運営にとり支障となると判断した。情報公開法が2005年に施行されて以後，同法53条の規定に基づく拒否権が行使されたのは，これが3度目である。そして，イラク戦争について議論された閣議等議事録については，2009年にもジャック・ストロー司法大臣により拒否権が発動されていたが，2012年7月31日，グリーブ法務総裁も拒否権を行使した（全体で5度目の

19） イギリス，ドイツ，カナダ，オーストラリア，フランス，アメリカにおける閣議等議事録の作成・公表の問題について，行政管理研究センター・閣議議事録等の文書の作成及び一定期間経過後公開等制度に関する海外調査報告書（2012〔平成24〕年12月）が詳しい。

84 第2章 情報公開の国際的動向

拒否権行使)[20]。

④ 上級審判所の裁決に対する拒否権の行使

イギリスで情報公開法案が可決された際，議会は，情報コミッショナーの決定に対して大臣が拒否権を行使しうる場合があることを想定していたが，裁判所の判決または審判所の裁決に対して大臣が拒否権を行使しうるかは議会で全く議論されなかった。2005年にガーディアン新聞社が，チャールズ皇太子が政府機関に送った書簡の開示請求を行った事案において，最高裁判所は，開示を命じた上級審判所の裁決に対して，大臣は新証拠の提出，法令違反の主張または少なくとも正当な理由の提示をすることなく拒否権を行使できないと判示した。この最高裁判所の判断は，拒否権の行使に厳格な制限を課したものであり，今後に与える影響は極めて大きいと考えられる。10年にわたる訴訟の結果，ついに当該書簡は開示され，チャールズ皇太子が複数の大臣に対してロビー活動を行っていたことが明らかになった。しかし，議会は，これを受けて，王室に関する情報を情報公開法の不開示情報とする法改正を行った。

⑤ 権利濫用の指針

イギリスの情報公開法は権利濫用に当たる請求を認めない旨の明文の規定を置いているが，2013年5月15日に情報コミッショナーが権利濫用に当たる請求か否かを判断するための詳細な指針を公表したことも注目される。

⑥ 情報公開法改正をめぐる最近の議論

イギリスでは，情報公開法の改正をめぐり，最近も様々な議論がなされている。一方において，慈善団体や第三セクターにまで適用範囲を広げたり，大臣拒否権を廃止したりする提案がなされているが，他方において，大臣と幹部職

---

20) 他方，わが国においては，閣議議事録・閣僚懇談会の議事録は作成すらされていなかったが，ようやく，2012年，この問題について議論が行われ，同年10月，「閣議議事録等作成・公開制度検討チーム」が，閣議・閣僚懇談会の議事録を作成し，原則として30年経過後に国立公文書館に移管することを義務付けるべきとする報告書を公表している。その後，わが国においても，閣議議事録が作成・公表されるようになり，閣僚懇談会の議事録も作成されるようになった。宇賀克也・逐条解説 公文書等の管理に関する法律〔第3版〕（第一法規，2015年）17頁参照。「閣議等の議事の記録の作成及び公表について」が2014年3月に閣議決定され，同年4月1日開催の閣議および閣僚懇談会から議事録を作成して，概ね3週間後に官邸ウェブサイトで公表することとなった。

員との意見交換の不開示範囲を拡大しようとする提案もなされている。2016年1月20日，情報コミッショナーのクリストファー・グラハム氏は，議会の情報公開法改正特別委員会の参考人質疑で，大臣と幹部職員との意見交換について開示範囲を狭める改正に反対の意見を表明した。同委員会は，同年3月に情報コミッショナーの決定に対する一審の審判所への不服申立権を廃止し，上級審判所への法律問題についての不服申立権は維持することを提言し，司法委員会の報告書も，この提案を支持したが，市民団体からは，2004年において，開示請求者が一審審判所に対して行った不服申立てを全部または一部認容した裁決の割合は21%にのぼり，実効性が認められるとして，一審の審判所への不服申立権の廃止に反対している。

⑦　スコットランド

　スコットランドはグレートブリテン王国の一部を構成し，独立国家ではないが，その法制度はイングランドおよびウェールズならびに北アイルランドとは独立しており，国際私法上は一法域を構成している。スコットランドでは，2013年1月16日，文書の毀棄に対する法執行を強化し（公訴時効が，従前は毀棄が行われてから6か月であったが，検察官が毀棄の証拠を入手してから6か月に改正。ただし，毀棄から3年で公訴時効が成立），歴史的文書の公表までの期間を30年から15年に短縮する情報公開法改正が実現した。しかし，委託契約により政府の機能を行う民間の法人等を情報公開法の対象機関に追加する改正は，情報コミッショナーからも要請されていたにもかかわらず，行われなかった。

⑧　ジャージー

　イギリス王室属領のジャージー代官管轄区においては，2011年5月4日，情報公開法がほぼ全会一致で制定されたが，施行は2015年とされた。

⑨　ガーンジー

　イギリス王室属領のガーンジーで情報公開要綱が作成され，2014年3月31日から施行されることになったが，開示請求に対し不開示決定がされた場合において，第三者機関による裁決や訴訟による救済は保障されていない。

(4)　イタリア

　イタリアでは，2013年に透明性に関する政令で行政情報へのアクセスが定

められたが，2016 年 1 月 20 日，情報公開に関する政令案が公表された。しかし，違法に不開示決定をしたり開示請求への応答を懈怠したりしても制裁規定がないこと，いくつかの不開示情報の範囲が広範すぎること，不開示決定を争う場合に ADR が存在しないこと等が，情報公開推進派から批判された。そして，この政令案に反対する約 6 万人の署名を添えて，FOIA4Italy という 30 のNGO の連合体等が，反対の意思を示す書面を政府に提出した。その結果，最終的に可決された政令では，いくつかの点で改善がみられた。すなわち，不開示決定に理由を付記することが義務付けられ，開示請求者が対象文書を明確に特定する義務規定が削除され，無料で迅速に審理される ADR が設けられた。ただし，違法な不開示決定を行った者に対する明確かつ厳格な罰則の欠如への批判がなされている。

(5)　スペイン

　スペインでは，1992 年制定の法律で行政文書への国民のアクセスが定められており，これが不十分であっても情報公開法と考えられる傾向があった。しかし，最近は，これは情報公開法と呼ぶに値せず，スペインはヨーロッパの大国の中で唯一，情報公開法を有しない国であるとする批判が情報公開を推進する国際的 NGO の間で高まっている。そのため，スペイン政府は新たな情報公開法案の起草作業を始めたことが 2010 年 8 月に明らかになった。政府は起草過程を公開しなかったが，草案がマスコミによってリークされ，Access InfoEurope という NGO が，この草案に対するパブリック・コメントを同年 9 月22 日から 10 月 20 日まで行い，寄せられたコメントをスペイン政府に送付している。スペイン政府は，2012 年 3 月 26 日，情報公開法草案を公表し，パブリック・コメントを求めたが，情報公開関係の NGO 等から厳しい批判を受けた。同年 5 月 18 日には，草案をデータ保護庁等に送付して意見照会を行うことを決定した。そして，同年 7 月 27 日に法案を閣議決定した。そして，2013年 11 月 28 日に情報公開法案が可決・成立した。内閣提出法案に対しては，国際的な情報公開の水準を満たしていないという批判が少なからずなされていたが，国会ではほとんど修正はなされなかった。

(6) デンマーク

デンマーク議会は，約8万9000もの反対署名にもかかわらず，2013年5月4日に情報公開法改正案を可決した。大臣が公務員から得た助言，大臣と国会議員の間の立法に関して交わされた文書等が不開示情報とされた。

(7) ハンガリー

東欧諸国で最初の情報公開法を1992年に制定したハンガリーでは，2011年6月の改正により，「データ保護及び情報コミッショナー」の制度が廃止され，専門家や市民団体の間で，データ保護・情報公開の弱体化を招くであろうという懸念が広がっている（もっとも，この改正は情報公開を促進する内容も含んでいる）。また，2013年4月30日にハンガリー議会で可決され成立した改正情報公開法は，過剰な請求を拒否することを認める等，恣意的な運用を可能にするという批判を受けた。そのため，大統領は，同年5月9日に拒否権を発動した。これを受けて国会は修正案を可決し，これに対しては大統領は拒否権を発動せず，同年6月21日に施行された。情報公開の推進を求める市民団体からは，この修正も不当に情報公開を抑制すると批判されている。ハンガリーでは，国営の郵便局の情報公開の範囲を縮小すること等を内容とする法案が与党議員から提出され，これに対しては，公金により運営されている他の事業が情報公開法の適用を受けていることに鑑み，不公正であるという批判がなされていたが，2016年3月1日，改正案が可決された。これにより，金融・保険業務を営む郵便局は，情報公開により競争者に利益を与え，郵便局が不相応な損害を被るであろうときには，開示を拒否できることになった。また，中央銀行が設立した財団に関する情報は不開示情報とされた。

(8) ポーランド

ポーランドでも，2011年9月16日，民間化等に関する文書の開示を制限する内容の情報公開法改正案が国会で可決されたが，憲法裁判所は，2012年4月18日，立法過程に瑕疵があったとして，この法改正を違憲とする判決を下している。

88   第 2 章　情報公開の国際的動向

(9)　アイルランド

　アイルランドでは，大統領が，2014 年 10 月 14 日に情報公開法改正法案に
署名し，改正法が成立した。これにより，中央銀行等，全ての公的機関に対象
機関が拡大することになった。また，1 件について 15 ユーロの開示請求手数
料が廃止された。

(10)　マルタ

　マルタでは，2008 年に情報公開法が制定されていたが，ようやく 2012 年 9
月に全面施行された。

(11)　ウクライナ

　ウクライナでは 1996 年憲法の 32 条，34 条，50 条の規定を背景に[21]，2002
年に情報法が制定され[22]，情報開示請求権も付与されていたが，欧州評議会か
ら公的情報の定義がなく，不開示情報該当性についての行政裁量が広範にすぎ
ると批判され，OECD からも，2004 年 1 月，情報コミッショナーの設置等の
改善勧告を受けていた。2004 年のオレンジ革命後，2005 年に情報法の改正が
行われたが，抜本的改革というにはほど遠く，ユシチェンコ大統領が新法の制
定を宣言していた。2010 年にヤヌコーヴィチ政権に交代した後も，情報法制
の改革を求める国内の動きは継続し，2011 年 1 月，新たな情報公開法が制定
された。同法は，全ての予算支出について定期的に公表する義務を政府に課し
ている。開示決定等の期限は開示請求を受けてから 5 日が原則であるが，市民
の安全に係る情報の場合は 48 時間以内に開示決定等を行うことが義務付けら
れている。

　ウクライナでは，情報公開法改正法案が 2014 年 3 月 27 日に国会で可決され，
同年 4 月 17 日に大統領が署名して成立した。開示すべき情報を根拠なく開示
しないこと，開示の遅延または不完全な開示，虚偽情報の開示に対する過料の

---

21)　宇賀・前掲注 1)情報公開の理論と実務 208 頁参照。
22)　宇賀・前掲注 1)情報公開の理論と実務 216 頁以下参照。

制裁が定められ，ウェブサイトでの情報提供を強化し，地方議会に議事録の公表を義務付け，公務員の資産情報の公表を義務付ける点が，改正法の中で注目される点である。

ウクライナでは，2015年4月9日，ソビエト時代のKGBファイルの文書の公開を促進する法律が議会で可決された。しかし，具体的にいかなる情報を公開するかは法律自身では定められていない。また，情報公開法改正により，国有財産，テレビおよびラジオ放送局，地方公共団体のマスタープラン，NGO，公共調達，高等教育機関，州および地方公共団体の予算の執行等について情報の公表が義務付けられた。

（12） ブルガリア

ブルガリアでは，2015年11月26日，情報公開法が改正された。その特色は，オンラインによる情報提供の拡大，4回以上開示請求を受けて開示した情報の公表義務，電子的開示制度の改善，第三者情報の開示の拡大，情報の再使用の促進である。電子的開示制度については，オンラインによる開示請求を電子署名なしに行うことができることが明確にされ，公的機関に対して，電子メールによる送付または文書がアップロードされたURLの教示による開示を求めることができることとされている。同国の情報公開法では，開示請求対象文書に第三者の情報が記載されている場合，開示決定への同意を当該第三者に求め，14日以内に回答がない場合には，不同意とみなしていたが，改正により，同期間内に回答がない場合には同意とみなすこととされた。これにより，第三者の情報が記録された文書の開示範囲がかなり拡大すると予想される。オープンデータ政策の推進のため，公的機関は，文書をできる限りオープンで機械により読取り可能なフォーマットでメタデータとともに政府のオープンデータポータルで公表する義務を負うことになった。当該公的機関自身が保有する情報の再使用の手数料は実費を超えてはならないこととされている。

（13） アルバニア

アルバニアでは，1999年に情報公開法が制定されていたが，改正法が2014年9月18日に成立し，同年10月17日に公布され，その15日後に施行された。

90　第 2 章　情報公開の国際的動向

改正法は，①「公的情報」の範囲を拡大し，いかなる形式で保有されているものも包含することとし，②対象機関を拡大し，国が過半数の株式を有する会社，教育・保健・エネルギー・電気通信のような公的機能を担う法人その他の団体を含めることとし，③開示決定等の期限を 10 日に短縮し，④各公的機関に開示請求への対応を監視する情報公開調整官を設置し，⑤一定の情報の公表を公的機関に義務付け，⑥改正法の遵守状況を監視するために既存の個人情報保護コミッショナーを「情報及び個人情報保護コミッショナー」に改組し，⑦改正法に違反した職員に過料を科し，⑧部分開示を行い，⑨情報技術を最大限に利用すること等を内容とする。

(14)　アルメニア

アルメニアでは，2003 年に情報公開法が制定されていたが，2015 年になって，ようやく電子的な情報開示請求を可能とする規則が制定された。具体的には，電子メールにより，または情報保有機関の公的ウェブサイトを通じて開示請求を行うことができるようになった。アルメニアの憲法裁判所は，自己情報の開示請求に係る手数料を徴収することはできないとして，情報の開示を請求する者が本人か否かを区別していない限りにおいて，不動産登記法の手数料規定を無効と判示した。

(15)　スロバニア

スロバニア議会では，情報公開法の対象に国および地方公共団体が所有する会社を含める改正法案が，2014 年 3 月 24 日，全会一致で可決された。この改正により，国・地方公共団体その他の公共団体が直接または間接に支配的な影響力を有している会社その他の民間団体は，公的セクターの情報の公開を義務付けられることになり，全ての契約に関するデータも情報提供され，それらのデータに統一的なポータルサイトからアクセスできるようになった。支配的な影響力の基準は，国または公共団体が株式を保有していること，国または公共団体が取締役または理事の過半数の任命権を有すること，その他の方法で経営権を行使できることとされている。

（16）　スロバキア

　スロバキアにおいても，情報公開法を強化すべきとする NGO の提案を受けて，国または地方公共団体が 100% 出資している会社を適用対象にし，国または地方公共団体が締結した契約内容を 1 か所で閲覧できるようにすること等の改正案が議論されており，野党は改正に積極的であるが，与党は全面的には賛成できないという立場をとっている。

（17）　クロアチア

　クロアチアは，2003 年に情報公開法を制定していたが，2013 年 7 月 1 日に予定されていた EU 加盟に向けての環境整備の一環としての意味も持つ新情報公開法の制定が 2013 年初頭に実現した。この新情報公開法は，透明性，監視の両面で，最高水準にあると一般に高く評価されている。

5　オセアニア

（1）　オーストラリア

　オーストラリアでは，2009 年 10 月に改正された情報公開法が 2010 年 11 月 1 日に施行された。この改正法で注目に値するのは，民間委託を行うに当たり，行政機関は当該契約に係る文書の開示請求があったときは，当該文書を取得しうるように契約で定めておく義務を課されたこと，情報コミッショナーが任命されることとなったことである。同年 10 月 29 日に，初代の情報コミッショナーが任命されている。2011 年 5 月 1 日から，連邦政府が情報開示請求に基づき開示した情報を開示後 10 労働日以内に公表することが義務付けられ，多くの行政機関は，そのウェブサイトに上記情報の検索のためのアイコンを設けている。2012 年の同法改正では，議会予算局の予算作成過程の文書についての不開示規定が設けられた。

（2）　ニュージーランド

　ニュージーランドでは，2012 年 7 月に法務委員会が情報公開法の様々な改

正を提言していたが，2013年2月4日，法務大臣は，同法の適用対象を裁判所の行政的機能に拡張することには賛意を表したものの，国会に拡張することには消極的な見解を示した。2015年に同法は改正されているが，改正内容は，開示請求手続や開示の実施方法を中心とするものである。

(3) バヌアツ

バヌアツでは，2016年11月24日，全会一致で情報公開法案が可決・成立した。

6 ロシア

ロシアでは，2009年1月21日に議会が可決し，同年2月9日にメドベージェフ大統領（当時）が署名して情報公開法が成立していたが，同法は，2010年1月1日から施行された。

7 東アジア

(1) 中 国

① 予算法改正

中国では，2014年8月31日に予算法が改正され，地方公共団体の債務についての透明性とアカウンタビリティを大幅に向上させることとしたが，国務院は，同年9月3日，地方公共団体も含めて予算の公表を義務付けることを宣言した。

② 第18期中国共産党中央委員会第4回全体会議の決定

第18期中国共産党中央委員会第4回全体会議（四中総会）は，2014年10月20日から同月23日にかけて「法による国家統治」をテーマとして開催され，政府情報の公開を原則とし非公開を例外とする決議（以下「四中総会決定」という）を採択した。四中総会決定は，地方公共団体も含めて全国に適用され，全国人民代表大会，最高人民検察院および中国共産党にも適用される。四中総会決定は，中国共産党が，同国における国家統治と法の支配の改善のために情報

公開の推進が重要であるという認識を深めていることを明確にしたものといえる。

全国人民代表大会および政府の各省は，法律案，命令案についてのパブリック・コメント手続を運用上行っているが，学者その他の専門家の立法過程への関与については，改善の余地があることが指摘されてきた。四中総会決定は，法律および命令がなぜ最終的にそのような内容になったのかについての国民への説明が，国民的な合意の形成に有益であるという認識に基づいている。四中総会決定を受けて，国務院は，党大会での提案を実施するための命令制定におけるパブリック・コメントを求める通知を初めて出している。

中国では情報公開法は未制定であるが，国務院が定めた情報公開に関する行政法規（以下「情報公開令」という）[23]が2008年に施行されている。情報公開令は，開示請求を受けた受動的開示のみならず能動的な情報提供についても定めている。四中総会決定は，主要な政策および投資計画，財政および予算，国民の権利義務に関する指針，行政機関の所掌事務と義務，法執行，低所得者用住宅等の分野における一層の情報公開を求めている。国務院は，同年6月に情報公開令の施行状況についての全国統計（開示請求に対する決定，情報提供，苦情，行政上の不服申立て，訴訟等）を統一的な基準の下で網羅的に作成するように指示を出した。また，行政情報化を推進し，オープンデータのためのオンライン・プラットフォームを整備する計画も進行している。

③ 司 法

司法の分野でも，透明性を向上させる動きがみられる。最高人民法院は，下級裁判所判決も含めて判決データベースを整備した。最高人民法院は，さらに，代表的な判例を示すことにより，裁判例の統一性を確保し，裁判所がいかに法を適用するかについての国民の理解の増進を図ろうとしている。情報公開令を例にとると，同令に基づく訴訟は，2013年に5000を超えているが，最高人民法院は，代表的な10の判例を示して，情報公開令の不開示情報の要件を明確

---

23) 原語では「条例」という文言が使用されているが，わが国の地方公共団体が定める条例とは全く性格が異なるので，ここでは，「情報公開令」と称することとする。中国の情報公開制度については，上拂耕生「中国の情報公開制度に関する考察——比較法的にみた特質と問題点」アドミニストレーション18巻3＝4号93頁以下参照。

94 第2章 情報公開の国際的動向

にしている。なお，最高人民検察院も刑事事件情報を掲載するウェブサイトを
整備した。最高人民法院は，2015年3月10日，白書で司法の透明性について
とられた措置とその効果についての評価を示した。最高人民法院が，白書で，
司法の透明性についての評価を示したのは，初めてのことである。

④　中国共産党中央委員会および国務院

中国共産党中央委員会および国務院は，2016年2月17日に，総合的に開か
れた政府を推進するための見解を公表した。そこでは，2020年までに開かれ
た政府を実現するための諸方策が提言されている。この見解では，2007年に
制定され2008年5月1日に施行された情報公開令の改正による情報公開の拡
大[24]，不開示情報のネガティブリスト化による不開示情報の明確化，行政機関
の具体的な行政権限と所掌事務のリストの公表と更新，全ての手数料の公表，
公衆参加の拡大とそのための早期の情報公開等の政策を推進することが表明さ
れている。

(2)　モンゴル

モンゴルでは，2011年1月に情報公開法案が国会に提出されていたが，同
年6月16日に可決・成立している。

8　東南アジア

(1)　インドネシア

インドネシアでは2008年4月に制定された情報公開法が，2010年5月1日
に施行されている。

---

24)　中国において情報公開令に基づく中央政府の行政機関に対する開示請求数は2015年に
約15万件にのぼっている。これは，同年中にアメリカでFOIAに基づく開示請求数が約71
万3000件であったのと比較すると少ないが，わが国の2015年度における行政機関の保有す
る情報の公開に関する法律に基づく開示請求数（11万1415件）より多い。また，同年にお
ける新疆ウイグル地区を除く省級地方政府に対する開示請求数は，約43万3000件にのぼる。
情報公開令に基づく2015年の訴訟は約1万6000件，行政上の不服申立ては約2万2000件
にのぼる。

（2）　マレーシア

　マレーシアのスランゴール州で，2011 年 4 月，情報公開法案が可決・成立した。同国のペナン州においても，同年 11 月，情報公開法が制定されている。しかし，連邦には，情報公開法は存在しない。司法長官が国家秘密の漏えいを防止するために公的秘密法（1972 年に制定）を強化する意向を示したことに対し，野党からは，情報公開法の制定を優先すべきという批判がなされている。

（3）　カンボジア

　カンボジアでは，2010 年 12 月 23 日に，野党が情報公開法案を国会に提出した。しかし，与党により否決された。その後も，野党が提出した情報公開法案は，2013 年 1 月，またしても与党により否決された。しかし，情報省は，2016 年 1 月に，情報公開法草案についてのパブリック・コメント手続を開始した。2019 年 2 月，情報大臣は，情報公開法の政府草案ができており，近いうちに国会に提出し，2023 年までに施行する予定であることを公表した。

（4）　フィリピン

　フィリピンでは，フェルディナンド・マルコス政権が倒れ，コラソン・アキノ大統領のもとで，1987 年に新憲法が成立した。同憲法には，法律に示された合理的な基準にのっとり，国は公益に関する全ての情報を公開する政策を追求する旨の規定が置かれた。これを受けて，最初の情報公開法案が国会に提出されたのは，四半世紀以上前である。その後も繰り返し，情報公開法案が国会に提出されたものの，最近は上院で可決されながら下院で可決されない事態が続いてきた。2014 年は，上院が 3 月に全会一致で情報公開法案を可決し，下院の委員会でも，同年 11 月 24 日に賛成 10，反対 3 で可決された。しかし，下院本会議では，同法案は可決されなかった。

　このようにフィリピンでは，情報公開法案が国会に提出されながら可決されない状態が継続してきたが，新大統領に選出されたロドリゴ・ドゥテルテ氏は，国会が情報公開法を制定しないなら，情報公開に関する大統領命令を発すると発言した。公約に従い，ドゥテルテ大統領は，2016 年 7 月 23 日に情報公開に

96　第 2 章　情報公開の国際的動向

係る大統領命令を発した。この大統領命令では，不開示情報の詳細は定められておらず，大統領は，司法省および訟務長官室に不開示情報を憲法に適合するように留意して 30 日以内に定めるように指示した。同大統領命令は，国の行政機関全てに適用されるが，地方公共団体に対しても，同大統領命令に準拠した措置を講ずることを奨励している。

(5)　ベトナム

　ベトナムでは，2015 年 8 月から議会で情報公開法案が審議されていたが，2016 年 4 月 6 日に圧倒的多数（448 票中 437 票が賛成）で同法案が可決された。

9　南アジア

(1)　インド

①　開示請求書の記載

　インドでは，開示請求書を 250 字以内で記載するように制限し，文書の探索に要した時間に係る手数料を徴収することを内容とする情報公開法施行規則改正を政府が提案し，大きな議論を惹起することになった。政府が開示請求書を 250 字以内で記載するように制限しようとしたのは，開示請求書にいかなる文書の開示を求めるかを端的に記載するのではなく，政府の政策への苦情や質問を内容とする長文の記載をする例が稀でなく，担当職員の勤務時間が浪費されていることへの不満が職員の間で高まっていたという背景がある。政府は，探索費用への課金の提案については撤回の可能性を示唆したが，字数制限は必要という立場を変えなかった。しかし，開示請求書を 250 字以内で記載するよう制限する提案が強い反対にあったため，500 字以内とするよう制限を緩和することとした。他方，単一の開示請求書では単一の事項についてのみ開示請求しうるとする改正案については，政府はなお断念していない。

②　原子力安全規制委員会

　インド政府は，2012 年，設立予定の原子力安全規制委員会を情報公開法の適用除外とすることを提案する法案を提出したが，議会の科学技術委員会で支持を得られなかった。

③　教科書への記載

　インド政府は，同年，11歳から14歳の生徒が使用する社会生活・政治の教科書の裏表紙に「情報権利法（インド連邦政府の情報公開法―著者注）の基本的目的は，市民の力を強め，政府の活動における透明性と説明責任を促進し，腐敗を抑止し，我々の民主主義を機能させることである」という文言を印刷することを決定した。これにより，約1000万人の児童が，情報権利法の目的について理解することになり，情報教育の観点からの画期的試みとして歓迎されている。

④　政党への情報公開法の適用

　インドの中央情報委員会は，2013年6月3日，政党は中央政府から間接的ながら高額の資金支援を受けており，公的な機能を営むので，情報公開法の対象となる公的機関であるという決定を下した。そして，同年7月15日までに，6つの政党に中央情報監（CPIO）を任命し，情報公開法を遵守するように命じた。これには多くの政党が反発したが，この決定を争う訴訟を高等裁判所に提起せず，この決定を覆すための法改正を検討した。この法改正の動きに対し，情報公開を進める運動をしているNGO等からは批判が出たが，内閣は同年8月1日に，政党を情報公開法の適用除外とする修正に同意し，同月12日には，下院にこの趣旨の法案が提出されたが成立しなかった。同年12月17日には，議会の委員会は，政党を情報公開法の適用対象から除外すべきとの勧告を行った。ついに，2015年1月4日，中央情報委員会は，都市開発省に対して，政党に提供した土地・建物に関する全ての記録を公開するように命じた。他方，政党は，中央情報委員会が命令の不遵守に関して行おうとしたヒアリングを拒否した。中央情報委員会は，罰則の担保のある召喚命令を出す権限を有するが，同委員会は，同年3月16日，2013年の上記命令違反に関して，6つの主要政党に対して，制裁を科したり，損害賠償を請求することはできないと決定した。その理由は，制裁は，中央情報監に対してのみ科することができるが，政党は中央情報監を任命することを拒否しており，中央情報監が存在しないからというものであった。他方，民主改革協会の構成員が最高裁判所に対して，中央情報委員会の命令の執行を求めたことを受けて，最高裁判所は，2015年7月7日，政府と6つの主要政党に対して，なぜ中央情報委員会の命令に従わないかの説

明を求めた。これを受けて，人事・研修庁は，宣誓供述書において，政党が情報公開法の適用を受けると，（ⅰ）政党の円滑な内部運営を阻害することになり，かかる事態が生ずることは情報公開法が意図するものではないこと，（ⅱ）敵対する政党が悪意をもって開示請求を行い，政治機能を損なうおそれがあることを指摘し，中央情報委員会の命令は法解釈を誤ったものであると主張した。

⑤　**オンラインシステムによる公表**

　同国では，2013 年 4 月 15 日に人事・研修庁が発したガイドラインにより，情報公開法に基づく開示請求，不服申立ておよび行政機関による決定を公表することとなったが，2014 年 10 月 21 日，同庁は，開示された文書を同月末までに同庁のオンラインシステムで公表するように指示を出した。これにより，国民は開示請求をせずに多くの文書にアクセスできるようになり，行政機関も同一文書に対する開示請求を繰り返し処理する行政コストを削減することができるようになる。

⑥　**大臣への情報公開法の適用**

　2016 年 3 月 13 日，中央情報委員会は，大臣も情報公開法の公的機関として同法の適用を受けるという裁定を下した。

⑦　**地理空間情報**

　同国では，2016 年 6 月に地理空間情報規制法案の草案が公表された。この草案は，国家安全保障の観点から規制を行うものであるが，環境保護のために開発に反対する活動を抑止するために運用されることへの懸念が環境保護団体から表明されている。

(2)　パキスタン

　パキスタンでは，2013 年 12 月 6 日に，カイバル・パクトゥンクワ州で，同国の州で最初の情報公開法が制定されたが，同月 13 日には，パンジャーブ州でも情報公開法が制定された。同国では，2002 年に大統領命令による情報公開制度が設けられたが，欠陥が多く実効性に乏しいという批判が多い。そこで，内閣提出の情報公開法案と上院が提出した情報公開法案が審議された。内閣提出の情報公開法案については，前記大統領命令の短所をほとんど改善していないという批判が少なくなく，市民団体は，上院提出の法案を支持した。2017

年に制定された連邦情報公開法は，上院案と基本的に同一である。同年には，シンド州でも情報公開法が制定されている。

(3) スリランカ

　スリランカでは，2004 年から情報公開法制定の運動がなされてきたところ，野党提出の情報公開法案が繰り返し，国会で否決されてきたが，政府は，2010年 9 月 23 日，自ら情報公開法案を作成することを表明し，野党提出の情報公開法案の撤回を要請した。そして，政府は，2011 年 6 月，自ら情報公開法案を起草する意思を明確にした。

　2015 年に大統領に当選した現職大統領が選挙公約として情報公開法案の国会提出を約束した。2016 年 3 月 23 日に同大統領の選挙公約に従い法案が国会に提出された。スリランカでは，国会での法案審議前に，その合憲性についての最高裁判所の審査を求める抽象的規範統制訴訟が認められている。実際，(ⅰ)情報公開法案については，政府の経済的・商業的利益，貿易協定についての不開示情報が広範にすぎること，(ⅱ)同法案については，国会における 3 分の 2 以上の特別多数決と国民投票の手続を必要とすべきこと，(ⅲ)NGO，法曹界，メディアの代表も加わった情報権利委員会がセンシティブ情報にアクセスできるとすべきでないこと等を主張する違憲訴訟が複数提起された。最高裁判所は，法案の 5 か所が違憲であると判示した。その結果，同法案を修正せずに可決するためには，3 分の 2 以上の多数決によらなければならないことになった。この最高裁の意見を踏まえた修正が行われた後，同年 6 月 24 日に全会一致で情報公開法案が可決された。同法の特色としては，国会，裁判所も対象とされていること，中央政府または地方公共団体との契約またはこれらからの許可に基づき公的機能を履行する私人も対象とされていること，一定額以上の開発プロジェクトの詳細に関する情報提供規定があること，2 段階の不服申立てが前置されていること，開示請求の対象になった文書を破棄する等の犯罪を犯した職員を刑事訴追する権限が情報権利委員会に付与されていることなどが挙げられる。

(4) モルディブ

モルディブでは，2013 年 12 月 29 日に議会が情報公開法案を可決し，大統領が 2014 年 1 月 11 日に情報公開法案に署名し，同法が成立した。同法の下での開示等決定の期限は原則として 21 日であるが，個人の自由や生命の保護に関する情報の場合は 48 時間とされていることが注目される。また，同法は，故意に開示請求を拒否したり，開示請求された文書を破棄したり，情報コミッショナーの職務執行を妨害したりした職員に最大で 324US ドルの過料を科す権限を情報コミッショナーに付与している。また，同法は，腐敗や法律違反に関する情報を公表した公益通報者の保護も定めている。

(5) ブータン

2014 年 2 月 5 日，ブータン議会は，賛成 32，反対 4，棄権 4 で情報公開法案を可決した。

10 中央アジア諸国

カザフスタンでは，2015 年 11 月 16 日，情報公開法が制定された。同法は，オンラインによる開示請求と開示の実施を認めている点，独占企業のような一部の民間機関も対象にしている点が注目される。他方，苦情を処理する独立機関は設けられていない。

11 中南米

(1) 米州機構

2010 年 4 月 29 日に米州機構が情報公開のモデル法を採択した。2011 年 6 月 5 日から 7 日にかけて，エルサルバドルで開催された米州機構総会において，上記のモデル法を参考にして，情報公開法を制定することを要請する決議が採択された。

(2) カリブ海沿岸諸国情報公開会議

カリブ海沿岸の 11 か国が 2013 年 3 月 20 日から 21 日にかけてジャマイカで情報公開会議を開催し，この地域における情報公開の水準の向上を支援するネットワークを構築することに合意したことも注目される。

(3) ブラジル

ブラジルでは，2010 年 4 月 13 日に下院で情報公開法案が可決され，同年 6 月 16 日，上院の憲法・司法・市民委員会においても可決された。上院の他の 3 委員会でも可決される必要があり，また，その後選挙があったこともあり，同年には成立しなかった。その後も上院での審議が停滞していたが，ようやく，2011 年 10 月 25 日に情報公開法案が上院で可決された。そして，同年 11 月 18 日に大統領が署名し（ただし，2 つの条について拒否権を発動した），情報公開法が制定された。ブラジルの情報公開法の大部分は，2012 年 5 月 16 日に施行された。

(4) アルゼンチン

アルゼンチンでは，2010 年 9 月 29 日に情報公開法案が上院で可決された。同国では，チュブ州が 1992 年，ブエノスアイレス特別区が 1998 年に情報公開法を制定していたが，2012 年 6 月 7 日，ミシオネス州も情報公開法を制定している。連邦においては，情報公開法案が未制定の状態の下で，同年 12 月 4 日に，最高裁判所は，憲法の規定に基づき，情報開示請求権を認める初の判決を出したことが注目される（国際人権宣言にも言及している）。

オープンデータ推進の動きは，欧米先進国にとどまらず，発展途上国にも広がりつつある。アルゼンチンでは，2016 年 1 月 12 日，オープンデータ令が公布され，連邦行政機関は，同日から 180 日以内にオープンデータ計画の提出を義務付けられた。また，同国の現代化省は，90 日以内に，全ての公的機関に対して，組織や職員の給与等の基礎的情報を全国公的データポータルで公表することを義務付けた。また，同国では，2003 年に大統領命令で情報公開制度を設けていたが，2016 年，情報公開法案が議員により提出された。同国の下

102 第 2 章 情報公開の国際的動向

院は同年 5 月 18 日に法案を可決したが，上院は，同年 9 月 7 日，国が過半数
の株式を所有する会社を情報公開法の適用対象とする条項を削除し，新設予定
の公的情報アクセス機関の長の任命手続を変更する修正案を 44 対 15 の賛成多
数で可決した。下院は，同年 9 月 14 日，修正前の下院法案を再可決するのに
必要な 3 分の 2 を優に上回る多数（賛成 182，反対 16）で，修正前の法案を再可
決し，同国も情報公開法制定国に加わった。大統領命令では，行政機関のみが
対象であったが，情報公開法は，立法権，司法権も対象にしている。これによ
り，ラテンアメリカで情報公開法を有しないのは，ボリビア，コスタリカ，ベ
ネズエラのみとなった。ただし，コスタリカでは，2017 年 4 月，政府情報の
公開に関する大統領命令が制定され，同年 11 月，議会は，全ての公的機関に
情報アクセス室を設置する法律を制定している。

(5)　メキシコ

メキシコでは，2013 年 11 月 20 日，「透明性及び公的情報アクセス法」（情報
公開法）改正案が上院で可決された。これは，情報公開の分野での独立監視機
関の独立性を強化し，政党，公費を受けている組織を情報公開法の対象機関に
含めること，州政府における情報公開の推進等を内容としており，情報公開推
進団体から歓迎されている。他面において，重要な国家安全保障情報について
は，独立監視機関の決定に対して，政府の機関が最高裁判所に出訴する権限を
認めており，独立監視機関の独立性が阻害されないか懸念する声も上がってい
る。同月 26 日には，下院でも同法案が可決された（また，2014 年の憲法改正で
連邦情報アクセス機構〔IFAI〕の独立性が強化された）。「透明性及び公的情報アク
セス法」改正法は，2015 年 5 月 5 日に施行された。改正法は，情報公開を大
幅に拡充するものであるが，特に対象機関の広範さが注目される。すなわち，
連邦政府の行政機関のみならず立法機関，司法機関，政党，州・地方公共団体
の機関も対象とし，その他公的資金が拠出されている団体を広く対象としてい
る。

(6)　コロンビア

コロンビアでは，1985 年に「公的行為及び文書公開法」（以下「旧法」とい

う）が制定されたが[25]，旧法については，客観的情報開示請求制度[26]を本質と
する情報公開法と呼びうるものであるかには疑問があった。ようやく，2012
年6月に，コロンビア議会は，「透明性及び国家の公的情報へのアクセス権に
関する法律」案を可決したが，法律となるためには憲法裁判所の同意を必要と
する。そのため，憲法裁判所で審査が行われていた。2013年5月に憲法裁判
所は，若干の条項を除き，この同意を与えた。そして，2014年3月6日に，
大統領が署名して成立し，同年9月6日に施行された。新法は，開示請求理由
の説明を不要とし，ウェブサイトでの情報提供を重視している点，公的職務を
遂行する全ての者（政党，国家契約の受託者，一部のNGOも含む）を対象として
いる点，多様な民族によるアクセスを可能とするために多様な言語での情報公
開に配慮している点，障害者による情報アクセスに配慮している点等，旧法に
比較して大幅に改善されている。「透明性及び国家の公約情報へのアクセス権
に関する法律」に関する大統領命令は，2015年1月20日に発布された。

(7) エルサルバドル

エルサルバドルでは，2010年12月2日に情報公開法案が可決されたが，大
統領が署名せず，意見を述べていたため，議会が対応を迫られていたが，施行
までの準備期間が短すぎるという大統領の懸念に応えて，議会は法案を修正し，
施行まで1年の準備期間を認めた修正案を2011年3月3日に可決し，法案が
成立することになった。2013年2月8日には，情報公開法改正案が議会で可
決された。この改正は，秘密指定と秘密指定解除に係る紛争の解決権限を公的
情報アクセス庁から取り上げ，諜報活動，盗聴活動等に係る不開示情報を新設
すること等を内容とするものであり，情報公開を後退させるという批判を招い
ている。情報公開推進団体は大統領に拒否権を発動することを要請し，大統領
はこれを受けて，同月14日に拒否権を行使した。

---

25)　宇賀編著・前掲注1)諸外国の情報公開法101頁以下に概要が，419頁以下に抄訳が掲載
　　されている。
26)　主観的情報開示請求制度および客観的情報開示請求制度については，宇賀克也・新・情
　　報公開法の逐条解説〔第8版〕（有斐閣，2018年）2頁参照。

(8) ガイアナ

ガイアナでは，2011 年 6 月 17 日に情報公開法案が国会に提出され，同年 9 月 15 日に情報公開法案が可決された。そして，2013 年 7 月 10 日に施行された。

(9) バハマ

バハマでは，2012 年 2 月 23 日，上院で情報公開法改正案が可決された。開示請求権者をバハマ国民と永住者に限定し，情報公開法に違反した職員に対する過料を 10 万ドルから 1 万ドルに減額する一方，情報コミッショナーの職を設け，2003 年に設けられたデータ保護コミッショナーの職と統合した。

(10) バミューダ

2010 年 7 月 23 日，英国領バミューダで 2004 年以来の懸案であった情報公開法が制定され，2015 年 4 月 1 日に施行された。

(11) パラグアイ

パラグアイでは，上院で可決された情報公開法案のうち秘密指定された情報に係る規定を修正した法案が，2014 年 5 月 28 日に下院で可決され，上院に送付された。上院は，この法案を同年 8 月 21 日に可決し，大統領の署名を得て同年 9 月に情報公開法が成立した。2015 年 9 月 18 日，それを施行する大統領命令が発せられた。

(12) ベネズエラ

ベネズエラでは，2016 年 1 月に法案が議会に提出された。この法案は，米州機構のモデル情報公開法を参考にしたものである。同年 4 月 14 日，委員会での審議が開始された。しかし，法案の成立の見込みは立っていない。

12 アフリカ

(1) アフリカ地域情報アクセス権会議

　2010年2月7日から9日にかけて，ガーナで開催されたカーターセンター主催のアフリカ地域情報アクセス権会議は，「アフリカにおける情報アクセス権の促進計画」を採択した。この会議には18か国から130人以上が参加した。

(2) アフリカ情報自由センター

　2010年7月には，アフリカ情報自由センターと他の47団体が，アフリカ諸国の首脳に対し，情報公開法制定を求める書簡を送付している。アフリカにおける情報公開法制定国は，この時点で，南アフリカ，ウガンダ，アンゴラ，エチオピア，ジンバブエ（ただし，ジンバブエの情報公開法は，むしろ情報公開制限法という評価が多い）にとどまっていたが，前記のように，アフリカにおいても，情報公開法制定を求める動きは着実に広がっている。2014年9月29日に，アフリカ情報自由センターは，アフリカの15か国の情報公開法を分析した124頁にわたる初の報告書「アフリカにおける情報への権利の状態」を公表している。

(3) パン・アフリカ会議

　2011年9月17日から19日にかけて，南アフリカのケープタウンで開かれた情報アクセスに関するパン・アフリカ会議で採択された「情報アクセスに関するアフリカ・プラットフォーム宣言」は，情報アクセス権に関する14の原則を示しており，アフリカ諸国における情報公開法の制定を促進するとともに，立法の指針として大きな影響を与えることになった。

(4) アフリカ連合

　アフリカ連合は，アフリカモデル情報公開法の起草を継続し，2012年10月18日に草案がアフリカ人権委員会に示されたが，情報公開の水準が高すぎるという批判を受け，同意が得られず継続協議になった。

2013 年 2 月 18 日から 25 日にかけて，ガンビアでアフリカ人権委員会が開催され，アフリカモデル情報公開法が議題の一つになり，2012 年 10 月にコートジボワールで開催されたアフリカ人権委員会で提示されたアフリカモデル情報公開法の改訂版が提示された。初版と比較して全般的に簡素化されたが，部分開示規定について，不開示情報の量を示す義務が課されたり，情報コミッショナーを実績評価に基づき国会の 3 分の 2 の多数で罷免できるとする規定を設けたり，監視機関に，勧告にとどまらず拘束力ある指示を発する権限を付与したりする修正をしている。この会合において，アフリカモデル情報公開法が可決された。

(5) 南アフリカ

南アフリカでは，秘密指定された情報の保有と公表を禁じ，公表した者に 25 年以下の自由刑を科す秘密保護法案が国会に提出され，同法案が可決されれば，情報公開が制限されることになるとして，市民団体等が強く反対した。2011 年 12 月 12 日に，OGP 運営委員会に参加している 9 の市民団体のうち 8 団体が共同で，南アフリカの秘密保護法案を批判する声明を発表した。長期間にわたり審議されてきた秘密保護法案は，2013 年 4 月 25 日に議会で可決された。しかし，反対派は，その合憲性を訴訟で争う姿勢を見せた。大統領は，同年 9 月，この法案の 2 つの条文（42 条と 45 条）に憲法上の疑義があるとして拒否権を発動する意向を表明した。議会は，修正された法案を同年 11 月 12 日に可決した。他方において，南アフリカでは，Information Regulator と呼ばれる情報コミッショナーを設置する法改正が 2012 年に行われたが，Information Regulator は勧告権限にとどまらず法的拘束力のある裁決権限も付与されている。

(6) ナイジェリア

ナイジェリアでは情報公開法案が国会に提出されてから 11 年も可決されない状況が継続していたが，同国のラゴス州で情報公開法案が州議会に提出され，他の 2 州の知事が情報公開法案を州議会に提出すると宣言した。連邦議会においても，ようやく，2011 年 2 月 24 日，情報公開法案が下院で全会一致で可決

された。また，翌月 16 日，上院も情報公開法案を可決したが，ジャーナリストに情報源の開示を義務付ける条項が含まれていたため，ジャーナリストから強い抗議がなされた。その後，両院協議会で調整がなされ，同年 5 月 24 日に両院で調整案が可決され，同月 28 日に大統領が署名して，情報公開法が制定された。その後，同国のエキティ州においても，同年 7 月 4 日に情報公開法が制定された。

(7)　リベリア

リベリアでは，2010 年 9 月 2 日，議会が情報公開法案を可決し，その後，大統領が署名し，西アフリカで最初の情報公開法が成立した。

(8)　シエラレオネ

シエラレオネでは，2010 年 11 月 11 日に議会が情報公開法案の第一読会を済ませ，法案を委員会に付託した。シエラレオネ議会は，2013 年 10 月 29 日に，情報公開法案を可決した。同国は，OGP への加盟を希望しており，加盟資格を得ることが情報公開法の制定を促進する一因であった。

(9)　ガーナ

ガーナでは，1999 年以来，情報公開法制定を目指す運動が行われてきた。2010 年秋に情報公開法案が国会に提出され，全国報道委員会がその早期可決を求める声明を出した。情報公開法未制定の段階で，同国の高等裁判所は，政府の反対を押し切って，2016 年 4 月 13 日に，情報公開法が存在しなくても，国民は，憲法 21 条 1 項 f 号の規定に基づき，政府情報の開示請求権を基本的人権として有すると判示し，政府に開示を命ずる判決を下し，注目された。

議会の委員会は 2014 年 12 月に 157 の法案修正を提言する報告書を下院に提出した。2016 年 3 月 8 日に情報公開法案の審議が議会で開始された。特に議論になったのが，特別に迅速に開示請求に対する決定を求める場合に開示請求者がその理由を説明する義務を負うとすべきか否かという点である。ところが，議会は，157 の修正案のうち 29 を審議したのみであるにもかかわらず，明確な理由なしに同年 6 月に情報公開法案の審議を中断してしまった。会期末が近

づく中で，司法長官は，旧法案を撤回し，全ての修正案を組み入れた新たな情報公開法案を同年 10 月 18 日に議会に提出した。同月 27 日には第二読会を終えたが，野党からは新法案もさらに修正を要するとして反対の意見が出された。そして，結局，同年には，情報公開法案の可決に至らず，2017 年 1 月 7 日の会期末を迎え廃案になった。すでに政権交代が行われることが決まっていたので，与党は，野党が与党になったときに情報公開法を成立させて自党の功績にしたいと考えて廃案に追い込んだと野党を批判し，野党は，与党は野党が反対しても法案を可決できたはずと与党に反論した。しかし，2018 年 3 月に改めて情報公開法案が国会に提出され，2019 年 3 月に同法案が可決・成立した。

(10) ケニア

2010 年 8 月 28 日に施行されたケニアの新憲法には，国民の情報アクセス権が規定された。ケニア議会下院は，2016 年 4 月 28 日に情報公開法案を可決した。開示によりもたらされるであろう不利益と開示がもたらすであろう公益の比較衡量を行い，開示請求者が後者の公益が優越することを立証した場合には開示が義務付けられること，30 年保存された文書は，国が秘密指定を継続すべきことを立証しない限り開示されること等，開示に積極的な規定がみられる反面，議会における修正により，秘密指定された情報を漏えいすることに対する刑罰規定が挿入された。上院においても，同年 7 月に情報公開法案が可決されたが，修正が加えられたため，下院に法案が再送付され，修正内容の審議が行われた。下院は，上院が修正した法案を可決し，同年 8 月 31 日，大統領が署名して，情報公開法が制定されることになった。

(11) チュニジア

ジャスミン革命により政権交代が起こったチュニジアでは，2011 年 5 月に暫定政府の大統領命令により情報公開制度が設けられ，2012 年，情報公開に関する新指令が発せられた。チュニジア議会は，2016 年 3 月，賛成 123，反対 0，棄権 1 で情報公開法案を可決した。これにより，大統領命令による情報公開制度に代わり，法律に根拠を有する情報公開制度が施行されることになった。同法で注目されるのは，2 回開示請求されて開示した情報は，政府のウェブサ

イトで公表することが義務付けられていること，緊急の開示請求に対しては48時間以内に応答しなければならないこと，不開示決定の理由が消滅したときは開示請求者が通知を受ける権利を有することである。

（12） ギニア

ギニアでは，2010年11月に情報公開法が制定されていたが，公表されていなかったため，一般に知られていなかった。国境なき記者団が，2011年5月に，同国において情報公開法が制定されていたことを発見し，広く知られるようになった。

（13） ウガンダ

ウガンダでは，2005年に情報公開法が制定されていたものの，施行規則が未制定であったため，適切な運用がなされてこなかった。ようやく，2011年5月に施行規則が制定された。

（14） エジプト

エジプトでは，プレス法によりジャーナリストの情報アクセス権を認めている。また，憲法68条は，公文書は国民の財産であり，その公開は，全ての国民の権利であることを明記している。2012年以来，国民一般に情報アクセス権を付与する情報公開法案を政府が起草し，情報公開法制定に向けた動きが続いている。

（15） ルワンダ

ルワンダでは情報公開法が2013年3月11日に公布され，同国は，アフリカで11番目の情報公開法制定国になった。同法については，公益，人権および人間の自由と関わる活動を行う民間機関にも適用されること，同法が適用されない民間機関に対しても，人間の生命や自由を守るために必要な情報の提供を求める訴訟を利害関係人が提起しうるとしていることが極めて注目に値する。

（16） モロッコ

モロッコでは，2011 年 7 月 1 日に新憲法が制定されたが，その 27 条において，公的機関への国民のアクセス権が保障された。同国では，情報公開法案が2014 年 7 月に議会に提出され，2015 年 6 月に下院に付託され，2016 年 7 月 20日に下院で情報公開法案が可決された。法案は上院に送付された。2017 年 12月に法案が修正され，ようやく 2018 年 2 月 9 日に情報公開法が制定された。

（17） ニジェール

ニジェールにおいても，2011 年 3 月，暫定政府の大統領命令により，情報公開制度が設けられている。

（18） ボツワナ

ボツワナでは，2011 年 12 月に情報公開法案が国会に提出されたが，成立にこぎつけることは容易でなく，マスコミ，法曹界等から，早期制定が要望されている。

（19） モザンビーク

モザンビークでは，2011 年に，議会が情報公開法案の審議を近く開始する旨を表明した。そして，2014 年 11 月 26 日に情報公開法案が全会一致で可決され，大統領は同年 12 月 31 日の任期満了前に署名をし，同法が成立し，同国は，アフリカの 14 か国目の情報公開法制定国になった。同法は，政党ではなくジャーナリストの運動により制定の動きが始まったものであり，同法の施行を監視したり苦情を処理したりする独立機関が存在しない反面，法律または契約に基づいて公益的活動を行ったり，公的資金を受けたり，公的権限を委任された民間機関にも適用される面で評価されている。予算，環境影響評価報告書，決算，契約等を毎年公表する規定も同法に含まれている。2015 年 10 月 13 日，情報公開法施行令が閣議決定された。同法においては，公的主体が締結した 5万ドル以上の契約全てについて，定期的に公表することとされている点も注目される。

（20） タンザニア

タンザニアでも，2011 年から，政府により情報公開法案の作成作業が行われた。そして，タンザニア議会は，2016 年 9 月 8 日に情報公開法案を可決・成立させた。

（21） スーダン

スーダンでは，2015 年 1 月末に情報公開法が成立したが，その実効性には疑問の声が少なくない。

（22） トーゴ

トーゴ議会は，2016 年 3 月 10 日に情報公開法案を可決し，同月 30 日に同法が公布された。同法の特色としては，研究者や進歩的ジャーナリストからの開示請求は優先的取扱いを受け，応答期間が 15 日に短縮されていることである（一般の開示請求の場合には，応答期間は 30 日）。

（23） マラウイ

マラウイでは，最初に情報公開法案が国会に提出されたのが 2009 年であったが，廃案になっていた。他方，EU や世界銀行は，マラウイ政府に対して，援助の条件として情報公開法の制定を求めた。ピーター・ムタリカ大統領は，情報公開法の制定を公約にして 2014 年 5 月 31 日に大統領に就任したが，2016 年 1 月 21 日，同法が施行日前文書に適用されるならば拒否権を行使する旨を表明し，そのため，同年 2 月 19 日に政府が決定した法案は，施行日前文書を適用除外とした。同法案は国会で修正された後，同年 12 月 16 日に可決された。不開示決定に対しては，人権委員会に不服申立てが認められている。

（24） ナミビア

ナミビアの情報担当副大臣は，2016 年 7 月に情報公開法案を国会に提出することを誓約していたが，その後，情報公開法草案および国家情報政策改正案が公表され，市民団体やメディアからの意見聴取が開始された。同国のハー

ゲ・ガインコブ大統領は，2019 年の一般教書演説において，同年中に情報公開法案を国会に提出することを表明した。

13　西アジア

(1)　アフガニスタン

　アフガニスタンでは，2014 年 12 月 1 日，大統領が情報アクセス法案に署名して，同法が成立した。人権または公的資源に関わる場合には，NGO および民間セクターであっても情報を提供する義務を負う点が注目される。新設の情報アクセス委員会に政府の常勤の公務員が委員として加わっていることから独立性を欠くという批判もある。

(2)　イエメン

　2012 年 4 月 24 日，イエメン議会は，情報公開法案を可決した。これに対し大統領が修正を求めていたが，同年 6 月 20 日，議会は，この修正要求を受け入れることを決定した。そして，イエメンは，中東のアラブ諸国の中で，ヨルダンに次ぐ 2 番目の情報公開法制定国となった。開示請求に基づく開示を妨害した者に 6 か月以下の懲役刑が科される点，違法に情報を得て公表した者に 2 年以下の懲役刑が科される点に特色がある[27]。

---

27)　本章の情報は，諸外国の政府・議会・報道機関・NGO 等のウェブサイトから得ている。

第3章

請求対象の捉え方
——最高裁平成 17 年 6 月 14 日判決

1 情報と文書

　情報公開法，情報公開条例には，開示請求の対象を無形の情報とするものと有形の文書とするものがある。前者に属する情報公開法として，オランダ，ニュージーランド，韓国の情報公開法がある[1]。わが国の情報公開条例の中にも，文書でなく情報の公開制度を採用している例がある。北海道ニセコ町の情報公開条例がその例であり，同条例では，文書等の記録媒体に保管していない情報の公開を求められた場合には，実施機関は，公開請求があった日から起算して 15 日以内に，(1)当該町政情報が不存在であることを理由として公開をしない旨の決定をすること，(2)当該公開請求に係る町政に関する文書等を新たに作成し，または取得して，当該文書等を請求者に対して公開する旨の決定をすること，のいずれかの措置をとらなければならないとしている（同条例 13 条 1 項）。そして，公開請求に係る情報を作成および取得することが可能であり，かつそのことが町の利益に資すると認められるものについては，新たに文書等を作成または取得して情報を公開する方針をとっており，「町の利益に資するもの」とは，作成する文書等が大量である等により通常の業務に大きな影響を与えるものでないもので，作成することが町の業務にとっても効果があると認められ

---

1)　宇賀克也・情報公開法の理論〔新版〕（有斐閣，2000 年）50 頁以下参照。

第3章　請求対象の捉え方

るものを意味し，「町の業務にとっても効果があるもの」とは，作成した文書
等が町政情報として，今後においても保存管理する価値があるものまたは本来
整理しておくべきものでいまだ作成されていなかったものなどを意味するとして
いる。北海道ニセコ町情報公開条例の場合には，情報は存在するがそれが文
書化されていなかったり，文書が廃棄・紛失のために存在しなくなっているとい
う文書不存在による不開示決定を，かなりの場合，回避することができる。
しかし，大多数の情報公開法，情報公開条例においては，開示請求の対象は，
無形の情報ではなく，有形の文書とされている。アメリカの連邦情報自由法
(FOIA) においても，開示請求の対象は，「行政機関の記録 (agency record)」[2]
である。わが国の行政機関の保有する情報の公開に関する法律3条も，行政機
関の保有する行政文書の開示を請求することができるとし，独立行政法人等の
保有する情報の公開に関する法律3条も，独立行政法人等の保有する法人文書
の開示を請求することができるとしており，行政文書，法人文書を開示請求の
対象としている。したがって，開示請求時点において，当該行政文書，当該法
人文書が存在しなければ，情報は存在していても，文書不存在による不開示決
定がなされることになり，開示請求時点において存在しない文書の作成義務が
行政機関の長や独立行政法人等に課されているわけではない。大多数の情報公
開条例においても，開示請求の対象は，「公文書」とされている。
　「公文書」を開示請求対象としている情報公開条例の下において，開示請求
者は，開示請求対象文書を開示請求書において特定しなければならず，通常，
「○○の情報が記録された公文書」というかたちで，この特定を行う。「○○の
情報が記録された公文書」として A が特定された場合，A に記載された情報
が全て「○○の情報」であれば，A 全体が開示請求対象文書になることに疑
いはない。問題は，A に「○○の情報」と「○○」と無関係な「△△の情報」
が混在している場合である。地方公共団体においては，かかる場合，開示請求
の対象になるのは，A の中の「○○の情報」が記載された部分のみであり，
「○○」と無関係な「△△の情報」のみが記載された部分は，開示請求対象外

---

2) 「行政機関の記録 (agency record)」の意義について詳しくは，宇賀克也・情報公開法
　　──アメリカの制度と運用（日本評論社，2004 年）46 頁以下参照。

として扱うところが稀でない。この場合，開示請求対象外とされた「△△の情報」の部分は，開示請求対象外としたことを開示請求者に明らかにするために，当該部分全体が見えないように白く印刷する「白抜き」といわれる方法で開示請求対象部分と区別し，「○○の情報」が記載された部分についてのみ，不開示情報該当性の審査を行い，不開示情報該当部分を「黒塗り」にして開示する方法が採られることが少なくない。

2 県営渡船越立業務等文書開示請求事件

(1) 事実の概要

かかる運用が適切かが訴訟で大きな争点になったのが，最判平成17・6・14判時1905号60頁[3]（以下「本判決」という）の事案である。本件は，岐阜県の住民である選定者ら（以下「本件選定者ら」という）が，旧岐阜県情報公開条例（平成6年岐阜県条例第22号。平成12年岐阜県条例第56号による全部改正前のもの。以下「本件条例」という）に基づき，岐阜県知事に対し，同県の大垣土木事務所の県営渡船越立業務等に関する公文書の開示請求を行ったところ，岐阜県知事から公文書の一部を不開示とする旨の部分開示決定を受けたため，本件選定者らが，その取消しを求めた事案である。

本件選定者らは，本件条例に基づき，岐阜県知事に対し，大垣土木事務所の県営渡船越立業務に関する公文書ならびに大垣土木事務所の管理課および道路維持課の海津町への出張に関する公文書の開示請求を行ったところ，岐阜県知事は，開示請求された県営渡船越立業務および海津町への出張に関するもの以外の情報が記録されている部分または同業務および同出張に関するものとそれ以外のものの数額が合算された情報が記録されている部分については，開示すると，その全てが同業務および同出張に関するものであると混同されるおそれがあるとの理由で，不開示とする決定を行った。

本件条例2条2項は，「この条例において『公文書』とは，実施機関の職員

---

3) 村上裕章・行政情報の法理論（有斐閣，2018年）90頁，稲葉一将・民商133巻4＝5号855頁，原田一明・法令解説資料総覧285号116頁，杉山正己・平成17年度主要民判解（判夕臨増1215号）276頁参照。

が職務上作成し，又は取得した文書，図画及び写真であって，実施機関が管理しているものをいう」と規定し，同条3項は，「この条例において『公文書の公開』とは，実施機関が，この条例の定めるところにより，公文書を閲覧に供し，又は公文書の写しを交付することをいう」と規定していた。そして，本件条例5条は，「次に掲げるものは，実施機関に対して，公文書の公開を請求することができる。一　県内に住所を有する者　二　県内に事務所又は事業所を有する個人及び法人その他の団体」と規定していた。

(2)　一審判決

　一審の岐阜地判平成12・9・28判例集未登載（以下「一審判決」という）は，開示請求に係る公文書以外の情報が記録されている部分についてまで，開示するか否かを決定する義務を実施機関が負うわけではなく，その趣旨は，開示請求対象情報と開示請求対象外情報が併せて記録されている場合においても同じく妥当すると判示した。本件選定者らは，開示請求対象情報とそれ以外の情報とが合算されている情報は，開示請求の対象そのものであり，当然に開示されるべきと主張したが，一審判決は，両者が併せて記録されている場合，請求対象外情報を開示する義務を実施機関は当然に負うものではないから，本件条例8条（「実施機関は，公文書に……公開しないことができる情報とそれ以外の情報が併せて記録されている場合において，公開しないことができる情報に係る部分とそれ以外の部分とを容易に分離することができ，かつ，当該分離により請求の趣旨が損なわれることがないと認めるときは，公文書の部分公開……をしなければならない」）の部分開示の可否を検討することになるが，本件において，請求対象情報と請求対象外情報が併せて記録されている部分については，合算されて1つの数字として現れていると推認され，両者を容易に分離することができないから，当該分離により請求の趣旨が損なわれることがないか否かを検討するまでもなく，部分開示義務はないと判示している（本件訴訟においては，不開示情報該当性も争われているが，本章では，この問題については触れないこととする）。

(3)　原判決

　原審の名古屋高判平成13・6・28判例集未登載（以下「原判決」という）は，

本件条例の下において，実施機関は，開示請求をされた対象以外の情報について開示義務を負うものではないから，岐阜県知事が，上記部分を不開示にしたことに違法はないし，また，そもそも県営渡船越立業務に関する情報とそうでない情報とが合算された部分が開示請求されていたかは明確ではなく，実施機関が開示義務を負うとはいい難いと判示し，控訴を棄却した。そして，不開示とされた部分については，改めて開示請求をすることができるから，上記のように解しても，本件条例の趣旨を没却することにはならないと述べている。

(4) 本判決

　本件選定者らの上告受理申立てのうち，請求対象外情報の取扱いに関する論点についてのみ最高裁判所は申立てを受理した。本判決は，本件条例2条2項・3項および5条の規定によれば，本件条例に基づく開示請求の対象を「情報」ではなく「公文書」としていることは明らかであるから，本件条例に基づき公文書の開示請求を行う者が，例えば，「大垣土木事務所の県営渡船越立業務に関する情報が記録されている公文書」というように，記録されている情報の面から開示請求する公文書を特定した場合であっても，当該公文書のうちその情報が記録されている部分のみが開示請求の対象となるものではなく，当該公文書全体がその対象となるものというべきであるとする。そして，本件条例の下において，実施機関が，開示請求に係る公文書に開示請求の対象外となる情報等が記録されている部分があるとし，その部分を開示すると，その全てが開示請求に係る事項に関するものであると混同されるおそれがあるとの理由で，上記部分を開示しないことは許されず違法であり，原判決のうち本件各不開示部分に関する箇所には，判決に影響を及ぼすことが明らかな法令の違反があるから，破棄を免れないとして，原判決を破棄し，一審判決を取り消して，本件不開示決定部分を取り消した。

3　本判決の意義

　無形の情報ではなく，情報が記録された媒体である文書（「行政文書」「法人文書」「公文書」等）を開示請求の対象としている情報公開法制の下において，

118　第3章　請求対象の捉え方

「○○が記録された文書」として開示請求対象を開示請求者が特定した場合，同一の文書の中に，①「○○の情報」のみが記録された部分，②「○○の情報」とそれ以外の情報が併せて記録された部分，③「○○の情報」以外の情報のみが記録されている部分があるときに，①について，不開示情報に該当しない部分は，不開示情報が記録されている部分と容易に分離することが可能であり，かつ，当該分離により請求の趣旨が損なわれない限り，開示すべきことには疑問の余地がない。この点については，一審判決，原判決，本判決とも共通の認識に立っている。

　しかし②③の部分については，一審判決，原判決と本判決の考え方は異なっている。一審判決，原判決は，②について，「○○の情報」とそれ以外の情報を容易に分離できなければ，全体を不開示にせざるをえないと判断した。本件条例8条の部分開示の規定の趣旨を「○○の情報」とそれ以外の情報が混在しているときにも及ぼす解釈である。これに対し，本判決は，情報ではなく公文書が開示請求の対象になるから，「○○の情報が記録された文書」として開示請求対象として確定された公文書に記録されている情報は，全体が開示請求対象情報となり，したがって，「○○の情報」以外の情報が記録されている部分についても，不開示情報に該当しないかを判断すべきことになり，不開示情報に該当しなければ，部分開示が不可能でない限り，開示決定をすべきことになる。

　③の部分についても，一審判決，原判決の考え方によれば，開示請求対象外情報のみが記録されているので，全体を不開示にすべきことになるが，本判決によれば，全体が開示請求対象に含まれることになるので，不開示情報該当性について審査を行い，不開示情報に該当しない部分は，部分開示が可能な限り，開示決定をすべきことになる。

　同一の公文書に開示請求者が欲する情報とそれ以外の情報が混在している場合の開示の仕方について，従前，下級審の裁判例は分かれており，一審判決，原判決のような考え方をとる裁判例が存在する一方，岐阜地判平成12・5・24判例集未登載は，原告が求めていない情報との混同のおそれを理由として，部分開示規定を根拠に原告が求めている情報との合計額を不開示にすることはできないとしており，その控訴審の名古屋高判平成13・3・29判例集未登載は，

開示請求の対象とされている情報と対象外と思われる情報とが混在し，容易に分離できないとすれば，対象外と思われる情報に不開示事由が認められない限り，全体の情報を開示すべきであり，対象外と思われる情報と一体化していることを理由として，開示請求の対象とされている情報を開示しないことは許されないと判示している。また，名古屋高判平成13・8・9判例集未登載も，同様の判示をしている。この問題について最高裁判所が判断を示したのは，本判決が最初であり，後者の裁判例の立場が支持されたことになる。

　本判決は，「公文書」をいかに把握するかについては，言及していない。本判決の考え方によれば，実施機関が請求者が欲する情報を恣意的にまたは過誤により狭く解釈することによって，開示される情報が減少するおそれは少なくなる。他面において，「○○が記録された公文書」のうち，開示請求者が知りたい「○○の情報」がごく一部を占めるのみの場合にも，実施機関は「○○が記録された公文書」全体について開示・不開示の判断をする行政コストを負担しなければならず，開示請求者も，自らが欲しない情報についても，複写費用を負担する必要が生ずるという問題が発生しうる[4]。この問題に対処するためには，実施機関が開示請求者に対し，「○○の情報」が記録されている部分は，公文書Aの「B頁からC頁まで」であることを教示し，開示請求者が開示請求書に記載する開示請求対象文書を「○○の情報が記録されている公文書AのB頁からC頁まで」と補正し，かかる記載がなされた場合，開示請求対象文書を公文書AのB頁からC頁までに限定する解釈を採用すべきと思われる。

---

4) 　村上・前掲注**3)**93頁参照。

第4章

電子メールの公文書該当性

1 はじめに

　公務員が職務において，電子メールで連絡をとったり，意見を交換することは日常的に行われている。しかし，電子メールが情報公開法制において公文書に該当するのがいかなる場合であるかについては，コンセンサスが成立しているわけではない。本章では，この問題が訴訟で争われた事案の検討を通じて，電子メールの公文書該当性について考察することとする。

2 事実の概要

　大阪市（以下「Y」という）においては，庁内情報ネットワークを構築しており，庁内メールの使用等に供するため，Y市長およびパーソナルコンピュータ（以下「PC」という）を利用する職員に対し，個人用メールアドレス（以下「個人用アドレス」という）を1人につき1つ付与するほか，各課ないしグループに対しても，その内部で共有して利用することのできる組織用メールアドレスを付与している。Yが管理する庁内コンピュータ内には，各個人用アドレスに対応するメールボックス（以下「個人用メールボックス」という）が作成されており，個人用アドレスを利用して送受信された電子メールは，それぞれ送信者側においては送信済みメールとして，受信者側においては受信メールとして個人用メ

ールボックスに保存される。個人用メールボックスにアクセスをすることができるのは，原則として，対応する個人用アドレスの付与を受けた職員のみである。個人用メールボックスには容量制限があるが，保存された電子メールが自動で削除される仕組みは採られておらず，不要となった電子メールは職員が適宜削除する必要がある。

　Xは，2013（平成25）年4月18日，Y市情報公開条例に基づき，Y市長に対し，Y市長とその職員（特別職を含む。以下同じ）が庁内メールを利用して1対1で送受信した電子メール（以下「1対1メール」という）のうち，Yにおいて公文書として取り扱っていないもの（以下「本件文書」という）の開示を請求した（なお，Yにおいて公文書として取り扱っていないものに限って開示を求める趣旨は，Xの開示請求書には明示されていなかったが，本件不開示決定に係る異議申立審に至って，Xは，Y市情報公開審査会の求釈明に答える形でこれを明らかにしている）。

　Y市情報公開条例2条2項は，同条例において「公文書」とは，「実施機関の職員が職務上作成し，又は取得した文書，図画及び電磁的記録（電子的方式，磁気的方式その他人の知覚によっては認識することができない方式で作られた記録をいう。以下同じ。）であって，当該実施機関の職員が組織的に用いるものとして，当該実施機関が保有しているもの（ただし，不特定多数のものに販売することを目的として発行されるものを除く。）をいう」旨規定している。Y市公文書管理条例2条3項は，同条例において「公文書」とは，情報公開条例に規定する「公文書」等をいう旨規定し，さらに，同条例5条2項および6条1項は，Yの機関は，公文書の分類に関する基準を定めるとともに，同基準に従い，公文書を簿冊に編集しなければならない旨規定している。Yにおける電気通信回線を利用した公文書の発送，収受および編集について必要な事項を定めること等を目的として作成された「電気通信回線を利用した公文書の取扱いに関する要領」（以下「本件要領」という）は，電子メールアドレスを用いて電磁的記録を送受信した場合で，(a)2以上の職員が共用する電子メールアドレスを用いて電磁的記録の送受信を行ったとき，(b)職員が自己の電子メールアドレスを用いて2以上の職員に対し同時に電磁的記録を送信し，または職員が自己の電子メールアドレスを用いて受信した電磁的記録が2以上の職員に対し同時に送信されたものであるとき，(c)上記(a)および(b)に掲げるもののほ

か，職員が自己の電子メールアドレスを用いて電磁的記録を送受信したときであって，転送，プリントアウトその他の方法により当該送受信した電磁的記録について他の職員と共用するときのいずれかに該当するときは，当該電磁的記録を公文書として収受し，その内容を文書管理システムに記録し，もしくは用紙に出力してこれを簿冊に編集し，または保存期間1年未満のものに限りその内容を組織共用フォルダ内に記録しなければならない旨規定している。

　Yは，Y市長が職員との間で送受信した電子メールについて，本件要領に従い，（ⅰ）1対1メールのうち公用PCの共有フォルダ（ネットワーク上の複数のユーザーが参照することができるよう設定されたフォルダをいう。以下同じ）に保有しているものまたはプリントアウトしたものを他の職員が保有しているもの，（ⅱ）1対1メールの内容を転送先の公用PCで保有しているもの，（ⅲ）1対多数の形で送受信されたもの（いわゆる同報メール，CC〔カーボンコピー〕，BCC〔ブラインドカーボンコピー〕を利用して送信されたメール）に限って開示請求の対象となる公文書に該当すると解し，これらを専用フォルダに登録し，開示請求がされた場合には上記専用フォルダのみを対象文書の検索対象とする取扱いをしている。

　Y市長は，同年5月1日，本件文書は2人の間の送受信にとどまるものであり組織共用の実態を備えていないから，Y市情報公開条例に基づく開示請求の対象とされている公文書に該当しないとして，不開示決定（以下「本件不開示決定」という）を行い，これをXに通知した。そこで，Xは，同年6月28日，Y市長に対し，本件不開示決定の取消しを求めて異議申立てを行ったが，Y市長から諮問を受けたY市情報公開審査会は，本件不開示決定は妥当であるとする答申を行い，これを受けて，Y市長は，2014（平成26）年9月18日，異議申立てを棄却する決定をした。そこで，Xは，同年12月18日，Yを被告として，本件不開示決定の取消訴訟と本件文書の開示決定の義務付け訴訟を提起した。

3　一審における当事者の主張

　本件の争点は，本件文書がY市情報公開条例2条2項にいう「組織的に用

いるもの」に該当するかである。この点について，Ｘは，Ｙ市情報公開条例２条２項にいう「組織的に用いるもの」とは，作成または取得に関与した職員個人の段階のものではなく，組織としての共用文書の実質を備えた状態，すなわち，当該実施機関の組織において，業務上必要なものとして，利用または保存されている状態のものを意味すると解され，これに該当するかどうかは，当該文書等の①作成または取得の状況，②利用の状況，③保存または廃棄の状況等を総合的に考慮して実質的に判断すべきとする。そして，（ア）本件文書は，庁内メールを利用して送受信された電子メールであるから，単なる私信ではなく，職務上の連絡，指示，報告等を目的として作成されるものであって，しかも，送受信者の一方はＹ市長であるから，重要な内容を含むものであると考えられること（作成の状況），（イ）本件文書の送信者は，職務上の連絡，指示，報告等を目的としてこれを送信しているため，受信者も，職務上の要請から，その内容を確認することになる上，送受信者は，爾後においても，職務上の必要に応じてその内容を見直したり，第三者に転送したりするなどして本件文書を利用することがあると考えられること（利用の状況），（ウ）本件文書は，送受信者がそれぞれアクセスすることが可能な形で，Ｙが管理する庁内コンピュータに保存されているのであって，職員が個人的に保存しているものではないこと（保存または廃棄の状況）を指摘し，以上を総合すれば，本件文書がＹにおいて，業務上必要なものとして，利用または保存されていることは明らかであると主張する。また，電子メールでのやり取りは，電磁的記録として庁内コンピュータに保存されて記録化されるものであって，記録化されることのない電話や口頭によるやり取りとは決定的に性質を異にするから，一過性の意思伝達であるということは到底できないこと，１対１メールであっても，Ｙ市長が職員との間で送受信した電子メールであれば，その内容は当然Ｙの業務に関するものであるから，組織的な利用に供されていないということはできないはずであるとも主張した。

　これに対し，Ｙは，本件文書はＹ市長が職員との間で庁内メールを利用して送受信した１対１メールであるところ，一般的に，１対１メールは，電話や口頭によるのと同様に一過性の意思伝達を行うものにすぎないから，その記載内容にかかわらず，業務上必要なものとして利用または保存される状態には至

っていないというべきであり，実質的にみても，本件文書は，①個人が作成し，または受信したものにすぎず（作成または取得の状況），②他の職員に転送したものや，プリントアウトして回覧したもの等を除き，組織的な利用には供されておらず（利用の状況），しかも，③送受信者の個人的な判断で廃棄することが可能なものであるから（保存または廃棄の状況），業務上必要なものとして利用または保存される状態に至っていないことは明らかであると主張する。また，電子メールでのやり取りは，庁内 PC に一時的に保存されるものであるが，その性質は，電話や口頭によるやり取りの際に，その内容を個人がメモに取ることと何ら変わりのないものであるから，この点をもって，電子メールでのやり取りと，電話や口頭によるやり取りの性質が異なるということはできないこと，1 対 1 でのやり取りにとどまっていることは，その内容が組織的な利用に至らないものであることの証左とみるべきであり，X の主張を前提にすると，Y 市長が職員との間で送受信した 1 対 1 メールは，その内容にかかわらず，あまねく公文書に該当することになるが，このような解釈が電子メールの使用実態から著しく乖離したものであることは明らかであることも主張した。

4　原判決

　大阪地判平成 28・9・9 判時 2379 号 20 頁（以下「原判決」という）[1]は，Y 市情報公開条例 2 条 2 項の「組織的に用いるもの」とは，作成または取得に関与した職員個人の段階のものではなく，組織としての共用文書の実質を備えた状態，すなわち，当該実施機関の組織において，業務上必要なものとして，利用または保存されている状態のものをいうと解され，作成または取得された文書が，どのような状態にあれば「組織的に用いるもの」に該当するかどうかは，当該文書の作成または取得の状況，当該文書の利用の状況および当該文書の保存または廃棄の状況等を総合的に考慮して実質的に判断すべきであるとする。

　そして，本件文書の保存状況からは，本件文書が専ら個人の便宜のために作

---

1)　原判決に関する評釈として，石森久広・季報情報公開・個人情報保護 64 号 17 頁以下，岩本浩史・新・判例解説 Watch（法セ増刊）20 号 77 頁以下，清水幸雄・清和法学研究 22 巻 1 号 57 頁以下参照。

126 第4章 電子メールの公文書該当性

成，利用されていることが窺われる上，1対1メールは，その性質上，会議日程等の通知や調整といった，業務との関わりに乏しい事務的，単発的な事項の伝達に利用されることが少なくないものと思われ，以上のような作成，利用および保存の状況にある電子メールは，業務上必要なものとして，利用または保存されている状態には至っていないというべきであるから，本件文書には「組織的に用いるもの」に該当しない1対1メールが相当数含まれるものと考えられるとする。

　しかし，〈A〉本件文書の送受信者の一方は，Yの業務を統括するY市長であるところ，Y市長は，その職責に鑑み，確定した職務命令を発したり，逆に職務命令に基づく報告を受けたりするなど，職員との間で，Yの業務と密接に関連し継続利用が予定される情報を頻回にやり取りすることが見込まれること，また，〈B〉Yの業務の中には緊急性および迅速性が要請されるものがあり，そのような場合には，書面の受渡しに代えて電子メールの送受信により情報伝達を行うことも多いと考えられること，一方で，〈C〉上記〈A〉の情報は，その性質に照らし，口頭のみでやり取りされることが考え難いこと等の事情を併せ考えれば，本件文書が送受信された2012（平成24）年11月17日から同年12月17日までの1か月間に，Y市長が1対1メールを利用して職員に確定した職務命令を発したこと，および職員から職務命令に基づく報告を受けたことがあったものと推認され，このような業務と密接に関連し継続利用が見込まれる情報の伝達に1対1メールが利用された場合には，送受信者は，当該電子メールを個人用メールボックスに長期間にわたって保有し，必要に応じてコピーファイルを貸与された公用PC内の記録媒体に記録したり，プリントアウトしたものを保有したりするなどして，他の職員への配付や，後任者への引継ぎに備えて当該電子メールを保存することも十二分に想定されるとする。そして，Yが的確な反証を行わない本件においては，本件文書の中には，確定した職務命令および職務命令に基づく報告に利用されたものがあると認めるのが相当であり，これらの電子メールは，その作成，利用および保存の状況に照らし，業務上必要なものとして，利用または保存されている状態にあるというべきであるから，「組織的に用いるもの」に該当すると解すべきであるとする。また，このような本件文書が，「公文書」該当性のその他の要件，すなわち，「実施機

関の職員が職務上作成し，又は取得した文書……電磁的記録」であって，Yが「保有しているもの」に該当すること（本件文書はYが管理する庁内コンピュータ内に作成された個人用メールボックスに保存されている）は明らかであると判示する。

さらに，送信された1対1メールは，送信者と受信者それぞれによって保有されることになるのであるから（本件に即していえば，個人用アドレスを利用して送受信された電子メールは，送信者の個人用メールボックスに送信済みメールとして，また，受信者の個人用メールボックスに受信メールとしてそれぞれ保存されることになる），一方当事者のみが保有するにすぎない個人的なメモと同視することはできないことを指摘する。

結論として，本件文書には，「公文書」に該当するものが含まれるというべきであり，Yは本件文書を「公文書」として取り扱っていないが，このことは本件文書の「公文書」該当性を左右するものではないと判示し，本件不開示決定は違法であるとして，これを取り消した。しかし，本件要領も一定の要件の下において不開示情報を記録した電子メールを送信することを許容しているから（本件要領3条2項参照），「公文書」に該当するものであっても，その記載内容にはY市情報公開条例7条の不開示情報が含まれている可能性が否定できないので，本件では，Y市長が本件文書のうち「公文書」に該当するものの開示決定をすべきであることがY市情報公開条例の規定から明らかであると認められるということはできないし，開示決定をしないことがその裁量権の範囲を超えもしくはその濫用となると認められるということもできないので（行政事件訴訟法37条の3第5項），本件文書の開示決定の義務付けを求めるXの請求は，理由がないとして，これを棄却した。

5　控訴審における追加主張

これに対し，Xの請求を認容した部分を不服としてYが控訴した（本件文書の開示決定の義務付けを求める請求の棄却部分について，Xは附帯控訴をしなかった）。

控訴審において，Yは，Y市情報公開条例2条2項の「当該実施機関が保有しているもの」とは，実施機関がその意思に基づき保有しているものと解すべ

きであって，仮に当該実施機関の職員が当該文書を廃棄せずに保有していたとしても，そのことのみをもって，その文書が当該職員において組織的に用いるものとして保有しているものにはならず，実施機関として，当該職員に対し残すように指示したような文書ではなく，事実上，たまたま残っているものは，その作成・利用・保存・廃棄について，そのいずれの過程においても組織としての関与は存在せず，「当該実施機関が保有しているもの」には当たらないことを追加的に主張した。そして，Y における 1 対 1 メールは，庁内 PC を利用する職員 1 人につき 1 つ付与され，本人のみが利用できる個人メールアドレスにおいて送受信され，個人用メールボックスに保管されているため，当該メールの送受信者しか閲覧することができないので，1 対 1 メールが送受信された段階においては，必然的に組織としての共用文書の実質を備えた状態になく，個人保有文書であり，送受信した職員が当該メールを他の職員に転送する等，当該メールがその後別途組織的に共用された場合，その時点において，初めて当該組織的に共用されたメールに「公文書」該当性が認められると述べ，本件文書は，Y 市長またはメールを送受信した職員のみが閲覧できる状態にあるから，組織としての共用文書の実質を備えた状態にない個人保有文書であるとも主張した。

　さらに，Y においては，Y 市長に情報伝達を行う場合は，電子メールを使用せず，直接 Y 市長の下に関係資料を持参の上，口頭で説明するのが通常であり，Y 市長が職員に指示等を行う場合も，通常，会議や前記のような説明の場でされるのが通例であり，開示請求当時の A 前市長の 1 日のスケジュールを見ると，各部署の案件説明（打合せ）の時間が多く存在すること，Y 市長と職員との情報伝達にメール等を使用することも皆無ではないが，その場合でも，Y 市長が 1 人の職員だけに向けてメールで職務命令を行うこと，また，1 人の職員が何らの組織共用もしないまま，Y 市長に対し職務命令に基づく報告を行うことはなく，Y 市長が発する職務命令の内容は，通常，職員 1 名のみで対応するものではなく，当該職員が属する部署や関係部署において対応するような内容であり，複数の職員に向けて行うものであること，このような取扱いは職務命令をメールで行うときも同様であり，当該職務命令に関係する複数の職員にメールを一斉送信し，併せて，専用フォルダにも送付すること，また，職務

命令に対する報告をY市長に対して行う場合，関係者宛てにも送付するとともに専用フォルダにも送付するのが通常であること，仮に，Y市長が職務命令を1対1メールでした場合でも，その職務命令を受けた職員は，その内容を組織共用し，組織として対応する必要があるため，当該メールを関係者にも転送することになること，Yにおいて，緊急性および迅速性が要請される案件について Y市長に情報伝達を行う場合であっても，電子メールを使用するのではなく，直接，Y市長の下に関係資料を持参の上，口頭で説明するのが通常であることを指摘した。そして，本件開示請求の当時，本件文書が存在していたかは不明であり，Yが2016（平成28）年10月6日付けで行った調査の結果によれば，現在は残っていないことも付け加えた。

　他方，Xは，控訴審における補充主張として，メールは送受信された以上，送信者と受信者の双方が閲覧できる状態となっており，たとえ2名だけであっても，Y市長または職員が，Y市長または職員に向けて，業務に関連する事項を発出し，それが受け取られているのであるから，職員が自己の職務の便宜のために保有する覚書や資料，職員の個人的な検討段階にとどまる起案のための草稿，課題等の整理資料，参考となる事項のメモ書ではなく，個人保有文書には当たらないこと，送受信されたメールは，仮に発信者が送信済みフォルダの送信済みメールを削除しても，受信者が受信したメールが同期して削除されるものではなく，送受信の相手方の意思に関係なく，一方がその判断において適宜参照・検討などができるので，他の職員に発信された以上は，やり取りが2名間にとどまっていても，個人の領域の外にあること，「公文書」であるか否かの判断において，実施機関が当該職員に対し残すよう指示し，意図して残したものであるか否かという基準を持ち込むことは，恣意的な判断を持ち込むものであって許されず，いかに重要な文書であったとしても，意図的に電子メールの形式で伝えることとし，かつ，送信先を1人としてしまえば，それだけで事実上開示対象から外す隠蔽行為が可能になり，市民は公文書としないという判断が正しいか否かを検討する機会すらないことになることを指摘する。そして，Y市長と職員との間，または職員間で職務に関してやり取りされたものである以上，全て組織共用文書となったと解した上で，その内容に応じ，開示請求の対象文書なのかどうか，対象であるとして不開示事由がないかを検討すべ

130　第4章　電子メールの公文書該当性

きであると主張する。

　さらに，職員同士が庁内メールでやり取りする以上，両職員は，当然組織の一員としてやり取りをしているのであり，私的なやり取りなどはなく，Y市長の予定に打合せが多いとしても，職務命令などが全て口頭でされていたとはいえず，職務命令のメールは必ず転送されるともいえないのであるから，本件文書にも「公文書」と解すべき文書は当然含まれうるのであり，それが結局大した意味を持たないのか，市政に関わる重大なやり取りであるのかは情報公開を通じて検証されるべき事項であることも指摘している。

6　本判決

　大阪高判平成29・9・22判時2379号15頁（以下「本判決」という）は，1対1メールであっても，その作成および利用についてY市長およびYの職員が送信者または受信者として関与しており，送信者および受信者の個人用メールボックスに保存されているものであって，その一方当事者の判断によって廃棄しても，他方のメールボックスには保存されている状態にあるから，一方当事者の廃棄の判断に委ねられているということはできず，本件文書が組織として保有するものに該当することも十分ありうるとする（もっとも，Y市長と職員との間，または職員間で職務に関してやり取りされたものである以上，全て組織共用文書となると解するものではないことを付言する）。すなわち，1対1メールそのものが送受信者以外に保有されていないとしても，Y市長がある職員に対してメールで職務上の指示または意見表明をし，これを受けた職員がそのメールを転送するのではなく，その内容を敷衍して関係職員にメールで送信する場合やY市長からの1対1メールを受けていた上記職員が関係職員からの報告等を受けてY市長に1対1メールで報告する場合等もあると考えられ，このような場合においては，Y市長と職員との間でやり取りされた1対1メールは，これが廃棄されていないとすれば，組織において業務上必要なものとして利用または保存されている状態にあるものということができるとする。

　本判決は，さらに，堺市において，2017（平成29）年4月10日に堺市からメールアドレス219件が流出した件に関する新聞報道について，市政情報課の

職員間で1対1メールによりやり取りがされていたところ，同メールは，Xが本件開示請求と同様の文書特定方法で行った公文書開示請求により堺市から公開されたことを指摘し，このことは，地方公共団体の職員間でやり取りされる1対1メールであっても，組織において業務上必要なものとして利用または保存されているものが存在する事実を裏付けると述べている。

　加えて，本判決は，A前市長とB区長との間のC緑地の活用に関するメール，A前市長と教育長との間のメールによれば，少なくとも，メールを職務上の指示，報告等に利用することがないということはできないし，本件不開示決定に関する諮問を受けたY市情報公開審査会に対し，Yは，個人メールアドレスは，職員間での情報交換（特定の職員への会議出席依頼，出席者への議事録の送付，日程の調整など）に利用する旨説明したのであり，1対1メールが職務に関するやり取りに利用されることは十分考えられることも付言している。

　また，Yが，Y市長が発する職務命令の内容は，通常，複数の職員に対して向けられており，メールで行うときも同様であるから，専用フォルダにも送付されるし，仮に，Y市長が職務命令を1対1メールでした場合でも，これを受けた職員が組織共用のために当該メールを関係者に転送することになると主張したことに対して，本判決は，Yが主張するとおりの上記運用がされることも少なくないであろうが，Y市長が1対1メールを送受信して行う職務上の指示，報告等について，当該メールの公文書該当性を個別具体的に判断した上で上記運用が必ず行われていることを認めるに足りる証拠はないとする。そして，もし，このような運用が確実に行われているのであれば，Y市情報公開条例に基づく本件文書の開示請求に対し，Yとしては，この点をも理由として本件文書は存在しないとの回答をするのが自然の対応であると考えられるが，保存していない理由として挙げられたのは，請求に係る1対1メールは，2人の間の送受信にとどまるものであり，組織共用の実態を備えておらず公文書に該当しないという点であるし，また，Yは，控訴審においても，本件開示請求の当時に本件文書が存在していたかは不明であるとの主張をしているのであって，Yにおいて必ず上記運用がされていることについて疑問の余地があることを指摘し，Yが主張するメール利用の実態を認めるに足りないと認定している。

　さらに，Yが本件文書は現在存在しないと主張したことに対しては，本件文

132　第4章　電子メールの公文書該当性

書の存否の基準時は，現時点ではなく，本件不開示決定時と考えるべきであり，Y市長と職員との間で職務上の指示，報告等にメールを利用することがあること，そのようなメールは必ず専用フォルダへの送付，転送等がされるとは認められないことは前記のとおりであるところ，Yも，本件不開示決定当時における本件文書の存否は不明であると主張すること，対象とされるメールの送受信の期間が1か月間に及ぶことをも併せ考慮すれば，本件不開示決定当時において，本件文書が存在したものと推認することができると判示して控訴を棄却した。本判決に対して上告受理申立てがなされたが，最決平成30・11・20判例集未登載は不受理とした。

7　検　討

(1)　組織共用文書該当性

Y市情報公開条例2条2項にいう「公文書」が組織共用文書であり，組織共用文書とは，作成または取得に関与した職員個人の段階のものではなく，組織としての共用文書の実質を備えた状態，すなわち，当該実施機関の組織において，業務上必要なものとして，利用または保存されている状態のものを意味すると解され，これに該当するかどうかは，当該文書等の①作成または取得の状況，②利用の状況，③保存または廃棄の状況等を総合的に考慮して実質的に判断すべきであるとする点において，XとYに見解の相違はない。原判決および本判決も，同様の見解を採っている。

XとYの見解が相違するのは，この一般論を1対1の電子メールに当てはめた場合の考え方である。Xは，庁内メールである以上，全て職務上のものであり，かつ，送信者と受信者の間でメールが共用されている以上，組織共用の要件を満たすと主張し，他方，Yは，1対1メールであることのみでは組織共用の要件を満たさず，(ⅰ)公用PCの共有フォルダに保有しているものまたはプリントアウトしたものを他の職員が保有しているもの，(ⅱ)1対1メールの内容を転送先の公用PCで保有しているものでなければ，組織共用といえないと解している。

原判決および本判決は，1対1メールの中には，組織共用文書といえないも

のも含まれるとする点において，Xの見解とは異なり，他方，Yが主張する
（ⅰ）または（ⅱ）の要件を満たさない限り，組織共用文書に当たらないとする
見解も退けている。原判決は，会議日程等の通知や調整といった，業務との関
わりに乏しい事務的，単発的な事項の伝達に利用されるものは，業務上必要な
ものとして，利用または保存されている状態には至っておらず，組織共用文書
に当たらないという立場をとり，この点でXと見解を異にする。他方，Y市長
による確定した職務命令や職務命令に基づく報告は，Yが主張する（ⅰ）または
（ⅱ）の要件を満たしていなくても，業務上必要なものとして利用または保存さ
れている状態にあるとしており，この点でYと見解を異にする。

　原判決の見解は，職務行為の重要性をメルクマールとし，会議日程等の通知
や調整のような軽微な職務に関する1対1メールは組織共用されておらず，職
務命令やそれに対する報告のように重大な内容に関わるものは，組織共用され
ているという解釈に基づくもののようにみえる。しかし，職務に関する内容の
メールである以上，それが複数の者の間で共用されれば，組織共用文書と解す
べきであり[2)]，職務内容の軽重は，保存期間の問題であろう。すなわち，会議
日程等の通知や調整のような軽微な職務に関するメールであれば，1年未満の
保存期間が設定され，用務が終了した後，直ちに廃棄することも原則として可
能であるのに対し，職務命令やそれに対する報告を内容とするメールであれば，
1年未満の保存期間が設定されることはなく，職務の重要性に応じて，3年，5
年，10年，30年等の保存期間が設定されることになる。そして，たとえ1年
未満の保存期間が設定された場合であっても，開示請求時点において実施機関
が保有している以上，「公文書」として開示請求の対象になると解すべきであ
る。

　本判決が，1対1メールであっても，その作成および利用についてY市長お

---

2) 「行政文書の管理に関するガイドライン」第3（作成）1（文書主義の原則）の留意事項に
　おいて，「他の行政機関に対する連絡，審議会等や懇談会等のメンバーに対する連絡を電子
　メールを用いて行った場合は，当該電子メールの内容について，適切な媒体により行政文書
　として適切に保存することが必要である」と記載されている。このことは，かかる事務連絡
　に係るメールも組織共用されていることを前提とするものと考えられる（「行政文書の管理
　に関するガイドライン」の法的性質については，宇賀克也・逐条解説　公文書等の管理に関
　する法律〔第3版〕（第一法規，2015年）16頁以下参照）。

よびYの職員が送信者または受信者として関与しており，一方当事者の廃棄の判断に委ねられているということはできないとする点は正当であるが，Y市長と職員との間，または職員間で職務に関してやり取りされた以上，全て組織共用文書となると解するものではないとしていることの意味は明らかでない。本判決は，Y市長がある職員に対して職務上の指示または意見表明をしたり，Yの職員がY市長に対して職務命令に関して報告をするメールを，組織において業務上必要なものとして利用または保存されている状態にあるものの例として挙げているので，原判決と同様，職務の軽重により，組織共用文書に当たるか否かを判断しているようにもみえる。しかし，本判決は，堺市の例を挙げて，地方公共団体の職員間でやり取りされる1対1メールであっても，組織共用文書に当たるものが存在すると述べているし，また，YがY市情報公開審査会に，個人メールアドレスを職員間での情報交換（特定の職員への会議出席依頼，出席者への議事録の送付，日程の調整等）に利用する旨説明したことから1対1メールが職務に関するやり取りに利用されることは十分に考えられるとも述べている。このY市情報公開審査会に対する説明の引用部分は，職務行為に1対1メールが用いられうることの論拠とされており，それが組織共用文書に当たると直接に述べているわけではないが，全体の文脈からすると，かかるものも組織共用文書に当たることを前提としているようにも読める。そうであるとすると，庁内メールを使用した1対1メールであって，組織共用文書に当たらないものとして本判決が考えているのは何かが不明である。

（2）　解釈上の不存在の主張立証責任

　本件では，解釈上の不存在[3]が争点になっている。不開示決定取消訴訟において，解釈上の不存在の主張立証責任は，被告（本件ではY）が負う[4]。そして，解釈上の不存在の判断の基準時は，開示請求時と解すべきであろう。本判決は，

3）　解釈上の不存在と物理的不存在については，宇賀克也・新・情報公開法の逐条解説〔第8版〕（有斐閣，2018年）146頁以下参照。

4）　宇賀・前掲注**3）**147頁参照。解釈上の不存在に関する裁判例については，宇賀克也・情報公開・個人情報保護——最新重要裁判例・審査会答申の紹介と分析（有斐閣，2013年）289頁参照。

この基準時について，不開示決定時としている。通常は，開示請求時と不開示決定時は近接しているから，いずれと解するかによって結論に差異は生じないであろうが，不開示決定が遅延する場合，開示請求時には存在した文書が，不開示決定時は廃棄されてしまうことがありうる。もっとも，Y市公文書管理条例 6 条 6 項は，保存期間が満了した公文書について，職務の遂行上必要があると認めるときは，一定の期間を定めて保存期間を延長するものとし，当該延長に係る保存期間が満了した後なお職務の遂行上当該公文書を保存する必要があると認めるときも同様であると定めている。そして，Y市公文書管理規程 40 条は，Y市情報公開条例 10 条 1 項または 2 項の規定に基づく開示または不開示の決定の日の翌日から起算して 1 年を経過していないものについては，保存期間を延長する必要があるとしている。しかし，この延長規定は，開示または不開示の決定日の翌日から起算して 1 年を経過していないものについて保存期間を延長するというものであり，開示請求時からの延長を定めるものではない。そのため，開示請求時において存在した文書が不開示決定時までに廃棄される可能性は否定できないのである。もし，不開示決定時を基準時とした場合，不開示決定を意図的に遅延させることにより，物理的不存在の状態を作出することが可能になり不合理である。したがって，本件においても，解釈上の不存在の判断の基準時は，開示請求時と解すべきである。

　そして，解釈上の不存在の主張立証責任は，Yが負うと解すべきである。Yは，当該文書が組織共用されているかを認識しうる立場にあるのに対し，Xはそうではないから，それが組織共用されていないことをYが主張立証することが合理的であるからである。原判決は，Yが的確な反証を行わない本件においては，本件文書の中に確定した職務命令や職務命令に基づく報告に利用されたものがあると認めるのが相当であると判示しており，結論は妥当であるが，反証という文言を使用していることから，Xが解釈上の不存在に当たらないことの主張立証責任を負うという前提に立つようであり，その点は問題である。

(3)　開示決定の義務付け訴訟

　原判決は，不開示決定取消訴訟については請求を認容して取消判決を下しながら，開示決定の義務付け訴訟については，不開示情報が含まれうることを理

136　第4章　電子メールの公文書該当性

由として，請求を棄却している（開示決定の義務付けを求める請求の棄却部分について，Xは附帯控訴をしなかったから，本判決では審判の対象とならなかった）。本件文書に不開示情報が含まれうるのはそのとおりであるが，不開示情報該当性の主張立証責任を負うのは原則としてYである[5]。しかし，判決文からは，Yがこの点について主張立証を行ったか定かではない。そもそもYは，本件不開示決定当時における本件文書の存否は不明であり，現在は，本件文書は物理的に存在しないと主張している。そうすると，Yは，本件文書に不開示情報が含まれることの主張立証をしていないように思われる。そうであるならば，裁判所としては，開示決定の義務付け請求を棄却するのではなく，不開示決定の取消訴訟を認容する判決を先行させ，その拘束力により，対象文書の存否の確認をさせ，存在する場合には，不開示情報該当性をY市長に判断させるのが妥当であったように思われる（行政事件訴訟法37条の3第6項）[6][7]。

---

5)　宇賀・前掲注3)71頁以下参照。裁判例については，宇賀克也・情報公開法・情報公開条例（有斐閣，2001年）149頁以下参照。

6)　電子メールの公文書該当性については，井上禎男「電子メールの公文書該当性――佐賀県情報公開・個人情報保護審査会平成25年3月29日答申（諮問第72号，実施機関・知事）」福岡大学法学論叢58巻3号535頁以下参照。

7)　2019（平成31）年3月に公表された「行政文書の電子的管理についての基本的な方針」においては，「送信又は受信から一定期間が経過した電子メールを，自動的に，サーバ上から削除するシステム（いわゆる自動廃棄システム）は，当該選別・保存に係る作業を遂行する上で支障をきたすおそれがあることから，各行政機関において今後は採用しないこととする」，「当該選別・保存を行うに際してのメルクマールや，選別・保存の手法については，今後，内閣府において早急に手順を整理し，各行政機関における取扱いへの反映を図る」とされている。

第 5 章

審査会への諮問の遅滞を理由とする国家賠償
——東京高裁平成 24 年 11 月 29 日判決

1 はじめに

　情報公開条例に基づく開示請求に対して不開示決定がなされたことに不服がある場合，開示請求者は，行政不服審査法に基づく不服申立てを行うことができる。不服申立てがなされると，不服申立てを受けた行政庁は，原則として，情報公開（・個人情報保護）審査会に諮問しなければならない。しかし，この諮問が著しく遅れることにより，情報公開（・個人情報保護）審査会で適時に審査を受ける利益が損なわれることがある。そのため，諮問の遅滞を理由とする国家賠償請求が行われることがある。本章では，かかる訴訟について検討することとする。

2 事実の概要

　Xは，2008（平成20）年 9 月 4 日，渋谷区情報公開条例（平成 25 年渋谷区条例第 28 号による改正前のもの。以下「本件条例」という）に基づき，渋谷区教育委員会（以下「Y教育委員会」という）に対し，情報公開請求をしたところ，Y教育委員会は，同月 18 日付けで不開示決定（以下「本件不開示決定(1)」という）を行った。Xは，同年 10 月 17 日，本件不開示決定(1)を不服として，Y教育委員会に対して行政不服審査法（平成 26 年法律第 68 号による全部改正前のもの。以

138 第5章 審査会への諮問の遅滞を理由とする国家賠償

下同じ）に基づく異議申立て（以下「本件異議申立て(1)」という）を行った。X
は，同年 11 月 25 日，本件不開示決定(1)の取消訴訟を提起したところ，東京
地判平成 21・5・28 判例集未登載は，請求を棄却する判決を下した。Xは，同
判決に対し控訴したが，東京高判平成 21・12・16 判例集未登載は，控訴を棄
却し，同判決は確定した。他方，Y 教育委員会は，2009（平成 21）年 8 月 25 日，
本件異議申立て(1)について渋谷区個人情報の保護及び情報公開審査会（以下
単に「審査会」という）に諮問（以下「本件諮問(1)」という）し，審査会は，2011
（平成 23）年 10 月 24 日付けで Y 教育委員会に対して答申を行った。

　また，Xは，Y 教育委員会に対し，2009（平成 21）年 2 月 25 日，本件条例
に基づき，別の文書について情報公開請求をしたところ，Y 教育委員会は，同
年 3 月 11 日付けで不開示決定（以下「本件不開示決定(2)」という）を行った。
Xは，同月 24 日，本件不開示決定(2)を不服として，Y 教育委員会に対して異
議申立て（以下「本件異議申立て(2)」という）を行うとともに，同年 5 月 18 日，
本件不開示決定(2)を含む 6 件の不開示決定の取消訴訟を提起したが，東京地
判平成 22・4・28 判例集未登載は請求を棄却した。Xは，2 件の不開示決定に
係る部分を不服として控訴したが，本件不開示決定(2)に係る部分に対しては
控訴せず，一審判決が確定した。他方，Y 教育委員会は，2010（平成 22）年 5
月 26 日，本件異議申立て(2)について審査会に諮問（以下「本件諮問(2)」とい
う）を行った。審査会は，本件諮問(2)について，2011（平成 23）年 11 月 21 日
付けで Y 教育委員会に対して答申を行った。

　Xは，本件条例 11 条 1 項は，実施機関に対し，本件条例の規定による処分
について，行政不服審査法の規定に基づく不服申立てがあった場合には，「不
服申立てが不適法であり，却下するとき」，「公開決定等（公開請求に係る公文
書の全部を公開する旨の決定を除く。……）を取り消し，又は変更し，当該不
服申立てに係る公文書の全部を公開するとき（当該公開決定等について第三者
から反対意見書が提出されているときを除く。)」を除き，遅滞なく審査会に諮
問する義務（以下「迅速諮問義務」という）を課しており，実施機関は，異議申
立てがあった日の翌日から起算して遅くとも 30 日以内に諮問しなければ，迅
速諮問義務に違反するものと解すべきであると主張した。そして，Y 教育委員
会が本件諮問(1)を行ったのは本件異議申立て(1)から約 10 か月も経過してか

らであり，本件諮問(2)を行ったのは本件異議申立て(2)から約1年2か月も経過してからであり，明らかに迅速諮問義務に反し，Xは簡易迅速に救済を受ける権利を侵害されるなどして精神的損害を受け，また，本件不開示処分(1)および(2)の取消訴訟を提起せざるをえなくなり，訴訟に伴う時間的，精神的，金銭的な負担を余儀なくされたとして，慰謝料，弁護士費用の損害賠償請求を行った。

これに対し，Y（渋谷区）は，行政不服審査法の規定に基づく異議申立てと取消訴訟の両者を同時並行的に提起することが可能であるところ，本件では，異議申立て後間もなく（本件異議申立て(1)の約1か月後，本件異議申立て(2)の約2か月後に）取消訴訟が提起されており，かかる場合には，取消訴訟こそが本来的な手続場面であって，法制上，取消訴訟は審査会の第三者的不服審査よりも優先するのであり，その意義を踏まえれば，本件において，異議申立てがされてから諮問するまでの期間の長さが違法であるとまではいえないし，Xは，行政機関による判断よりも裁判所による終局的な司法判断を求め，訴訟追行に傾注していたのであるから，たとえ実施機関が応訴に注力したとしても，何ら不都合はないこと，Yでは，2008（平成20）年度頃以降，情報公開請求およびこれに係る異議申立ての件数が急増し，事務量が増大していたことを主張した。そして，本件において，実施機関は可能な限り事務処理に取り組んでおり，仮に，迅速に諮問することができなかったとしても，やむをえない事由または合理的な事由があったというべきであるから，これを違法ということはできないと反論した。

3　原判決

東京地判平成24・7・10判時2170号37頁（以下「原判決」という）は，審査会への諮問が遅滞なくされたものであるか否かは，不服申立てから審査会への諮問までに要した期間が，本件条例11条1項各号の諮問を要しない場合に当たるか否かの判断および審査会への諮問に係る事務処理に通常要する期間（以下「通常所要期間」という）の範囲内であるか，仮にその範囲を超えているとすれば，それが正当な理由に基づくものであるか否かの判断によって決すべきも

140 第5章 審査会への諮問の遅滞を理由とする国家賠償

のであるとする。そして，（ⅰ）行政不服審査法の規定に基づく不服申立手続は，簡易迅速な手続による国民の権利利益の救済を図るとともに，行政の適正な運営を確保することを目的とするものであること（同法1条1項），（ⅱ）本件条例11条と同旨の規定である行政機関の保有する情報の公開に関する法律（平成26年法律第69号による改正前のもの。以下「行政機関情報公開法」という）18条（現在は19条）については，本件条例11条と異なり，情報公開に関する審査会に対する諮問の時期について特段規定していないが，「情報公開に関する公務員の氏名・不服申立て事案の事務処理に関する取扱方針（各府省申合せ等）」中の「不服申立て事案の事務処理の迅速化について（平成17年8月3日情報公開に関する連絡会議申合せ）」¹⁾では，各行政機関は，不服申立てがあった場合，的確な事務処理の進行管理を徹底することにより，可能な限り速やかに審査会へ諮問すること，諮問するに当たって改めて調査・検討等を行う必要がないような事案については，不服申立てがあった日から諮問するまでに遅くとも30日を超えないようにするとともに，その他の事案についても，特段の事情がない限り，遅くとも90日を超えないようにすることとされていることが認められること，（ⅲ）情報公開請求日から請求対象文書を開示するか否かの決定をする日までの期間について，高知市の情報公開条例では原則15日以内，福岡市の情報公開条例では原則8日以内と定めているが，高知市および福岡市の情報公開条例では，公文書不開示決定処分に対して不服申立てがされた場合には，情報公開に関する審査会に対する諮問までの期間について，高知市の情報公開条例（平成27年条例第104号による改正前のもの。以下同じ）では不服申立てのあった日から起算して15日以内，福岡市の情報公開条例（平成28年条例第7号による改正前のもの。以下同じ）では不服申立てがあった日の翌日から起算して30日以内と定めていることが認められること，（ⅳ）本件条例9条の2は，情報公開請求日から請求対象文書を公開するか否かの決定をする日までの期間について，原則15日以内と定めていること等からすれば，本件条例における通常所要期間は，諮問するに当たって改めて調査・検討等を行う必要がない事

---

1) この申合せの基礎になった「情報公開法の制度運営に関する検討会報告」について，宇賀克也・情報公開と公文書管理（有斐閣，2010年）17頁以下参照。

案については最長 30 日間，その他の事案については，特段の事情がない限り最長 90 日間であると解するのが相当であるとする。そして，本件異議申立て(1)および(2)について，審査会に諮問するに当たって改めて調査・検討等を行う必要があったとは認められないし，上記特段の事情があったとも認められないから，Y 教育委員会が，本件異議申立て(1)から本件諮問(1)までに要した約 10 か月間および本件異議申立て(2)から本件諮問(2)までに要した約 1 年 2 か月間が，いずれも本件条例における通常所要期間の範囲を超えていることは明らかであると述べている。

　また，Y の反論については，以下のように採用できない理由を説明している。まず，行政事件訴訟法 8 条 1 項は，行政不服審査法の規定に基づく不服申立てと取消訴訟の関係について自由選択主義を採用し，両手続が並行して行われることを許容している上，審査請求と取消訴訟とが並行して行われた場合における調整については，取消訴訟の受訴裁判所において，審査請求に対する裁決があるまで 3 か月の限度で取消訴訟の手続を中止することができるとされているのであって（同条 3 項），取消訴訟より不服申立手続を優先させる裁量を付与されていることからすれば，実施機関において，取消訴訟が並行して行われることを理由として行政不服審査法に基づく不服申立手続を遅滞させることは，本件条例 11 条 1 項に違反し許されないことは明らかであり，Y は，異議申立てと取消訴訟が並行提起された場合には，取消訴訟こそが本来的な手続場面であって，法制上，取消訴訟は審査会の第三者的不服審査よりも優先するなどと主張するが，上記で説示したところに照らし採用することができないとする。

　また，2005（平成 17）年度から 2010（平成 22）年度にかけて，Y における情報公開請求，これに係る異議申立ておよび諮問の件数が増加していることが認められるが，他方，本件異議申立て(1)および(2)がされた 2008（平成 20）年度および 2009（平成 21）年度における異議申立ての件数は，それぞれ 5 件，17 件にすぎなかったことが認められ，また，上記各異議申立ての対象とされた本件不開示処分(1)および(2)については，いずれも各情報公開請求から各処分まで 2 週間しかかからなかったのであって，これらの事実に照らせば，Y の主張する情報公開請求に係る事務量の増大が，本件異議申立て(1)から本件諮問(1)までに約 10 か月間，本件異議申立て(2)から本件諮問(2)までに約 1 年 2 か月

間もの時間を要した真の理由であったとは認められないと判示し，迅速諮問義務違反を認定している。

そして，行政不服申立手続は，簡易迅速な手続により国民の権利利益の救済を図るものであり，審査会における審査では文書の内容を確認しながらインカメラ審理を行うことが認められていること（渋谷区個人情報の保護及び情報公開審査会条例7条，渋谷区個人情報の保護及び情報公開審査会審査要領2条）など，取消訴訟と異なる独自の意義と権利救済を期待されている手続であるから，この手続を利用して行政不服申立てにつき迅速に審査会の審査を受ける権利ないし利益は法律上の保護に値するものというべきであり，Y教育委員会の上記迅速諮問義務違反により，迅速に審査会の審査を受けるXの権利ないし利益を侵害されたことが認められるとして，5万円の慰謝料と5000円の弁護士費用相当損害金の賠償を行うことをYに命じた。

4　本判決

これに対してYおよびXがそれぞれ敗訴部分に対して控訴ないし附帯控訴を行った。控訴審において，Yは，本件においては，不開示決定に対する異議申立てと並行して取消訴訟が提起されたことから，Y教育委員会の職員がその事務を処理するに当たって，審査会に対する提出文書の内容と訴訟における主張・立証との整合を図る必要等があったのであり，担当の職員がその職務上尽くすべき注意義務を尽くすことなく漫然と当該行為をしたと認めうるような事情があったということはできないと主張した。他方，Xは，YがXに対して支払うべき損害賠償金について原判決は5万5000円であると認定したが，この認定は低額にすぎ，慰謝料は10万円，弁護士費用は5万円が相当であると主張した。

東京高判平成24・11・29判時2170号33頁[2]（以下「本判決」という）は，審査会への諮問は，実施機関が審査会の意見を聴いて異議申立てについての決定

---

2)　春日修・判評655（判時2190）号160頁以下，中村英樹・季報情報公開・個人情報保護49号16頁以下参照。

をするために，審査会の答申を求めることを目的としてなされるものであり，したがって，実施機関の諮問および審査会の答申は，いずれも開示請求者を名宛人とする行政処分ではなく，実施機関が異議申立てについて決定をするための行政機関の内部的な手続ないし行為であるとする。そして，仮に審査会への諮問が遅滞したとしても，これに基づく答申およびそれを参考にした決定が全体として早期になされることとなれば，諮問の遅滞は，異議申立てをした開示請求者との関係で，国家賠償法上の違法性を論じる意味がないことになり，逆に，仮に審査会への諮問が迅速に行われたとしても，これに基づく答申およびそれを参考にした決定が全体として遅滞することとなれば，諮問が迅速であることは，異議申立てをした開示請求者との関係では，意味をなさないことになると指摘する。したがって，Y教育委員会の審査会への諮問の時期が遅滞したかどうかが，開示請求者が提起する国家賠償請求訴訟において，国家賠償法上の違法事由に係る問題となることはないのであり，Y教育委員会による審査会への諮問が異議申立てから約10か月ないし約1年2か月を経てなされたことをもって，国家賠償法上違法であるということはできないと判示する。そして，Y教育委員会は，本件不開示決定に係る取消訴訟の一審判決の帰趨を待って審査会への諮問をし，その諮問を受けた審査会は，Xによって提起された一連の訴訟の全ての確定を待って答申をし，この答申に基づいてしたY教育委員会の決定は，その後訴訟によって争われることなく確定したという一連の経過を全体として見れば，Y教育委員会の異議申立てに対する諮問は，異議申立てから約10か月ないし約1年2か月を経てなされているものの，異議申立てに対する決定は，Xがこれに対する不服申立てをしていないことから見てとれるとおり，遅滞なく行われて確定し，これによってX請求の案件に対する不開示決定に係る紛争が遅滞なく全体的解決をみたものと評価することができるので，Y教育委員会の審査会に対する諮問の時期をXがした異議申立てに対するY教育委員会の決定の時期と総合して考察してみても，Y教育委員会の審査会に対する諮問の時期が国家賠償法上違法であるということはできないと判示している。

　さらに，原判決が，Y教育委員会の諮問が遅滞なく行われたかどうかを判断するに際し，高知市および福岡市の条例中に不服申立てから諮問までの期間に

つき不服申立てがあった日から起算して 15 日以内ないし不服申立てがあった日の翌日から起算して 30 日以内との定めがあること，国の情報公開に関する連絡会議申合せにおいて情報公開に関する審査会への諮問までの期間が 30 日以内，遅くとも 90 日以内とされていることを根拠に，本件条例の実施機関が審査会に諮問をする場合における異議申立てから諮問までの通常の所要期間は，諮問するに当たって改めて調査・検討等を行う必要がない事案については最長 30 日間，その他の事案については，特段の事情がない限り，最長 90 日間と解するのが相当であると判示したことに対し，各地方公共団体は，それぞれが独立した存在であり，当該地方公共団体において諮問時期をどのように定めるかは，法律に抵触しない限り，各地方公共団体の自律に委ねられているので，他の地方公共団体の条例の定めを参考に，裁判所が，あたかも条例の定めを創設するかのような判示をすることは，地方公共団体の独立性の観点からみて相当性を欠くとする。そして，国の機関の連絡会議の申合せを参考にして，裁判所が特定の地方公共団体の条例の定めを創設するかのような判示も，地方公共団体の独立性の観点からみて相当性を欠き，地方公共団体に対する国家賠償請求訴訟の審理をする裁判所としては，当該訴訟に即して，当該地方公共団体またはその機関の措置が国家賠償法上違法であるかどうかを判断すべきものであり，その限度を超えて，当該訴訟において，当該地方公共団体における，あるべき条例の内容を自ら定立するかのような判示をすることは相当でないと付言している。

　そして，Ｘの本訴請求は理由がなく，原判決中Ｘの請求を一部認容した部分は不当であるからこれを取り消し，当該部分に係るＸの請求を棄却することとし，また，Ｘの附帯控訴は理由がないからこれを棄却すると判示した。

5　検　討

(1)　迅速諮問義務違反を理由とする国家賠償請求

　原判決と本判決が結論を異にした理由の一つは，迅速諮問義務違反自体により，Ｘの権利ないし法律上の利益が侵害されたとみるか否かにある。原判決は，迅速に審査会の審査を受ける手続的な権利ないし利益が不服申立人に保障され

ており，これは国家賠償法上保護に値するものであるから，迅速諮問義務に違反すれば，不服申立人は，国家賠償請求を行うことができるとする。これに対し，本判決は，迅速諮問義務は，行政内部の義務であるにとどまり，不服申立人に迅速諮問を求める権利ないし法律上の利益を付与するものではないので，迅速諮問義務違反のみを理由として国家賠償法上違法であるとはいえないとする立場を採っている。

　本判決がいうように，審査会への諮問が遅延しても，審査会での審理も答申後の裁決・決定等も迅速に行われ，不服申立てから裁決・決定等までの期間が総体として簡易迅速な救済を求める不服申立人の権利を侵害しているといえない場合には，諮問の遅延のみを独立に取り上げて，その違反を国家賠償法上の違法と認めるべきではないという考えも成立しえないわけではないと思われる。しかし，本件においては，たとえ不服申立審理期間の総体[3]をみても，本件における異議申立処理には，大きな疑問が残り，簡易迅速な救済を受けるXの権利ないし法律上の利益が侵害されたと認めうるように思われる。その理由は，以下のとおりである。

(2)　不服申立てと取消訴訟の関係

　本件異議申立て(1)後に本件不開示決定(1)の取消訴訟が提起され，本件異議申立て(2)後に本件不開示決定(2)の取消訴訟が提起されたが，Yは，いずれの異議申立てについても，上記取消訴訟の一審判決が出るまでは審査会に諮問すらしないという立場を採ったとみることができる。しかも，諮問を受けた審査会は，Xにより提起された一連の取消訴訟に対する判決が全て確定するまで答申を控える方針を採ったとみることができる。これは，Y教育委員会は，審査会答申を尊重すべきは当然である一方，確定した取消判決には拘束力があるから，Y教育委員会が審査会の答申に従った決定をしたとしても，その内容と矛盾する取消判決が確定すれば，Y教育委員会は，この判決に従った行動をとら

---

3)　諮問の遅延ではなく，審査請求後約2年，審査請求人の主張および処分庁の反論の終了時から約9か月経過して裁決がなされたことは違法な遅延であるとして慰謝料請求を認容したものとして，浦和地判平成11・1・25判自189号68頁参照。同判決について，草野功一・判自196号31頁以下参照。

146　第5章　審査会への諮問の遅滞を理由とする国家賠償

なければならないことになるので，かかる事態を避けるためには，取消訴訟に対する判決確定までは答申自体を控え，判決確定後にそれと矛盾しない答申を行うことが望ましいという考えによるものと思われる。

　しかし，行政事件訴訟法8条1項が採用した自由選択主義の下では，不服申立てに対する裁決・決定等と取消訴訟に対する判決の双方を求める権利が国民に保障されており，Yのように，取消訴訟が提起されれば，その判決確定までは，不服申立てに対する裁決・決定等を行わないというのでは，不服申立ての独自の意義は失われ，実質的に取消訴訟前置主義となり，法の建前とは乖離した運用を認めることになってしまう。同条3項[4]は，自由選択主義の下で，不服申立てと取消訴訟の双方が提起された場合，裁判所は，不服申立てに対する裁決・決定等があるまで（不服申立てがあった日から3か月を経過しても裁決・決定等がないときは，その期間を経過するまで），訴訟手続を中止することができるとし，むしろ，裁判所が，不服申立てに対する裁決・決定等を先行させる選択をすることを認めている。不服申立てに対する裁決・決定等がなされていれば，取消訴訟において，釈明処分の特則（行政事件訴訟法23条の2第1項1号・2項1号）の規定により，裁決・決定等の内容，裁決・決定等の根拠となる法令の条項，裁決・決定等の原因となる事実その他裁決・決定等の理由を明らかにする資料（不服申立てに関する事件の記録を含む）であって当該行政庁が保有するものの提出を求め，裁判所の審理資料を豊富にし，論点を明確にすることが可能になる。とりわけ，情報公開訴訟においては，裁判所はインカメラ審理が認められていないのに対し（最判平成21・1・15民集63巻1号46頁），情報公開に係る審査会はインカメラ審理を行うことができるので，不開示決定がされた文書を実際に見分して行われた答申に基づく裁決・決定等に係る資料は，取消訴訟を審理する裁判所にとって，参照に値するものといいうる。また，仮に釈明処分の特則の規定を利用しない場合においても，行政過程における争訟解決を先行させることにより，処分を全部取り消す裁決・決定等が出されれば，訴えの利益が失われるので，取消訴訟は却下により終了することになり，訴訟経済に資

---

4)　同項の意義について，宇賀克也・改正行政事件訴訟法——改正法の要点と逐条解説〔補訂版〕（青林書院，2006年）41頁以下参照。

することになる。不服申立人も，不服申立てと取消訴訟の双方を提起する場合，取消訴訟よりも一般的には迅速な救済といえる不服申立てに対する早期の裁決・決定等を得ることを期待していると思われ，とりわけ，情報公開請求に対する不開示決定を争う場合には，裁判所では行えないインカメラ審理を審査会が行うことを期待しているものと考えられる。Ｙのように，取消訴訟に対する判決が確定した後に，それに配慮した答申を出すという方針を採れば，インカメラ審理を含めた審査会審理の独自の意義を否定することになりかねない。本判決は，Ｘが異議申立てに対する決定自体の遅延の違法を主張していないことをもって，異議申立ての審理の全体が遅延していないことの証左ととらえているようにも思われるが，Ｘの真意は，異議申立てに対する決定自体の遅延が違法であると考え，主たる違法事由として，審査会への諮問の遅延を問題にしたものと思われる。本判決のように，Ｘの案件に対する不開示決定に係る紛争が遅滞なく全体的解決をみたものと評価することは，Ｙのような運用を是認し，不服申立てと取消訴訟の双方が提起された場合の不服申立ての独自の意義を没却することにつながりかねず，この点については，不服申立ての独自の意義を的確にとらえた原判決の立場が支持されるべきと思われる。

(3)　本件における諮問までの期間

　不服申立てと取消訴訟の双方が同時に係属する状態になったときの両者の審理の関係はさておき，そもそも，取消訴訟提起前に，Ｙ教育委員会は，審査会に諮問すべきではなかったかも問題になる。本件異議申立て(1)の 39 日後に本件不開示決定(1)の取消訴訟が提起され，本件異議申立て(2)の 55 日後に本件不開示決定(2)の取消訴訟が提起されたが，原判決のように，本件では 30 日以内に諮問がなされるべきであったという立場を採れば，いずれの不開示決定についても，取消訴訟提起前に諮問がなされるべきであったことになり，迅速諮問義務違反が認められることになろう。

　もっとも，原判決が行政機関情報公開法の運用に関する情報公開に関する連絡会議申合せならびに高知市および福岡市の情報公開条例の規定を根拠に，本件においては 30 日以内に諮問する義務があったと認定したことについて，本判決は批判している。確かに，本件条例では，「遅滞なく」諮問しなければな

らないと定められ，具体的に諮問までの期間が法定されているわけではなく，
「遅滞なく」といえるかについては，Y教育委員会における不服申立処理その
他の業務量と組織体制を踏まえて判断すべきであり，国や他の地方公共団体の
例をそのまま適用することは適切でない。しかし，原判決が通常処理期間を判
断するに当たり，国や他の地方公共団体の例を参考にしたことを批判すること
は必ずしも妥当でないように思われる。一般に地方公共団体が条例を定めるに
当たっては，国や他の地方公共団体の例を参考にすることが多く，最判平成
22・3・30判時2083号68頁は，議員が定例会等の会議に出席したときの費用
弁償として札幌市が日額1万円と定めるに当たり，他の指定都市との均衡をも
考慮したことを裁量権の逸脱濫用を否定する考慮要素としている。また，最判
平成22・9・10民集64巻6号1515頁は，大阪府茨木市における臨時的任用職
員の勤務が常勤に準ずるかを判断するに当たり，人事院規則15—15第2条（平
成21年人事院規則15—15—6による改正前のもの）において，非常勤職員の勤務時
間は常勤職員の勤務時間の4分の3を超えない範囲において各省各庁の長が定
めるとしていることも参酌して，勤務日数が週3日という程度では，その勤務
に要する時間に照らして，その職務が正規職員に準ずるものとして常勤と評価
できるものとはいい難いと判示している。本件条例においては，「遅滞なく」
という不確定概念を用いているが，具体の場合において，何が「遅滞なく」に
当たるかを解釈するに当たり，本件条例よりも短い開示決定等の期間（8日以
内）を定める福岡市において不服申立てから諮問までの期間を不服申立てがあ
った日の翌日から起算して30日以内としていること，本件条例と同じ開示決
定等の期間（15日以内）を定める高知市において不服申立てから諮問までの期
間を不服申立てがあった日から起算して15日以内としていること，本件条例
よりも長い開示決定等の期間（30日以内）を定めている行政機関情報公開法に
おいて，改めて調査・検討等を行う必要がない事案については30日以内，そ
の他の事案については特段の事情がない限り90日以内に諮問する運用とする
こととされていることを参考に，本件のように改めて調査・検討等を行う必要
が認められない事案においては30日以内に諮問すべきとしたこと，そして，
当時のYにおける異議申立て数を調査して通常所要期間を超える正当な理由
を否定したことは，不確定概念を解釈する方法として否定されるべきものでは

なく，これをもって，あるべき条例の内容を裁判所自ら定立することになると
までいうべきではないように思われる。

（4） 国家賠償法上保護に値する利益

　原判決は，迅速諮問義務違反により，迅速に審査会の審理を受けるＸの権利
ないし利益が侵害され，この権利ないし利益は国家賠償法上保護に値すること
を前提としていたのに対し，本判決は，迅速諮問義務違反により国家賠償法上
の違法の問題は生じないと判示しているが，これは，迅速諮問義務違反により
Ｘが不利益を受けるとしても，その不利益は国家賠償法上保護に値するもので
はないと言い換えることもできよう。他方，本判決は，異議申立てがなされて
から決定がなされるまでの期間が不合理に遅延した場合には，国家賠償法上違
法になりうること，別の見方をすれば，不服申立ての遅延により焦燥感を抱か
せられない利益が国家賠償法上保護に値することを是認しているようにも思わ
れる。その場合，不作為の違法確認訴訟における違法と不作為を理由とする国
家賠償法上の違法の関係については，周知のごとく，最判平成3・4・26民集
45巻4号653頁（以下「水俣病認定お待たせ賃訴訟最高裁判決」という）が，水俣
病認定申請を受けた処分庁が不当に長期間にわたらないうちに申請に対する処
分をすべき条理上の作為義務に違反したと認定するためには，客観的に処分庁
がその処分のために手続上必要と考えられる期間内に処分ができなかったこと
のみでは足りず，その期間に比してさらに長期間にわたり遅延が続き，かつ，
その間，処分庁として通常期待される努力によって遅延を解消できたのに，こ
れを回避するための努力を尽くさなかったことが必要であると解すべきである
と判示したこととの関係を考える必要がある[5]。本判決が水俣病認定お待たせ
賃訴訟最高裁判決に言及しなかったのは，そもそも「その処分のために手続上
必要と考えられる期間内に処分できなかったこと」という要件すら本件では満
たされていないので，条理上の作為義務違反の有無を論ずるまでもないと考え
たからとも解しうる。水俣病認定申請のような場合には，申請をした者が，相

---

[5]　同判決の意義について，宇賀克也・行政法概説Ⅱ〔第6版〕（有斐閣，2018年）445頁以
　　下，同・国家補償法（有斐閣，1997年）178頁以下，同「職務行為基準説の検討」行政法研
　　究1号48頁参照。

当期間内に応答処分されることにより焦燥，不安の気持ちを抱かされないという利益は，内心の静穏な感情を害されない利益として，国家賠償法上の保護の対象になりうることについては異論はないと思われるが，本件のような情報公開請求（本件非公開決定(1)に係る情報公開請求は，「平成20年8月8日付生涯学習課放課後クラブ推進係と西原小放課後クラブ連名で，西原小放課後クラブ保護者へ出した通知書の中の『毎日のおやつの内容，提供児童名を記録した文書と領収書』」についてのもの，本件非公開決定(2)に係る情報公開請求は，「平成21年2月20日付，神宮前小学校国際交流学級に関する住民訴訟の被告側準備書面(1)のP15〜P16に以下の部『同学園のすべての児童が裕福な家庭の児童ではないし，それらの児童については奨学金や寄付の募集等で対処しているところであって』とあるが，このことを裏付又は証明する文書」についてのものである）に係る不開示決定についての異議申立てに対する決定を適時に受けることにより焦燥，不安の気持ちを抱かされないという利益が国家賠償法上保護に値するか否かについては評価は分かれよう。本件文書へのアクセスの遅延がXの生命，健康を害したり，Xを経済的に困窮させるおそれがあるとはいえないと思われるが，同一の情報であっても，その持つ価値は人により千差万別であり，本件情報公開請求の対象になった情報は多くの者にとっては全く関心の対象にならないと思われるが，Xにとっては極めて重要であり，そうであるからこそ，Xは弁護士に委任して訴訟まで提起しているのである。したがって，本件において，異議申立てに対する決定が不合理に遅延した場合，合理的期間内に決定がなされることにより焦燥，不安の気持ちを抱かされないという利益を侵害されたとして慰謝料を請求できると解すべきであろう。

第6章

文書不存在の主張立証責任
―― 沖縄返還「密約」文書開示請求事件
（最高裁平成 26 年 7 月 14 日判決）

1 はじめに

　開示請求の対象になった行政文書が物理的に不存在であるとして不開示決定が行われ，当該不開示決定の取消訴訟が提起された場合，原告である開示請求者が当該文書の存在を主張立証しなければならないのか，それとも被告となる行政主体が当該文書の不存在を主張立証しなければならないのかは，訴訟の帰趨を左右する重要な問題である。本章では，この点が争点になった沖縄返還「密約」文書開示請求事件について考察することとする。

2 事実の概要

　X らは，行政機関の保有する情報の公開に関する法律（以下「行政機関情報公開法」という）に基づき，外務大臣に対して，琉球諸島及び大東諸島に関する日本国とアメリカ合衆国との間の協定（昭和 47 年条約第 2 号）の締結に至るまでの日米両政府間の上記諸島の返還に伴う財政負担等に係る交渉（以下「本交渉」という）の内容に関する文書である「CONFIDENTIAL SUMMATION OF DISCUSSION Of Article Ⅳ, Para 3」と題する SNEIDER と YOSHINO の間の会話を記録した 1971（昭和 46）年 6 月 12 日付け文書（以下「文書一(1)」という），「SECRET Memo」と題する同月 11 日付け文書（以下「文書一(2)」とい

う），文書一(1)および文書一(2)の各文書について報告，記録または引用した
報告書および公電等の文書（以下「文書一(3)」という），文書一(1)および文書
一(2)の各文書に関する翻訳文（以下「文書一(4)」という）の各文書の開示を，
財務大臣に対し，本交渉の内容に関する文書である「SECRET Memo Noted
by D. M. K.」と題する 1969（昭和 44）年 12 月 2 日付け文書（以下「文書二(1)」
という），文書二(1)の文書について報告，記録または引用した報告書および公
電等の文書（以下「文書二(2)」という），文書二(1)の文書に関する翻訳文（以下
「文書二(3)」という）の各文書（以下，文書一(1)～(4)，文書二(1)～(3)を総称して
「本件各文書」という）の開示を請求したところ，いずれの文書についても不存
在を理由とする不開示決定（以下「本件各決定」という）がなされた。そこで，
X らは，Y（国）を被告として，本件各決定の取消訴訟，本件各文書に係る開
示決定の義務付け訴訟および本件各決定により精神的損害を被ったことを理由
とする国家賠償請求訴訟を提起した。

3 一審判決

　東京地判平成 22・4・9 判時 2076 号 19 頁（以下「一審判決」という）[1]は，行
政文書の不存在を理由とする不開示決定の取消訴訟において，原告である開示
請求者は，行政機関が当該行政文書を保有していることについて主張立証責任
を負うが，一定の水準以上の文書管理体制下に置かれることを前提として，原
告である開示請求者が，過去のある時点において当該行政機関の職員が当該行
政文書を職務上作成し，または取得し，当該行政機関がそれを保有するに至っ
たことを主張立証した場合には，その状態がその後も継続していることが事実

---

1) 宇賀克也・情報公開・個人情報保護——最新重要裁判例・審査会答申の紹介と分析（有
斐閣，2013 年）287 頁，三宅裕一郎・法セ 55 巻 12 号 120 頁，上拂耕生・季報情報公開・個
人情報保護 39 号 33 頁，稲葉一将・速報判例解説（法セ増刊）8 号 57 頁，中野徹也・平成
22 年度重判解（ジュリ臨増 1420 号）348 頁，西口元・平成 22 年度主要民判解（別冊判タ
32 号）360 頁，清水英夫・マスコミ市民 496 号 2 頁，小町谷育子＝(聞き手)石塚さとし・マ
スコミ市民 496 号 7 頁，柴田鉄治・マスコミ市民 496 号 27 頁，514 号 23 頁，森田明・
JCLU Newsletter（人権新聞）375 号 4 頁，川上愛・JCLU Newsletter（人権新聞）375 号 1
頁，桂敬一・JCLU Newsletter（人権新聞）392 号 4 頁参照。

上推認され，被告において，当該行政文書が廃棄または移管等されたことによってその保有が失われたことを主張立証しない限り，当該行政機関は当該不開示決定の時点においても当該行政文書を保有していたと推認されるとした。そして，本交渉において日本が米国に対して沖縄返還協定で規定した内容を超える財政負担等を国民に知らせないままに行う旨の合意（いわゆる「密約」）を示す行政文書が外務省および大蔵省（当時。以下同じ）の職員によって職務上作成され，外務省および大蔵省が本件各文書を保有するに至ったことが認められる一方，これらの保有が失われた事実を認めることはできないとして，本件各文書の不存在を理由とする不開示決定を取り消し，本件各文書の開示決定を命じた。さらに，行政文書開示請求を受けた外務省の職員が職務上尽くすべき注意義務を尽くすことなく漫然と当該行政文書は不存在と判断して不開示決定をしたとして，国家賠償請求も認容した。

4　原判決

　控訴審判決である東京高判平成 23・9・29 判時 2142 号 3 頁（以下「原判決」という）[2]は，開示請求の対象である行政文書が不存在であるとしてされた不開示決定の取消訴訟においては，開示請求者が，行政機関が当該行政文書を保有していることについて主張立証責任を負うと解されるところ，通常の場合は，一定水準以上の文書管理体制下に置かれたことを前提として，過去のある時点において，当該行政機関の職員が当該行政文書を職務上作成し，または取得し，当該行政機関がそれを保有するに至ったことを主張立証した場合には，その状態がその後も継続していることが事実上推認され，特段の事情がない限り，当該行政機関は不開示決定の時点においても当該行政文書を保有していたと推認されるとした。そして，本件各文書が外務省および大蔵省の職員によって職務

2）　友岡史仁・自治研究 89 巻 7 号 112 頁，三宅裕一郎・法セ 57 巻 1 号 126 頁，中村英樹・季報情報公開・個人情報保護 45 号 31 頁，小原一人・平成 23 年行政関係判例解説 137 頁，柴田・前掲注 1）514 号 23 頁，我部政明・法時 83 巻 13 号 1 頁参照。なお，控訴審に提出された陳述書である奥平康弘「陳述書」法時 87 巻 5 号 6 頁およびその解題である蟻川恒正「『奥平陳述書』解題」法時 87 巻 5 号 20 頁も参照。

154　第6章　文書不存在の主張立証責任

上作成され，外務省および大蔵省がこれらを保有するに至ったことは認められるものの，その管理状況については，通常の管理方法とは異なる方法で管理されていた可能性が高く，また，その後に通常とは異なる方法で廃棄等がされた可能性があり，過去のある時点において当該行政機関が当該行政文書を保有するに至ったことから，その状態がその後も継続していることを事実上推認するための前提となる，当該行政文書が行政機関の職員が組織的に用いるものとして一定水準以上の管理体制下に置かれたこと自体について，これを認めるには合理的疑いがあるので，本件各決定の時点において，外務省および財務省が本件各文書を保有していたと推認する前提を欠き，また推認することを妨げる特段の事情があるとして，前記各請求を棄却・却下した。

5　本判決

　上告審の最判平成26・7・14判時2242号51頁（以下「本判決」という）[3]は，行政機関情報公開法において，行政文書とは，行政機関の職員が職務上作成し，または取得した文書，図画および電磁的記録であって，当該行政機関の職員が組織的に用いるものとして，当該行政機関が保有しているものをいうところ（同法2条2項本文），行政文書の開示を請求する権利の内容は同法によって具体的に定められたものであり，行政機関の長に対する開示請求は当該行政機関が保有する行政文書をその対象とするものとされ（同法3条），当該行政機関が当該行政文書を保有していることがその開示請求権の成立要件とされていることからすれば，開示請求の対象とされた行政文書を行政機関が保有していないことを理由とする不開示決定の取消訴訟においては，その取消しを求める者が，当該不開示決定時に当該行政機関が当該行政文書を保有していたことについて

---

3)　藤原静雄・法時87巻5号26頁，佐伯彰洋・新・判例解説Watch（法セ増刊）16号45頁，同・同志社法学67巻2号361頁，桑原勇進・法セ59巻10号123頁，米田雅宏・判例セレクト2014［II］（法教414号別冊付録）9頁，久末弥生・自治研究92巻8号153頁，大林啓吾・季報情報公開・個人情報保護56号9頁，井上禎男・判評680（判時2265）号136頁，板垣勝彦・平成26年度重判解（ジュリ臨増1479号）48頁，小町谷育子・法セ60巻2号10頁，同・世界864号206頁，866号208頁，桂・前掲注1)4頁，岩崎貞明・法と民主主義493号29頁，山本寛英・愛媛大学法文学部論集（総合政策学科編）40号1頁参照。

主張立証責任を負うものと解するのが相当であるとする。

そして，ある時点において当該行政機関の職員が当該行政文書を作成し，または取得したことが立証された場合において，不開示決定時においても当該行政機関が当該行政文書を保有していたことを直接立証することができないときに，これを推認することができるか否かについては，当該行政文書の内容や性質，その作成または取得の経緯や上記決定時までの期間，その保管の体制や状況等に応じて，その可否を個別具体的に検討すべきものであり，特に，他国との外交交渉の過程で作成される行政文書に関しては，公にすることにより他国との信頼関係が損なわれるおそれ，または他国との交渉上不利益を被るおそれがあるもの（行政機関情報公開法5条3号参照）等につき，その保管の体制や状況等が通常と異なる場合も想定されることを踏まえて，その可否の検討をすべきとする。

このような一般論を踏まえて，本件では，本交渉の過程で作成されたとされる本件各文書に関しては，その開示請求の内容から窺われる本件各文書の内容や性質およびその作成の経緯や本件各決定時までに経過した年数に加え，外務省および財務省（中央省庁等改革前の大蔵省を含む）におけるその保管の体制や状況等に関する調査の結果など，原判決の適法に確定した諸事情の下においては，本交渉の過程で上記各省の職員によって本件各文書が作成されたとしても，なお本件各決定時においても上記各省によって本件各文書が保有されていたことを推認するには足りないものといわざるをえず，その他これを認めるに足りる事情も窺われないとする。以上により，本件各決定は適法であるとして，Xらの請求のうち，本件各文書の開示決定をすべき旨を命ずることを求める請求に係る訴えを却下し，本件各決定の取消しを求める請求を含むその余の請求を棄却すべきものとした原判決の判断は是認することができるとして，上告を棄却した。

6　検　討

（1）　解釈上の不存在の場合の主張立証責任

情報公開法または情報公開条例に基づく開示請求に対する文書不存在を理由

156 第6章 文書不存在の主張立証責任

とする不開示決定には，解釈上の不存在と物理的不存在がある。前者は，開示
請求対象とされた文書自体は存在するが，当該文書が対象文書の要件を満たさ
ないため，文書不存在とされるものである。例えば，組織共用文書であること
が，対象文書の要件とされている場合において，当該文書が職員の個人的メモ
であって組織共用文書でないため，物理的には存在するものの，対象文書とし
ては存在しないとされるものである。この場合には，当該文書が物理的には存
在するが職員の個人的メモであって対象文書の要件を満たさないことの主張立
証責任は当該文書を保有する行政主体が負うことになると解される[4]。この点
は，ほとんど異論がないことと思われる。

(2)　物理的不存在の場合の主張立証責任

これに対し，物理的不存在の場合，一方において，不存在の証明は「悪魔の
証明」ともいわれ，行政文書の不存在を立証することは困難である。他方，存
在する行政文書の目録が存在しない中，被告が存在を否定する行政文書の存在
を原告が立証することは困難である。現在は，公文書等の管理に関する法律
（以下「公文書管理法」という）7条により，行政機関の長は，行政文書ファイル
管理簿の作成・公表を義務付けられているが，行政文書ファイルとは，相互に
密接な関連を有する行政文書を一の集合物にまとめたものであり（同法5条2
項），行政文書ファイル等とは，行政文書ファイルおよび単独で管理している
行政文書を意味する（同条5項）。そして，行政文書ファイル管理簿は，基本的
に行政文書ファイル単位であり，行政文書ファイルにまとめることが適切でな
い行政文書が例外的に単独で行政文書ファイル管理簿に記載されるにすぎない。
したがって，行政文書ファイル管理簿を見ても，一般的には，そこに含まれて
いる行政文書名まで分かるわけではない。そのため，原告が行政文書の存在を
主張立証することにも困難が伴うことが多い。

物理的不存在の場合の主張立証責任について，従前の裁判例は，一般に，文
書の存在が開示請求権の要件であることから，法律要件分類説に従い，原告が
その存在を主張立証する責任があるとしてきた[5]。本件においても，一審判決，

---

4)　解釈上の不存在に関する裁判例について，宇賀・前掲注 1)289 頁参照。

原判決，本判決ともに，原告が行政文書の存在の主張立証責任を負うとする点で共通している。

本判決は，その理由として，（ⅰ）行政文書の開示を請求する権利の内容は行政機関情報公開法によって具体的に定められたものであること，（ⅱ）行政機関の長に対する開示請求は当該行政機関が当該行政文書を保有していることがその開示請求権の成立要件とされていることの2つを挙げている。このうち（ⅱ）は，法律要件分類説を根拠とするものと思われるが，（ⅰ）を理由とする趣旨は必ずしも明確ではない。判例時報匿名コメントでは，行政訴訟における主張立証責任についての侵害処分・授益処分2分説に立ったとしても，行政機関情報公開法に基づく開示請求権は，憲法21条の保障する知る権利から憲法上直ちに認められるものではなく，実定法上の根拠があって初めて発生するものといえるので，行政機関の長が行う情報公開決定は，情報を公開することによって国民の権利を拡大する授益処分に当たると解され，当該行政文書が物理的に存在することについて，原告が主張立証責任を負担することが原則となるものと解されると述べられているので，侵害処分・授益処分2分説によっても，行政文書の存在の主張立証責任は原告が負うことを述べようとしたものとも思われる。確かに，憲法21条は行政文書の具体的開示請求権を保障するものではなく，抽象的権利を定めるにとどまると解されるが，抽象的権利とはいえ行政文書開示請求権が憲法上保障されていることから，不開示決定を侵害処分と解する余地もあり[6]，（ⅰ）のみでは，十分な根拠にはならないと思われ，（ⅱ）が中心的な理由であろう。本判決は，最高裁が初めて，行政文書の物理的不存在の場合に原告がその存在の主張立証責任を負うことを明確にした点に意義がある。

(3) 主張立証責任の軽減

原告が，行政文書の物理的存在の主張立証責任を負うということは，過去のある時点において，当該行政機関が開示請求対象文書を作成または取得して保有するに至り，開示請求の時点[7]まで，その保有が継続していたことを主張立

---

5) 物理的不存在に関する裁判例について，宇賀・前掲注 **1)**289〜290 頁参照。

6) 桑原・前掲注 **3)**123 頁参照。

158　第 6 章　文書不存在の主張立証責任

証しなければならないことを意味する。しかし，原告が行政文書の管理状況を
自ら確認する術を有しないことに鑑み，原告の主張立証責任を軽減する必要が
ある。一審判決は，その方法として，過去のある時点で当該行政機関が開示請
求対象文書を作成または取得して保有するに至ったことを主張立証した場合に
は，開示請求に対する決定時点までその保有が継続していると推認されるとす
る。そして，この推認を支える経験則として，行政文書が一定水準以上の管理
体制に置かれていることが挙げられている。原判決も，以上の点について，基
本的に一審判決と同様の論理を展開している。

　しかし，一審判決と原判決では，微妙に論理が異なる点がある。それは，以
下の点である。一審判決も原判決も，本件各文書は，その性質上，通常の管理
体制に置かれていなかった可能性が高いと考えている点では共通している。し
かし，そのことをいかに評価するかについては，必ずしも同じ立場に立ってい
ないようにみえる点もある。すなわち，一審判決は，通常であれば十分といえ
ると思われる調査をしても本件各文書が発見されなかったことをもって，本件
各文書が存在しないことの反証がなされたとは認めず，通常の管理体制に置か
れていたとは考えられない文書であることから，当時の政府高官等の関係者に
対するヒアリングまで実施することを反証の方法として求めている。したがっ
て，一審判決は，本件各文書が通常の管理体制に置かれた文書でなかった可能
性が高いことを反証の水準を高める要素として考慮しているのである。これに
対し，原判決は，本件各文書が行政機関の職員が組織的に用いるものとして一
定水準以上の管理体制下に置かれたことが，本件各決定の時点において，外務
省および財務省が本件各文書を保有していたと推認する前提となると述べてい
るので，過去のある時点において作成または取得され保有に至った行政文書が
不開示決定の時点まで保有されていたという推認がなされるのは，通常の管理

---

7)　一審判決，原判決，本判決ともに，不開示決定の時点を基準にしている。これは，公文
書等の管理に関する法律施行令 9 条 1 項 4 号が，行政機関情報公開法 4 条に規定する開示請
求があったものについては，同法 9 条各項の決定の翌日から起算して 1 年間とされていること
とを受けたものであろう。しかし，本来は，開示請求の時点を基準とすべきである。なぜな
らば，開示請求時点で存在した行政文書が，不開示決定までに廃棄されてしまうおそれがあ
るからである。したがって，運用上，開示請求時点で存在した行政文書を不開示決定までに
廃棄しないようにすべきであろう。

体制に置かれていた場合であって，本件各文書のように，そもそも通常の管理体制に置かれていたとは考え難い場合には，前記推認の前提に欠けることになるという趣旨と解される。そうであるとすれば，原判決が，原告の主張立証責任の軽減のために前記推認を認めるのは，通常の管理体制に置かれていると考えられる場合に限られることになり，原判決は，通常の管理体制に置かれていたとは考え難いことを，一審判決とは逆に，原告に不利益に考慮していることになる。

　もっとも，翻って考えると，原判決において，本件各文書が通常の管理体制に置かれていなかった可能性が高いとして，前記推認の前提を欠くとしたのは，外務省の「いわゆる『密約』問題に関する有識者委員会報告書」，「外交文書の欠落問題に関する調査委員会調査報告書」が控訴審では証拠提出され，一審判決が必要な調査としていた当時の政府高官等に対するヒアリングを行っても，本件各文書の存在を確認できなかったことが大きく影響している。そして，この事実は，一審判決が前記推認を覆す反証として求めていた内容と重なるように思われる。そうであるとすれば，一審判決が前記推認を覆す特段の事情として想定していた事実が，原判決では，前記推認の前提を失わせる事情として考慮されたことになり，理論構成が完全に同一ではないとしても，実質的な差異は大きくないとみることもできる。実際，原判決は，推認の前提を欠く事情を同時に「推認することを妨げる特段の事情」とも表現しているが，一審判決も，「当該行政機関が合理的かつ十分な探索を行ったにもかかわらずこれを発見することができなかったとすれば，当該行政文書は，既に廃棄等されたものと推認するのが相当であると解する余地があり，その場合には，前記……の推認は妨げられる」と述べている。したがって，原判決は，一審判決と同様に，当時の政府高官等に対するヒアリングを行っても，本件各文書の存在を確認できなかった場合には，推認を覆す反証がなされたと理論構成する可能性も認めているようにも思われる。

　なお，沖縄返還協定に関する密約文書に係る別件の情報公開訴訟において，東京地判平成 23・2・18 裁判所ウェブサイト[8]は，「本件文書①の管理状況に

---

8)　中村英樹・季報情報公開・個人情報保護 43 号 35 頁参照。

160　第6章　文書不存在の主張立証責任

ついては，通常の管理方法とは異なる方法で管理された可能性が高く，また，その後に通常とは異なる方法で廃棄等がされた可能性がある点を指摘することができ，一方，調査チーム，有識者委員会及び欠落委員会による調査は，かなり徹底した調査であったというべきであるところ，このような調査を経ても本件文書①が発見されなかったと認められることからすれば，外務省による本件文書①の保有が失われた相当高い可能性があるものと認めざるを得ず（特段の事情がない限り，保有が失われたと推認するに足りる事情と評価することもできる。），……昭和46年6月頃，外務省が本件文書①を行政文書として保有するに至ったことが認められることを前提としても，その後35年が経過した本件不開示決定時において，外務省が本件文書①を保有していたと推認することを妨げる（推認を動揺させる）特段の事情があるというべきである」と判示している。これは，一審判決と同様の理論構成の下で，一審判決が必要な調査としていた当時の政府高官等へのヒアリングを行っても，開示請求対象文書を発見できなかったことから，被告の反証が成功し，不開示決定時点において当該文書を外務省が保有しているという推認が覆されたという趣旨と読むことができる。もっとも，前掲東京地判平成23・2・18は，「上記の推認は，行政文書が，当該行政機関の職員が組織的に用いるものとして一定水準以上の管理体制下に置かれることを前提としている」とも述べており，当該事件の場合には，そもそも推認の前提が成立しないという原判決と同様の立場をとったと読めなくもない[9]。

　その控訴審の東京高判平成24・3・15裁判所ウェブサイトは，「本件文書①は通常の場合とは異なるごく特別な方法や態様等……により保管，管理されていた可能性があることに加え，外務省に設置された調査チームや有識者委員会等による相当に徹底した調査によっても同文書を発見するに至らなかったことなど，証拠上認められる事実ないし事情を総合すると，政治的，外交的配慮等に基づく意図的なものであったか否かはともかく，同文書は，正規の手続を経ずして隠匿，廃棄等がされた相当程度以上の蓋然性があると認められる。したがって，外務省が，過去に本件文書①を保有していた事実が認められるからと

────────────

9)　中村・前掲注 **8)**39頁参照。

いって，これにより，本件不開示決定の時点においてなお同文書を保有してい
たと推認することはできず，結局のところ，行政組織としての外務省が上記時
点において同文書を保有している事実については，本件全証拠によるもこれを
認めるに足りないということになる」と述べている。推認を覆す反証が成功し
たという趣旨か，そもそも推認の前提を欠くという趣旨か，必ずしも明確でな
いが，後者とも読むことができる。

(4) 本判決の論理

　本判決は，ある時点において当該行政機関の職員が当該行政文書を作成し，
または取得したことが立証された場合において，不開示決定時においても当該
行政機関が当該行政文書を保有していたことを直接立証することができないと
きに，これを推認することができるか否かについては，当該行政文書の内容や
性質，その作成または取得の経緯や上記決定時までの期間，その保管の体制や
状況等に応じて，その可否を個別具体的に検討すべきものであるとしている。
一審判決，原判決ともに，過去のある時点で行政機関が保有するに至った行政
文書は，通常は一定水準以上の管理体制に置かれているという前提に立ち，不
開示決定の時点まで保有が継続していることが推認されるという立場をとり，
前記推認をデフォルトとして，前記推認の前提を欠くか，または前記推認を覆
す例外的事情の有無を検討する立場であったのに対し，本判決は，デフォルト
としての前記推認という立場は採らず，前記推認の可否は諸般の事情の総合的
考慮により判断する方針を採っている。

　そして，本件の場合，当該行政文書の内容・性質が密約に係るものであるこ
と，アメリカ連邦議会の沖縄返還消極派の説得材料としてアメリカ政府が用い
るために作成された文書であって，日本側では利用の必要がない文書であった
こと，作成または取得からすでに30数年が経過していること，密約文書とし
ての性格に鑑み，通常の保管体制とは異なる特別の管理体制が採られ，極めて
限られた範囲の者しかその所在を知らなかったと考えられることを総合的に判
断して，本件の場合，不開示決定の時点において，当該行政文書の保有が継続
していると推認することはできないと判断したものと思われる。本判決は，総
合考慮に当たっての考慮事項は示しているものの，一審判決，原判決のような

162 第6章 文書不存在の主張立証責任

相当に明確な判断基準とは異なり，ケースバイケースでの判断に委ねられ，本
判決も事例判決として位置付けられる。

(5)　本判決の射程

　本判決は，特に，他国との外交交渉の過程で作成される行政文書に関しては，
公にすることにより他国との信頼関係が損なわれるおそれ，または他国との交
渉上不利益を被るおそれがあるもの（行政機関情報公開法5条3号参照）等につき，
その保管の体制や状況等が通常と異なる場合も想定されることを踏まえて，前
記推認の可否の検討をすべきとする。

　原判決が示唆しているように，仮に行政機関情報公開法施行前に本件文書が
廃棄されたとすれば，同法施行に伴い行政文書ファイル管理簿制度が導入され
る前に廃棄されたことになる。しかし，外務省が保有する外交文書についても，
沖縄返還交渉当時，「外務省記録及び記録文書保管，保存，廃棄規程」（以下
「昭和36年規程」という），「外務省文書編さん規程」，「文書保存廃棄類別基準」
が施行されており，これらの規程等の下では，文書一(1)～(4)は，永久保存に
分類されるべきものと思われる。「外務省記録及び記録文書保管，保存，廃棄
規程」は1980（昭和55）年に改訂され，「外務省主管文書，記録文書管理規程」
（以下「昭和55年規程」という）となったが，文書一(1)～(4)が永久保存文書と
して位置付けられることに変わりはない。「外務省主管文書，記録文書管理規
程」は2001（平成13）年に改正され，「外務省文書管理規則」になり，永久保
存の区分はなくなり，最長保存期間が30年とされ，永久保存とされていた文
書は，現用性を見直し，廃棄または外交史料館に移管することとされた。文書
一(1)～(4)については，この時点では現用性を喪失していたと考えられるので，
外交史料館に移管されるべきであったといえよう。

　もっとも，別の可能性も皆無とまではいえない。昭和36年規程，昭和55年
規程の下では，所定の手続を経て，保存期限を有期限文書に変更することが可
能であり，また，昭和55年規程の下では，所定の手続を経て，保存期間満了
前の廃棄が認められていたので，保存期間が有期限文書に変更された後，保存
期間満了により廃棄された可能性，保存期間満了前に廃棄された可能性も，理
論的にはありうることになる。また，外務省の文書管理規程においては，主管

課から文書管理の担当課に引き継がれたものが管理の対象になっているが，文書一(1)〜(4)が，そもそも文書管理の担当課に引き継がれず，主管課に留め置かれ，ある時点で廃棄された可能性もある。本判決も，その存在を秘匿する必要性を強く感じた政府が，所定の手続を経て，または，経ないで秘密裏に本件各文書を廃棄した可能性を考慮したのかもしれない。

しかし，現行法制の下では，外交交渉上特に秘匿を要する文書であっても，公文書管理法に従って適正に管理する必要がある。仮に本件のような密約が現在結ばれたとすれば，特定秘密の保護に関する法律（以下「特定秘密保護法」という）別表二ハの「条約その他の国際約束に基づき保護することが必要な情報」として，特定秘密に指定される可能性が高いと思われるが，特定秘密を記録した文書であっても，公文書管理法が基本的に適用され，一部特例が認められているが，その特例は，むしろ公文書管理を強化する方向の特例である。具体的に，現在，特定秘密に指定された密約外交文書がどのように管理されるかを説明すると，以下のようになる。

作成または取得された時点で，保存期間が定められ，保存期間満了後に外交史料館に移管するか，廃棄するかのレコード・スケジュール[10]を設定することになるが，行政文書の管理に関するガイドライン別表第1によれば，密約外交文書は，条約その他の国際約束の締結およびその経緯を記録した文書であるので，保存年限は30年となり，同ガイドライン別表第2によれば，かかる文書は，保存年限満了時に移管措置が講じられるべきことになる。なお，特定秘密の指定の有効期間は上限5年であり（特定秘密保護法4条1項），指定の更新は可能であるが（同条2項），通算で30年までを原則とし（同条3項），30年を超える延長には，内閣の承認が必要である（同条4項柱書本文）。そして，暗号や人的情報源等を除き，60年を超える延長は認められていない（同項柱書ただし書）。すでに密約の相手方当事国が国立公文書館等で公開している文書の場合，「指定に係る情報を公にしないことが現に我が国及び国民の安全を確保するためにやむを得ない」（同項柱書本文）場合には該当しないので，承認をすべきで

---

10)　宇賀克也・逐条解説 公文書等の管理に関する法律〔第3版〕（第一法規，2015年）12頁，85頁，102頁参照。

164 第6章 文書不存在の主張立証責任

ないと考えられる。この承認が得られなかった場合には，公文書管理法8条1
項の規定にかかわらず，保存期間満了とともに，外交史料館に移管しなければ
ならない（特定秘密保護法4条6項）。

　万一，レコード・スケジュールにおいて，移管措置をとることとされていな
い場合であっても，特定秘密として通算30年間指定をされ，30年を超える指
定の延長の承認が得られなければ，必ず外交史料館に移管されることになる。
そして，たとえ特定秘密が記録された行政文書を含む行政文書ファイルであっ
ても，行政文書ファイル管理簿に登録する義務があり（公文書管理法7条1
項）[11]，行政文書ファイル管理簿に登録せずに秘密裏に管理することは違法で
ある。

　したがって，現行法の下では，外交交渉上特に秘匿を要する外交文書である
からといって，その保管体制は，公文書管理法，特定秘密保護法の定めるルー
ルに従わなければならない。外交文書について，保管の体制や状況等が通常と
異なる場合が想定されるとする本判決の当該判示部分は，行政機関情報公開法
や公文書管理法施行前の時代を念頭に置いたものであり，現在まで射程に入れ
たものではないことに留意する必要があろう。

11）　ただし，行政文書ファイル名に行政機関情報公開法5条に規定する不開示情報に該当す
るものを記載する必要はない。

第7章

情報公開訴訟におけるヴォーン・インデックスとインカメラ審理

第1節　情報公開訴訟におけるインカメラ審理
　　　　──沖縄ヘリ墜落事件

1　行政改革委員会答申

　行政機関の保有する情報の公開に関する法律（以下「行政機関情報公開法」という）に基づく開示決定等の取消訴訟において，裁判所が開示請求対象文書のインカメラ審理を行うことが可能かについては，行政改革委員会においても議論されたが，「裁判の公開の原則（憲法第82条）との関係をめぐって様々な考え方が存する上，相手方当事者に吟味・弾劾の機会を与えない証拠により裁判をする手続を認めることは，行政（民事）訴訟制度の基本にかかわるところでもある」（行政改革委員会「情報公開法要綱案の考え方」〔1996（平成8）年12月16日〕8(2)イ）ことから[1]，その法定化は見送られ，将来の検討課題とされた。

---

[1]　行政改革委員会「情報公開法要綱案の考え方」においては，情報公開条例に基づく処分の取消訴訟や公務員法等の守秘義務違反事件の訴訟において，インカメラ審理手続なしに，立証上種々の工夫が現に行われていること，行政機関情報公開法の下では，不服審査会における調査の過程で得られた資料の訴訟における活用が期待されることも，行政機関情報公開法でインカメラ審理を法定しない理由として挙げられているが，これらは，行政機関情報公開法に係る訴訟においてインカメラ審理を法定する必要性についての議論であり，インカメ

166　第7章　情報公開訴訟におけるヴォーン・インデックスとインカメラ審理

2　「情報公開法の制度運営に関する検討会」報告書

　行政機関情報公開法制定附則3項（現2項），独立行政法人等の保有する情報の公開に関する法律（以下「独立行政法人等情報公開法」という）制定附則2条の規定に基づく見直しを行った総務省の「情報公開法の制度運営に関する検討会」報告書（2005〔平成17〕年3月29日）[2]においても，この問題についての法的議論が十分に成熟しているとはいえないとして，引き続き検討する課題とされた。

3　日弁連等の提言

　他方，1997（平成9）年3月に公表された日本弁護士連合会（以下「日弁連」という）の「情報公開法（試案）」，2004（平成16）年8月に公表された日弁連の「情報公開法の見直しにあたっての裁判手続におけるヴォーン・インデックス手続及びインカメラ審理の導入の提言」，2005（平成17）年7月に公表された民主党の「情報公開法改正案」においては，情報公開訴訟におけるインカメラ審理手続の導入が提言されていた[3]。

4　東京地裁平成16年12月21日決定

　情報公開条例に基づく不開示決定に係る訴訟において，両当事者の合意の下で，インカメラ審理が行われた例は皆無ではないが[4]，被告の同意がない場合において，行政機関情報公開法に基づく不開示決定の取消訴訟におけるインカ

ラ審理の可否についての議論ではない。
2)　宇賀克也・情報公開と公文書管理（有斐閣，2010年）17頁以下参照。
3)　これらの提言の内容については，村上裕章・行政情報の法理論（有斐閣，2018年）354頁以下参照。
4)　具体例については，森田明「情報公開訴訟におけるインカメラ審理の可否に関する決定」神奈川ロージャーナル2号98頁以下，宇賀克也＝大橋洋一＝高橋滋編・対話で学ぶ行政法（有斐閣，2003年）135頁以下参照。

メラ審理が可能かが争われた事案での最初の決定例が，東京地決平成 16・12・21 訟月 51 巻 10 号 2578 頁[5]である。同事件において，原告は，検証手続の立会権を放棄して，不開示決定がされた行政文書に不開示情報が記録されていないことの検証を申し出た。東京地裁は，かかる訴訟において，被告が本件各文書を提示し，あるいは本件各文書の検証を受忍しなければならないとすると，それによって，当該不開示決定を取り消して本件各文書が開示されたのと実質的に同じ状態が生じ，訴訟の目的が達成されてしまうこととなるが，このような結果は，情報公開制度の趣旨に照らして不合理であり，上記訴訟においては，被告は，本件各文書について，これを提示すべき義務あるいは本件各文書の検証を受忍すべき義務を負わないとする。そして，検証の結果は，裁判所によって調書に留められ，記録の一部となって当事者に閲覧可能なものとなるので，原告が検証の立会権を放棄したか否かによって，上記の結論は左右されないとする。

　また，原告は，明文の規定がなくても，憲法 76 条によって付与された司法権の一環として，裁判所はインカメラ審理を行うことができると主張したが，現行の民事訴訟法は，検証物提示義務の存否および文書提出義務の存否に限ってインカメラ審理に関する規定を設ける（民訴 223 条 6 項・232 条 1 項）一方で，その他には，かかる規定を置いておらず，検証をインカメラ審理によって行う手続は，相手方当事者にその内容を知らせず非公開で行う特別な制度であるから，明文の定めがないにもかかわらず，裁判所が憲法 76 条の規定を根拠として直ちにこのようなインカメラ審理を行うことはできないと判示した。

5　福岡高裁平成 20 年 5 月 12 日決定

　ところが，沖縄ヘリ墜落事故に係る情報開示請求に対する不開示決定取消訴訟の控訴審において，原告（控訴人）が不開示文書の検証の申出をするととも

---

[5]　三宅弘・獨協ロー・ジャーナル 3 号 81 頁以下参照。同決定の本案訴訟の控訴審判決（東京高判平成 20・1・31 裁判所ウェブサイト〔評釈として，井上禎男・季報情報公開・個人情報保護 31 号 44 頁〕）も，行政機関情報公開法に基づく開示請求対象文書についてインカメラ審理を行うことを否定している。

に，不開示文書を目的とする検証物提示命令の申立てがされた事案において，福岡高決平成 20・5・12 判時 2017 号 28 頁[6]（以下「原決定」という）は，本件検証の申立ては，実質的にはインカメラ審理を意図したものにほかならないとしたものの，原告が裁判所に直接見分した上で判断してもらいたいと考えるのは無理からぬことであるし，裁判所としても，その職責を全うするために当該文書を直接見分する術がなければ，最終的な判断権を裁判所に委ねた制度趣旨に悖ること甚だしいから，行政機関情報公開法には明文の規定はないが，必要に応じてインカメラ審理を行うことが一律に否定されているわけではないとする。そして，ヴォーン・インデックスの提出を国が拒否し，行政事件訴訟法 23 条の 2 の規定に基づき，情報公開・個人情報保護審査会に対して，同審査会の審査資料等の提出を求める釈明処分の申出を行ったが，国は，諮問書および理由説明書ならびに審査会の答申書以外には釈明処分の対象となる文書は存在しないと報告したので，インカメラ審理に代わりうる有効適切な手段は見当たらないとして，本件不開示文書を直接見分することが真に必要不可欠かについて検討する。

　そして，行政機関情報公開法 5 条 1 号に該当するとされた個人情報については，評価的要素は一切含まれておらず，その判断基準は一義的に明確であるから，裁判所がインカメラ審理を行うことが必要不可欠とまではいえないが，行政機関情報公開法 5 条 3 号・5 号に該当することを理由にする不開示部分は，多分に評価的要素を含むから，判断権者によって判断・評価が分かれうるものであり，かかる評価・判断の当否については最終的な判断権者である裁判所が判断すべきというほかなく，かつ，その判断を適正に行うためには，当該不開示文書の微妙なニュアンスまで酌み取れるように，細部にまでわたってその内容を正確に把握する必要性が極めて高いので，裁判所が直接これを見分する必要があるとする。

　検証の申立ての相手方は，インカメラ審理が許容されない根拠が憲法 82 条にあることからすれば，行政機関情報公開法のみならず，行政事件訴訟法およ

---

6) 藤原淳一郎・自治研究 85 巻 9 号 137 頁以下，渡井理佳子・季報情報公開・個人情報保護 31 号 35 頁以下，森田・前掲注 4)87 頁以下，高石直樹・平成 20 年度主要民事判例解説（別冊判タ 25 号）286 頁参照。

び民事訴訟法においても，情報公開訴訟においてインカメラ審理を行うことは想定されていないと主張したが，原決定は，本件の検証を採用した場合にも，その証拠調べ自体は公開の法廷において行うことが当然に予定されており（申立人も，当該証拠調べが行われる弁論期日に出席することは当然に可能である），ただ，申立人および傍聴人が本件不開示文書の内容を確認できないにすぎないから，上記制限をもって，裁判の公開原則に抵触するものとは解されないとし，民事訴訟法 92 条の規定によれば，書証等の証拠調べにおいても，傍聴人が書証等の内容を確認できない場合は当然に予定されているといえるが，これは憲法 82 条に違反しないことを前提としていると判示した。

6　最高裁平成 21 年 1 月 15 日決定

(1)　インカメラ審理に係る明文の規定の必要性

　その許可抗告審において，最決平成 21・1・15 民集 63 巻 1 号 46 頁[7]（以下「本決定」という）は，行政機関情報公開法に基づく行政文書の開示請求に対する不開示決定の取消訴訟において，不開示とされた文書を対象とする検証を受忍させることは，それにより当該文書の不開示決定を取り消して当該文書が開示されたのと実質的に同じ事態を生じさせ，訴訟の目的を達成させてしまうこととなるところ，このような結果は，行政機関情報公開法による情報公開制度の趣旨に照らして不合理といわざるをえないので，被告に当該文書の検証を受忍すべき義務を負わせて検証を行うことは許されず，上記のような検証を行う

---

7)　鎌野真敬・ジュリ 1382 号 122 頁，同・曹時 62 巻 12 号 139 頁，村上・前掲注 3)391 頁以下，北村和生・速報判例解説（法セ増刊）5 号 45 頁，渡井理佳子・季報情報公開・個人情報保護 34 号 28 頁，三宅弘・民商 140 巻 6 号 700 頁，森田明・自由と正義 60 巻 8 号 44 頁，同・前掲注 4)87 頁，安井英俊・福岡大学法学論叢 54 巻 2・3 号 75 頁，同・法政研究（九州大学）76 巻 3 号 121 頁，佐藤優希・志学館法学 12 号 23 頁，小林伸一＝北原靖和・清和法学研究 16 巻 2 号 93 頁，友岡史仁・法セ 54 巻 6 号 127 頁，宮下紘「『国民の知る権利』と『政府の説明責任』のあいだ——情報公開訴訟におけるイン・カメラ審査の許否」比較法文化 18 号 118 頁，川嶋四郎・法セ 55 巻 8 号 130 頁，伊東俊明・平成 21 年度重判解（ジュリ臨増 1398 号）143 頁，佐賀義史・平成 21 年度主要民判解（別冊判タ 29 号）205 頁，藤原昌子＝平野朝子・訟月 55 巻 8 号 2802 頁，平野朝子・ひろば 62 巻 10 号 62 頁，畠基晃・立法と調査 306 号 90 頁参照。

ために被告に当該文書の提示を命ずることも許されないとする。そして，立会権の放棄等を前提とした本件検証の申出等は，上記のような結果が生ずることを回避するため，事実上のインカメラ審理を行うことを求めるものにほかならないとする。問題は，かかる事実上のインカメラ審理が可能かであるが，本決定は，訴訟で用いられる証拠は当事者の吟味，弾劾の機会を経たものに限られるということは，民事訴訟の基本原則であるところ，情報公開訴訟において裁判所が不開示事由該当性を判断するための証拠調べとしてのインカメラ審理を行った場合，裁判所は不開示とされた文書を直接見分して本案の判断をするにもかかわらず，原告は，当該文書の内容を確認した上で弁論を行うことができず，被告も，当該文書の具体的内容を援用しながら弁論を行うことができないし，裁判所がインカメラ審理の結果に基づき判決をした場合，当事者が上訴理由を的確に主張することが困難となる上，上級審も原審の判断の根拠を直接確認することができないまま原判決の審査をしなければならないことになることを指摘し，情報公開訴訟において証拠調べとしてのインカメラ審理を行うことは，民事訴訟の基本原則に反するから，明文の規定がない限り，許されないものといわざるをえないと判示する。

(2)　現行法における明文規定の不在

　それに続けて，本決定は，現行法上，証拠調べとしてのインカメラ審理が認められていないことを指摘する。すなわち，1996（平成8）年に制定された民事訴訟法には，文書提出義務または検証物提示義務の存否を判断するためのインカメラ手続に関する規定が設けられ（平成13年法律第96号による改正前の民事訴訟法223条3項〔現同条6項〕・232条1項），その後，特許法，著作権法等にも同様の規定が設けられたが（特許105条2項，著作114条の3第2項等），これらの規定は，いずれも証拠申出の採否を判断するためのインカメラ手続を認めたものにすぎず，証拠調べそのものを非公開で行いうる旨を定めたものではないとする。そして，1999（平成11）年に制定された行政機関情報公開法には，情報公開審査会（当時。現在は情報公開・個人情報保護審査会）が不開示とされた文書を直接見分して調査審議することができる旨の規定が設けられたものの（平成13年法律第140号による改正前の行政機関情報公開法27条1項。現在は，情報公

開・個人情報保護審査会設置法9条1項），裁判所がインカメラ審理を行いうる旨の明文の規定は設けられなかったが，これは，インカメラ審理について，裁判の公開の原則との関係をめぐって様々な考え方が存する上，相手方当事者の吟味，弾劾の機会を与えない証拠により裁判をする手続を認めることは，訴訟制度の基本に関わるところでもあることから，その採用が見送られたものであり，2001（平成13）年に民事訴訟法が改正され，公務員がその職務に関し保管し，または所持する文書についても文書提出義務または検証物提示義務の存否を判断するためのインカメラ手続を行うことができることとされたが，上記改正の際にも，行政機関情報公開法にインカメラ審理に関する規定は設けられなかったことを指摘する。本決定は，以上の検討を踏まえて，現行法は，民事訴訟法の証拠調べ等に関する一般的な規定の下ではインカメラ審理を行うことができないという前提に立った上で，書証および検証に係る証拠申出の採否を判断するためのインカメラ手続に限って個別に明文の規定を設けて特にこれを認める一方，情報公開訴訟において裁判所が不開示事由該当性を判断するために証拠調べとして行うインカメラ審理については，あえてこれを採用していないものと解されると判示している。結論として，本件不開示文書について裁判所がインカメラ審理を行うことは許されず，相手方が立会権の放棄等をしたとしても，抗告人（不開示決定取消訴訟の被告）に本件不開示文書の検証を受忍すべき義務を負わせてその検証を行うことは許されないから，本件不開示文書の提示を命ずることも許されないと判示している。

7　検　討

(1)　双方審尋主義

　本決定の論理は，基本的に前掲東京地決平成16・12・21のそれと軌を一にしているが，後者の事案においては，検証の申立人は，検証手続への立会権を放棄したのみであった。そのため，東京地裁は，検証調書を申立人が閲覧することが可能なので，申立人が検証の立会権を放棄したとしても，インカメラ審理を行うことは許されないとしていた。これに対し，本決定の事案においては，申立人は，検証手続への立会権を放棄するのみならず，検証調書の作成につい

172 第7章 情報公開訴訟におけるヴォーン・インデックスとインカメラ審理

ても，本件不開示文書の記載内容の詳細が明らかになる方法での検証調書の作成を求めない旨も陳述していた。そこで，本決定は，検証調書の閲覧可能性の点には触れず，双方審尋主義という民事訴訟の基本原則からの乖離は，明文の規定のない限り認められず，抗告人に受忍義務を負わせるインカメラ審理は認められないことを，検証物提示命令の申立てを却下する理由としている。したがって，本決定の論理からすれば，情報公開訴訟におけるインカメラ審理は，原告が証拠調べへの立会権，インカメラ審理対象文書に係る閲覧・謄写請求権を放棄したとしても，明文の規定がない限り認められないことになろう。双方審尋主義という民事訴訟の基本原則から乖離したインカメラ審理は，情報公開訴訟の一方当事者の同意のみでは認められず，被告に当該文書の検証を受忍すべき義務を負わせて検証を行うことは許されないという本決定の論理に対しては，以下のような疑問も提起されうる。

(2) インカメラ審理により被告が受ける不利益

まず，情報公開訴訟におけるインカメラ審理により，被告が受ける不利益として本決定が挙げているもののうち，当該文書の具体的内容を援用しながら弁論を行うことができないという点については，被告は当該文書の内容を知悉しているのであるし，インカメラ審理が行われない場合においても，不開示情報の具体的内容を援用した弁論を行えない点に変わりはないのではないかということである。裁判所がインカメラ審理の結果に基づき判決をした場合，当事者が上訴理由を的確に主張することが困難になるという判示における当事者は，原告のみならず被告も含む趣旨であろうが，インカメラ審理の結果，被告が敗訴したため上訴する場合において，上訴理由を的確に主張することが困難となる点についても，インカメラ審理を行わない場合であっても，変わりはないのではないかとも考えられる[8]。

行政機関情報公開法と独立行政法人等情報公開法の改正を検討した内閣府「行政透明化検討チームとりまとめ」[9]において，インカメラ審理には被告の同

---

8) 藤原・前掲注 6)149 頁参照。
9) 行政透明化検討チームにおける情報公開法改正の検討について，宇賀克也・情報公開・個人情報保護——最新重要裁判例・審査会答申の紹介と分析（有斐閣，2013 年）26 頁以下，

第1節 情報公開訴訟におけるインカメラ審理 173

意は不要とし，2011 年の通常国会に提出された「行政機関の保有する情報の公開に関する法律等の一部を改正する法律案」（以下「改正案」という）[10]が，「国の防衛若しくは外交上の利益又は公共の安全と秩序の維持に重大な支障を及ぼす場合その他の国の重大な利益を害する場合」（改正案による行政機関情報公開法 24 条 2 項）以外は，同意を拒むことはできないとしたのも，インカメラ審理による被告の不利益は基本的には存在せず，存在するとしても，極めて例外的な場合に限られるということを意味しているといえよう。

(3) インカメラ審理により裁判所が受ける不利益

それでは，インカメラ審理により裁判所に生ずる問題は何かというと，本決定は，上級審が原審の判断の根拠を直接確認することができないまま原判決の審査をしなければならないことを挙げている。この点，控訴審であれば，改めてインカメラ審理を行うことも可能であるが，法律審である上告審の場合には，インカメラ審理を行った原判決の理由が，不開示情報を明らかにしないために具体的に書かれていなくても，審理不尽として原判決を破棄差戻しにすることはできないと思われるので，確かにこの点は問題であろう。もっとも，この点も，インカメラ審理の致命的な問題とまではいえないであろう。

(4) インカメラ審理により原告が受ける不利益

最大の問題は，原告が，当該文書の内容を確認した上で弁論を行うことがで

同・新・情報公開法の逐条解説〔第 8 版〕（有斐閣，2018 年）24 頁以下参照，藤原静雄「情報公開法改正案についての備忘録──大臣試案に対する意見書と審議過程」法学新報（中央大学）119 巻 7 = 8 号 41 頁，三宅弘「内閣府行政透明化検討チーム・『情報公開制度改正の方向性について』に関する論点整理」獨協ロー・ジャーナル 6 号 47 頁，渋谷秀樹「知る権利・インカメラ審理と憲法」自由と正義 61 巻 9 号 44 頁，橋本博之「『知る権利』を基軸とする情報公開法制定に向けて」自由と正義 61 巻 9 号 52 頁，島村謙「行政刷新としての情報公開法改正作業を担って」自由と正義 61 巻 9 号 58 頁，牧田潤一朗「請求利用者から見た情報公開法改正──情報公開法改正の実務的影響及び積み残した課題」自由と正義 61 巻 9 号 66 頁，松村雅生「情報公開法改正の動きと諸論点──行政透明化検討チームとりまとめを踏まえて」警察政策 13 巻 59 頁参照。

10) 改正案について，藤原静雄「情報公開法改正案の概要」季報情報公開・個人情報保護 41 号 2 頁，村上・前掲注 **3)** 56 頁，畠基晃「注目される『知る権利』と『インカメラ』」法時 83 巻 11 号 60 頁参照。

174　第7章　情報公開訴訟におけるヴォーン・インデックスとインカメラ審理

きず，裁判所がインカメラ審理の結果に基づき請求棄却の判決をした場合，原告が上訴理由を的確に主張することが困難となることである。当事者が自己の判断と責任に基づき訴訟を追行するための有意な情報に適時にアクセスする権利が弁論権の消極的側面として憲法32条により保障されていると解することができるので[11]，双方審尋主義は憲法32条の要請とみることができる[12]。ドイツにおいては，1999（平成11）年10月27日の連邦憲法裁判所決定が出るまでは，情報公開訴訟におけるインカメラ審理は，ボン基本法103条1項が保障する訴訟関係人の法的聴聞権の侵害と解されていた[13]。同日の連邦憲法裁判所決定は，ボン基本法103条1項も同法19条4項と同様，実効的権利保護の保障に資するものであり，情報公開訴訟においては，インカメラ審理を行わないことのほうが対審を制限することよりも，実効的権利救済を阻害するとして，インカメラ審理がボン基本法103条1項に違反しないとした。わが国においても，憲法32条の「裁判を受ける権利」は，ボン基本法19条4項と同様，実効的権利保護を保障するものであると解しうる[14]。そして，憲法32条は，一方において，実効的権利保護のために情報公開訴訟におけるインカメラ審理を正当化する根拠となり，他方において，実効的権利保護のための双方審尋主義を制約するインカメラ審理に対する消極的評価の根拠ともなりえないわけではない。情報公開訴訟におけるインカメラ審理にとって，「裁判を受ける権利」は「諸刃の剣」であると述べられることがあるのも，このことを意味しているといえよう[15]。

---

11)　山本克己「審理の方式に関する諸原則とその変容」法教200号34頁参照。

12)　笹田栄司・司法の変容と憲法（有斐閣，2008年）218頁も，情報公開訴訟におけるインカメラ審理手続の導入については，憲法82条のみならず，憲法32条との関係についても検討が必要なことを指摘する。

13)　笹田・前掲注**12)**198頁，山下義昭「行政上の秘密文書とインカメラ審理」川上宏二郎先生古稀記念・情報社会の公法学（信山社，2002年）522頁参照。

14)　東條武治・現代行政と権利保護（啓文社，1984年）24頁参照。憲法32条を実体的基本権を守るための手続的基本権ととらえる見解について，棟居快行・人権論の新構成〔新装版〕（信山社，2008年）292頁参照。

15)　藤原・前掲注**6)**153頁参照。

(5) 法改正によるインカメラ審理制度の導入の可能性

　本決定が，双方審尋主義という民事訴訟の基本原則は憲法 32 条の要請ではないと考えたのか，憲法 32 条の要請であるが，情報公開訴訟におけるインカメラ審理のための制約は憲法 32 条が許容すると考えたのかは明言されていない[16]。しかし，本決定は，「情報公開訴訟において証拠調べとしてのインカメラ審理を行うことは，……明文の規定がない限り，許されないものといわざるを得ない」と述べており，情報公開訴訟におけるインカメラ審理の制度を法改正により導入することは，立法政策として可能と考えているものと思われる。

　この点については，以下のように考えられる。現行法においても，証拠調べは，当事者が期日に出頭しない場合においてもすることができるが（民訴 183条），インカメラ審理を行うことに原告が同意すれば，原告はインカメラ審理への立会権を放棄したことを意味するから，原告の立会いなくインカメラ審理を行うことは可能と思われる。立会権を放棄したとしても，インカメラ審理の対象文書に係る閲覧・謄写請求権の問題があるが，原告がインカメラ審理に同意するということは，インカメラ審理の対象文書に係る閲覧・謄写請求権の放棄にも同意していることを含意し，かかる放棄が許されないわけではないと解される[17]。改正案は，情報公開訴訟におけるインカメラ審理の実施には，原告の同意を要件としているため問題ないが，仮に原告の同意なしにインカメラ審理を裁判所の判断で行いうる制度とした場合，憲法 32 条違反の重大な疑いが生じよう。

---

16)　平野・前掲注 **7**)69 頁，藤原＝平野・前掲注 **7**)2810 頁参照。双方審尋主義は憲法 32 条の要請ではないとするものとして，渋谷・前掲注 **9**)50 頁参照。また，双方審尋主義を憲法 32 条ではなく，憲法 82 条 1 項の当事者公開の問題とみるべきとする説もある。甲斐素直「裁判の公開とインカメラ審理——保護されるものは」会計と監査 61 巻 8 号 39 頁参照。

17)　そもそも立会権や閲覧・謄写請求権を放棄できるのかという問題があるが，春日偉知郎「インカメラ手続による秘密保護の新たな展開——ドイツ法における模索とわが法への示唆」判タ 1343 号 81 頁は，これらの権利は証言拒絶権のように当事者の意思によっても左右しえない絶対的なものとはいえず，一般的には放棄可能と解しうるとする。もっとも，当該放棄について，憲法上の積極的な根拠を探求する必要があるとする。著者も，原告がこれらの権利を放棄してインカメラ審理に同意することは，憲法 32 条違反の問題を生じさせないと考える。

176　第7章　情報公開訴訟におけるヴォーン・インデックスとインカメラ審理

　本決定の論理によれば，証拠調べとしてのインカメラ審理は，原告が同意しても，被告の同意なしに行うことは，民事訴訟の基本原則[18]に反するので，明文の規定がない限り被告の同意なしに行うことは許されないことになろう。

(6)　本決定の射程

　それでは，原告・被告双方が同意して行われる証拠調べとしてのインカメラ審理について，本決定の射程が及ぶのであろうか。調査官解説では，①訴えの取下げが行われることを前提に，不開示文書の所持者が任意にこれを提示し，裁判所だけが内容を確認するといった取扱い（事実上の和解としてのインカメラ審理），②当事者間の合意の下に裁判所だけが不開示文書を閲読して争点整理を行うといった取扱い（争点整理のためのインカメラ審理）であれば，民事訴訟の基本原則に反するものではなく現行法の下でも許されるが，証拠調べとしてのインカメラ審理は，当事者間の合意の下に行われるものであっても問題があるとされている[19]。双方審尋主義という民事訴訟の基本原則は，証拠調べには厳格に適用されなければならず，その例外は，法律で定めた場合にのみ認められうるという趣旨であろう。

(7)　憲法 82 条との関係

　情報公開訴訟においてインカメラ審理を行うことの憲法上の問題としては，憲法 32 条よりも憲法 82 条をめぐる議論のほうが多かったといえる。本決定の法廷意見は，この問題について言及していないが，泉徳治裁判官の補足意見では，新たな立法によって情報公開訴訟にインカメラ審理制度を導入することは，

---

18)　情報公開訴訟は行政訴訟であるので，民事訴訟の基本原則をそのまま援用しうるかについては議論がある。宮下・前掲注 **7)**125 頁参照。証拠調べ自体ではなく，文書提出命令の是非のインカメラ手続についてではあるが，行政訴訟では民事訴訟におけるそれと比較して，より緩やかに認められるべきとするものとして，新山一雄「文書提出命令と情報公開法の制定」塩野宏先生古稀記念・行政法の発展と変革（下）（有斐閣，2001 年）148 頁参照。佐藤優希「公務秘密文書と文書提出義務——災害調査復命書に対する最高裁決定に即して」志学館法学 11 号 57 頁も，公務秘密文書の文書提出命令の申立てに係るインカメラ審理における裁判所の後見的立場を指摘する。

19)　鎌野・前掲注 **7)**曹時 154 頁参照。

第 1 節　情報公開訴訟におけるインカメラ審理　　177

裁判の公開を保障する憲法 82 条に違反するものではなく，訴訟制度構築に係る立法裁量の範囲に属すると述べられている。その理由として，泉補足意見は，インカメラ審理は，裁判所が当該行政文書を直接見分し，自ら内容を確認して実体判断をするための手続であるから，国民の知る権利の具体化として認められた行政文書開示請求権の司法上の保護を強化し，裁判の信頼性を高め，憲法 32 条の裁判を受ける権利をより充実させるものである以上，憲法 82 条に違反するものではないと解すべきとしている。

そして，宮川光治裁判官の補足意見においても，上記の泉補足意見に賛意が表せられた後，適正な裁判を実施するために対審を公開しないで行う例として，すでに人事訴訟法 22 条，不正競争防止法 13 条，特許法 105 条の 7 等があること，開示を求める当事者がインカメラ審理を求めるのは，それが知る権利を実現するためにより実効的であるという判断があるのであり，行政機関の側には審理に先立って不開示とした理由について説明する機会が与えられるのであれば手続保障の上でも問題はないこと，情報公開・個人情報保護審査会の手続にインカメラ審理を導入する一方で情報公開訴訟においてこれを欠いていることは，最終的には司法判断によることとした情報公開制度の趣旨にそぐわないとも考えられること，情報公開訴訟へのインカメラ審理の導入に関しては，ヴォーン・インデックス手続と組み合わせ，その上でインカメラ審理を行うことの相当性・必要性の要件について慎重に配慮すべきであるが，情報公開制度を実効的に機能させるために検討が望まれることが指摘されている。

情報公開訴訟におけるインカメラ審理を憲法 82 条に違反しないとする理由として，憲法 82 条 2 項の「公の秩序」拡張説[20]，憲法 82 条 2 項本文例示説[21]，憲法 32 条説[22]，憲法 76 条 1 項説[23]のほか，憲法 82 条 1 項は証拠調べが公開

---

20)　戸波江二「裁判を受ける権利」ジュリ 1089 号 281 頁，渋谷・前掲注 9)50 頁参照。村上・前掲注 3)348 頁は，この説が比較的難が少ないとする。また，情報公開訴訟を直接念頭に置いたものではないが，伊藤眞・民事訴訟法〔第 6 版〕（有斐閣，2018 年）269 頁，新堂幸司・新民事訴訟法〔第 5 版〕（弘文堂，2011 年）508 頁，中野貞一郎・民事訴訟法の論点 II（判例タイムズ社，2001 年）18 頁も参照。

21)　佐藤幸治・現代国家と司法権（有斐閣，1988 年）432 頁参照。笹田・前掲注 12)219 頁は，基本的にこの立場に立ちつつ，憲法 32 条により非公開を認容する基準を絞り込む立場のように思われる。

の法廷で行われることを義務付けるが証拠調べの結果を確認しうることまで求めていないので，インカメラ審理が公開の法廷で行われる以上，傍聴人がインカメラ審理の対象文書にアクセスできなくても，憲法82条1項違反の問題は生じないとする説もあり，原決定がこの立場を採るように思われる。泉・宮川両裁判官の補足意見は，憲法32条説に依拠しているようにもみえるが，必ずしも明確ではない。いずれにせよ，本決定は，情報公開訴訟におけるインカメラ審理の導入が憲法82条に違反しないことを前提としていると思われる。

(8) 立法を求める動き

本決定を受けて，日弁連会長が「情報公開訴訟におけるインカメラ審理の法制化を求める会長声明」(2009〔平成21〕年1月23日)を出している。「行政透明化検討チームとりまとめ」では，インカメラ審理の導入を提言しているが，裁判官の全員一致により行うこととされており，憲法82条2項を意識したものと思われる。「行政透明化検討チームとりまとめ」を参考に作成された改正案による行政機関情報公開法24条1項は，インカメラ審理を行う旨の決定について裁判官の全員一致を要件としておらず，インカメラ審理を現行法が認めている口頭弁論期日外における証拠調べの一類型として位置付け，証拠調べの結果を口頭弁論期日に上程することをもって，憲法82条1項の「対審」の公開の要請は満たされると考えたものと思われる[24]。このように，本決定は，憲

---

22) 松井茂記・裁判を受ける権利（日本評論社，1993年）254頁参照。松井教授は，プライバシーの権利については憲法13条，営業秘密については憲法29条によっても，非公開審理を求める権利が基礎付けられるとする。松井・前掲書255頁参照。山下・前掲注**13**)538頁は，情報公開訴訟でインカメラ審理を実施することが実効的な権利保護になる場合に，インカメラ審理が可能であるとするので，松井説に親和的なように思われるが，公益保全の必要上やむをえない場合にも例外的にインカメラ審理を許容する余地はありうるとする。

23) 松井茂記・情報公開法〔第2版〕（有斐閣，2003年）370頁参照。

24) 「行政透明化検討チームとりまとめ」と改正案のインカメラ審理についての方針には，その他にも重要な相違がある。第1に，前者では，裁判所がインカメラ審理の決定をしたときには，ヴォーン・インデックスの提出を求めることを義務付けているのに対し，後者は，ヴォーン・インデックス前置主義を採らず，ヴォーン・インデックスの提出の有無，記載の内容をインカメラ審理を行うか否かの判断の考慮事項とするにとどめている（アメリカの情報公開訴訟においてインカメラ審理を行うか否かの判断の考慮事項については，宇賀克也・情報公開法——アメリカの制度と運用〔日本評論社，2004年〕139頁参照）。第2に，前者

第 1 節　情報公開訴訟におけるインカメラ審理　179

法上の疑義のために，司法実務において一般に行われてこなかった情報公開訴
訟におけるインカメラ審理の立法化の動きに拍車をかけることとなった。改正
案は，2011（平成 23）年 4 月 22 日に第 177 回国会（通常国会）に提出され，継
続審査となり，第 178 回国会（臨時国会），第 179 回国会（臨時国会），第 180 回
国会（通常国会）でも継続審査となり，2012（平成 24）年の第 181 回国会（臨時
国会）で，同年 11 月 16 日の衆議院解散により廃案になったが，将来，情報公
開訴訟にインカメラ審理が導入されることになれば，本決定は，立法化の大き
な契機となった決定として，わが国の情報公開の歴史に大きな足跡を残すこと
になろう。

においてはインカメラ審理を行うことについて被告の同意は不要とされているのに対し，後
者においては，被告の同意も必要とされた上で，国の防衛もしくは外交上の利益または公共
の安全と秩序の維持に重大な支障を及ぼす場合その他の国の重大な利益を害する場合を除き，
同意を拒むことができないものとされている。

180 第7章 情報公開訴訟におけるヴォーン・インデックスとインカメラ審理

> **第2節　行政機関情報公開法改正案における ヴォーン・インデックスとインカメラ審理**

1　はじめに

　2011（平成23）年の通常国会に提出された「行政機関の保有する情報の公開
に関する法律等の一部を改正する法律案」（以下「改正案」という）においては，
ヴォーン・インデックス[1]とインカメラ審理[2]の手続を情報公開訴訟に導入す
ることとした点が，極めて注目される。行政機関の保有する情報の公開に関す
る法律（以下「行政機関情報公開法」という）の制定に伴い，情報公開審査会（当
時。現在は情報公開・個人情報保護審査会）におけるヴォーン・インデックスとイ
ンカメラ審理の手続が導入されたが（現在は情報公開・個人情報保護審査会設置法
9条1項〜3項，会計検査院法19条の4），情報公開訴訟においては，明文の規定
がないため，インカメラ審理は一般に行われず，推認の方法により審理が行わ
れている。また，情報公開・個人情報保護審査会の審理手続においてヴォー
ン・インデックスが提出されていれば，2004（平成16）年の行政事件訴訟法改
正で新設された同法23条の2の釈明処分の特則の規定により，裁判所はヴォ
ーン・インデックスの提出を求めることができるが，実際には，情報公開・個
人情報保護審査会の審理手続においてヴォーン・インデックスが提出されるこ
とは稀であるため[3]，情報公開訴訟においてヴォーン・インデックスが活用さ

---

1)　ヴォーン・インデックスは，元来，アメリカで判例法上形成された手続である。アメリ
　カのヴォーン・インデックスについて詳しくは，宇賀克也・情報公開法——アメリカの制度
　と運用（日本評論社，2004年）134頁以下参照。
2)　アメリカの情報公開訴訟におけるインカメラ審理について詳しくは，宇賀・前掲注1)139
　頁以下参照。
3)　2001（平成13）年度から2003（平成15）年度までの3年間に内閣府情報公開審査会（当
　時）がヴォーン・インデックスの提出を受けたのは31件であり，1年度に約10件になる。
　このほか，諮問庁が自主的に，または審査会事務局の要請に応じて開示請求対象文書の内容
　を整理して提出している場合がある。総務省「情報公開法の制度運営に関する検討会」報告
　書（平成17年3月29日）248頁参照。同報告書については，宇賀克也・情報公開と公文書

れることは，ほとんど期待しえなかった。情報公開訴訟において，裁判所により ヴォーン・インデックスの提出が命じられたり，インカメラ審理が行われたりするようになれば，情報公開訴訟の在り方が大きく変化するものと思われる。改正案は廃案になったが，改正案が導入しようとしたヴォーン・インデックスとインカメラ審理の手続について検討することは，今後，この問題の立法の在り方を考える上で重要と思われる。そこで，以下において，改正案におけるヴォーン・インデックスとインカメラ審理の手続について検討することとする。なお，改正案は，独立行政法人等の保有する情報の公開に関する法律（以下「独立行政法人等情報公開法」という）も改正し，同様にヴォーン・インデックスとインカメラ審理の手続を導入することとしていたし（改正案による独立行政法人等情報公開法 22 条・23 条），情報公開条例に基づく情報公開訴訟にもこれらの手続に係る規定を準用することとしていたが（改正案による行政機関情報公開法 30 条），本節では，以下，行政機関情報公開法に基づく開示決定等に係る情報公開訴訟を念頭に置いて論ずることとする。

2　ヴォーン・インデックス

(1)　釈明処分の特例とした意義

　改正案は，行政機関情報公開法を改正し，同法 23 条に，「情報公開訴訟においては，裁判所は，訴訟関係を明瞭にするため，必要があると認めるときは，当該情報公開訴訟に係る開示決定等をした行政機関の長に対し，当該情報公開訴訟に係る行政文書に記録されている情報の内容，第 9 条第 3 項の規定により記載しなければならないとされる事項その他の必要と認める事項を裁判所の指定する方法により分類又は整理した資料を作成し，及び提出するよう求める処分をすることができる」という規定を置くこととしていた。同条の見出しが「釈明処分の特例」とされていたことから明らかなように，立法者は，裁判所によるヴォーン・インデックスの提出の求めを釈明処分の一類型として位置付けていた。

管理（有斐閣，2010 年）17 頁以下参照。

182　第7章　情報公開訴訟におけるヴォーン・インデックスとインカメラ審理

　行政訴訟においても，訴訟物である権利関係の基礎となる事実の認定に必要な事実の主張と証拠の収集は当事者の責任に委ねる弁論主義が基本である。しかし，弁論主義を厳格に貫けば，事実，争点等が明瞭にならないことがあり，また，一般に行政主体と比較して私人の訴訟遂行能力は劣後し，証拠も行政主体に偏在していることが多いため，裁判所が私人のために後見的役割を果たすことにより，実質的公平が維持されることがある。そこで，行政訴訟においても，裁判長または陪席裁判官は，訴訟指揮権の一環として，口頭弁論の期日または期日外において，訴訟関係を明瞭にするため，事実上および法律上の事項に関し，当事者に対して問いを発し，または立証を促すことができる（民訴149条1項，行訴7条）。これが釈明権である。

　当事者の主張立証を促す釈明権とは別に，争点を整理し審理の効率化を図るために，裁判所自身が訴訟関係を明確にさせるために行うのが釈明処分であり，（ⅰ）当事者本人またはその法定代理人に対し，口頭弁論の期日に出頭することを命ずること，（ⅱ）口頭弁論の期日において，当事者のため事務を処理し，または補助する者で裁判所が相当と認めるものに陳述をさせること，（ⅲ）訴訟書類または訴訟において引用した文書その他の物件で当事者の所持するものを提出させること，（ⅳ）当事者または第三者の提出した文書その他の物件を裁判所に留め置くこと，（ⅴ）検証をし，または鑑定を命ずること，（ⅵ）調査を嘱託することが，これに当たる（民訴151条1項，行訴7条）。

　さらに，行政訴訟においては，裁判所は，釈明処分の特則として，（ⅶ）被告である国もしくは公共団体に所属する行政庁または被告である行政庁に対し，処分または裁決の内容，処分または裁決の根拠となる法令の条項，処分または裁決の原因となる事実その他処分または裁決の理由を明らかにする資料（審査請求に係る事件の記録を除く）であって当該行政庁が保有するものの全部または一部の提出を求めること，（ⅷ）上記（ⅶ）に規定する行政庁以外の行政庁に対し，上記（ⅶ）に規定する資料であって当該行政庁が保有するものの全部または一部の送付を嘱託すること，（ⅸ）被告である国もしくは公共団体に所属する行政庁または被告である行政庁に対し，当該審査請求に係る事件の記録であって当該行政庁が保有するものの全部または一部の提出を求めること，（ⅹ）上記（ⅸ）に規定する行政庁以外の行政庁に対し，上記（ⅸ）に規定する事件の記録であって

当該行政庁が保有するものの全部または一部の送付を嘱託することができる（行訴23条の2）。民事訴訟法151条1項の規定に基づく釈明処分により裁判所に提出させることができる文書は，訴訟書類または訴訟において引用した文書に限られているが，行政事件訴訟法23条の2の規定に基づく釈明処分の場合には，そのような限定がないため，特則として位置付けられている。

　情報公開訴訟も行政訴訟であるから，裁判所は，民事訴訟法151条1項，行政事件訴訟法23条の2の双方の釈明処分を行うことができる。しかし，情報公開訴訟の特質に鑑みると，これのみでは十分でない場合がある。すなわち，不開示決定の取消訴訟，開示決定の義務付け訴訟においては，一般に原告は当該行政文書を見分していないので，不開示情報に係る十分な主張を行うことが困難なことが少なくないし，裁判所にとっても，文書が大量で不開示情報も多岐にわたる場合，争点整理が困難なこともある。このような場合，ヴォーン・インデックスが行政機関の長から提出されれば，原告による主張や裁判所による争点整理が容易になることが期待される。さらに，裁判所がインカメラ審理[4]を行い原告の請求を棄却した場合，原告は当該行政文書を見分していないし，裁判所も判決中に見分した行政文書の内容を詳細に記述することはできないので，原告が上訴して原判決の違法を主張することは極めて困難にならざるをえない。このことは，双方審尋主義という民事訴訟・行政訴訟の基本原理との抵触の問題を惹起する。原告がヴォーン・インデックスを入手しうることは，インカメラ審理と双方審尋主義の抵触の問題を完全に解消するとまではいえないものの，緩和する機能を有するので，とりわけ，インカメラ審理が行われる場合には，ヴォーン・インデックスは重要な意義を有する。最決平成21・1・15民集63巻1号46頁の補足意見において，宮川光治裁判官が，ヴォーン・インデックス手続との組み合わせでインカメラ審理を行うことの検討を求めていたこと，改正案の基になった「行政透明化検討チームとりまとめ」において，インカメラ審理についてヴォーン・インデックス前置主義が採られていたことも，インカメラ審理と双方審尋主義の抵触の問題の緩和を意図していたものと

4） 後述するように，改正案は，行政機関情報公開法を改正して，その24条に裁判所によるインカメラ審理の規定を設けることとしていた。

184　第7章　情報公開訴訟におけるヴォーン・インデックスとインカメラ審理

思われる。

　情報公開・個人情報保護審査会は，ヴォーン・インデックスを作成し提出するよう諮問庁に求めることができるから（情報公開・個人情報保護審査会設置法9条3項，会計検査院法19条の4），審査会の求めに応じてヴォーン・インデックスが作成され審査会に提出されていれば，行政事件訴訟法23条の2第2項の規定する釈明処分に係る権限に基づき，裁判所はその提出を求めることができる。しかし，実際には，ヴォーン・インデックスの作成・提出を審査会が求めることが稀なので，ヴォーン・インデックスが行政庁により保有されていないことが多い。裁判所が有する現行の釈明処分に係る権限により，行政庁が保有する資料の提出を求めることはできるが，新たに資料を作成することを求めることは現行の釈明処分ではできないと思われる。そこで，改正案は，行政機関情報公開法を改正して，その23条において，釈明処分の特例として，ヴォーン・インデックスを作成して提出を求める権限を裁判所に付与することとしたのである。

　裁判所がヴォーン・インデックスを作成して提出を求めることは，訴訟関係を明確にするための釈明処分として位置付けられており，証拠方法を調べて，心証を形成する証拠調べではないから，釈明処分により提出されたヴォーン・インデックスを証拠調べの対象とするためには，これを書証として提出することになる。

　改正案において，裁判所がヴォーン・インデックスの作成・提出を求めることが釈明処分の特例として位置付けられたことは，作成を求める点において特例としたものであり，法効果の面で特別の取扱いをする趣旨ではないと解される。したがって，ヴォーン・インデックスを作成して提出を求められた行政機関の長がこれに従う義務を負うか，従わない場合にどのような法効果が生ずるかは，一般の釈明処分の場合と同様と考えられる。民事訴訟法・行政事件訴訟法の定める釈明処分については，行政機関の長は，一般的な協力義務を負うと解されているが，文書提出を拒むことができる正当な事由，釈明処分に正当な理由なく従わない場合の制裁についての規定はない[5]。釈明処分に基づく文書提出の求めを拒否することができる正当な理由については，民事訴訟法220条4号ロの公務秘密文書の規定等を参考にして判断されることになる。正当な理

第2節　行政機関情報公開法改正案におけるヴォーン・インデックスとインカメラ審理　185

由なく釈明処分に従わない場合には，防御の方法の趣旨が明瞭でないにもかか
わらず必要な釈明をしないものとして，防御方法が却下されたり（民訴157条2
項），自由心証主義の下で裁判官の心証形成に不利な影響を与えることになり
うる（民訴247条）。ヴォーン・インデックスの作成・提出の求めに正当な理由
なく従わないと裁判所が判断した場合にも，同様に考えられる。

(2)　ヴォーン・インデックスの作成・提出義務を負う者

　不開示決定を争う情報公開訴訟において，民事訴訟法151条1項の規定に基
づく釈明処分が行われた場合，文書等の提出義務を負うのは当事者（国）等で
ある。他方，行政事件訴訟法23条の2の規定に基づく釈明処分は行政庁に対
して行われる。改正案の規定する釈明処分は，行政機関の長に対して行われる
ものとされており，行政事件訴訟法23条の2の規定と平仄を合わせている。

(3)　ヴォーン・インデックスの内容

　改正案は，ヴォーン・インデックスの内容を，「当該情報公開訴訟に係る行
政文書に記録されている情報の内容，第9条第3項の規定により記載しなけれ
ばならないとされる事項その他の必要と認める事項」と定めている。「第9条
第3項の規定により記載しなければならないとされる事項」とは，全部開示決
定以外の決定の根拠となる行政機関情報公開法の条項および当該条項に該当す
ると判断した理由（行政機関情報公開法5条各号に該当することを当該決定の根拠と
する場合にあっては不開示情報が記録されている部分ごとに当該決定の根拠となる条項
および当該条項に該当すると判断した理由，開示請求に係る行政文書を保有していない
ことを当該決定の根拠とする場合にあっては当該行政文書の作成または取得および廃棄
の有無その他の行政文書の保有の有無に関する理由）である。「当該情報公開訴訟に
係る行政文書に記録されている情報の内容」も分類または整理の対象となるか
ら，懲戒処分の一件書類を例にとると，被処分者からの事情聴取部分，被害者
その他の被処分者以外の者からの事情聴取部分，最終的な事実認定部分，参考

---

5)　その理由について，宇賀克也・改正行政事件訴訟法——改正法の要点と逐条解説〔補訂
　　版〕（青林書院，2006年）102頁参照。

にした過去の懲戒処分事案等に分類または整理した資料の作成を求めることができる。改正案により行政機関情報公開法9条3項で定められる理由提示が十分に行われれば，ヴォーン・インデックスに期待されている機能のかなりの部分は履行されるが，行政機関の長による理由提示が不十分な場合もありうるのであり，裁判所が釈明処分により（改正案による）行政機関情報公開法9条3項の規定により記載しなければならないとされる事項を含めて，裁判所の指定する方法で分類または整理したヴォーン・インデックスの作成・提出を求めうることは有意義と認められる。文書の物理的不存在の場合には，（改正案による）行政機関情報公開法9条3項の規定に基づき，当該行政文書の作成または取得および廃棄の有無その他の行政文書の保有の有無に関する理由を不開示決定通知書に記載することが義務付けられるが，裁判所は，当該文書について行った検索方法等についても，「その他の必要と認める事項」として資料を作成して提出することを求めることができる。

　ヴォーン・インデックスの作成方法については，情報公開訴訟の係属している受訴裁判所が判断し指定することとしており，法令で一律に定めることとはしていない。アメリカにおいても，ヴォーン・インデックスには一定の公式はないといわれ[6]，事案に応じて柔軟に活用されているが，わが国においても，ヴォーン・インデックスの柔軟性を損なわないために，改正案では作成方法は受訴裁判所の裁量に委ねることとしている。

　情報公開・個人情報保護審査会設置法9条3項，会計検査院法19条の4の規定に基づき情報公開・個人情報保護審査会に付与されたヴォーン・インデックスの作成・提出を求める権限と（改正案による）行政機関情報公開法23条の規定に基づき裁判所に付与されるヴォーン・インデックスの作成・提出を求める権限を比較すると，以下の点において，後者のほうが広範である。すなわち，前者は，「行政文書等に記録されている情報又は保有個人情報に含まれている情報の内容」を対象とするので，開示請求者が，全部開示決定がされた文書以外にも対象文書が存在するはずであるから，実際には一部開示決定にすぎないとして不服申立てを行い審査会に諮問された場合には，文書の検索過程を示す

---

6)　Church of Scientology Int'l v. Department of Justice, 30 F. 3d at 231.

ヴォーン・インデックスの作成・提出を求めることはできないと思われる。文書不存在を理由とする不開示決定が行われた場合も同様である。これに対し，後者は，「その他の必要と認める事項」も対象としうるから，上記のような場合において，対象文書の検索過程を示す資料の作成・提出も求めることができる。

3　インカメラ審理

(1)　証拠調べとしての位置付け

　開示請求対象文書について，書証または検証という通常の証拠調べを行えば，実質的に当該行政文書を開示したのと同じ結果になる。そこで情報公開訴訟において原告には閲覧させずに裁判所のみが開示請求対象文書を閲覧するインカメラ審理を行うことが考えられるが，前掲最決平成21・1・15は，かかるインカメラ審理は，双方審尋主義という民事訴訟の基本原則に反し，明文の規定がない限り許されないと判示した。しかし，同決定は，情報公開訴訟における開示請求対象文書のインカメラ審理が憲法82条や憲法32条に違反するとはせず，かかる制度を設けるか否かは立法政策の問題と理解しているように読めるし，泉德治・宮川光治の両裁判官の補足意見も，情報公開訴訟における開示請求対象文書のインカメラ審理は違憲ではないという立場を鮮明にしている。行政透明化検討チームにおいても，かかるインカメラ審理の合憲性について異論はみられなかった。他面において，情報公開訴訟において裁判所が推認の方法により不開示情報該当性等を判断することに困難が伴うことについては，大方の認識が一致しているといえよう。そこで，改正案は，情報公開訴訟にインカメラ審理の手続を導入することとしていた。

　問題は，これを裁判手続においていかに位置付けるかであり，「行政透明化検討チームとりまとめ」では，「検証等の証拠調べ手続として定めることが想定されるが，釈明処分としての検証や，事実行為としてなされる手続も検討対象となりうる」として，専門的検討は法案立案過程に委ねていた。改正案は，これを口頭弁論期日外における証拠調べとして位置付けている。「行政透明化検討チームとりまとめ」においては，釈明処分としての検証も選択肢になって

いたが，開示請求対象文書の不開示情報該当性等についての判断を行うための手続であり，証拠調べとして位置付けたものと思われる。

改正案は，行政機関情報公開法 24 条 1 項において，証拠調べの類型を「文書（民事訴訟法（平成 8 年法律第 109 号）第 231 条に規定する物件を含む。）の証拠調べ又は検証」と定めている。「文書（民事訴訟法（平成 8 年法律第 109 号）第 231 条に規定する物件を含む。）の証拠調べ」とは書証のことであるから，書証と検証がインカメラ審理による証拠調べの方法として予定されていることになる。書証とは，裁判官が文書を閲読し，読み取った記載内容を証拠資料とするものであり[7]，一般的には，インカメラ審理は，文書の記載内容を読み取り，不開示情報該当性を判断することになるから，書証に当たることになる。検証は，裁判官がその視覚，聴覚等の感覚作用により事物の形状・性質，現象，状況を感得し，その判断内容を証拠資料とするものであり[8]，情報公開訴訟におけるインカメラ審理では，例えば，自筆で記載されているか，その筆跡により特定の個人が識別されるかを判断するために行われる証拠調べは検証となろう。また，不開示情報が記録されている部分を開示情報が記録されている部分から容易に区分して除くことが可能かを判断するために行われる証拠調べも検証となろう。

(2) 憲法 82 条との関係

改正案による行政機関情報公開法 24 条 1 項は，インカメラ審理を口頭弁論期日外における証拠調べとして位置付けている。このことと憲法 82 条の関係を検討することとする。憲法 82 条 1 項は，「対審」は公開の法廷で行うことを義務付けている。「対審」とは，裁判官の面前で当事者が各自の主張を述べる手続であり，民事訴訟における口頭弁論手続，刑事訴訟における公判手続がこれに該当する。したがって，口頭弁論期日は，憲法 82 条 2 項の例外に該当しない限り，公開の法廷で行う必要がある。口頭弁論期日外において非公開で証拠調べを行うことは，現行法上も可能とされ，証拠調べの結果を口頭弁論期日

---

[7]　伊藤眞・民事訴訟法〔第 6 版〕（有斐閣，2018 年）421 頁，山本弘＝長谷部由起子＝松下淳一・民事訴訟法〔第 3 版〕（有斐閣，2018 年）258 頁参照。

[8]　伊藤・前掲注[7]460 頁，山本＝長谷部＝松下・前掲注[7]269 頁参照。

に公開の法廷に上程することにより，憲法82条1項の要請は満たされるとされている。現行法上，口頭弁論期日外における非公開の証拠調べは，以下のような場合に認められている。

第1に，弁論準備手続は，裁判所が相当と認める者の傍聴を許し（民訴169条2項本文），当事者が申し出た者については，手続を行うのに支障を生ずるおそれがあると認められる場合を除き，その傍聴を許さなければならないものの（同項ただし書），公開の法廷で行われるわけではないが，弁論準備手続の期日において，証拠の申出に関する裁判その他の口頭弁論の期日外においてすることができる裁判および文書の証拠調べをすることができる（民訴170条2項）。

第2に，裁判所が相当と認めるときは，裁判所外における証拠調べを行うことも認められており（民訴185条1項本文），この場合においては，合議体の構成員に命じ，または地方裁判所もしくは簡易裁判所に嘱託して証拠調べをさせることができる（同項ただし書）。この嘱託により職務を行う受託裁判官は，他の地方裁判所または簡易裁判所において証拠調べをすることを相当と認めるときは，さらに証拠調べの嘱託をすることができる（同条2項）。

第3に，裁判所は，必要な調査を官庁もしくは公署，外国の官庁もしくは公署または学校，商工会議所，取引所その他の団体に嘱託することができる（民訴186条）。

第4に，裁判所は，①証人が受訴裁判所に出頭する義務がないとき，または正当な理由により出頭することができないとき，②証人が受訴裁判所に出頭するについて不相当な費用または時間を要するとき，③現場において証人を尋問することが事実を発見するために必要であるとき，④当事者に異議がないときに限り，受命裁判官または受託裁判官に裁判所外で証人の尋問をさせることができる（民訴195条）。

第5に，裁判所は，相当と認める場合において，当事者に異議がないときは，証人の尋問に代え，書面の提出をさせることができる（民訴205条）。

第6に，大規模訴訟に係る事件について，当事者に異議がないときは，受命裁判官に裁判所内で証人または当事者本人の尋問をさせることができる（民訴268条）。

以上は，いずれも，口頭弁論期日外において証拠調べを行うことについて合

理的理由が認められる場合といえるが，情報公開訴訟において開示請求対象文書のインカメラ審理を行うために，その証拠調べを口頭弁論期日外において非公開で行うことにも合理性が認められる。

以上のような口頭弁論期日外における証拠調べの結果は，口頭弁論期日において，公開の法廷に上程されなければ，憲法 82 条 1 項に違反し，証拠資料にはならないとされている。原則として非公開で行われる弁論準備手続の結果について，当事者は，口頭弁論において陳述しなければならない旨の明文の規定が設けられている（民訴 173 条）。また，最判昭和 45・3・26 民集 24 巻 3 号 165 頁[9]は，調査の嘱託により得られた回答書等の調査結果を証拠とするには，裁判所がこれを口頭弁論において提示して当事者に意見陳述の機会を与えれば足りると判示している。改正案による行政機関情報公開法 24 条 1 項の定める口頭弁論期日外における証拠調べの結果も，明文の規定はないが，公開の法廷で行われる口頭弁論期日に裁判所が顕出することにより，証拠資料とすることが想定されていると思われる。問題は，口頭弁論期日における顕出の方法であるが，インカメラ審理を行った旨およびその結果を不開示情報が露見しない範囲で陳述することになるのではないかと思われる。

このように，改正案による行政機関情報公開法 24 条 1 項は，憲法 82 条 1 項との関係について，「公の秩序」拡張説，憲法 82 条 2 項本文例示説，憲法 32 条説，憲法 76 条 1 項説によりインカメラ審理を正当化するのではなく，現行法が認めている口頭弁論期日外における証拠調べの一類型として位置付け，証拠調べの結果を口頭弁論期日に上程することをもって，憲法 82 条 1 項の「対審」の公開の要請は満たされると考えたものと思われる[10]。「行政透明化検討

---

9)　野田宏・曹時 22 巻 8 号 177 頁，同・最判解民事篇昭和 45 年度 23 頁，納谷広美・法協 88 巻 9＝10 号 892 頁，佐々木吉男・続民事訴訟法判例百選 156 頁，村松俊夫・民商 63 巻 5 号 764 頁，宮下明弘・法学研究 44 巻 7 号 128 頁参照。

10)　前掲福岡高決平成 20・5・12 は，開示請求対象文書の検証を申立人の立会権等を放棄して行うことについて，証拠調べ自体は公開の法廷で行うことが当然に予定されており，申立人も，当該証拠調べが行われる弁論期日に出席することは可能であり，ただ，申立人および傍聴人が本件不開示文書の内容を確認することができないにすぎないから，裁判の公開原則に抵触しないと判示している。この決定は，憲法 82 条 1 項は，法廷の公開を義務付けているにとどまり，被告提出の証拠を原告や傍聴人が見分できることまで要求していないという理解を前提としているように思われる。かかる理解に立てば，改正案のように，口頭弁論期

チームとりまとめ」において，インカメラ審理を行う旨の決定が裁判官の全員一致により行うこととされていたのは，憲法82条2項の例外に該当するとの認識に基づくものと思われる。改正案がインカメラ審理を行う旨の決定について裁判官の全員一致を要件としていないことからも，改正案によるインカメラ審理は，そもそも憲法82条1項との抵触の問題を生じさせるものではないという解釈が前提とされていることが窺われる。

(3)　双方審尋主義との関係

　口頭弁論期日外における証拠調べとして行われる改正案のインカメラ審理は，裁判所が当事者を立ち会わせないで行うものであるから，原告は，当該文書を見分できないことになる。後に，証拠調べの結果が，口頭弁論期日において，裁判所から顕出されるとしても，不開示情報を露見させない範囲での説明にならざるをえない。このことが，前掲最決平成21・1・15がいう「訴訟で用いられる証拠は当事者の吟味，弾劾の機会を経たものに限られる」という民事訴訟の基本原則に反しないかが問題になる。

　証拠調べは，当事者が期日に出頭しない場合においてもすることができるが（民訴183条），インカメラ審理を行うことに当事者が同意したということは，当事者がインカメラ審理への立会権を放棄したことを意味するから，改正案は，当事者の立会いなくインカメラ審理を行うことは可能という前提に立っているものと思われる。立会権を放棄したとしても，インカメラ審理の対象行政文書の閲覧・謄写請求権の問題があるが，当事者がインカメラ審理に同意するということは，インカメラ審理の対象行政文書の閲覧・謄写請求権の放棄にも同意していることを含意し，かかる放棄が許されないわけではないと思われる。そこで，改正案は，双方審尋主義との抵触の問題は，当事者のインカメラ審理への立会権，インカメラ審理の対象行政文書の閲覧・謄写請求権の放棄により，

日外における証拠調べの結果が口頭弁論期日に公開の法廷に上程されれば，インカメラ審理の対象となった行政文書を原告や傍聴人が見分できなくても，憲法82条違反の問題は生じないということになろう。阿部泰隆・行政法解釈学I（有斐閣，2008年）542頁も，かかる解釈の成立の余地を肯定する。また，村上裕章・行政情報の法理論（有斐閣，2018年）348頁以下は，公開法廷におけるインカメラ審理を前提とするならば，憲法82条不適用説も成立しうるとする。

解消されるという前提に立ったものと思われる。

　被告は，当該行政文書を裁判所に提出し，または提示することにより，国の防衛もしくは外交上の利益または公共の安全と秩序の維持に重大な支障を及ぼす場合その他の国の重大な利益を害する場合を除き，インカメラ審理への同意を拒むことができないが（改正案による行政機関情報公開法24条2項），原告はインカメラ審理に同意するか否かを任意に判断することができる。原告は，証拠の吟味，弾劾の機会を全面的に確保することを重視して，推認の方法による審理を選択するか，インカメラ審理との関係ではこの機会を放棄してインカメラ審理を選択するかを判断することになる。

　なお，情報公開訴訟にインカメラ審理制度を導入するに当たり，原告側は代理人のみ立ち会い，代理人の守秘義務を確保する措置を講ずべきとする意見[11]もあったが，改正案では採用されなかった。

(4)　要　件

①　申立て

　インカメラ審理の要件について，改正案による行政機関情報公開法24条1項は，申立てにより行うと定めている。一般に，民事訴訟の証拠調べにおいては，証拠の必要性について，第1次的に当事者の判断に委ね，当事者が証明すべき事実を特定して行うこととしている（民訴180条1項）。他方，行政訴訟では職権証拠調べが認められている（行訴24条・41条1項・43条）[12]。行政訴訟において職権証拠調べが可能とされたのは，訴訟結果が公益に与える影響が大きいことが多く，法律による行政の原理に照らし，客観的真実を明らかにすることが望まれること，私人と行政主体の訴訟遂行能力の差を縮小する必要がある

---

11)　佐藤優希・志学館法学12号49頁参照。特許法の秘密保持命令が実際にはほとんど活用されてこなかった理由については，片山英二「知財訴訟における情報の開示・保護に関する現状と課題」民訴雑誌54号107頁参照。文書提出義務の判断のためのインカメラ手続についてであるが，合意により申立代理人の立会いを検討すべきとするものとして，伊藤眞「イン・カメラ手続の光と影」新堂幸司先生古稀祝賀・民事訴訟法理論の新たな構築（下）（有斐閣，2001年）209頁参照。

12)　争点訴訟でも争点となる処分もしくは裁決の存否またはその効力の有無については職権証拠調べが可能である（行訴45条4項）。

ことによるものと考えられる。しかし，職権探知主義までは認められておらず，職権証拠調べも裁判所の義務ではない[13]。実際にも，職権証拠調べはほとんど行われていない。したがって，申立てがあるときにのみ可能で職権証拠調べの対象にはならない証拠調べの方法を設けることは許されると考えられる。改正案による行政機関情報公開法 24 条 1 項は，かかる前提の下に，インカメラ審理を職権証拠調べの対象とはせず，申立てに基づいてのみ行うこととしていると思われる。インカメラ審理を申立てに基づいてのみ行うこととする最大の理由は，それが双方審尋主義の例外をなすものであり，当事者の申立てがないにもかかわらず，職権で行うことは抑制すべきという考えによるものであろう。さらに改正案では，情報公開訴訟においては，釈明処分の特例として，ヴォーン・インデックスの作成・提出を求める権限が裁判所に付与されていること，文書提出命令の申立てであれば民事訴訟法 220 条 4 号イからホまでのいずれかに該当し提出義務を負わない文書についても，インカメラ審理であれば原則として提示義務を負わせていることも[14]，職権証拠調べとしてのインカメラ審理を認めない副次的理由となりうると思われる。

改正案による行政機関情報公開法 24 条 1 項の規定に基づくインカメラ審理の申立ては，書証または検証の申出となることは前述した。インカメラ審理という特別な証拠調べの申出であるので，民事訴訟法 219 条，226 条による書証の申出，同法 232 条 1 項による検証の申出とは異なる独自の申出方法であると考えられる。

② 特別の必要性

民事訴訟法 181 条 1 項においては，「裁判所は，当事者が申し出た証拠で必要でないと認めるものは，取り調べることを要しない」とし，証拠調べを行うか否かについて，裁判所に裁量が認められている。改正案による行政機関情報公開法 24 条 1 項は，「事案の内容，審理の状況，前条に規定する資料の提出の

---

[13] 旧行政事件訴訟特例法 9 条の職権証拠調べについて，裁判所の権能であるが義務でないと判示したものとして，最判昭和 28・12・24 民集 7 巻 13 号 1604 頁参照。

[14] 改正案による行政機関情報公開法 24 条 1 項の規定に基づくインカメラ審理の申立てと民事訴訟法の規定に基づく文書提出命令の申立ては別のものであるから，前者が後者の特別法の関係にあるわけではない。

有無，当該資料の記載内容その他の事情を考慮し，特に必要があると認めるとき」にインカメラ審理を行うとしており，その実施について特別の必要性を要件とし，裁判所の裁量を制約している。これは，インカメラ審理が原告の立会権，インカメラ審理対象行政文書の閲覧・謄写請求権の放棄を前提とするものであり，また，文書提出命令であれば提出義務を負わない文書であっても提出・提示義務を被告に課す特殊な手続であることから，その必要性を厳格に判断することとしたものであろう。

改正案による行政機関情報公開法24条1項の「前条に規定する資料」とはヴォーン・インデックスである。自由人権協会の法務省民事局参事官宛意見書（1992〔平成4〕年6月16日），日本弁護士連合会「情報公開法の見直しにあたっての裁判手続におけるヴォーン・インデックス手続及びインカメラ審理の導入の提言」（2004〔平成16〕年8月20日）および「行政透明化検討チームとりまとめ」においては，インカメラ審理についてヴォーン・インデックス前置主義を採るべきとしていたが[15]，改正案による行政機関情報公開法24条1項は，ヴォーン・インデックス前置主義を採用していない。これは，ヴォーン・インデックスが釈明処分の特例として位置付けられたことと関係していると考えられる。釈明処分は裁判所の訴訟指揮権の行使として行われるものであるから，ヴォーン・インデックス前置主義を採ると，インカメラ審理を行おうとする場合，ヴォーン・インデックスの作成・提出を求めることを裁判所に義務付けることになり，このことは訴訟指揮権としての性質にそぐわないと考えられたのであろう。また，ヴォーン・インデックスの作成・提出を求めることを裁判所に義務付けたとしても，協力義務を負わせるにとどまるので，ヴォーン・インデックスが提出される保証はないため，ヴォーン・インデックスが提出されていることをインカメラ審理の要件とした場合，インカメラ審理の要件が厳格になりすぎるおそれがあると考えられたものと思われる。そのため，改正案による行政機関情報公開法24条1項は，ヴォーン・インデックスの提出をインカメラ

---

[15]　学説においても，ヴォーン・インデックスとインカメラ審理の組み合わせの必要性を指摘するものがある。笹田栄司・司法の変容と憲法（有斐閣，2008年）239頁，三宅弘・民商140巻6号700頁，安井英俊・福岡大学法学論叢54巻2＝3号91頁，佐藤・前掲注 **11**）47頁参照。

審理の要件とせず，その提出の有無，記載の内容をインカメラ審理を行うか否かの判断の考慮事項とするにとどめているのであろう。裁判所は，このほか，開示請求対象文書の性質，当事者の主張の内容，ヴォーン・インデックス以外の証拠による判断の可否等も考慮して，インカメラ審理を行う特別の必要があるかを判断することになる。

③ 当事者の同意

　改正案による行政機関情報公開法24条1項は，インカメラ審理には，当事者の同意を必要としている。原告の同意を要件としたのは，インカメラ審理が，双方審尋主義の例外をなすものであり，文書を所持していない原告が，証拠調べへの立会権，インカメラ審理対象行政文書の閲覧・謄写請求権を放棄してもインカメラ審理を望む場合でなければ，インカメラ審理は正当化されないからである。被告がインカメラ審理を申し立てた場合，原告は，ヴォーン・インデックスが提出されているか，提出されている場合にはその記載内容等を斟酌し，同意を与えるか否かを判断することになる。

　情報公開訴訟において，以下のような場合には，原告が複数になる。第1に，複数の者が共同で同一の行政文書の開示を請求し，不開示決定に対し訴訟を提起した場合である。第2に，同一または類似の行政文書に係る異なる原告による情報公開訴訟が併合された場合である。第3に，開示請求に対し一部開示決定がなされ，開示請求者が一部不開示決定の取消訴訟（開示決定の義務付け訴訟を併合提起することもある）を，開示請求対象文書に自己に係る情報が記録されている者が一部開示決定の取消訴訟を提起し，両者が併合された場合である。かかる共同訴訟において，証拠共通の原則が適用されるという通説の立場を前提とすれば，1人の原告が申し立てたインカメラ審理の結果は，他の原告の訴訟についての裁判所の判断にも影響を与えうるのであるから，インカメラ審理には，全ての原告の同意が必要と解すべきと思われる。インカメラ審理を実施する前に原告が同意を撤回した場合には，裁判所は，インカメラ審理を行うことはできず，すでに証拠決定をしていた場合には，これを取り消すことになる（民訴120条）。

　被告については，前述した例外的な場合を除き，同意が義務付けられているが，これは，被告は開示請求対象行政文書を保有しているので，それを吟味す

る機会は十分に保障されており，インカメラ審理により，かかる機会を喪失するわけではないからである。「行政透明化検討チームとりまとめ」では被告の同意は不要とされていたにもかかわらず，改正案において，国の重大な利益を害する場合に，被告が同意を拒むことができるとされたのは，府省との法令協議において，行政機関情報公開法5条3号の定める国の安全に関する情報についてはインカメラ審理の対象とすべきでないという意見，インカメラ審理で見分した行政文書について，法律で守秘義務を課し[16]，裁判官のセキュリティ・クリアランスを行うべきであり[17]，それが行われないのであれば被告にインカメラ審理への同意拒否権を与えるべきという意見，高度な機密性を有する情報を裁判所に提出すること自体，セキュリティ上問題があるから被告にインカメラ審理への同意拒否権を与えるべきという意見，インカメラ審理であっても高度な機密性を有する情報を裁判所に提出または提示すれば，爾後，情報収集への協力が得られなくなり，わが国の重大な利益を害する場合があるという意見等が府省から主張されたからである。かかる意見を踏まえて，改正案による行政機関情報公開法24条2項は，国の重大な利益を害する場合についてのみ同意を拒否できることとしたのである。国の重大な利益を害する場合がいかなる場合かについては，「国の防衛若しくは外交上の利益又は公共の安全と秩序の維持に重大な支障を及ぼす場合」が例示されているから，行政機関情報公開法5条3号・4号の情報に限定され，かつ「重大な支障」という厳格な要件になっているから，行政機関情報公開法5条3号・4号該当情報の中でも，機微性

16） 裁判官には官吏服務紀律4条1項の規定により守秘義務が課されているが，違反に対する罰則はない。また，合議体でする裁判の評議の経過ならびに各裁判官の意見およびその多少の数については，裁判所法に特別の定めがない限り，同法で守秘義務が課されているが（75条2項），その違反についても罰則の規定はない。したがって，裁判官の守秘義務違反は，裁判官分限法2条の規定による懲戒（戒告または1万円以下の過料），裁判官弾劾法2条1号の規定による罷免という非刑事的制裁によることとされている。他方，裁判所書記官については，守秘義務違反に対する罰則が規定されている（裁判所職員臨時措置法1号，国家公務員法100条1項・109条12号）。

17） ドイツの行政裁判所法においては，インカメラ審理を行う裁判官を上級行政裁判所以上の裁判官に限定していることにつき，春日偉知郎「ドイツにおける行政庁の文書提出義務とその審理——行政裁判所法におけるインカメラ手続を中心として」法学研究83巻1号200頁，佐藤・前掲注**11**）45頁参照。ただし，ドイツ電気通信法においては，本案訴訟の係属する裁判所がインカメラ審理を行う。春日・前掲論文203頁参照。

の高い情報に限定して解釈すべきと思われる。「国の重大な利益」という用語は，行政機関の保有する個人情報の保護に関する法律10条2項1号（「国の安全，外交上の秘密その他の国の重大な利益に関する事項を記録する個人情報ファイル」），日本国との平和条約に基づき日本の国籍を離脱した者等の出入国管理に関する特例法22条1項4号（「法務大臣においてその犯罪行為により日本国の重大な利益が害されたと認定したもの」），犯罪捜査共助規則26条の3第5号ハ（「日本国民の生命，身体及び財産を害する犯罪であつて日本国の重大な利益を害するものに準ずるもの」），警察法5条4項4号ハ（「国際関係に重大な影響を与え，その他国の重大な利益を著しく害するおそれのある航空機の強取，人質による強要，爆発物の所持その他これらに準ずる犯罪に係る事案」），同項6号ロ（「国外において日本国民の生命，身体及び財産並びに日本国の重大な利益を害し，又は害するおそれのある事案」），刑事訴訟法103条・144条（「当該監督官庁は，国の重大な利益を害する場合を除いては，承諾を拒むことができない」），同法104条2項・145条2項（「衆議院，参議院又は内閣は，国の重大な利益を害する場合を除いては，承諾を拒むことができない」）において用いられているが，改正案による行政機関情報公開法24条2項の解釈に当たり最も参考になるのは，刑事訴訟法の上記規定であると思われる。

(5) インカメラ審理の決定の効果

　裁判所が，インカメラ審理を行う旨の決定をしたときは，被告は，当該行政文書を裁判所に提出し，または提示する義務を負う（改正案による行政機関情報公開法24条3項）。「行政透明化検討チームとりまとめ」では提示については言及がなかったが，改正案では提示も認めている。文書提出命令（民訴223条1項）の場合には，文書の所持者は，（i）当事者が訴訟において引用した文書を自ら所持するとき，（ii）挙証者が文書の所持者に対しその引渡しまたは閲覧を求めることができるとき，（iii）文書が挙証者の利益のために作成され，または挙証者と文書の所持者との間の法律関係について作成されたときは，その提出を拒むことができない（民訴220条1号〜3号）。以上のほか，文書が（イ）文書の所持者または文書の所持者と配偶者，4親等内の血族もしくは3親等内の姻族の関係にある者（過去においてあった者を含む），後見人と被後見人の関係にある者が刑事訴追を受け，もしくは有罪判決を受けるおそれがある事項またはこれ

198　第7章　情報公開訴訟におけるヴォーン・インデックスとインカメラ審理

らの者の名誉を害すべき事項が記載されている文書，(ロ)公務員の職務上の秘密に関する文書でその提出により公共の利益を害し，または公務の遂行に著しい支障を生ずるおそれがあるもの，(ハ)医師，歯科医師，薬剤師，医薬品販売業者，助産師，弁護士（外国法事務弁護士を含む），弁理士，弁護人，公証人，宗教，祈禱もしくは祭祀の職にある者またはこれらの職にあった者が職務上知りえた事実または技術もしくは職業の秘密に関する事項で，黙秘の義務が免除されていないものが記載されている文書，(ニ)専ら文書の所持者の利用に供するための文書（国または地方公共団体が所持する文書にあっては，公務員が組織的に用いるものを除く），(ホ)刑事事件に係る訴訟に関する書類もしくは少年の保護事件の記録またはこれらの事件において押収されている文書のいずれにも該当しないときは，文書の提出を拒むことはできない（同条4号）。

　しかし，インカメラ審理の場合には，被告以外の者が立ち会うことはなく，「何人も，その提出され，又は提示された行政文書の開示を求めることができない」（改正案による行政機関情報公開法24条3項後段）から，当該行政文書の提出または提示によって民事訴訟法220条4号イ〜ホにより保護しようとしている利益が害されるおそれは乏しく，また，民事訴訟法220条4号イ〜ホに該当することを理由として改正案による行政機関情報公開法24条1項のインカメラ審理に応じないこととすればインカメラ審理の実効性が阻害されるので，改正案による行政機関情報公開法24条3項前段は，「裁判所が弁論期日外証拠調べをする旨の決定をしたときは，被告は，当該行政文書を裁判所に提出し，又は提示しなければならない」とし，例外なく，提出または提示を義務付けている。

　インカメラ審理により提出または提示された行政文書の開示は，何人も求めることができないことになるから，当事者および利害関係を疎明した第三者も，民事訴訟法91条2項・3項の規定に基づく訴訟記録の閲覧・謄写を請求することはできない。訴訟記録の閲覧・謄写請求権は，憲法82条1項が定める裁判の公開のコロラリーであるとする説もあるので，改正案による行政機関情報公開法24条3項後段により，当該行政文書に係る訴訟記録の閲覧・謄写請求権を何人にも認めないとすることの合憲性が問題になるが，最決平成2・2・16判時1340号145頁[18]は，憲法21条，82条の規定が刑事確定訴訟記録の閲

覧を権利として要求できることまで認めたものではないと判示し，また，民事
訴訟法 92 条 1 項は，（ⅰ）訴訟記録中に当事者の私生活についての重大な秘密
が記載され，または記録されており，かつ，第三者が秘密記載部分の閲覧等を
行うことにより，その当事者が社会生活を営むのに著しい支障を生ずるおそれ
があること，（ⅱ）訴訟記録中に当事者が保有する営業秘密が記載され，または
記録されていることにつき疎明があった場合には，裁判所は，当該当事者の申
立てにより決定で，当該訴訟記録中当該秘密が記載され，または記録された部
分の閲覧・謄写等の請求をすることができる者を当事者に限ることができると
している。そして，インカメラ審理の対象となった行政文書については，当事
者以外の者の閲覧・謄写請求権を制限しなければ，行政機関情報公開法 5 条に
該当する情報を公開することになり，その制限には合理性が認められるから，
かかる制限は合憲と考えられる。問題は，原告についても閲覧・謄写を制限す
る点であるが，原告がインカメラ審理を申し立てる場合は，原告は開示請求対
象文書の閲覧・謄写ができないことを容認した上で申立てをすることになるし，
被告が申し立てたインカメラ審理に原告が同意する場合にも，原告は開示請求
対象文書の閲覧・謄写請求ができないことを容認しているのであるから，原告
の権利を不当に剥奪するものとはいえず，合憲と考えられる。

(6) 被告の立会いの意義

　改正案による行政機関情報公開法 24 条 1 項は，インカメラ審理は当事者を
立ち会わせないで行うとしているが，同条 4 項は，裁判所は，相当と認めると
きは，弁論期日外証拠調べの円滑な実施に必要な行為をさせるため，被告を弁
論期日外証拠調べに立ち会わせることができるとしている。これは，インカメ
ラ審理を円滑に行うために，被告を立ち会わせることが必要な場合が想定され
るからである。具体的には，開示請求対象文書が大量であるので，その中から
インカメラ審理の対象となる不開示部分を特定させたり，開示請求対象文書が

---

18) 石川才顕・判評 380（判時 1355）号 238 頁，小木曽綾・法学新報（中央大学）98 巻 3＝4
　　号 355 頁，福島至・平成 2 年度重判解（ジュリ臨増 980 号）179 頁，日野田浩行・憲法判例
　　百選 II〔第 3 版〕422 頁，同・憲法判例百選 II〔第 4 版〕412 頁，同・憲法判例百選 II〔第
　　5 版〕424 頁，小林武・法セ 35 巻 11 号 129 頁，稲田伸夫・ひろば 43 巻 6 号 43 頁参照。

電磁的記録である場合にその内容を見読可能なようにパソコンの画面上に表示させたり，外国語で記載された行政文書を邦訳させたりすることを被告に指示することが考えられる。

　当然のことながら，インカメラ審理に被告が立ち会ったとしても，被告は，口頭弁論期日外における証拠調べを補助する役割を超えて，当該行政文書の不開示情報該当性を主張することはできない。もし，インカメラ審理に立ち会った被告が，かかる主張を行ったとしても，それは弁論期日外証拠調べの趣旨に沿わないから，訴訟資料とすべきではない。

(7)　再度の提示

　改正案による行政機関情報公開法24条5項は，裁判所は，弁論期日外証拠調べが終わった後，必要があると認めるときは，被告に当該行政文書を再度提示させることができるとしている。これは，インカメラ審理の対象となった開示請求対象文書が訴訟記録に編綴されない運用を想定し，裁判所の構成が変化してインカメラ審理実施後に新たに審理に加わった裁判官や上訴審の裁判官が，インカメラ審理の結果を認識しうるように，必要があると認める場合には，当該行政文書の再提示を命ずることができるようにするものである。

　この点について敷衍すると，書証としてインカメラ審理が行われる場合，裁判所は被告に行政文書の写しの提出を求めたり，自ら原本の写しを作成して訴訟記録に編綴することは，当該行政文書に行政機関情報公開法5条の不開示情報が記載されている可能性があることや改正案による行政機関情報公開法24条3項後段がインカメラ審理で提出または提示された行政文書の開示を何人にも禁じている趣旨に照らすと，必ずしも望ましい運用とはいえない。検証としてインカメラ審理が行われる場合において行政文書の写しを調書に添付することについても，同様のことがいえる。したがって，インカメラ審理の対象となった行政文書の写しは訴訟記録に編綴されず，調書上も，不開示情報を露見させないように概括的な記載がなされるにとどめるという運用が予想される。

　かかる運用を前提とすると，インカメラ審理の実施後に裁判所の構成が変化し審理に加わった裁判官や上訴審の裁判官は，訴訟記録にインカメラ審理の対象となった行政文書の写しが添付されておらず，調書にもインカメラ審理の結

果について概括的な記載しかないので，インカメラ審理の結果を理解することが困難になることが予想される。そこで，改正案による行政機関情報公開法24条5項は，裁判所が，必要があると認めるときに，インカメラ審理の対象となった行政文書の再提示を被告に求めることができるとしたのである。当該行政文書を再提示させ，裁判所が検討する行為は，証拠調べ自体ではなく，すでに終了した証拠調べ結果の確認的性質を有する。

(8) 不服申立て

「行政透明化検討チームとりまとめ」においては，インカメラ審理に係る決定に対しては即時抗告を認めるべきとしており，また，民主党が政権に就く前の野党時代に国会に提出した行政機関情報公開法改正案21条の3第3項においても同様に認めていたが，改正案には，インカメラ審理の申立てを認める旨の決定，認めない旨の決定に対する即時抗告の規定は設けられていない。終局判決前の裁判は，控訴裁判所の判断を受けるのが原則であり（民訴283条），独立の不服申立てが認められるのは例外である。現行法上，証拠の申出の採否に係る裁判所の証拠決定として，証明すべき事実を特定していないので不適法とする却下（民訴180条1項），必要性がないことを理由とする却下（民訴181条1項），不定期間の障害を理由とする却下（同条2項），時機に後れた攻撃防御方法の却下（民訴157条1項）等が存在する。これらについても，口頭弁論が行われるのが原則であるから，抗告を認める特別の規定がない限り，抗告は認められない（民訴328条1項）。抗告を認める特別の規定が設けられている例として，文書提出命令の申立てについての決定に対する即時抗告の規定がある（民訴223条7項）。最決平成12・12・14民集54巻9号2743頁[19]は，文書提出命令に従わない所持者は，文書の記載に関する相手方の主張を真実と認められたり（民訴224条1項），過料の制裁を受けることがあるので（民訴225条1項），即時

19） 福井章代・ジュリ1212号106頁，同・曹時54巻11号170頁，同・最判解民事篇平成12年度940頁，同・最高裁 時の判例Ⅲ（平成元年〜平成14年）——私法編2（商法・民訴・知財ほか）（ジュリ増刊）124頁，岡田幸宏・法教250号116頁，福永清貴・企業法研究（名古屋経済大学）14号45頁，同・私法判例リマークス2002（上）122頁，坂本慶一・平成13年度主要民判解（判タ臨増1096号）174頁，菅野百合・文書提出等をめぐる判例の分析と展開（金融・商事判例増刊1311号）26頁参照。

抗告を認めたものと解されるとしている（ただし，最決平成12・3・10民集54巻3号1073頁[20]は，証拠調べの必要性を欠くことを理由として文書提出命令の申立てを却下する決定に対しては，必要性があることを理由として独立に不服申立てをすることはできないと判示している）。他方，インカメラ審理を行う旨の決定がなされた場合，被告は当該文書を裁判所に提出または提示する義務を負うが，この義務を履行しなかった場合，不開示情報に該当しないものとみなす旨の規定は置かれておらず，過料等の制裁規定もない。文書提出命令とインカメラ審理の差異としては，さらに，前者においては，文書提出義務の要件が具体的に法定されているのに対し，後者においては，裁判所が「特に必要があると認めるとき」と抽象的に規定されているにとどまる。そのため，インカメラ審理を行う旨の決定に対する不服申立てを独立に認めても，抗告審において事実認定，法律判断を要する事項に乏しいと判断されたものと思われる。また，前掲最決平成12・3・10が，文書提出命令について，必要性がないことを理由とする証拠申出却下決定に対しては独立の不服申立てを認めていないことに照らすと，改正案による行政機関情報公開法24条1項のインカメラ審理を行う必要性がないとする却下決定について，抗告を認める必要はないと考えられたものと思われる。

20） 長沢幸男・ジュリ1197号72頁，同・曹時55巻3号189頁，同・最判解民事篇平成12年度291頁，同・最高裁 時の判例Ⅲ（平成元年～平成14年）——私法編2（商法・民訴・知財ほか）（ジュリ増刊）114頁，同・Law&Technology 21号83頁，田頭章一・民事訴訟法判例百選〔第3版〕156頁，田村陽子・民事訴訟法判例百選〔第4版〕263頁，同・民事訴訟法判例百選〔第5版〕259頁，小松陽一郎・知財管理50巻8号1233頁，町村泰貴・法教241号158頁，中西正・判評507（判時1740）号184頁，加藤新太郎・NBL717号67頁，松本博之・私法判例リマークス2001（上）122頁，渡辺森児・法学研究74巻5号128頁，田邊誠・平成12年度重判解（ジュリ臨増1202号）116頁，川嶋四郎・法セ46巻10号121頁，47巻4号113頁，白崎里奈・平成12年度主要民判解（判タ臨増1065号）248頁，杉山悦子・法協120巻3号625頁，浅井弘章・文書提出等をめぐる判例の分析と展開（金融・商事判例増刊1311号）158頁，新倉智行・法研論集（関東学院大学大学院）8号59頁参照。

第8章

地質地盤情報の共有化と公開

1 共有化と公開の意義

　わが国の国土は変動帯に存在するため、火山が多く、世界有数の地震多発地域である。また、人口の密集する平野部の地質地盤は脆弱であることが多い。さらに、平地が少なく四方を海で囲まれているため、谷埋盛土や埋立地が多く、地震の際に前者では滑動崩落が起こりやすく[1]、後者では、東日本大震災に関し住宅地でも問題になったように液状化が発生しやすい。2016（平成28）年に発生した熊本地震では、益城町で同じ活断層近辺でも地盤により表層部の揺れに大きな差が生じたことが判明した。わが国は、地震に加えて、集中豪雨が発生しやすい気象条件のために土砂災害も多発し、人命が失われたり、社会インフラが破壊されることも稀でない[2]。同年の土砂災害発生件数は1492件にの

---

1) 2006（平成18）年の宅地造成等規制法、都市計画法の改正による谷埋盛土の滑動崩落対策について、宇賀克也「総合的な宅地防災対策」同・行政法評論（有斐閣、2015年）64頁以下参照。同改正により設けられた造成宅地防災区域の指定のための調査対象は、3000 m^{2}以上の谷埋盛土や高さが5メートル以上で原地形の傾斜が20度以上の腹付盛土であるが、宅地造成前の地形図や空中写真では、盛土の範囲や厚さを正確に判断することは困難であり、ボーリングデータを保存するとともに、切盛りの平面および断面の情報を保存することが重要になっている。
2) 宇賀克也「総合的土砂災害対策の充実へ向けて」阿部泰隆先生古稀記念・行政法学の未来に向けて（有斐閣、2012年）273頁以下参照。

ぼった。

　したがって，公共事業や民間によるビル・マンション等の建設事業に当たり，地質地盤の調査が行われるが，過去に行われたボーリング調査や弾性波探査等による地質地盤情報が蓄積され公開されていれば，調査コストを大幅に削減できるにもかかわらず，それがなされていない場合が多いため，重複調査による無駄が発生している。また，わが国の大都市のような人口集積地では地下空間の有効活用も不可欠であり，そのためには，地質地盤や地下水の状況を事前に認識しておく必要がある。さらに，わが国では，線的（道路予定地等）または点的（マンション建設予定地等）な調査にとどまり，面的な調査までは行われないのが一般的であるが，周辺の地質地盤情報も含めて調査することにより，当該地点の地質地盤情報も正確に認識できるようになることが多いと考えられる。周辺地域において，過去にボーリング調査が行われていても，調査結果は共有化されず公開もされていないことが多く，膨大な投資により過去に得られた地質地盤情報が有効に活用されていない。その結果，予測しなかった事故が発生したり，工事の遅滞を招いたりすることも稀でない。

　地質地盤情報の共有化による活用ができなかったために，工事中に道路が陥没したり，地下に埋設されたケーブルや水道管を損傷してしまう事故が発生しており，最近においても，2016（平成28）年11月8日に，福岡市交通局七隈線延伸工事のためのトンネル掘削中に発生した陥没事故，2017（平成29）年1月20日に，大阪市シールド工事のための発進立坑の鏡切により発生した陥没事故は記憶に新しいが，事故現場周辺の地質地盤情報が共有化され，利用可能になっていれば，かかる事故を防止できたのではないかとも思われる。既存の社会インフラや民間のビル・住宅についても，地質地盤情報を認識することは，耐震補強等の防災対策に有効である。したがって，地質地盤情報を国民が共有し，有効活用していくことが，極めて重要である。

　実際，福岡県，福岡市，JR西日本，民間事業者の多くのボーリングデータを活用して地下構造を調査した結果，2005（平成17）年に福岡県西方沖地震を惹起した警固断層を発見することができた例，京阪電鉄中之島新線計画策定に際しては，新規に行われたボーリング調査の結果のみならず既存のボーリングデータも解析し，設計用地質断面図が作成され，建設設計や耐震設計に活かさ

れた例等がある。

　また，災害発生後の復旧のためにも地質地盤情報の活用が有効でありうる。したがって，全ての地質地盤情報をデータベース化して一般に公開し，2次利用を可能にする仕組みを整備する必要がある。そこで，本章においては，地質地盤情報の共有化と公開のための法的論点について検討することとする。

2　諸外国における制度

(1)　アメリカ

　アメリカでは，2006（平成18）年11月に公表された全国地質学・地球物理学データ保存プログラムの下，内務省に置かれている合衆国地質調査所（United States Geological Survey）（以下「USGS」という）が中心になって，オープンデータ政策[3]の一環として地質地盤情報を提供しているため，機械可読なデータ形式による提供が進んでいる[4]。USGS のウェブサイトのほか，連邦政府のオープンデータ・ポータルサイトである Data.gov からも提供されている。もっとも，地質地盤情報の提供が Data.gov に一元化されているわけではなく，環境保護庁等の他の連邦機関や州，地方公共団体により提供されているものもあり，ワンストップで網羅的な検索ができないという問題もある。提供されるデータは公共データが中心であり，地質図，地下水脈マップ，鉱物資源図等が提供されているが，民間データの共有化は十分に進んでいない[5]。アメリカでは，連邦政府の著作物については著作権が発生せず，パブリック・ドメインとして，出典を表示するのみで[6]自由に使用することができるが，連邦政府の職員でな

---

3)　オープンデータ政策に関する文献は枚挙に暇がない。10章および宇賀克也「『オープンデータの法制度と課題』および『リスク社会と行政訴訟』」行政法研究16号92頁以下，友岡史仁「日本におけるオープンデータ法制の構築と課題」行政法研究16号103頁以下およびこれらが引用する文献参照。

4)　アメリカのオープンデータ政策については，10章参照。

5)　国立研究開発法人産業技術総合研究所・地質・地盤情報に関する調査——諸外国における地質・地盤情報のオープンデータ実施状況（2014〔平成26〕年度）11頁参照。

6)　表示の詳細について，see, Information Policies and Instructions. Acknowledging or Crediting USGS（https://www.usgs.gov/information-policies-and-instructions/crediting-usgs）.

206　第 8 章　地質地盤情報の共有化と公開

い写真家の撮影した写真，連邦政府の職員でない研究者が作成した地図等については，当該私人が著作権を有し，これらの著作権者から USGS が同意を得て取得したデータの場合には，著作権の表示がなされている。かかるデータを利用する場合には，利用者は著作権者の同意を得なければならない[7]。また，USGS は，連邦記録法，プライバシー法，情報自由法[8]，陸域リモートセンシング法[9]等の多数の法令[10]の制約に服する。USGS が提供するデータについては，その正確性，有用性，完全性を保証するものではなく，連邦政府は法的責任を負わないこと，他のウェブサイトへのリンク，パブリック・ドメインのソフトウェアについても同様であることが明確にされている[11]。

(2)　EU

EU では，2007（平成 19）年 3 月 14 日に空間情報・環境情報の EU 域内での共有を推進する「空間情報インフラ構築に関する指令」（INSPIRE）が発せられ，ボーリングデータを収集し，最適な方法で管理することを志向している。

---

7) U.S. Geological Survey Manual 1100.6 - Use of Copyrighted Material in USGS Information Products（https://www.usgs.gov/about/organization/science-support/survey-manual/11006-use-copyrighted-material-usgs-information）.

8) 詳しくは，宇賀克也・情報公開法——アメリカの制度と運用（日本評論社，2004 年）参照。

9) わが国においても，2016（平成 28）年 11 月 9 日に「衛星リモートセンシング記録の適正な取扱いの確保に関する法律」が成立し，平成 28 年法律第 77 号として公布された。同法については，宇賀克也・逐条解説 宇宙二法（弘文堂，2019 年）221 頁以下，宇賀克也 = 笹岡愛美 = 佐藤雅彦 = 髙田修三 = 四元弘子「〈座談会〉宇宙ビジネスをめぐる現状と課題」ジュリ 1506 号 14 頁以下，小塚荘一郎 = 佐藤雅彦編著・宇宙ビジネスのための宇宙法入門〔第 2 版〕（有斐閣，2018 年）176 頁以下［小塚荘一郎執筆］，内閣府宇宙開発戦略推進事務局「宇宙 2 法（人工衛星等の打上げ及び人工衛星の管理に関する法律，衛星リモートセンシング記録の適正な取扱いの確保に関する法律）の制定について」NBL1093 号 9 頁以下，佐藤耕平「衛星リモートセンシング記録の適正な取扱いの確保に関する法律（衛星リモセン法）の概要について」ジュリ 1506 号 34 頁以下，新谷美保子「衛星リモートセンシング法の概説と衛星データ活用の未来」NBL1109 号 9 頁参照。

10) Laws and Regulations Governing USGS Activities（https://www.usgs.gov/laws-and-regulations-governing-usgs-activities）.

11) https://www.usgs.gov/policies-and-notices.

(3) イギリス

イギリスでは，科学技術庁自然環境研究委員会の下にある英国地質調査所（British Geological Survey）が鉱業法に基づく鉱物資源管理，水資源法に基づく地下水環境保全等を目的として民間データを含めてボーリングデータを収集し，メタデータである GeoIndex を公開しているが，データの管理は，全国地球科学データセンター（National Geoscience Data Centre）が行っている。対象となるデータは，鉱物調査の場合は深度 30 メートル以深のボーリング，地下水調査の場合は深度 15 メートル以深のボーリングで，柱状図，コアサンプル，検層結果等である[12]。イギリスでは，国が作成した著作物に著作者の権利が発生することがあるが，独自に定めたオープンガバメント・ライセンス[13]により提供している。オープンガバメント・ライセンスの下で提供されるものは無償であり，編集加工も第三者への頒布も自由であるが，出典を明記する必要があり，国は提供されるデータの正確性を保証するものではなく，その利用に伴う法的責任を負わない。無償データは，OpenGeoscience[14]と呼ばれるサービスにより提供され，ダウンロードを自由に行うことができる。政府機関，大学等の学術研究機関，民間企業，一般市民等により多様な目的で利用されている。同国では，1790 年以前からのボーリングデータが大量に収集されている。ただし，古いデータについては，記録項目が不十分であったり，保管状況が良くない場合がある。また，電子化がされていないため，電子化を順次行っている。有償のデータは財務省の指針に従った料金で有償で公開されている[15]。

(4) フランス

フランスでは，地質調査機関（BRGM）が地質地盤情報の調査を行うとともに，公開を行っている。個人情報や国家安全保障情報等は非公開とされている。

---

12) 地質・地盤情報活用促進に関する法整備推進協議会・法制度検討ワーキンググループ報告書（2015〔平成 27〕年 2 月）2 頁参照。

13) Open Government Licence for Public Sector Information (https://www.nationalarchives.gov.uk/doc/open-government-licence/version/2/).

14) https://www.bgs.ac.uk/opengeoscience/.

15) 国立研究開発法人産業技術総合研究所・前掲注 5)12 頁参照。

208　第8章　地質地盤情報の共有化と公開

フランスにおいても，オープンデータ化が進行しており，オープンライセンスの下で提供されている。ユーザーのニーズや利用ツールに合わせて異なるフォーマットでの入手が可能になっている。編集加工も商業目的での利用も自由であるが，出典を明示する必要がある。インターネットによる提供は無償で行われているが，紙の地図やCD-ROMの電子地図は有償で販売されている[16]。

(5)　ドイツ

ドイツでは，経済技術省の連邦地学資源研究所（以下「BGR」という）が地質地盤情報を所管しているが，BGRは20万分の1までの地図データのみを取り扱っており，ボーリングデータを含め詳細な地質地盤情報は州の所管になっている。ただし，一部の州のボーリングデータについては，連邦政府が統合データベースで公開している。

BGRは，各州の地質調査機関が公開しているボーリングデータのメタデータを提供するアプリケーションを開発し提供している。メタデータについては，制限なしに公開されている。99メートル以深のボーリングは許可制をとっている。全てのボーリングデータについてデータベースへの登録義務があり，個人情報，法人等情報，使用中の情報を除き，原則として公開されるが，有償で提供されるものもある。提供するデータの正確性，完全性，精度等について，連邦政府が責任を負わない点は，他国と同じである。

州の中では，地質地盤情報の公開について，ニーダーザクセン州が最も先進的な取組を行っていると評価されている。同州の鉱業・エネルギー・地質局は，データを（ⅰ）個人情報その他の非公開にすべき情報が含まれるデータ，（ⅱ）秘密にすべき情報が含まれないデータ，（ⅲ）連邦共和国誕生前に収集されたデータに3分類し，（ⅰ）については当該非公開部分は提供されず，（ⅱ）については何人にも提供され，（ⅲ）については不開示情報の有無が事前に確認されていないことが多いので，その都度，確認を行うこととしている[17]。

---

16)　国立研究開発法人産業技術総合研究所・前掲注5）45～53頁参照。
17)　国立研究開発法人産業技術総合研究所・前掲注5）36～38頁参照。

(6)　オランダ

オランダでは，オランダ応用科学研究機構の下にある自然地質研究所が1世紀以上にわたり地質地盤情報の収集・研究の中心的役割を担い，膨大な地質地盤情報を集積して，DINO（Data and Information of the Dutch Subsurface）Shopと呼ばれるウェブサイトで公開してきた。他方，化石燃料や地熱エネルギーの探索に関するデータは Oil and Gas Portal というウェブサイトで公開され，ワーゲニンゲン大学調査センターの土壌情報システム（BIS）で管理されているデータも存在し，データの一元管理がされていないため，非効率になっていた。そこで，key register と呼ばれる全国的なデータベースの一環として，別個に管理されている地質地盤情報のデータを一元管理する BRO（the Dutch Key Register of the Subsurface）プロジェクトを実施することになった。BRO により，既存の地質地盤情報の全てが1か所で管理され，利用に供されることになる。さらに，考古学の試掘データや地下の環境の質に関するデータも追加される予定である[18]。オランダの地質地盤情報のほとんどはすでに3次元化されているが，時間の変遷の要素を加えた4次元化が将来の課題とされている[19]。

公的機関のみならず民間企業も含めて，また浅層データも含めて，全てのボーリングデータ，物理探査データが政府に集約され，データベースが作成されており，データの活用は，公的機関，民間企業の双方で行われる。具体的には，国土開発，天然ガスの利用，地下道・地下鉄建設のためのトンネル工事等に利用されている。

鉱業法では，探鉱や100メートル以深の地下貯蔵を実施する者および他の目的であっても500メートル以上の掘削を行う者は，鉱業委員会の指定するボーリングデータおよび資料を国の機関に提出することが義務付けられるが，石油，天然ガスの関連業界から提供される100メートル以深のデータについては5年

18）　BRO: THE DUTCH KEY REGISTER OF THE SUBSURFACE（https://www.tno.nl/en/focus-areas/ecn-part-of-tno/roadmaps/geological-survey-of-the-netherlands/geological-survey-of-the-netherlands/bro-the-dutch-key-register-of-the-subsurface/）.

19）　GEOLOGICAL SURVEY OF THE NETHERLANDS 4D Model（https://www.tno.nl/en/focus-areas/ecn-part-of-tno/roadmaps/geological-survey-of-the-netherlands/）.

間秘密扱いとし，その後有償（地質図，地質構造モデルは無償）で公開すること
とされている[20]。ライセンス形式については，オープンライセンスではなく，
取得したデータの全部または一部を第三者に提供するには，自然地質研究所の
事前の許可が必要である。自然地質研究所のウェブサイトで提供されるデータ
をダウンロードしたり，他の情報と合成したり，第三者に配布したりすること
は，個人が非営利目的で行う場合を除き許可されない[21]。このように，2次利
用に厳格な制約が課されていることは，オープンデータ政策の観点からは問題
視されよう。提供するデータやソフトウェアに欠陥が存在したり，当該ウェブ
サイトの誤用または悪用がされたりした場合についての国の免責条項が当該ウ
ェブサイト上に掲載されている。不正なデータの登録を防止するため，提供者
のメールアドレスを事前に登録し，登録されたメールアドレスから送信された
データのみがデータベースにアップロードされ，専門職員が確認後，恒久的な
ストレージに転送するシステムになっている点[22]も参考になる。

(7) イタリア

　イタリアでは，国土海洋環境保護省傘下の環境保護研究所（以下「ISPRA」
という）が地質地盤調査を実施しており，ISPRA が提供する地質地盤情報は，
ISPRA も接続する国家環境情報ネットワーク（SINAnet）により他機関と共有
されている。イタリア政府のオープンデータ・ポータルサイトにより提供され
るデータのライセンス形式は一律ではなく，大半はクリエイティブ・コモン
ズ・ライセンスであるが，独自のオープンライセンスによる場合もある。
ISPRA が提供する地質地盤情報は，ISPRA が設けているウェブサイトである
Geoportal で提供される場合は，クリエイティブ・コモンズの CC BY を採用
している。ISPRA も，Geoportal で提供するデータの正確性，完全性等を保証
するものではなく，その利用に起因する損害に対して賠償責任を負わないとい
う免責条項を設けている。ISPRA は紙面による地図は有償で提供し，ウェブ

---

20) DINO, DATA AND INFORMATION OF THE DUTCH SUBSURFACE (http://www. tno.nl-expertise).

21) 国立研究開発法人産業技術総合研究所・前掲注 **5)** 23 頁参照。

22) 国立研究開発法人産業技術総合研究所・前掲注 **5)** 27 頁参照。

サイトで無償提供される地図データについては，印刷，ファイルのダウンロードができない設定になっているが，Geo Map Viewer のようなウェブアプリケーションにより無償で表示，提供される地質図や関連データについては，印刷やファイルのダウンロードも可能になっている。データのフォーマット，メタデータ等の規格を他の地理空間データの規格と統一し，GIS データとしての統合的な利用を促進することが今後の課題として指摘されている[23]。

(8) オーストラリア

オーストラリアでは，2006（平成18）年5月29日に制定され，2008（平成20）年7月1日に施行された沖合石油及び温室効果ガス貯蔵法（Offshore Petroleum and Greenhouse Gas Storage Act）に基づき，産業・イノベーション・科学省傘下において石油鉱区管理業務を行う Geoscience Australia において，3海里以遠の海域の地質地盤情報（ボーリングデータ，コアサンプル，各種探査データ，報告書等）のオープンデータ・ポータルサイトである Geoscience Portal が構築されており，オンラインで情報が提供されている。掘削地点については原則1年後，原データ（コア・カッティングス試料，物理探査の記録媒体等）は2年後に公開されるが，解釈データ（地質構造解析等）は5年後公開が原則であり，無償であるが，原データについては使用後の報告義務が課されている[24]。Geoscience Australia は，Geoscience Portal を利用するほか，連邦政府全体のポータルサイトである data.gov.au を通じた情報提供も行っている。data.gov.au は，クリエイティブ・コモンズ・ライセンス[25]により提供されている。したがって，編集加工や商業利用は自由に行うことができるが，出典，ライセンスを示し，改変を行った場合にはその旨を明記しなければならない。data.gov.au についても提供するデータの正確性・適時性を保証しない旨が明記されている。陸域の地質地盤情報については，州法で試料の提出義務が課されているが，州によ

---

23) 国立研究開発法人産業技術総合研究所・前掲注5)60～69頁参照。なお，EU 加盟国のうち6か国とイタリアの1機関が参加する eEarth と呼ばれるボーリングデータ共有プロジェクトが実施されている。

24) 地質・地盤情報活用促進に関する法整備推進協議会・前掲注12)2頁，3頁参照。

25) https://creativecommons.org/licenses/by/3.0/au/.

212   第8章　地質地盤情報の共有化と公開

り法律の定めは異なり，ヴィクトリア州，南オーストラリア州，タスマニア州，北部準州はボーリングコアの提出を義務付けており，ニューサウスウェールズ州は行政指導で提供を求めている。タスマニア州では，探鉱権取得の際にボーリングコアの提出を義務付ける附款が付されている[26]。

　州の中には民間企業がデータを管理しているものもある。

(9)　ニュージーランド

　鉱業法に基づき，鉱物資源開発管理の目的で，国土登録機関がボーリングデータを収集し，一定期間経過後に公開している[27]。

(10)　カナダ

　鉱物資源開発管理の目的で，エネルギー委員会がボーリングデータを収集し公開している[28]。

(11)　台　湾

　台湾では，国家地震工程研究センターが中心になって，液状化の予測を主たる目的として地質地盤情報のデータベースを整備している。また，経済部中央地質調査所が管理運営機関となり，工程地質探勘資料庫というシステムが構築され，地質保全，国土計画，防災，地質データの収集，資料の共有を目的として，資料のダウンロードを可能とするとともに，データ管理のためのソフトウェアを提供している。2010（平成22）年12月8日に地質法が公布され，中央政府，直轄市，県がボーリングデータ等を集約しているが，これらのデータについては提出が義務付けられており，行政機関に立入調査権限が付与されている[29]。

(12)　韓　国

　韓国では，「国家空間情報に関する法律」に基づき，韓国建設技術研究院の

---

26)　地質・地盤情報活用促進に関する法整備推進協議会・前掲注 **12**)2 頁参照。
27)　地質・地盤情報活用促進に関する法整備推進協議会・前掲注 **12**)2 頁参照。
28)　地質・地盤情報活用促進に関する法整備推進協議会・前掲注 **12**)21 頁参照。
29)　地質・地盤情報活用促進に関する法整備推進協議会・前掲注 **12**)21 頁参照。

国土地盤情報統合データベースセンターが国や地方公共団体が行う公共事業に伴い取得するボーリングデータを収集し，国土地盤情報ポータルサイトにおいて無償で公開している[30]。

3　わが国の取組

(1)　「港湾版土質データベース」および TRABIS

　わが国では，旧運輸省が，1984（昭和59）年から全国の港湾（漁港を除く）および空港（地方空港を除く）における地盤情報を「港湾版土質データベース」[31]に集積し，直轄事業で活用してきた。また，旧建設省においては，道路や河川に係る公共事業等により集積された地盤情報が1986（昭和61）年から，公共事業支援統合情報システム（CALS/EC）の一環として技術文献・地質情報提供システム（TRABIS）としてデータベース化されてきた。TRABIS は，地方整備局（中央省庁等改革前は地方建設局）内のイントラネットにより，調査・設計・工事等に活用されてきた[32]。しかし，「港湾版土質データベース」と TRABIS 間の互換性が欠如していたのみならず，TRABIS に至っては，地方整備局単位のシステムとされ，地方整備局間の相互利用もなされていなかった。要するに，データベース化されたとはいえ，港湾，空港，道路，河川の事業区域周辺での利用に限定されていたのである。他方，地方整備局，地方公共団体，地盤工学会，公益企業等を構成員とする地方単位の協議会が，公共機関等の地盤情報を CD-ROM 等により提供する例もみられた[33]。

　以上述べたように，地盤情報のデータベースが作成されていても分散的であり統合的なものとなっていなかったり，地盤情報の提供が協議会の会員に限定されていたりするため，地盤情報の共有化は不十分であった。

---

30)　地質・地盤情報活用促進に関する法整備推進協議会・前掲注 **12)** 3 頁参照。
31)　田中政典「港湾における土質データベースの開発とその活用について」地質ニュース 675 号 19 頁以下参照。
32)　2007（平成 19）年 3 月時点で，「港湾版土質データベース」には約 3 万件，TRABIS には約 11 万件の地盤情報が集積されていた。
33)　佐々木靖人「土木分野における地盤情報データベースと GIS の活用」地質と調査 112 号 20 頁，22 頁参照。

(2) 国土交通省「地盤情報の集積および利活用に関する検討会」

　かかる状況の下で，2006（平成18）年11月に国土交通省が「地盤情報の集積および利活用に関する検討会」を設置し，同検討会は，2007（平成19）年3月に「地盤情報の高度な利活用に向けて　提言　～集積と提供のあり方～」と題する報告書を取りまとめた。そこにおいては，国土の基本情報である地盤情報を集積（データベース化）し，提供することの基本的意義として，地盤調査の精度向上や効率化が挙げられている。さらに，データベース化により，公共機関（国，地方公共団体および公益企業），学術機関，民間企業等における地盤情報の利用者にとっては，情報利用の利便性・信頼性・付加価値・機動性の向上が図られ，地盤情報を保有している機関にとっては，情報の維持管理が容易になるとともに情報の散逸防止が期待できるとする。また，国民の視点からみると，地盤情報の利活用により，（i）社会資本の整備・管理，（ii）地震防災および斜面行政（地震ハザードマップ，液状化危険度マップなど地震被害予測図作成，地盤条件と地震動特性との関係に関する解析，地震により被災した構造物等の被災原因，被災メカニズム等の分析，斜面ハザードマップの作成，斜面災害のメカニズム等の分析），（iii）環境保全（地盤汚染・地下水汚染の調査・対策，地盤振動の調査・対策，自然環境の保全），（iv）学術研究・教育において，社会貢献を果たすことができることが指摘されている。

　同報告書では，地盤情報の集積と提供の課題として，①地盤情報の共有が不十分であることに加えて，②公共事業で得られた地盤情報は，道路，河川，港湾等の周辺に限られ，また，民有地の地盤情報が学術目的等の一部の事例を除き集積されていないという地域的偏りがあり，そのため，きめ細かい地震動シミュレーションの実施が困難なこと，③地盤情報の更新に費用や手間がかかり速やかな更新ができず，地盤情報の管理のための維持費や問合せ等への対応が負担となること，④データの形式や種類が多様な利用目的に対応できていないこと，⑤地盤情報の中には精度の低い情報も混入しているため，品質の確認が必要であること，⑥インターネットで提供されていないため，地盤情報利用の迅速性，容易性に欠けること，⑦高額なCD-ROM購入が必要な場合，一部のデータのみを必要とする一般ユーザーには利用が困難なこと，⑧大半の情報閲

覧・検索システムが GIS でないため，地図上から手軽に検索できないこと，⑨組織ごとに独立したシステムで複数のデータベースから検索できないことが指摘されている。そして，地盤情報の集積と提供の基本的考え方として，（ア）広く一般国民に地盤情報が共有されるように努めること，（イ）公益企業等の所有地や民有地を含め，幅広く面的に集積，提供されるよう努めること，（ウ）適切な更新と管理を行うこと，（エ）高度利用が可能なデータ形式や内容とすること，（オ）インターネットによる提供等，迅速で容易な利用を可能にするシステムを構築すること，（カ）地盤の知識や地盤情報の利用に関する知識の普及に努めること[34]が挙げられている。特に，地盤情報は，地図と結びついた地理空間情報の1つとして地価等の他のデータと地図上で関連付けられることで，その利活用の可能性が飛躍的に広がると考えられるので，国土地理院を中心に整備される基盤地図情報の上に地盤情報を始めとする各種情報を統合し，社会資本整備・管理の基盤となる地理空間情報のプラットフォームの構築を目指すべきことが提言されている[35]。

(3) 産業技術総合研究所産学官コンソーシアム「地質地盤情報協議会」

2006（平成 18）年 4 月に発足した産業技術総合研究所産学官コンソーシアム「地質地盤情報協議会」は，2007（平成 19）年 3 月に，「地質地盤情報の整備・活用に向けた提言——防災，新ビジネスモデル等に資するボーリングデータの活用」と題する提言書を公表した。同提言書の骨子は，ボーリングデータを中心とする地質地盤情報が，（ⅰ）防災，環境保全等のための知的基盤として重要であること，（ⅱ）現在，死蔵・散逸・廃棄の危機に瀕していること，（ⅲ）継続的かつ責任ある体制の下に集積しデータベース化されるべきであること，（ⅳ）取扱いに関する法的位置付けを明確にした上で，関係機関の連携の下，データベースを構築すべきこと，（ⅴ）新ビジネスモデルの創出に繋げることである。2010（平成 22）年 9 月には，「地質地盤情報の利活用とそれを促進する情報整

---

34) わが国における地学（地質学）リテラシーの現状と解決策について，岩松暉「新しい地的社会をめざして」地質ニュース 667 号 8 頁以下参照。

35) 地理空間情報の一つとして「国土地盤情報」等を定義付けることについて，佐々木・前掲注 **33)** 26 頁参照。

216   第8章　地質地盤情報の共有化と公開

備・提供のあり方（地質地盤情報の整備・活用に向けた提言　その2)」が公表されている。

(4)　国土地盤情報検索サイト「KuniJiban」

　これらの提言を受けて，2008（平成20）年3月28日に，国土地盤情報検索サイト「KuniJiban」の公開が開始された。これは，「国土交通省 CALS/ECアクションプログラム 2005」[36]を受け，国土交通分野イノベーション推進大綱（2007〔平成19〕年5月）に位置付けられている国土交通地理空間情報プラットフォームの一環としての意味も有する。また，2007（平成19）年5月30日に公布され，同年8月29日に施行された地理空間情報活用推進基本法において，同法の基本理念にのっとり，地理空間情報の活用に関する施策を総合的に策定し，実施する国の責務が定められたことをも受けている。国土地盤情報検索サイト「KuniJiban」は，国土交通省，土木研究所および港湾空港技術研究所が共同で運営し，土木研究所が管理しているサイトであり，国土交通省の道路・河川・港湾事業等の地質・土質調査成果であるボーリング柱状図や土質試験結果等の地盤情報を無償で検索し閲覧することが可能である。同サイトでは，港湾空港関係，国土交通省北海道開発局，東北地方整備局，関東地方整備局，北陸地方整備局，中部地方整備局，近畿地方整備局，中国地方整備局，四国地方整備局，九州地方整備局および内閣府沖縄総合事務局管内のボーリング柱状図，土質試験結果一覧表，土性図等が公開されている。具体的には，国土交通省の直轄事業で得た約11万500件のボーリング柱状図，約2万6000件の土質試験結果のデータを土木研究所に置いたサーバに格納し，一般に公開している[37]。国土地理院地図を背景地図として位置表示がなされており，閲覧もダウンロードも無償である。2次利用も法令に違反しない限り認められている[38]。

---

36)　CALS/EC は，公共事業に関する情報を組織間，事業段階間で交換，共有し，コストの縮減，品質の確保，事業執行の効率化を志向するものであり，同プログラムでは，地質データの提供による調査分析・施工計画の精度向上について述べられている。

37)　ただし，港湾系のデータはリンクのみである。

（5）　産業技術総合研究所地質調査総合センター

　経済産業省は，1996（平成8）年7月に閣議決定された科学技術基本計画で
示された知的基盤整備の一環として，地質情報の基盤整備を進めており[39]，産
業技術総合研究所地質調査総合センターは，従前刊行されてきた20万分の1
地質図幅の図郭における境界線の不連続を日本全国統一の凡例を用いることに
よって解消した新しい地質図である「20万分の1日本シームレス地質図」，ボー
リングデータ等に基づき都市域の地層の分布を3次元解析することにより作
成した地質図を解析に用いたボーリングデータ等と併せて公開する「都市域の
地質地盤図」，関東平野の地下に分布する地層の層序，物性，地質構造，埋没
地形に関する調査研究により得られたデータ，ボーリング柱状図，および各種
地質モデルを提供する「関東平野の地下地質・地盤データベース」，日本周辺
海域で地質調査総合センターが実施してきた海洋調査により作成され，表層か
ら海底下深部の探査に利用可能な「音波探査プロファイル画像」，日本周辺海
域で地質調査総合センターが実施してきた海洋調査により作成され，海底表層
付近の堆積作用や最近の断層活動の把握に活用できる「高分解能音波探査プロ
ファイル画像」，日本全国の活断層に関する情報を公表文献から収集した「活
断層データベース」，日本の地下構造を物性値（弾性波速度）の3次元的な分布
で提供し，地殻や上部マントルを概観する規模の物性値構造を地質情報と併せ
て表示できる「地下構造可視化システム」，日本全国の液状化発生の危険度を
推定して提供する「液状化危険度マップ」，産業技術総合研究所が実施した津
波堆積物の調査結果や研究過程を提供する「津波堆積物データベース」等を公
開している。

38）　外交・防衛・国際条約等に関する情報，特定の団体や個人に不当な利益または不利益を
及ぼすおそれのある情報，誤りの明らかな情報，他機関等から公開を前提とせずに取得した
情報は提供しておらず，地盤情報に民有地の番地が含まれている場合には，登記簿等と照合
して民有地の所有者が特定されないように調査位置の住所を削除して提供している。溝口宏
樹「国土地盤情報検索サイト『KuniJiban』による地盤情報の公開」地質ニュース 667 号 18
頁参照。

39）　渡邊重信「知的基盤整備——地質情報分野について」地質ニュース 667 号 6 頁以下参照。

218　第8章　地質地盤情報の共有化と公開

(6)　防災科学技術研究所

　防災科学技術研究所は，2004（平成16）年12月に「地震防災のための統合化地下構造データベース構築の必要性について」と題する提言書を公表し，2006（平成18）年7月から科学技術振興調整費重要課題解決型研究「統合化地下構造データベースの構築」の代表機関として，産業技術総合研究所，土木研究所，地盤工学会，東京工業大学，東京大学地震研究所等と共同で，各機関に散在した地下構造データをネットワーク経由で連携することができるシステム開発とポータルサイト（防災科研ジオ・ステーション）の構築を目指し，各機関で整備されたデータを一部試験公開した。2009（平成21）年9月から防災科研ジオ・ステーションの公開が開始されている[40]。2010（平成22）年度に同科学技術振興調整費による研究が終了したが，その報告書「統合化地下構造データベースの構築」において，地盤情報を利活用するための法整備が提言された。

(7)　関西圏地盤情報ネットワーク（KG-NET）

　「関西圏地盤情報ライブラリー」は，関西圏地盤研究会（KG-R），関西圏地盤情報ネットワーク（KG-NET）の研究活動を始めとして，関西地域で抽出・情報化された各種の研究地盤情報を広く公開するためのプラットフォームである[41]。関西圏地盤情報ライブラリーには，大阪府で約2万3400本，京都府で約9800本，兵庫県では約1万4500本，奈良県では約3300本，和歌山県では約1600本，滋賀県では約9400本，福井県では約230本，大阪湾域で約4300本のボーリングデータを登録している。

(8)　全国地質調査業協会連合会

　全国地質調査業協会連合会は，2007（平成19）年12月に[42]，「地盤情報の活

---

40)　大井昌弘＝藤原広行「統合化地下構造データベースの構築と活用」基礎工40巻2号15頁以下，同「地盤情報の統合化と提供──ジオ・ステーション」土と基礎61巻6号8頁以下，大井昌弘「統合化地下構造データベースの構築」人と国土21 38巻2号38頁以下参照。

41)　北田奈緒子「関西圏地盤情報ネットワークの活動と大阪における地質情報の取り組み方」地質ニュース675号10頁以下参照。

用と新ビジネス——地盤情報の資源化への道のり」，2010（平成22）年6月には「地盤情報を活用した新規ビジネスへの展開に向けて」と題する報告書を公表している。同連合会の地盤情報公開サイトでは，総務省が2012（平成24）年度に実施した「情報流通連携基盤の地盤情報における実証（高知「選定フィールド実証」）」において整備された高知県内のボーリング柱状図や土質試験結果一覧表などの「地盤情報」が公開されており，総務省が同年度に実施した「情報流通連携基盤の地盤情報における実証」事業で整備された全国のボーリングデータの所在情報も公開されている。また，同連合会では，2016（平成28）年4月に発生した熊本地震からの復興を支援するため，熊本県内と大分県内のボーリング柱状図を緊急公開するウェブサイトを開設していた。さらに，2016（平成28）年度，2017（平成29）年度に地盤情報活用検討会で検討を行っており，地盤情報データベースセンターの設立を提言することを目指している。

(9)　地盤工学会

　地盤工学会は，かねてより地盤図の作成を行ってきたが，近年は，全国電子地盤図の作成を行い，地盤情報の公開に貢献している。同学会関東支部の「関東地域における地盤情報データベースの運用と活用検討委員会」の提言書が2007（平成19）年4月6日に公表され，同支部は，2008（平成20）年9月に「関東地区地盤解説書『関東の地盤』の出版とそれによる地盤情報共有化と公開の方針」を公表し，地盤情報を公開している。地盤工学会の他の支部も，国の機関，業界等と協力してボーリングデータを収集し，会員や登録者にウェブ公開またはCD-ROMの販売を行っている。

(10)　総務省 ASP・SaaS・クラウド普及促進協議会「地盤情報の二次利用検討分科会」

　総務省は，ASP・SaaS・クラウド普及促進協議会「地盤情報の二次利用検討分科会」での検討を基に，2012（平成24）年7月4日に，「地盤情報の二次

---

42)　全国地質調査業協会連合会の地質地盤情報の公開に向けての取組について，森研二「地盤情報公開に向けた地質調査業界の対応」地質と調査112号1頁，中田文雄「地質情報の公開の現状と全地連の取組み」地質と調査112号2頁以下参照。

220　第8章　地質地盤情報の共有化と公開

利用ガイド」を公表している。同省は，2013（平成25）年6月に，これに代わるものとして，「地盤情報の公開・二次利用促進のためのガイド」を公表している。

（11）　日本学術会議地球惑星科学委員会

　日本学術会議地球惑星科学委員会は，2013（平成25）年1月31日，「地質地盤情報の共有化に向けて——安全・安心な社会構築のための地質地盤情報に関する法整備」と題する提言を公表した。同提言では，ボーリングデータについては，2007（平成19）年以降，国土交通省，地方公共団体等が行う公共工事等に係る地質地盤情報のデータベース化が促進され，ウェブ，CD-ROM，資料集等として公開されているものの，その取扱いは，情報を取得・保有する者の個々の判断に委ねられており，情報公開は不十分であると主張されている。具体的には，省庁は各自データベースを公開しているが，全ての情報を閲覧し利用可能な統合システムは存在せず，研究機関の中には自ら取得した情報と地方公共団体や民間企業等から取得した情報を組み合わせて，データ処理システム，地震動モデル，3次元地下構造モデル等の形式で公開しているものもあるが，外部から提供された1次情報については，提供元が公開していないため，研究機関に限定して利用されているにとどまり，地方公共団体については，重要性の認識の欠如や予算・人材の不足のため，貴重な情報が遺棄・廃棄あるいは死蔵されている例が多く見受けられ，民間企業や個人が所有する建築確認申請データ等の地質地盤情報については，情報公開の法的根拠や枠組みが存在せず，また，情報の公開による不利益への懸念等により，公開が進んでいないことが指摘されている。

　そして，地震災害リスクの軽減等のために，地質地盤情報を「安全・安心な社会」の実現に資する国民の共有財産と認識し，国土の基本情報として有効活用することが不可欠であり，そのための社会の仕組みを作ることが喫緊の課題であるとする。すなわち，地質地盤情報は，地震防災のみならず，土木・建築事業，資源開発，環境保全・評価等に関わり，国民生活や産業活動に直接影響を及ぼす国土の基本情報であり，人口が密集し産業活動が活発な都市部においては，それを支える地質地盤の状態に係る情報は，社会活動維持のための必須

の情報であること，ボーリングデータは地下空間利用，温泉・地下水等の資源管理，土壌汚染対策，立地環境評価等の社会的ニーズ・施策に有益であり，地下深部の地質や地下水環境に関する情報は，二酸化炭素の地中貯留や放射性廃棄物の地層処分に関連して，一層重要になっていることが述べられている。このように，地質地盤情報は，地下水資源の有効活用や土壌汚染などの社会的課題の解決にも必須の情報であり，その共有化と公開により，高解像度・高精度で地下の可視化が可能になり，地質地盤情報を利用した新しいビジネスの創出が期待され，その利用価値のさらなる拡大が見込まれ，地質地盤情報の重要性への国民の理解と興味が増進し，社会インフラ事業に対する合意形成の円滑化が期待できるとする。

したがって，情報取得のための技術開発を進め，平面的な広がりおよび地下の深さ方向の情報の集積により3次元の地下構造を明らかにし，さらに地質年代や土地利用の変遷，地盤改良などに関する時間軸を加味した4次元情報として，地質地盤情報の質・量を充実させ，共有化と公開を図り，適切に活用できる仕組みを構築し，併せて，その利益を享受する国民の知識や理解を向上させる努力が必要であり，それは持続的発展に資し，災害に強いまちづくりや国土計画などに必須の国民の共有財産として，強靱な社会の構築に貢献するであろうと指摘する。そして，現状では，新規の情報の取得には多くの費用と時間がかかるため，まずは既存の地質地盤情報の整備と共有化および公開を早急に進めるべきとする。

以上の認識の下に，具体的に（ⅰ）地質地盤情報に関する包括的な法律の制定，（ⅱ）地質地盤情報の整備・公開と共有化の仕組みの構築，（ⅲ）社会的な課題解決のための地質地盤情報の活用の促進と国民の理解向上を提言した。（ⅱ）については，国，地方公共団体，大学，研究機関および民間企業等は，各自が取得した地質地盤情報を責任をもって分散管理し継続して整備・公開を行うことが望まれ，国および地方公共団体は，フォーマットの統一やインフラ整備を行い，分散管理された情報[43]について統合システムを構築すべきとする。

---

43) わが国における地質地盤情報のデータベースの分散状態については，日本学術会議地球惑星科学委員会「地質地盤情報の共有化に向けて――安全・安心な社会構築のための地質地盤情報に関する法整備」参考資料4が詳しい。

（12） 地質・地盤情報活用促進に関する法整備推進協議会

　日本学術会議の提言を受けて，地質地盤関係学会・団体の横断的組織であり，全国地質調査業協会連合会が事務局を務める地質・地盤情報活用促進に関する法整備推進協議会が，2013（平成25）年4月15日に発足している。同協議会の法制度検討ワーキンググループは，2015（平成27）年2月に報告書を公表している。この報告書では，整備すべき法律の骨子として，①全ての地表および地下の各種地質地盤情報の取得，保存，管理に関するものとすること，②地質地盤情報を取得する調査は，一定の資格を有する者が行うものとすること，③調査の結果は，指定機関に登録するものとすること，④指定機関は，登録されたデータを一定期間経過後，原則として公開するとともに，永久に良好な状態で保管するものとすること，⑤国および地方公共団体は，地質地盤情報の整備・普及に努めるものとすること，⑥国および地方公共団体は，地質地盤情報に関する知識の普及に努めるものとすることを挙げている。そして，管理方式は分散管理とし，メタデータは国のデータ管理機関が1か所で，実データは国が数個指定する実データ管理機関が管理することとし，事業者は，調査終了後速やかにメタデータを国のメタデータ管理機関に，実データを実データ管理機関に登録し，メタデータ管理機関，実データ管理機関は，登録後速やかに公開することを原則とするが，実データについては，国益を著しく損なうおそれがある場合等には非公開とすることができ，民間データについては，調査終了後または工事完了後，一定期間（3年〜5年），事業者の独占使用権を認めること，特別の事情がある場合には公開を延期できるものとすること，客観的なデータのみを公開し，評価結果や解析結果は非公開とすること，データ登録時に登録機関で照査すること，公共事業のデータは無償で閲覧を認め（民間データは原則有償）ダウンロードは有償とすること，公開されたデータの転売，改ざんを禁止し，2次利用の場合には出典を明示することを提言している。

　地質・地盤情報活用促進に関する法整備推進協議会の地質・地盤活用検討委員会は，2014（平成26）年4月に中間報告書を公表し，2015（平成27）年8月に「地質地盤情報の活用と法整備（詳細版）」，同年10月に，「地質地盤情報の活用と法整備」を公表し，地質地盤情報活用推進基本法（仮称）の制定を提案

し，法整備により，①地質地盤情報の整備・共有化・活用の進展，②地方公共団体や産業界での地質地盤情報の活用の拡大，③情報を利用した新ビジネスの発展や社会への波及効果，④国民の科学リテラシー向上，防災の認識，小中高の教育に役立つことが期待できるとする[44]。

（13） 国土交通省「地下空間の利活用に関する安全技術の確立に関する小委員会」

2017（平成29）年2月からは，国土交通省「地下空間の利活用に関する安全技術の確立に関する小委員会」が開催されているが，そこにおいても，地下空間の利活用の前提として，地質地盤情報の共有化と公開の必要性が議論されている。

（14） 地方公共団体

地方公共団体においては，千葉県，島根県[45]，神戸市等が国に先駆けて地盤図の公開を開始したが，「KuniJiban」公開後，栃木県，群馬県，神奈川県[46]，岡山県[47]等が地質地盤情報の公開を開始し，14都道県，13の市区でボーリングデータが公開されている。例えば，東京都では，ボーリングデータは東京都土木技術支援・人材育成センターが収集し，同センターは収集したデータを1986（昭和61）年から地盤情報システムとしてデータベース化し，2011（平成23）年から「東京の地盤（GIS版）」として約2万本のボーリングデータをインターネット上で公開している。また，東京都区部の下水道管については，下水道台帳情報システムで下水道管の諸元等の情報を一元管理しており，同シス

---

44) 栗本史雄「地質地盤情報の活用促進と法整備」GSJ地質ニュース4巻4号111頁も，地質地盤情報活用推進のための法整備の必要性を指摘する。

45) 同県では，地図情報についてはG-XML形式，地盤情報についてはXML形式を採用している。王寺秀介「島根県におけるボーリング公開システムについて」地質ニュース667号37頁参照。

46) 同県では，民有地の地質地盤情報は，一般公開の対象外とされた。吉村弘樹「神奈川県における地質地盤情報の公開」地質ニュース667号29頁参照。

47) 岡山地質情報活用協議会について，木村隆行＝今田真治「岡山地質情報活用協議会による岡山県地盤情報公開の取り組み」地質ニュース667号30頁以下参照。

224　第8章　地質地盤情報の共有化と公開

テムが保有する情報の中で基礎的なもの（位置，スパン延長，管種等）は，インターネット上で公開されている。主としてボーリングデータに基づき，地震動マップや液状化マップは多数の地方公共団体で作成されているが，民間のデータも利用している地方公共団体は少数にとどまる。

　地方公共団体の地質地盤情報の公開制度を整備しているものが少ないのは，地質地盤情報の公開がもたらすメリットの認識が希薄であること，地質地盤情報のデータベース整備に要する予算人員が不足していること等によるものと思われる。

　以上のように様々な努力がなされているものの，国においても地質地盤情報の体系的整備は実現しておらず，地方公共団体においてもごく一部でデータベースの整備が行われているにすぎない。民間企業等が保有する地質地盤情報の共有化と公開は一層立ち遅れている。その結果，貴重な地質地盤情報が消失したり廃棄されたりする事態が生じている。

4　法的論点

(1)　現行法体系における位置付け

①　地理空間情報活用推進基本法

　2007（平成19）年5月に制定された地理空間情報活用推進基本法における「地理空間情報」とは，「空間上の特定の地点又は区域の位置を示す情報（当該情報に係る時点に関する情報を含む。……）」（2条1項1号）または「前号の情報に関連付けられた情報」（同項2号）を意味する。ここでいう「空間」は，空中，地表，地下，水上，水中を全て包含する。同法は議員立法であるので，衆議院法制局が法案を審査しているが，審査に当たった参事官がその旨を明言していることから[48]，立法者意思が，「空間」に地下空間を含める意図であったことは明らかであろう。政府としても，このような立法者意思に沿った解釈を

---

48)　氏家正喜「法律解説　国土交通　地理空間情報活用推進基本法——平成19年5月30日法律第63号」法令解説資料総覧320号28頁，同「国土空間データ基盤の構築を推進——地理空間情報の活用の推進に関する施策を総合的かつ計画的に推進——地理空間情報活用推進基本法」時法1801号23頁参照。

していることは，同法に基づき閣議決定された地理空間情報活用推進基本計画から窺える。すなわち，同計画では，G空間情報センターを産学官民連携のインフラとして，各主体が整備する地理空間情報を集約する組織とし，地理空間情報の流通および利活用のハブと位置付けているが，そこでは，地質・資源探査の結果に関する情報も対象とする旨が明記されている。そして，地理空間情報活用推進基本計画に基づくG空間行動プランにおいては，地質情報の整備，地盤情報の提供，活断層調査の総合的推進，地震ハザードマップの作成のための土地の脆弱性情報の効率的整備，海底地殻変動観測技術の高度化等についても記されていた。このように，国会も内閣も，同法が地下空間の地質地盤情報を対象としていると解している以上，すでに地質地盤情報についての基本法は存在することになる。しかし，このことは，地質地盤情報に関する法律が不要であることを意味しない。同法は基本法であるので，具体的な規定に乏しく，同法自身が，具体的な施策の実施のための法制上の措置を講ずる必要があるという認識を前提としているのである。すなわち，同法は，「政府は，地理空間情報の活用の推進に関する施策を実施するため必要な法制上……の措置を講じなければならない」（8条）と定めている。

② 国土強靱化法

地質地盤情報については，2013（平成25）年12月に制定された「強くしなやかな国民生活の実現を図るための防災・減災等に資する国土強靱化基本法」（以下「国土強靱化法」という）[49]も密接に関連する。同法は，「事前防災及び減災その他迅速な復旧復興並びに国際競争力の向上に資する国民生活及び国民経済に甚大な影響を及ぼすおそれがある大規模自然災害等（以下単に「大規模自然災害等」という。）に備えた国土の全域にわたる強靱な国づくり（以下「国土強靱化」という。）の推進」（1条）を目的とするものであり，大規模自然災害等に備えた防災・減災のためには，地質地盤情報の共有化と公開が重要である

---

[49] 杳掛誠「法令解説 国土強靱化に関する施策を総合的かつ計画的に推進——事前防災・減災その他迅速な復旧復興・国際競争力の向上に資する大規模自然災害等に備えた国土全域にわたる強靱な国づくり——強くしなやかな国民生活の実現を図るための防災・減災等に資する国土強靱化基本法（平成25年法律第95号）平25・12・11公布・施行」時法1952号4頁以下参照。

から，国土強靱化の目的でなされる地質地盤情報に係る法制上の措置を講ずる政府の責務は，同法7条（「政府は，国土強靱化に関する施策を実施するため必要な法制上……の措置を講じなければならない」）によっても基礎付けられることになる。同法が，国土強靱化のために地質地盤情報の共有化と公開を重視していることは，同法に基づき2014（平成26）年6月に閣議決定された国土強靱化基本計画において，国と地方，官と民が適切に連携・役割分担しつつ，地形・地質等の基盤情報を始め各主体が有する様々な情報の共有・データベース化を推進するための統一的なプラットフォームの整備を図り，これらの情報のオープンデータ化を推進すること，大規模盛土造成地における地盤情報の共有を推進することが定められていることからも窺われる。

③ 官民データ活用推進基本法

さらに，2016（平成28）年12月に制定された官民データ活用推進基本法[50]は，国，地方公共団体，事業者が保有する官民データの活用の推進を図ることを基本的施策としており，地質地盤情報の活用推進も，同法の射程に入ることになる。そして，同法7条は，「政府は，官民データ活用の推進に関する施策を実施するため必要な法制上又は財政上の措置その他の措置を講じなければならない」と定めている。

④ 基本法間の関係

このように，地質地盤情報の共有化と公開に関する法制上の措置を講ずることは，地理空間情報活用推進基本法8条，国土強靱化法7条，官民データ活用推進基本法7条の規定により，政府の責務とされていることになる。もっとも，地質地盤情報の共有化と公開の最大の目的は防災・減災にあるものの，それに尽きるものではなく，重複調査を不要にしてコストを軽減すること等も目的としており，全ての目的が国土強靱化法の目的に包摂されるわけではない。他方，地理空間情報活用推進基本法の目的は，「現在及び将来の国民が安心して豊か

50） 宇賀克也「行政情報化に係る法制度の整備」行政法研究30号49頁以下，中司光紀「法令解説 官民挙げてデータ活用を推進──官民データ活用推進基本法（平成28年法律第108号）平28・12・14公布・施行」時法2024号4頁以下，高橋和希「官民データ活用推進基本法の概要と経団連の取組み」経理情報1470号32頁以下，今川世詩子「政策課題への一考察（13）『官民データ活用推進基本法』の施行に伴う公共データの活用加速化に向けて」地方財務754号210頁以下参照。

な生活を営むことができる経済社会を実現する」（同法1条）ことにあり，官民データ活用推進基本法の目的は，「国民が安全で安心して暮らせる社会及び快適な生活環境の実現に寄与する」（同法1条）ことであり，これらの広範かつ概括的な目的は，国土強靱化法の目的を包摂するとともに，地質地盤情報の共有化と公開の全ての目的を包摂すると考えられる。したがって，地質地盤情報の共有化と公開のために政府が講ずる法制上の措置は，地理空間情報活用推進基本法8条，官民データ活用推進基本法7条の規定に基づくものと位置付けられるとともに，それが防災・減災による国土強靱化をも目的とする場合には，国土強靱化法7条の規定にも基づくものと位置付けられることになる。ただし，官民データ活用推進基本法の「官民データ」は電磁的記録のみを意味するので（同法2条1項），紙媒体の情報を電子化する作業は，同法の射程外になると考えられる。したがって，その部分を法制化する場合には，地理空間情報活用推進基本法8条の規定に基づくものと位置付けられることになり，それが防災・減災を目的とする場合には，国土強靱化法7条の規定に基づくものとも位置付けられることになる。

(2) 情報公開法制との関係

① 情報保有主体別の検討

（ア）多元的情報公開法制

次に，情報公開法制との関係について考察する。わが国には，文書の保有主体により複数の情報公開法制が存在するため，文書の保有主体ごとの検討が必要になる。

（イ）国の行政機関が保有する行政文書

国の行政機関が保有する行政文書の公開についての一般法は，「行政機関の保有する情報の公開に関する法律」（以下「行政機関情報公開法」という）である。同法の下では，何人も行政文書の開示請求権を有し，同法5条が定める不開示情報のいずれかに該当しない限り，開示が義務付けられる[51]。すなわち，いず

---

51) ただし，不開示情報のいずれかに該当する場合であっても，行政機関非識別加工情報等，行政機関情報公開法5条1号の2に掲げる情報を除き，公益上の裁量的開示を行うことができる場合がある（同法7条）。

228　第8章　地質地盤情報の共有化と公開

れの不開示情報にも該当しない場合には，誰が開示請求を行っても開示される
ことになるから，誰に対しても非公開にする必要はなく，公表が可能になる。
また，いずれかの不開示情報に該当する場合であっても，加工して不開示情報
のいずれにも該当しなくなれば，情報公開法制との関係では，公表に支障がな
いことになる。

　（ウ）　独立行政法人等が保有する法人文書

　独立行政法人等の保有する情報の公開に関する一般法は，「独立行政法人等
の保有する情報の公開に関する法律」（以下「独立行政法人等情報公開法」という）
であり，ここでいう独立行政法人等は，独立行政法人通則法の適用を受ける独
立行政法人全て，国立大学法人法の適用を受ける国立大学法人および大学共同
利用機関法人全て，ならびに一部の特殊法人，認可法人である。独立行政法人
等の保有する法人文書については，独立行政法人等情報公開法の不開示情報に
該当しない限り，開示請求があれば何人にも開示されることになるので，公表
することに支障はないし，不開示情報に該当する場合であっても，加工するこ
とにより不開示情報に該当しなくすれば公表は可能である[52]。

　（エ）　地方公共団体が保有する公文書

　わが国の情報法制は分権的な仕組みを採用しており，各地方公共団体が保有
する公文書の公開についての一般法は，各地方公共団体が定める情報公開条例
である。2017（平成29）年10月1日現在，都道府県，政令指定都市は100％，
市（政令指定都市を除く）区町村も99.9％，情報公開条例を制定済みである。地
方公共団体の組合については，2014（平成26）日現在，広域連合の88.6％，一
部事務組合の47.5％が情報公開条例を制定している。情報公開条例について
も，不開示情報に該当しない限り，公表に支障はない。情報公開条例における
開示請求権は何人にも付与されているか，広義の住民に付与されているのが一
般的である。後者の場合であっても，広義の住民に該当しない者に情報提供を
行うことは妨げられず，実際にそのような運用は広くみられるところである。
そもそも，情報公開条例における開示請求権者の限定がなされる場合は，税負

---

[52]　不開示情報のいずれかに該当する場合であっても，公益上の裁量的開示が認められるこ
　ともある（同法7条）。

担で賄われる情報開示のサービスを広義の住民にも該当しない者に権利として認めることが妥当かという立法政策上の判断によるものであって，情報の性質上，特定の範囲の者にしか開示できないというわけではないから，不開示情報に該当しない場合に公表することについて，情報の性質上の制約はないのである。

②　個人に関する情報

（ア）　長野地判平成 4・2・27 判タ 814 号 131 頁

実際に不開示情報に該当するかが問題になることが多いのは，個人情報であるが，そもそも，ある土地の地下の地質地盤情報が個人に関する情報に当たるか自体，議論がありうるところである。不動産鑑定士が行った土地の鑑定に係る評定調書，評価書等について，長野地判平成 4・2・27 判タ 814 号 131 頁は，「本件情報は……個人を離れた土地の評価にすぎないのであるから，これをもって『個人に関する』情報ということはできない」「この場合の評価は，当該土地の所有者個人の主観とは一切かかわりなく，不動産鑑定士が他の資料に基づき客観的に定めるべき性質のものであり，また，土地の有するその社会的な性格に鑑みれば，……そのプライバシー性は希薄であると認められる」と判示している。土地の財産的価値を示す不動産鑑定評価が「個人に関する情報」でないならば，況んや地質地盤情報は「個人に関する情報」ではないことになろう。

（イ）　土地基本法

同判決のいう土地の公共的性格は，土地基本法も明示するところである。すなわち，同法は，「土地は，現在及び将来における国民のための限られた貴重な資源であること，国民の諸活動にとって不可欠の基盤であること，その利用が他の土地の利用と密接な関係を有するものであること，その価値が主として人口及び産業の動向，土地利用の動向，社会資本の整備状況その他の社会的経済的条件により変動するものであること等公共の利害に関係する特性を有していることにかんがみ，土地については，公共の福祉を優先させるものとする」（2 条）と定め，「国及び地方公共団体は，土地に関する施策の円滑な実施に資するため，個人の権利利益の保護に配慮しつつ，国民に対し，土地の所有及び利用の状況，地価の動向等の土地に関する情報を提供するように努めるものと

230　第8章　地質地盤情報の共有化と公開

する」（17条2項）と規定している。

　（ウ）　東京高判平成5・3・22判時1458号49頁

　しかし，控訴審の東京高判平成5・3・22判時1458号49頁は，「本件公文書が個人所有の土地に関するものであり，かつ，所有者が識別され得るものであるから，当該個人の財産状態をその限りで表示するものであって，これが直ちに『個人に関する情報』でないとは必ずしもいえない」としている。しかし，同判決も，「土地の評価は，個人の財産状態に関する情報といっても，その個人情報としての価値を，個人の心身，生活，経歴，成績，資産・債務の具体的内容（個人の収入，所得，税額，滞納額等を含む）などに関する個人情報と同列に置いて考えることは相当でない」と判示しているように，土地の評価に関する情報のプライバシー性が希薄であるという認識においては，原審判決と共通している。

　（エ）　大阪高判平成6・6・29判タ890号85頁

　地質に関する情報の開示が争われたのが安威川ダム訴訟であり，その控訴審判決である大阪高判平成6・6・29判タ890号85頁は，地質上の調査結果が個人の財産に関する情報に該当することは，当事者が争っていないので，一応これを前提として判断するとし，地質上の情報が土地の価値に影響することのあることは否定しえないが，これは付近の土地全体についての自然科学上の情報にすぎず，かつ，ダム建設の安全性判断に必要な情報なので，他に特段の事情のない限り，プライバシー情報[53]に該当せず開示されるべきと判示している[54]。

---

53)　情報公開法や情報公開条例における「個人に関する情報」に係る不開示情報には，（ⅰ）特定の個人が識別される個人情報を原則不開示とした上で，その例外を列記する特定個人識別情報型と（ⅱ）個人情報のうち一般に他人に知られたくないと考えることが相当と認められるもののみを不開示にするプライバシー情報型がある。宇賀克也・新・情報公開法の逐条解説〔第8版〕（有斐閣，2018年）75頁以下参照。安威川ダム訴訟で問題になった大阪府情報公開条例（平成11年大阪府条例第39号による改正前のもの）は，プライバシー情報型であったため，同判決は，プライバシー情報該当性を否定する判示をしている（宇賀克也・情報公開法の理論〔新版〕〔有斐閣，2000年〕161頁以下参照）。このように，個人情報がプライバシー情報よりも広範な概念であり，プライバシー情報が個人情報の一部となる場合があると同時に，特定の個人が識別されず個人情報に該当しない場合であっても，プライバシー情報に該当する場合がありうる。行政機関情報公開法5条1号柱書の「特定の個人を識別することはできないが，公にすることにより，なお個人の権利利益を害するおそれがあるもの」はこれに当たる。このように，個人情報とプライバシー情報は同義ではなく，前者であって

このように地質地盤情報は，プライバシー情報型の情報公開法制の下ではプライバシー情報に該当しないと解すべきであろう。

③　公益上の義務的開示

　それでは，特定個人識別情報型の情報公開法制の下において，地質地盤情報は開示されるべきであろうか。個人情報は「個人に関する情報」のうち，特定の個人が識別されるものである。したがって，そもそも「個人に関する情報」に当たらなければ，その部分集合である個人情報にも該当しないことになる。前掲長野地判平成4・2・27のような解釈をとれば，地質地盤情報は「個人に関する情報」ではないことになる。しかし，地理空間情報活用推進基本法が「地理空間情報の活用の推進に関する施策を講ずるに当たっては，地理空間情報の流通の拡大に伴い，個人の権利利益，国の安全等が害されることのないように配慮されなければならない」（3条9項），「国及び地方公共団体は，国民が地理空間情報を適切にかつ安心して利用することができるよう，個人情報の保護のためのその適正な取扱いの確保，基盤地図情報の信頼性の確保のためのその品質の表示その他の必要な施策を講ずるものとする」（15条）と定めていることに照らすと，同法は特定の個人が識別される地理空間情報は個人情報であるという前提に立っていると考えられる[55]。

　それでは，特定の個人が識別される地質地盤情報は開示できないのであろうか。特定個人識別情報型の情報公開法制においては，例外的に開示が義務付けられる情報を列記しており，その中に公益上の義務的開示に関する規定が一般に置かれている。行政機関情報公開法5条1号ただし書ロの「人の生命，健康，生活又は財産を保護するため，公にすることが必要であると認められる情報」がこれに当たる。公益上の義務的開示が認められるか否かは，開示により人の生命，健康，生活または財産が保護される利益と不開示によりプライバシーを中核とする個人の権利利益が保護される利益を比較衡量して，前者が後者に優

　も後者でない場合もあれば，後者であっても前者でない場合もある。

54）　これらの判決について詳しくは，宇賀克也・ケースブック情報公開法（有斐閣，2002年）13頁以下参照。

55）　地理空間情報に係る個人情報保護について，宇賀克也・情報公開・個人情報保護——最新重要裁判例・審査会答申の紹介と分析（有斐閣，2013年）96頁以下参照。

232 第8章 地質地盤情報の共有化と公開

越するか否かにより判断される。そこで，この比較衡量を行うと，地質地盤情報は，地震や集中豪雨等の際，人の生命，身体の安全という最重要の法益を保護するために重要な情報であり，家屋の倒壊による財産の喪失，避難所や仮設住宅での生活を余儀なくされることにより日常の生活への多大な支障を回避するためにも必要な情報といえる。他方，不開示にすることによる土地所有者等の利益について検討すると，上記の諸判決が指摘するように，土地は公共的性格を有し，土地に関する情報のプライバシー性は希薄である。とりわけ，地下の地質地盤情報については，そのことが妥当する。したがって，公益上の義務的開示が認められるべきであろう[56]。

④ 行政機関非識別加工情報等

個人に関する情報以外の不開示情報について，行政機関情報公開法を例にとり検討すると，同法5条1号の2が定める行政機関非識別加工情報等については，個人情報に該当する地質地盤情報を非識別加工した場合に問題となるが，そもそも行政機関非識別加工情報等を公表する意義に乏しく（であるからこそ公益上の裁量的開示の対象とされていない），地質地盤情報の共有化と公開の検討という本章の目的との関係では検討に値しないと思われる。

⑤ 法人等に関する情報

「法人等に関する情報」については，2つの場合に分けて考える必要があろう。1つは，民間事業者が行った調査により得られた地質地盤情報が，義務的にまたは任意に国の行政機関に提出され，国の行政機関の長に開示請求がされる場合である。いま1つは，国が行った地質地盤の調査の対象に民間事業者の所有地が含まれている場合である。

前者の場合については，「公にすることにより，当該法人等又は当該個人の権利，競争上の地位その他正当な利益を害するおそれがあるもの」（同法5条2号イ），「行政機関の要請を受けて，公にしないとの条件で任意に提供されたものであって，法人等又は個人における通例として公にしないこととされているものその他の当該条件を付することが当該情報の性質，当時の状況等に照らし

---

56) 著者は，地質情報について公益上の義務的開示が認められるべきという見解を約20年前に宇賀克也「判例で学ぶ情報公開(2)──不動産に関する個人情報」法教236号89頁（宇賀・前掲注**54**)13頁以下に所収）で示したが，この考えは，今日でも変わっていない。

て合理的であると認められるもの」（同号ロ）のいずれかの場合には，不開示が原則になる。後述する著作者の権利が発生するか否かにかかわらず，民間事業者が多額の投資をして得た情報が競合他社を含めて商業利用されることは，同号イに該当するという考え方も成立しえないわけではないと思われる。また，民間事業者に地質地盤情報を報告する義務が課されていないために行政指導で報告を求め，非公開約束の下で国の行政機関に提出された場合には同号ロに該当する。

　しかし，いずれの場合にも，公益上の義務的開示が必要になる場合がある（同号柱書ただし書）。地質地盤情報の公開の公益性が非常に高いことは，すでに述べたとおりであり，公益上の義務的開示を認めるべきという考えもありえよう。もっとも，開示によりもたらされる民間事業者の不利益の大きさは一様ではなく，無視しうる場合もあるが，多額にのぼることもありえないわけではないと思われる。したがって，後述するように，民間事業者が多額の投資により得た地質地盤情報を国に提出し公開する場合に，当該事業者が利用に伴う対価の公平な分配を受けることができるような仕組みを設けることによって，開示に伴う不利益を十分に軽減するような配慮をすれば，行政機関情報公開法上も公益上の義務の開示が可能になり，したがって，公表することに同法上も支障がなくなると解することが可能になろう。立法論としては，外国に例がみられるように，民間事業者から国に提出された地質地盤情報については，一定期間に限り，当該民間事業者に独占的使用権を認めることも考えられる。

　また，国が行った地質地盤の調査の対象に民間事業者の所有地が含まれている場合には，これを不開示にする必要性は通常考えられない。民間事業者が賃貸しているマンションの敷地の地盤が脆弱であることを示す地盤情報を公開した場合，当該事業者は不利益を受けるであろうが，住民の生命・安全に関わる情報を不開示にすることは，同号イの「正当な利益」とはいえず，公益上の義務的開示の可否を論ずるまでもなく，不開示情報に当たらず，公表可能といえよう。

⑥　国の安全等に関する情報

　行政機関情報公開法5条3号の国の安全に関する情報については，国が地下に秘密の核シェルターを建設しているような特殊な場合には，これに該当しよ

234　第8章　地質地盤情報の共有化と公開

うが，地質地盤情報自体が同号に該当することは想定し難い。

⑦　公共の安全に関する情報

　同条4号の公共の安全に関する情報については，重要インフラ[57]がテロの対象となりうるため，関係者間での情報共有が必要に応じてなされるべきではあるが，開示に伴う支障が開示に伴う利益に優越すると認められる場合があり，かかる情報は公表できない場合がありうる。しかし，地質地盤情報自体が同号に該当することは想定し難い。

⑧　審議・検討・協議に関する情報

　同条5号の審議・検討・協議に関する情報については，ダム建設のため，複数のダムサイト候補地の地質地盤を調査したところ，それが開示されることにより，あたかもダムサイトが決定したかのような誤解を与えて混乱を招いたり，当該土地の投機が行われて特定の者が不当に利益を得たりする支障が考えられる。しかしながら，安威川ダム訴訟控訴審判決（前掲大阪高判平成6・6・29）が指摘するように，ダムサイト候補地の地質地盤情報は，客観的な自然科学上の事実に関する情報であり，かかる事実に関する情報は，原則として，同条5号の不開示情報に該当しない。大阪府交野市情報公開条例のように，審議，協議等に関する不開示情報の規定は事実に関する情報には適用されない旨を明記する例もある[58]。例外的に，事実に関する情報を開示することが審議・検討・協議に関する意思形成過程を示すことがありえないわけではないが，未成熟な情報があたかも確定したかのように誤解されるおそれについては，情報を公開するに当たり，それが未成熟なものであることを十分に周知することにより回避すべきであるし，仮に土地投機の危険がある場合には，国土利用計画法の注視

57）　サイバーセキュリティ基本法14条は，国は，重要社会基盤事業者におけるサイバーセキュリティに関し，基準の策定，演習および訓練，情報の共有その他の自主的な取組の促進その他の必要な施策を講ずるものとされている。同法は，2016（平成28）年4月15日に改正されているが，改正後の同法について，宇賀克也「サイバーセキュリティ基本法」季報情報公開・個人情報保護62号53頁以下，宇賀克也＝三角育生「〈対談〉サイバーセキュリティ戦略のゆくえ──法改正と今後の課題」ジュリ1499号ii頁以下参照。

58）　外国の情報公開法でその旨を明記する例について，宇賀・前掲注**53）**新・情報公開法の逐条解説121頁参照。また，アメリカの連邦情報公開法である情報自由法について，判例法上，政策情報と事実情報が区別され，後者には，原則として審議過程特権に関する不開示規定は適用されないことについて，宇賀・前掲注**8）**252頁以下参照。

区域・監視区域・規制区域の制度により対応すべきであろう。

そもそも，公共事業については，計画段階から情報を公開し，代替案（ゼロ・オプションを含む）を提示して，関係住民等を始め，広く意見・情報を収集して決定が行われるべきであり，審議・検討・協議の段階で情報が公開されず，意思決定が終了した後にしか情報が公開されなければ，市民参加は画餅に帰することになる。同条5号は「意思決定の中立性が不当に損なわれるおそれ」，「不当に国民の間に混乱を生じさせるおそれ」，「特定の者に不当に利益を与え若しくは不利益を及ぼすおそれ」について規定しているが，ここでいう「不当」の要件の審査に際しては，開示することによる利益が比較衡量の対象になるので，地質地盤情報の公開の公益に照らすと，同条5号に該当する場合は想定が困難である。

⑨　事務・事業に関する情報

同条6号の事務・事業に関する情報についても，「当該事務又は事業の適正な遂行に支障を及ぼすおそれ」の「適正」の要件の判断に際して，開示の公益も考慮されるので（大阪地判平成19・6・29判タ1260号186頁），地質地盤情報が同号に該当することはほとんど想定し難い。

⑩　独立行政法人等および地方公共団体の保有する情報

以上，行政機関情報公開法の不開示情報について述べてきたことは，独立行政法人等情報公開法や情報公開条例の不開示情報についても，同様に妥当する。

⑪　民間事業者の保有する情報

これに対し，民間事業者に情報開示を義務付ける情報公開法制は存在しない。すなわち，民間事業者は，個別の法令に根拠となる規定が存在しない限り，情報開示の求めに応ずる義務はない。他方，一般法たる情報公開法制において開示が禁止される不開示情報が定められているわけではないので，情報の公表が禁止されるのは，個別の法令もしくは条例にその旨の特別の定めがある場合または刑法上の犯罪になる場合もしくは民事上の不法行為になる場合に限られるが，地質地盤情報の公表がそれに当たることは想定し難い。

236　第8章　地質地盤情報の共有化と公開

(3)　個人情報保護法制との関係

①　目的拘束

　以上，情報公開法制との関係について検討したが，個人情報の場合には，さらに，個人情報保護法制との関係での検討も必要になる。国が保有する個人情報の場合，「行政機関の保有する個人情報の保護に関する法律」（以下「行政機関個人情報保護法」という）が，個人情報保護の一般法になる。同法は，国の行政機関が保有する個人情報の利用目的をできる限り具体的に特定し（3条1項），特定された利用の目的の達成に必要な範囲を超えて個人情報を保有することを禁止し（同条2項），特定された目的の範囲内で利用・提供しなければならないという目的拘束原則を定めている。そのコロラリーとして，目的外利用・提供禁止原則が導かれる（8条1項）。将来，新たに取得する個人情報については，当初から，国民一般への公開も目的に加えておけば，目的内提供ということになり，この面での問題は生じない。

②　目的の変更

　過去に個々の事業のために取得した個人情報については，まず目的の変更が可能かを吟味する必要がある。目的の変更は，「変更前の利用目的と相当の関連性を有すると合理的に認められる範囲」（同法3条3項）でのみ行うことができる。これは，当初の利用目的からみて社会通念上想定が困難でない範囲の変更を認める趣旨である。当初は，特定の公共事業のための調査として取得された個人情報を地質地盤に関する一般的な調査研究目的で利用・提供することは，目的の変更として認められよう。それでは，過去に個々の事業のために取得した個人情報を国民一般に公開することは，どうであろうか。これが，当初の利用目的からみて社会通念上想定が困難でないといえるかは微妙である。かかる目的変更が行われ公開された場合，この変更が許容されないと考える者は，行政機関の長に自己情報の利用停止請求を行い（同法36条1項），拒否処分を受けた場合，拒否処分に対する審査請求，取消訴訟，許可処分に対する義務付け訴訟で争うことが可能である。最終的には，司法の判断に委ねられることになるが，目的の変更の限界を超えていると判断される可能性も否定しえない[59]。

③　目的外提供

　仮に目的の変更が認められない場合であっても，目的外利用・提供禁止原則の例外（同法8条2項）に該当すれば，目的外提供が可能になる。同項1号〜4号のうち，2号は目的外利用について定めるものであるから，国民一般に公開する提供には適用されない。3号は目的外提供について定めるものであるが，提供先は他の行政機関，独立行政法人等，地方公共団体または地方独立行政法人に限定されているので，国民一般への提供には適用されない。したがって，同項1号〜4号のうち，国民一般への提供に関係しうるのは，1号と4号のみである。このうち1号の本人の同意を得られれば問題はないが，全ての個人から同意を得ることは実際上困難と思われる。4号の「専ら統計の作成又は学術研究の目的のために保有個人情報を提供するとき，本人以外の者に提供することが明らかに本人の利益になるとき，その他保有個人情報を提供することについて特別の理由のあるとき」のうち，国民一般への提供に関係しうるのは「その他保有個人情報を提供することについて特別の理由のあるとき」であるが，ここでいう「特別の理由のあるとき」は，同項2号・3号の「相当な理由のあるとき」よりも厳格な要件である。かかる提供が目的外提供として許容されるとする解釈の下に国民一般への公開が行われた場合，目的外提供として許されないと考える者は，自己情報の利用停止請求を行政機関の長に対して行い，拒

---

59) 　個人情報保護委員会は，「『個人情報の保護に関する法律についてのガイドライン』及び『個人データの漏えい等の事案が発生した場合等の対応について』に関するQ&A」（2017〔平成29〕年2月16日）1（ガイドライン〔通則編〕）Q2-9において，個人情報の利用目的の変更が認められない例として，当初の利用目的に第三者提供が含まれていない場合において，新たに，個人情報の保護に関する法律（以下「個人情報保護法」という）23条2項の規定による個人データの第三者提供を行う場合を挙げている。これは，行政機関個人情報保護法ではなく個人情報保護法についての解釈を示したものであり，また，個人情報保護委員会は，行政機関非識別加工情報を除き行政機関個人情報保護法を所管しているわけではないが，個人情報保護法15条2項の「変更前の利用目的と関連性を有すると合理的に認められる範囲」は，2015（平成27）年の改正前の「変更前の利用目的と相当の関連性を有すると合理的に認められる範囲」の「相当の」を削除することにより目的変更の要件を緩和したものであることに鑑みると，「相当の関連性」を要件とする行政機関個人情報保護法3条3項において，第三者提供が全く目的とされていなかった場合に，新たに第三者提供を行うことを目的の変更と解することは，個人情報保護委員会の考え方によれば，認められないと思われる。

238 第8章 地質地盤情報の共有化と公開

否処分がなされれば，拒否処分に対する審査請求，取消訴訟，許可処分に対する義務付け訴訟で争うことが可能である。最終的には，司法の判断に委ねられることになるが，目的外提供の限界を超えていると判断される可能性も否定しえない。したがって，過去に取得された地質地盤情報を全て国民一般に公開するのであれば，同条1項の定める法令上の根拠を設けるのが適切であろう。

④　独立行政法人等および地方公共団体が保有する個人情報

以上，国が保有する個人情報について述べたが，独立行政法人等の保有する個人情報については，「独立行政法人等の保有する個人情報の保護に関する法律」が適用され，地方公共団体が保有する個人情報については各地方公共団体の個人情報保護条例が適用される。都道府県，市区町村の全てがすでに個人情報保護条例を制定している。

⑤　個人情報取扱事業者が保有する個人情報

民間部門には情報公開法制はないが，個人情報保護法制は存在する。個人情報保護法4章〜7章が，民間部門の個人情報保護の一般法である[60]。同法では，個人情報取扱事業者が，あらかじめ本人の同意を得ないで，個人データを第三者に提供することを原則として禁止しており（23条1項柱書），その例外として，（ⅰ）法令に基づく場合（同項1号），（ⅱ）人の生命，身体または財産の保護のために必要がある場合であって，本人の同意を得ることが困難であるとき（同項2号），（ⅲ）公衆衛生の向上または児童の健全な育成の推進のために特に必要がある場合であって，本人の同意を得ることが困難であるとき（同項3号），（ⅳ）国の機関もしくは地方公共団体またはその委託を受けた者が法令の定める事務を遂行することに対して協力する必要がある場合であって，本人の同意を得ることにより当該事務の遂行に支障を及ぼすおそれがあるとき（同項4号）が列記されている。同項2号の「本人の同意を得ることが困難であるとき」という要件は，緊急の場合や本人に意思能力が欠如している場合のほか，本人と連絡がつかない場合や本人が同意を拒否する場合等を念頭に置いている。通常は，本人に意思能力があり，本人と連絡をとることが可能であるので，個別に連絡

60） わが国の個人情報保護法制の体系については，宇賀克也・個人情報保護法の逐条解説〔第6版〕（有斐閣，2018年）26頁の図1，同・個人情報保護法制（有斐閣，2019年）11頁以下参照。

をとり，同意の有無を確認する必要があるが，全ての地質地盤情報の公開を目的とする場合には，同号の援用の実際上のハードルは高い。同項3号は，地質地盤情報の公開の場合には援用できない。同項4号は，「国の機関若しくは地方公共団体又はその委託を受けた者」による地質地盤情報の公開事務に民間事業者が協力する場合を射程に入れることができるが，その事務が「法令の定める事務」であることを要する。ここでいう法令は，法律，法律に基づく命令に限らず条例を含み，「法令の定める事務」は，国の機関や地方公共団体の所掌する事務であることが法令で定められていること，すなわち組織規範が存在する事務であることを意味し，個別の作用についての根拠規範まで存在することを必要とするものではない[61]。しかし，国またはその委託を受けた者が，民間事業者の保有する地質地盤情報であって個人データに当たるものも一元的に管理して公開するのであれば，その旨の組織規範は明確に定めておく必要がある。同項1号は，個人データの提供を義務付ける規定でなくても，個人データの提供を求めることができる旨の規定があれば足りる。国が個人情報取扱事業者に個人データである地質地盤情報の提供を求めることができる旨の規定が法令に置かれていれば，当該個人データを国に提供することは，個人情報保護法上は違法ではないことになる。しかし，個人データの提供を拒むことが任意に可能であれば，民間事業者の地質地盤情報であって個人データであるものが国に集約される保証はないので，提出を義務付けることを検討すべきであろう（それが憲法上可能かは，後に検討する）。この義務付けを行う場合には，当然，法律の根拠が必要である。

　以上で検討したのは，地質地盤情報が個人データにも該当する場合であるから，特定の個人が識別できず個人データに該当しない場合には，個人情報保護法に基づく第三者提供の制限に服しないことになる[62]。

---

61)　組織規範，根拠規範については，宇賀克也・行政法概説I〔第6版〕（有斐閣，2017年）30頁以下，同・行政法〔第2版〕（有斐閣，2018年）12頁以下参照。

62)　個人情報と個人データの関係については，宇賀・前掲注**60)**個人情報保護法の逐条解説27頁の図2参照。

240　第 8 章　地質地盤情報の共有化と公開

(4)　著作権法制との関係

①　著作物の意義

　以上，情報公開法制，個人情報保護法制との関係をみてきたが，さらに重要な法的問題として，著作権法との関係がある。著作権法の保護を受ける著作物とは，思想または感情を創作的に表現したものであって，文芸，学術，美術または音楽の範囲に属するものをいう（著作権法 2 条 1 項 1 号）。著作者の権利は事前登録制をとっているわけではなく，その有無は最終的には裁判所が判断することになる。東京高判平成 14・11・14 裁判所ウェブサイトは，著作権法は，発見や仮説そのものを保護し，これらを発見者や仮説の提唱者に独占させようとするものではなく，素材の取捨選択等の内容の重視を押し進めて，それが独創的であるとの一事をもって，表現に創作性があるとしたり，内容が同一であることから表現にも同一性があるとしたりすると，その背後にある発見（発見された事実）や仮説の他者による表明が，事実上極めて困難となり，結局，発見や仮説そのものを保護し，発見者や提唱者によるその独占を認めることになるが，このような結果は，著作権法の立場と両立しえないことが明らかであると判示する。

　そして，柱状図について，基本的に個々の地層の種類，厚さ，相互の上下関係を柱状に記載するものであり，その書式にも定型性があると認められるから，同程度の観察力と知識を有する者が上記の事項についての同じ認識に基づいて作成すれば，（ほとんど）同じ図面となるものと認められるとする。そして，柱状図を作成するためには，調査と分析に相当の手間と時間がかかるものであり，そこに作成者の思考の結果が現れていることは疑いないが，かかる思考結果自体は，著作権により保護されないと述べている。このように，柱状図については，著作物と認められない可能性が高い。しかし，地質地盤情報を記載した書面の表現に創作性が認められ，著作者の権利が発生する場合もありうるので，その場合についての検討も行う必要がある。

②　著作者の権利

（ア）　著作者人格権

　著作者としての権利には，著作者人格権と財産権としての性格を有する著作

権が存在する（著作権法 17 条 1 項）。著作者人格権のうち，地質地盤情報の公開に関して最も問題になるのが公表権であり，著作者は，その著作物でまだ公表されていないもの（その同意を得ないで公表された著作物を含む）を公衆に提供し，または提示する権利を有し，当該著作物を原著作物とする 2 次的著作物についても，同様とされている（同法 18 条）。すなわち，未公表の著作物を公表するか否か，公表する場合，いつ公表するかを決定する権限が公表権である。

（イ）　著作権

他方，著作権の支分権のうち，地質地盤情報の公開に関して問題になるのは，複製権と公衆送信権であると考えられる。複製権は，その著作物を複製する権利であり，著作者が専有する（同法 21 条）。公衆送信権とは，その著作物について，公衆送信（自動公衆送信の場合にあっては，送信可能化を含む）を行う権利であり，著作者が専有する（同法 23 条 1 項）。

（ウ）　権利の不行使

国，独立行政法人等，地方公共団体，地方独立行政法人が著作者としての権利を有する場合には，当該権利を行使せず，公表したり，オンライン送信をしたり，複製をさせたりすることに問題はないので，これらの行政主体が著作者としての権利を有することは，地質地盤情報の公開にとり支障にならない。

牛久市情報公開条例 26 条の 2 を例にとり説明すると，同条 1 項では，実施機関の職員が職務上作成した著作物については，原則として，著作権法 2 章（公表権，氏名表示権，同一性保持権を除く）に規定する著作者の権利は主張しないと規定しており，同条 2 項では，同条 1 項の規定にかかわらず，著作権法 15 条の規定に基づき，実施機関が著作者として権利を行使するものについては，実施機関が定めることとしている。

「牛久市長が管理保有する情報の公表，提供及び利用の推進に関する規則」（平成 21 年規則第 2 号）10 条では，同条例 26 条の 2 第 2 項の規定に基づき，次に掲げる著作物については，市は著作権を行使するものとするとし，（ⅰ）市発行の有償刊行物，（ⅱ）市が開発または購入し，市が著作権を有するコンピュータプログラム，（ⅲ）以上に掲げるもののほか，牛久市情報公開・個人情報保護審査会の意見を聴いた上で市長が著作権を行使する必要があると認めた著作物とされている。この例が示すように，著作者は，自己が有する著作者の権利を

242　第8章　地質地盤情報の共有化と公開

どの範囲で行使するかを自ら選択できるので，国，独立行政法人等，地方公共団体，地方独立行政法人は，地質地盤情報の公開の高度の公共性に照らし，著作権を行使せずに，無償で複製やダウンロードを認めることとし，不正な改ざんが行われたりする場合に限り，著作者としての権利を行使することに問題はない。

③　閣議決定の意義と限界

　以上においては，国，独立行政法人等，地方公共団体，地方独立行政法人の保有する地質地盤情報の公開について，法的には，基本的に同じように考えられることを指摘したが，これらの法的団体に一律に公開を義務付ける場合には，国の行政機関であれば閣議決定で義務付けることが可能であるのに対し[63]，独立行政法人等，地方公共団体，地方独立行政法人は閣議決定に拘束されないので，義務付けのためには法律の根拠が必要であるという差異がある。

④　民間事業者の保有する地質地盤情報

　以上，公的部門の保有する地質地盤情報を対象に著作権法制について述べてきたが，最も法的課題が多いのは，民間事業者が保有する地質地盤情報と著作権法との関係である。すなわち，民間事業者が保有する地質地盤情報を記録したものが当該事業者の著作物に該当すると，たとえ，当該記録を国が取得したとしても，行政機関情報公開法に基づく開示請求や公文書等の管理に関する法律に基づく利用請求による場合[64]以外には，それを一般の閲覧に供したり，オンラインで送信したり，それをダウンロードさせたりすることには，原則として，著作者の同意が必要になる。もとより，著作者の権利も，公共の福祉のために，立法で制限することは可能であり，現に様々な制限が法律で課されてい

---

63)　理論的には，閣議決定に明白な瑕疵がある場合には，行政機関はそれに従う義務はないと考えられるが（宇賀克也・行政法概説Ⅲ〔第5版〕（有斐閣，2019年）61頁参照），国以外の者が著作権を有する情報を除き，かつ，行政機関情報公開法の不開示情報を対象外とすれば，国の全ての行政機関にその保有する地質地盤情報に係る行政文書の公開を義務付ける閣議決定が違法になることはないといえよう。

64)　著作権法18条3項1号による公表権の制限（独立行政法人等情報公開法との関係では同項2号，情報公開条例との関係では同項3号），著作権法42条の2（行政機関情報公開法等による開示のための利用）による著作権の制限，国立公文書館等または地方公文書館等に移管された文書について著作権法18条3項4号・5号による公表権の制限，同法42条の3第2項による著作権の制限参照。

る[65]。

(5) 憲法上の論点

① 問題の所在

そこで，地質地盤情報に係る著作物について，それを国等に提出することを義務付けて国等が公開することとしたり，民間事業者自身に公開を義務付けたりする立法により，著作者の公表権を制限すること，当該データをインターネットで送信することにより公衆送信権を制限すること，データの複製またはダウンロードを何人にも自由に認めることにより複製権を制限することが憲法に違反しないか，違反しないとしても補償が必要かの検討が必要になる。さらに，民間事業者が保有する地質地盤情報の記録が著作物に当たらないとしても，多大な時間と費用をかけて取得した情報は，競合他社にとって調査コストの節約のために対価を支払っても入手したい情報であり，財産的価値を有するものであるから，競合他社を含めて何人に対しても無償で公開を義務付ける立法が憲法に違反しないのか，仮に違反しないとしても立法政策として妥当かという問題も存在する。

② 環境影響評価

この問題を考えるに当たり参考になるのが環境影響評価制度であり，環境影響評価法では，一定の種類・規模の事業を行う事業者（民間事業者も含む）に環境影響評価を義務付けており，評価項目の選定に当たり，地質地盤に関する状況を把握することが求められる場合がある。例えば，計画段階配慮書に係る「鉄道の建設及び改良の事業に係る環境影響評価の項目並びに当該項目に係る調査，予測及び評価を合理的に行うための手法を選定するための指針，環境の保全のための措置に関する指針等を定める省令」5条3項1号ハでは，環境要素として「土壌に係る環境その他の環境」を挙げ，その内容を「(1)地形及び地質，(2)地盤，(3)土壌，(4)その他の環境要素」としている。そして，同令20条1項2号イは，環境影響評価の項目等の選定に係る地域特性に関する情報として，「(3)土壌及び地盤の状況，(4)地形及び地質の状況」を挙げている。

---

65) 著作権の制限について，著作権法 30 条～50 条参照。

244 第8章 地質地盤情報の共有化と公開

準備書および評価書は，一定期間縦覧（電子縦覧[66]を含む）に供することが義務付けられており[67]，その限りで公表権，公衆送信権が制限されている。準備書，評価書には，環境影響評価項目選定に当たり考慮された地質地盤の状況の調査結果が記されることがありうると考えられるが，かかる地質地盤情報は縦覧期間内に限定されているとはいえ，無補償で公表が義務付けられていることになる。すなわち，環境影響評価法では，事業者が行政主体である場合に限らず，民間事業者である場合においても，多大な費用と労力をかけて行った調査により得られた情報（地質地盤情報を含むこともありうる）を縦覧期間内は無補償で公開することが義務付けられているのである。そして，先進国においては，環境アセスメント図書が，事業終了後も恒久的に公開されている例が少なくなく[68]，わが国においても，準備書，評価書等の一定期間縦覧されるのみの環境アセスメント図書を国民共有の財産として，恒久的に公開することが課題として認識され提言がなされている[69]。上記の外国の例が示すように，環境影響評価情報も地質地盤情報も，その公開の公共性の高さに照らし，民間事業者保有の情報を含めて恒久的に公開を義務付ける立法を行うことは可能と考えられる。それ

---

66) 環境省総合環境政策局環境影響評価課・環境影響評価図書のインターネットによる公表に関する基本的な考え方（2012〔平成24〕年3月）参照。

67) 事後調査の報告書の公表も義務付けられている（環境影響評価法38条の3第1項）。

68) 諸外国の環境影響評価制度でも縦覧期間を定める規定があることはわが国と共通であるが，縦覧期間経過後に非公開の運用をする国は，一部の発展途上国を除きなく，アメリカ，イギリス，オーストラリア等のウェブサイトでは，膨大な環境アセスメント図書を過去に遡って検索しダウンロードすることが可能なことについて，傘木宏夫「手続き終了後の環境アセス図書の保存と公開について」環境情報科学44巻4号33頁参照。

69) 傘木・前掲注**68)**29頁は，環境影響評価手続終了後も環境アセスメント図書が保存・公開されることにより，計画当時の設計思想や環境影響への見積もり，住民等の意見やそれに対する説明状況等を後の世代が知る機会が与えられること，環境アセスメント図書には環境測定データや生物調査データ等，地域の環境保全計画の基礎となる貴重な情報が含まれていることを指摘する。また，同「東日本大震災被災3県のアセス図書を読み直す」（2011〔平成23〕年度環境アセスメント学会研究発表会要旨集）6頁は，環境影響評価手続終了後のアセス図書を保存し，公開するための世論形成や法令上の根拠を設けることを課題として指摘する。なお，環境省は，国民の環境情報へのアクセスの利便性を向上させることにより，情報交流の拡充を図るとともに，環境影響予測・評価技術を向上させることを目的として，環境影響評価法が定める縦覧または公表の期間が満了した後においても，事業者の協力を得て，2018（平成30）年4月1日から，インターネットおよび環境省図書館の利用により公開を行っている。

が私人の財産権を制限することになっても，公共の福祉による制約として正当化されよう。

③　損失補償

（ア）　特別の犠牲

次に問題になるのは，かかる立法が可能であるとして，私権制限に対して，憲法29条3項による損失補償が必要になるかである。憲法上，損失補償が必要か否かは，現在の判例法では，「特別の犠牲」に該当するか否かにより判断されている。「特別の犠牲」に当たるかについて，現在の判例法は，規制の目的（消極目的，積極目的)，規制の程度，規制される者の全体に占める割合等を総合的に評価して判断していると考えられる[70]。憲法上の補償が必要かは，最終的には裁判所が判断することになるが，微妙な判断になることが少なくない。このような判断方法には，後述するような問題があるが，ここでは，現在の判例法を前提として考察すると，（ⅰ）規制の目的が，主として，国民の生命，身体の安全，生活，財産を保護するという防災目的であり，この面で財産権に内在する制約と解しやすいこと，（ⅱ）規制の程度については，追加的な支出を強制するわけではなく，事業を行う上で必要な調査の結果得られた情報を公開して共有するにとどまること，（ⅲ）民間事業者が多額の出費をして取得した情報を競合他社も利用できることになるが，逆に，競合他社が多額の出費をして取得した情報も自社が利用できることになり，その意味で彼此相補の関係にあることが多いと思われること，（ⅳ）住宅の建築確認のためのボーリング調査結果を含めて，全ての者に公開を義務付けるのであれば，規制される者の全体に占める割合は極めて大きくなることを総合考慮して，憲法上の補償は不要ではないかと考えられる。

（イ）　政策上の措置

もっとも，「特別の犠牲」の判断が微妙であるにもかかわらず，それに該当するか否かにより，all or nothing で補償の要否が判断されることは，実質的には不合理な場合が少なくない[71]。また，憲法上の補償が不要であるとしても，

---

[70]　宇賀克也・行政法概説Ⅱ〔第6版〕（有斐閣，2018年）505頁以下，同・国家補償法（有斐閣，1997年）399頁以下参照。

[71]　福井秀夫「阪神大震災復興計画の法的課題」都市住宅学10号37頁，宇賀・前掲注[70]）

246　第 8 章　地質地盤情報の共有化と公開

多大な費用と労力をかけて得た情報を競合他社にも無償で公開することについて，民間事業者の理解を得ることは必ずしも容易でないことも予想される。そこで，立法政策としては，民間事業者の保有する地質地盤情報については，著作権の有無にかかわらず，一定期間に限り当該民間事業者の独占的利用を認めるか，データベースに登録された情報へのアクセス数に応じて対価が支払われる仕組みを検討することが望ましいように思われる。また，公共機関が行政目的で，または研究機関が研究目的で利用する場合と民間事業者が業務上利用する目的でアクセスする場合とで，課金システムに差異を設け，前者については公益性に鑑み，無償または低廉な価格で利用できるようにすべきと考える。

(6)　地質地盤影響評価

　環境影響評価において，評価項目選定のために地質地盤の状況を把握しておくことが必要になる場合があることは前述した[72]。しかし，地質地盤情報は，環境影響評価のために有意義な情報であるにとどまらず，防災面からも極めて重要な情報である[73]。宅地造成事業によって造成された道路および宅地が陥没したために住民が転居を余儀なくされた事案において，津地判平成 26・3・6 判時 2229 号 50 頁[74]は，開発許可を行い当該道路を管理していた津市が国家賠

　　国家補償法 428 頁参照。このような all or nothing 型の補償理論を克服する試みとして，福井・前掲論文 37 頁以下，岩田規久男・土地と住宅の経済学（日本経済新聞社，1977 年）が示唆に富む。

[72]　傘木・前掲注 **69**)（2011〔平成 23〕年度環境アセスメント学会研究発表会要旨集）6 頁は，環境影響評価においては，災害リスクを評価の対象にはしていないが，事業者による事業概要の説明やそれに対する住民による意見等を通じて，計画時における当該地域における災害に対する考え方がアセス図書に記録され，それらが保存・公開されることで後世の検証に供される可能性があることを指摘する。

[73]　傘木・前掲注 **69**)（2011〔平成 23〕年度環境アセスメント学会研究発表会要旨集）6 頁は，災害リスクや放射能リスクを含めたアセスの構築を制度面や実践面で進めていく必要性を指摘する。

[74]　その控訴審の名古屋高判平成 27・11・27LEX/DB25447763 は，予見可能性も結果回避可能性もなかったとして，同市の道路管理瑕疵を否定した。同じ事故に起因する別件訴訟において，津地判平成 26・3・6LEX/DB25503246 は，同市長が当該開発許可をするに当たり，都市計画法 33 条 1 項 7 号に定める「安全上必要な措置」が講ぜられるように設計が定められているか否かを審査すべき職務上の注意義務があり，また，工事完了検査においても，実際に実施された空洞調査および安全対策が十分なものであることを確認すべき職務上の注意

償法 2 条 1 項の規定に基づく損害賠償責任を負うと判示した。

　同判決の事実認定によれば，同市は，本件道路部分を含む住宅地造成についての公共施設管理者としての都市計画法 32 条の規定に基づく協議（以下「32 条協議」という）において，「申請地周辺には，みがき砂採掘跡地が見うけられるので，申請地の空洞調査を実施し，宅地造成後においても安全が確保できるように留意されたい」との条件を付すことを申請者に通知し，申請者は，「開発区域内については工事完了までに調査を行いその結果に基づき対処し，安全対策の処理をします」と回答し，同市は，これを受けて同条の規定に基づく同意を与えている。その後，当該事業者よりなされた都市計画法 29 条の規定に基づく開発許可申請についても，同市は，「都市計画法第 32 条の規定により協議された事項については，確実に履行し，協議者が報告を求める事項については，遅滞なくこれを行うこと」などの許可条件を付して許可を行っている。同判決は，同市は，32 条協議を行った時点において，本件道路において，磨き砂の採掘跡を原因とする陥没事故が起きる可能性を予見することができたにもかかわらず，当該事業者が具体的にいかなる調査を行い，その結果に基づいていかなる安全対策を行うべきかについて検討したことは窺われないと認定する。

　また，本件道路を含む開発区域は，「地盤の軟弱な土地，がけ崩れ又は出水のおそれが多い土地その他これらに類する土地」に当たり，都市計画法 33 条 1 項 7 号の規定に基づき，地盤の沈下等による災害を防止するため，地盤の改良を始めとする安全上必要な措置が講ぜられるような設計が定められていることが要求されているにもかかわらず，当該事業者がいかなる調査を行い，その結果に基づいていかなる安全対策を行うものであるかについて検討したことは窺われず，さらに，当該事業者による空洞調査は深度が足りないといわざるを

義務があったのに，これらを怠った点で過失があると認められ，かかる注意義務違反の結果として，同法の要請する宅地の安全性の水準に達しない開発行為が行われ，本件各陥没事故の発生を招いたとして，同市は国家賠償法 1 条 1 項の規定に基づき損害賠償責任を負うと判示した。しかし，その控訴審の名古屋高判平成 28・7・28 裁判所ウェブサイトは，予見可能性を否定し，また，開発許可に際し，「申請地の空洞調査を実施し，宅地造成後においても安全が確保出来るよう留意されたい」との条件を付したにとどまったことが裁量権の逸脱ないし違法な権限の不行使であるとも認められないと判示して，同市の損害賠償責任を否定した。

248　第 8 章　地質地盤情報の共有化と公開

えないものであったにもかかわらず，工事完了検査の際も，当該事業者が行った空洞調査の方法や調査結果の是非について独自の視点から検討したことは窺われないとする。そして，同市が，32 条協議，開発許可基準に関する審査および工事完了検査の手続の過程で，開発行為によって設置され，同市に帰属することとなる公共施設である本件道路の安全が図られていることを十分に確認したものとは到底認められないと判示している。

　この事案から窺えることは，道路という安全性が極めて重要な社会インフラを設置するにもかかわらず，地質地盤の調査は事業者にほぼ白紙委任されてしまい，行政庁によるチェックはほとんど機能せず，近隣住民を始め市民の参加は皆無であるということである。安全性が重要な社会インフラを設置しようとする場合には，環境影響評価に対応する地質地盤影響評価手続を法定し，評価書を縦覧に供し国民が意見を述べる機会を設けることが検討されるべきと思われる。

(7)　データの正確性

①　位置情報

　地質地盤情報のデータベースを作成する場合，ボーリングデータ以外は標準化が実施されていないので，当面はボーリングデータおよびそれに付随したデータを対象とし，他の地質地盤情報については，データの標準化が実現した段階で対象とすることも考えられるが，ボーリングデータのデータベースを整備する場合，位置情報の誤りが稀でないという問題に対処する必要がある。すなわち，ボーリングデータの位置情報として測地系，経緯度を入力することになるが，測地系コードや経緯度の入力ミスが生ずることがある。この問題に対処するためには，ボーリングデータをデータベースに登録するに当たり，ボーリングの位置を地図上にプロットし，位置情報が正確かを確認する仕組みを設けるべきであろう。新規にボーリング調査を行う場合には，第 1 次的には受注者がこの確認を行い，確認済証にボーリング位置のプロット図を添付して発注者に報告し，発注者が当該書面に基づきダブルチェックを行うことを義務付けることが検討されるべきと思われる[75]。

② 免責条項

　地質地盤情報を共有化して国が一元的に公開することとした場合，データが不正確であったり，最新でないことに起因する損害が発生することがありうる。かかる場合に国が法的責任を負わなければならないのでは，かかる構想は円滑に進まないであろう。地質地盤情報のデータベースを公開している先進国で一般的にされているように，当該データベースの利用約款に，データが不正確であったり，最新の状態に更新されていないことに起因する利用者の損害に対して国は責任を負わず，利用者自身が，かかるリスクを承知した上で利用する旨を明記しておくべきであろう。

③ 資格制度

　前掲津地判平成 26・3・6 判時 2229 号 50 頁は，民間事業者にも地方公共団体にも，地盤調査を適切に行う能力が欠如していた事案であったといえると思われる。この問題に対処するためには，高等教育の在り方を含めた検討が必要であるが，資格制度は，問題解決の一助となろう。すでに，全国地質調査業協会連合会が 1966（昭和 41）年に地質調査技士，2006（平成 18）年に地質情報管理士，2012（平成 24）年に応用地形判読士・応用地形判読士補，地盤工学会が中心となって 2013（平成 25）年に地盤品質判定士の資格を設けている。「公共工事の品質確保の促進に関する法律」の 2014（平成 26）年の改正により，「公共工事に関する調査又は設計の発注者は，その発注に当たり，公共工事に準じ，競争に参加しようとする者について調査又は設計の業務の経験，当該業務に配置が予定される技術者の経験又は有する資格その他技術的能力に関する事項を審査すること，受注者となろうとする者に調査又は設計に関する技術又は工夫についての提案を求めることその他の当該業務の性格，地域の実情等に応じた入札及び契約の方法を選択すること等により，その品質を確保するよう努めなければならない」（24 条 1 項），「国は，公共工事に関する調査及び設計に関し，その業務の内容に応じて必要な知識又は技術を有する者の能力がその者の有する資格等により適切に評価され，及びそれらの者が十分に活用されるようにす

75） 静岡県では，地理情報システムと積算システムを連携させているため，発注用位置図を作成する際に，調査箇所の経緯度が自動的に登録され，この位置情報を成果品の確認に当たり利用しており，経緯度情報が未登録の場合には，入札手続を行えない仕組みになっている。

250　第8章　地質地盤情報の共有化と公開

るため，これらに係る資格等の評価の在り方等について検討を加え，その結果に基づいて必要な措置を講ずるものとする」（同条3項）という規定が新設された。これを受けて，2015（平成27）年1月30日に「公共工事の品質確保の促進に関する関係省庁連絡会議」が公表した「発注関係事務の運用に関する指針」において，「保有する資格等により所要の知識・技術を備えていることが確認された技術者を仕様書に位置付けること」に努めることとされた。そして，国土交通省が地質調査技士，応用地形判読士を民間技術者資格登録制度に登録するなど，国・地方公共団体における資格活用が進んでいる。こうした動きを一層促進すべきであろう[76]。

---

76)　本章は，2017（平成29）年4月27日に開催された日本学術会議主催の公開シンポジウム「地質地盤情報の共有化を目指して──安全安心で豊かな社会の構築に向けて」のパネリストとしてプレゼンテーションを行った原稿に加筆したものである。この問題についての考察を深める機会をいただいた関係各位に謝意を表したい。

第 9 章

内閣官房報償費に係る情報開示請求
—— 最高裁平成 30 年 1 月 19 日判決

1 内閣官房報償費の概要

　内閣官房報償費は，内閣官房の所掌事務を円滑かつ効果的に遂行するために，当面の任務と状況に応じて機動的に使用することを目的とした経費として，毎年度国会で予算措置が講じられているものである。内閣官房報償費の目的および支出方法等について定める法令は存在しない。内閣官房報償費の取扱いに関して，その管理執行体制等を明確化することにより，内閣官房報償費の持つ性格に留意しつつその透明性をできる限り向上させ，厳正かつ効果的な執行を確保することを目的として，2002（平成14）年 4 月 1 日，「内閣官房報償費の取扱いに関する基本方針」（以下「基本方針」という）が内閣官房長官により定められた。基本方針によれば，内閣官房報償費の取扱責任者である内閣官房長官は，毎年度（内閣官房長官が異動する場合にあっては，異動の都度），内閣官房報償費の目的類型を明らかにした上で，その執行に当たっての基本的な方針を定め，これに基づき自己の責任と判断により内閣官房報償費の執行に当たるものとし，内閣官房報償費の支払に関する関係書類の記録，管理および内部確認等を行うため別途取扱要領を定めることとされている。

　本件の情報開示請求の対象とされた文書が作成された期間については，2012（平成24）年 12 月 28 日，「内閣官房報償費取扱要領」が定められていた。また，同日，基本方針に基づき，2012（平成24）年度の内閣官房報償費の執行に当た

252 第9章 内閣官房報償費に係る情報開示請求

っての基本的な方針として，「内閣官房報償費の執行に当たっての基本的な方針」が決定され，内閣官房報償費の執行は，（ⅰ）政策推進費（施策の円滑かつ効果的な推進のため，内閣官房長官としての高度な政策的判断により，機動的に使用することが必要な経費），（ⅱ）調査情報対策費（施策の円滑かつ効果的な推進のため，その時々の状況に応じ必要な情報を得るために必要な経費），（ⅲ）活動関係費（上記（ⅰ）および（ⅱ）を実施するに当たり，これらの活動が円滑に行われ，所期の目的が達成されるよう，これらを支援するために必要な経費）の3つの目的類型ごとに，それぞれの目的に照らして行うものとする旨が明らかにされた。そして，2013（平成25）年4月1日，同年度の内閣官房報償費の執行に当たっての基本的な方針として，「内閣官房報償費の執行に当たっての基本的な方針」が決定されたが，2012（平成24）年度の内閣官房報償費の執行に当たっての基本的な方針が踏襲された。

（ⅰ）の政策推進費は，内政・外交双方にわたる内閣の重要政策の企画立案および総合調整等に資するために使用され，具体的には，内閣の重要政策の関係者等に対し，非公式に交渉や協力依頼等の活動を行う場合において，当該関係者等の合意や協力を調達するために支払う対価や，情報の収集調査等のために支払う対価等に使用される。（ⅱ）の調査情報対策費は，情報収集等の対価や，会合経費等として使用される。（ⅲ）の活動関係費は，具体的には，内閣官房長官の重要政策の関係者等に対する協力依頼・交渉や情報収集等の活動を行うに際して必要となる交通費等や会合の経費（調査情報対策費に係る会合の経費以外のもの），当該活動の相手方等に交付する活動経費，謝礼，慶弔費，贈答品の購入費用のほか，振込手数料等内閣官房報償費の支払関係の事務を遂行するために必要な費用等に使用されている。

本件で開示の是非が争点になった内閣官房報償費の支出に係る行政文書は，以下のとおりである。

（ア）　領収書等

領収書等は，内閣官房報償費の支払の相手方から交付された領収書，請求書および受領書であるが，政策推進費は，内閣官房長官として高度な政策的判断により機動的に使用することが必要な経費であることから，政策推進費に係る領収書等が存在しないものもある。領収書等には，領収日等の日付，あて名，

金額，内閣官房報償費を受領した相手方の氏名ないし名称（情報提供者ないし協力者の氏名，会合場所の業者名，交通事業者名等）等が記録されている（本件対象文書には，書籍類等に係る領収書等は含まれていない）。

　（イ）　政策推進費受払簿

　政策推進費受払簿は，内閣官房長官が政策推進費の繰入れを行う都度ならびに会計年度末および内閣官房長官が交代する際に作成される。政策推進費受払簿には，文書名（政策推進費受払簿）のほか，作成日付，金額（前回残額，前回から今回までの支払額，今回繰入前の残額，今回繰入額および現在額計）が記録され，取扱責任者（内閣官房長官）の記名押印，確認を行った事務補助者の記名押印がされている。

　（ウ）　支払決定書

　調査情報対策費および活動関係費の支払に際しては，内閣官房長官がその都度支払決定を行い支払決定書を作成し，その支払を管理している。支払決定書は，内閣官房長官が，調査情報対策費または活動関係費の1件または複数の支払に係る支払決定を行う都度作成される。支払決定書には，文書名（支払決定書）のほか，作成日付（支払決定の日付），「下記の金額の支払を要する」旨の文言，金額（複数の支払を処理する場合はその合計額），支払目的（目的類型別の区分を明示），支払相手方等，取扱責任者である内閣官房長官の記名押印ならびに支払および確認を行った日付，事務補助者の記名押印が記録されている。

　（エ）　出納管理簿

　内閣官房長官は，その指名した事務補助者をして，内閣官房報償費の出納管理のために内閣官房報償費の出納を出納管理簿に記録させ，自らまたは指名した内閣官房内閣総務官室の職員により，出納管理簿が適正に記録されているかどうかについて確認することとされている。出納管理簿には，文書名（内閣官房報償費出納管理簿）のほか，内閣官房報償費の出納に係る年月日，摘要（使用目的等）（入金または目的類型別の区分），受領額，支払額，残額，支払相手方等，月分計（その月の受領額，支払額の各合計額），累計（その年度の受領額，支払額の各累計額および当該年度の残額。ただし，出納管理簿を月ごとに作成する場合には，会計年度の年度当初から当該月の月末までの受領額，支払額の各累計額および当該月の月末の残額），内閣官房長官が確認をした趣旨の押印ならびに年度末および取扱責

254 第9章 内閣官房報償費に係る情報開示請求

任者の異動があったときは，内部確認のため，確認に立ち会った者（事務補助者）および上記の指名された確認者の各記名押印が記録されている。

（オ） 報償費支払明細書

会計検査院の検査を受けるものの計算証明に関しては，計算証明規則（昭和27年会計検査院規則第3号）が定められている。内閣官房報償費については，同規則11条（「特別の事情がある場合には，会計検査院の指定により，又はその承認を経て，この規則の規定と異なる取扱いをすることができる」）にいう特別の事情がある場合に当たるとして，同規則の規定とは異なる取扱いにより，内閣官房報償費を使用目的別に分類した支払額を記載した報償費支払明細書を会計検査院に提出し，支払の相手方である役務提供者等の請求書，領収証書等の証拠書類について会計検査院から要求があった場合に提出が可能となるように証明責任者において保管することとする計算証明が認められている。報償費支払明細書には，文書名（報償費支払明細書）のほか，支払明細書を提出した日付，支払年月日，支払金額，使用目的（目的類型別の区分），取扱者名，備考，取扱責任者である内閣官房長官の氏名，前月繰越額，本月受入額，本月支払額および翌月繰越額が記録されている。

2　事実の概要

原告は，2012（平成24）年12月から2013（平成25）年12月31日までの内閣官房報償費の支出に関する行政文書の開示を，行政機関の保有する情報の公開に関する法律（ただし，平成26年法律第67号による改正前のもの。以下「行政機関情報公開法」という）に基づきを請求した。内閣官房内閣総務官は，2014（平成26）年3月24日付けで，原告に対し，2013（平成25）年1月1日から同年12月31日まで（以下「本件対象期間」という）についての請求書（ただし，2013〔平成25〕年3月分を除く），支出負担行為即支出決定決議書（ただし，2013〔平成25〕年3月分を除く）および支出計算書（ただし，表紙および該当ページのうち，個人に関する情報や，公にした場合に法人等の正当な利益を害するおそれがある部分を除く）については開示するが，内閣官房長官の支出に係る内閣官房報償費の本件対象期間における支出に関する行政文書（政策推進費受払簿，支払決定書，出納管

理簿，報償費支払明細書および領収書等）については行政機関情報公開法5条6号および同条3号の不開示情報が記録されていることを理由として不開示決定を行った（以下「本件決定」という）。なお，開示するとされた請求書と支出負担行為即支出決定決議書について 2013（平成25）年3月分が除かれている理由は，該当する支出がなかったため文書が作成されておらず内閣官房内閣総務官が保有していないためである。

　原告は，2014（平成26）年9月17日，大阪地方裁判所に対し，本件決定のうち本件対象期間の内閣官房報償費の支払（支出）に関する行政文書（政策推進費受払簿，支払決定書，出納管理簿，報償費支払明細書および領収書等）を不開示とした部分（本件不開示決定部分）の取消しに係る訴えを提起するとともに，本件不開示決定部分に係る文書についての開示決定の義務付けを求める訴えを提起した。

3　一審判決

　一審の大阪地判平成27・10・22判例集未登載（以下「一審判決」という）[1]は，本件決定のうち，①領収書，請求書および受領書のうち，交通事業者目録記載の各事業者が経営する公共交通機関の利用に係る交通費の支払に関するもの（ただし，利用者の氏名ないし名称が記録されているものを除く），②政策推進費受払簿，③支払決定書のうち，交通事業者目録記載の各事業者が経営する公共交通機関の利用に係る交通費の支払に関するもの（ただし，利用者の氏名ないし名称が記録されているものを除く），④出納管理簿のうち，調査情報対策費および活動関係費に係る部分（出納管理簿の摘要欄が調査情報対策費または活動関係費とされているもの。ただし，活動関係費のうち，交通事業者目録記載の各事業者が経営する公共交通機関の利用に係る交通費の支払に関するものであって，支払相手方等の欄に利用者の氏名ないし名称が記録されていないものは除く）を除いたもの，⑤報償費支払明細書を不開示とした部分を取り消し，①〜⑤の行政文書について開示決定を義務付け，①〜⑤以外の行政文書に係る開示決定の義務付け請求を却下し，原告

---

1)　一審判決については，中村英樹・季報情報公開・個人情報保護61号13頁以下参照。

256 第9章 内閣官房報償費に係る情報開示請求

のその余の請求を棄却する判決を下した。

4 原判決

　一審判決に対して，原告被告双方から控訴がなされたところ，控訴審の大阪高判平成 28・10・6 判例集未登載（以下「原判決」という）は，(a)報償費支払明細書のうち調査情報対策費および活動関係費の各支払決定に係る記録部分が開示され，支払決定日や具体的な支払金額が明らかになると，その支払相手方や具体的使途についても相当程度の確からしさをもって特定することが可能になる場合があるものと考えられ，これにより，内閣官房において内閣官房報償費を支出することをためらったり，支払を受ける相手方において協力を取りやめようとしたりすることが予測されるので，上記記録部分に記録された情報は，行政機関情報公開法5条3号または6号所定の不開示情報に該当するとする。そして，(b)政策推進費受払簿ならびに出納管理簿および報償費支払明細書のうちそれぞれ政策推進費の繰入れに係る記録部分の各開示によって明らかになる情報自体からは，政策推進費の支払相手方や具体的使途まで判明するわけではないが，ある時期に繰り入れられた政策推進費が繰入れに近い時期に全額または大部分の額が支払われるような場合には，その支払額と支払時期が相当程度特定され，または推認されることになり，また，出納管理簿のうち月分計部分および累計部分ならびにそれぞれに対する内閣官房長官の確認印部分（以下「月分計等記録部分」という）や報償費支払明細書のうち繰越記録部分が開示され，内閣官房報償費の各月における支払合計額，年度末における残額等が明らかになると，推進しようとしている政策や施策，内閣官房報償費の支払相手方や具体的使途についても，相当程度の確からしさをもって特定することが可能になる場合があるものと考えられるので，政策推進費受払簿ならびに出納管理簿および報償費支払明細書のうち上記記録部分にそれぞれ記録された情報は，行政機関情報公開法5条3号または6号所定の不開示情報に該当すると判示した。

　そして，一審被告の控訴に基づき一審判決を変更し，出納管理簿のうち，国庫からの内閣官房報償費の支出（受領）に係る部分を不開示とした部分のみを取り消すとともに，当該部分の開示決定を義務付け，それ以外の行政文書に係

る開示決定の義務付け請求に係る訴えを却下し，一審原告のその余の請求を棄
却し，一審原告の控訴を棄却する判決を下した。

5　本判決

　一審原告が上告したところ，最判平成30・1・19判時2377号4頁（以下「本
判決」という）[2]は，原判決の上記(a)の判断は是認することができるが，(b)の
判断は是認することができないとして，以下のようにその理由を述べている。

　まず，一般に，内閣の行う政策や施策は，わが国の内政および外政の根幹に
関わるものとして，絶えず関心が寄せられ，とりわけ内閣官房報償費の支出の
対象となるような重要政策等に関しては，特に高度の関心が寄せられ，様々な
手段により，これに関連する情報の積極的な収集，分析等が試みられる蓋然性
があることが指摘される。他方，重要政策等に関して内閣官房から非公式の協
力依頼等を受けた関係者は，上記のような事柄の性質上，自らが関与するなど
した事実が公にならないことを前提にこれに応じることが通常であると考えら
れるので，上記事実に関する情報またはこれを推知しうる情報が開示された場
合には，当該関係者からの信頼が失われ，重要政策等に関する事務の遂行に支
障が生ずるおそれがあるとともに，内閣官房への協力や情報提供等が控えられ
ることとなる結果，今後の内閣官房の活動全般に支障が生ずることもありうる
とする。また，このような関係者等の氏名または名称が明らかになると，これ
らの者への不正な働きかけが可能となり，その安全が脅かされたり，情報が漏
えいしたりすることによって，内閣官房の活動の円滑かつ効果的な遂行に支障
が生ずるおそれもあるという考えが示される。

　以上を踏まえ，報償費支払明細書のうち調査情報対策費および活動関係費の
各支払決定に係る記録部分が開示された場合，その支払相手方や具体的使途が
直ちに明らかになるものではないが，支払決定日や具体的な支払金額が明らか

---

2)　本判決については，碓井光明・法時90巻7号4頁，佐伯彰洋・季報情報公開・個人情報
　保護70号9頁，野口貴公美・法教453号138頁，山下竜一・法セ63巻5号119頁，渡井理
　佳子・法教454号59頁，岩本浩史・新・判例解説Watch 23号53頁），上脇博之・法セ63
　巻6号3頁，同・法と民主主義526号35頁参照。

258 第9章 内閣官房報償費に係る情報開示請求

になることから，上記のような内閣官房報償費に関する情報の性質を考慮すれ
ば，当該時期の国内外の政治情勢や政策課題，内閣官房において対応するもの
と推測される重要な出来事，内閣官房長官の行動等の内容いかんによっては，
これらに関する情報との照合や分析等を行うことにより，その支払相手方や具
体的使途についても相当程度の確実さをもって特定することが可能になる場合
があるものと考えられるので，上記記録部分に記録された情報は，これを公に
することにより，内閣官房において行うわが国の重要政策等に関する事務の適
正な遂行に支障を及ぼすおそれがあるものと認められ，さらに，上記情報のう
ちわが国の外交関係や他国等の利害に関係する事項に関するものについては，
これを公にすることにより，国の安全が害され，他国等との信頼関係が損なわ
れ，または他国等との交渉上不利益を被るおそれがあるとした内閣官房内閣総
務官の判断に相当な理由があるものと認められるとして，上記情報は，行政機
関情報公開法5条3号または6号所定の不開示情報に該当すると判示している。

　これに対し，政策推進費受払簿ならびに出納管理簿および報償費支払明細書
のうちそれぞれ政策推進費の繰入れに係る記録部分が開示されても，政策推進
費の繰入れがされた時期やその金額，政策推進費の前回の繰入時から今回の繰
入時までの期間内における政策推進費の支払合計額等が明らかになるにすぎな
い。また，出納管理簿のうち月分計等記録部分および報償費支払明細書のうち
繰越記録部分が開示されても，内閣官房報償費の各月における支払合計額およ
び年度当初から特定の月の月末までの間の支払合計額のほか，年度末における
残額が明らかになるにすぎないことが指摘される。そして，政策推進費の繰入
れは，内閣官房報償費から政策推進費として使用する額を区分する行為にすぎ
ないから，その時期や金額が明らかになっても，その後関係者等に対してされ
た個々の支払の日付や金額等が直ちに明らかになるものではなく，また，一定
期間における政策推進費または内閣官房報償費全体の支払合計額が明らかにな
っても，その支払が一度にまとめて行われたのか複数回に分けて行われたのか，
支払相手方が1名か複数名かなどについては明らかになるものではないことか
らすると，内閣官房報償費に関する情報の性質を考慮しても，これによって内
閣が推進しようとしている政策や施策の具体的内容，その支払相手方や具体的
使途等を相当程度の確実さをもって特定することは困難であるというほかない

とする。以上のことは，本件対象期間に係る政策推進費受払簿の記載上，政策推進費の繰入れがほぼ毎月2回または3回の頻度で行われ，次の繰入れがされるまでに残額が0円となるような運用がされている期間があるという事情によっても，左右されるものではないので，上記の文書および各記録部分に記録された情報は，行政機関情報公開法5条3号または6号所定の不開示情報に該当しないとする。

　以上によれば，政策推進費受払簿，出納管理簿のうち政策推進費の繰入れに係る記録部分および月分計等記録部分ならびに報償費支払明細書のうち政策推進費の繰入れに係る記録部分および繰越記録部分に係る本件不開示決定部分が適法であるとした原審の判断には，判決に影響を及ぼすことが明らかな法令の違反があり，この点に関する論旨は理由があって，内閣官房内閣総務官が上記の文書および各記録部分について開示決定をすべきであることは明らかであるから，これに係る上告人の本件不開示決定部分の取消請求および開示決定の義務付け請求は，いずれも認容すべきであるとする。他方，報償費支払明細書のうち調査情報対策費および活動関係費の各支払決定に係る記録部分に係る本件不開示決定部分が適法であるとした原審の判断は，是認することができ，これに関する上告人の上告は理由がなく，また，上告人のその余の請求に関する上告については，上告受理申立て理由が上告受理の決定において排除された。結局，本判決は，(1)政策推進費受払簿，(2)出納管理簿のうち調査情報対策費および活動関係費の各支払決定に係る記録部分を除いた部分，(3)報償費支払明細書のうち調査情報対策費および活動関係費の各支払決定に係る記録部分を除いた部分についての不開示部分を取り消し，当該部分に係る行政文書の開示決定を義務付けたことになる。

6　山本庸幸裁判官の意見

　本判決には，山本庸幸裁判官の意見が付されている。同意見は，最判平成13・3・27民集55巻2号530頁（大阪府知事交際費訴訟第2次上告審判決）[3]の「情

---

3)　同判決については，宇賀克也・ケースブック情報公開法（有斐閣，2002年）181頁以下

報単位論」ないし「独立一体的情報論」[4]について，第1に，その独立一体と捉える情報の範囲が論者あるいは立場によって異なるばかりか，第2に，情報公開の観点からの個々の情報の牽連性を十分に考慮できないという技術的な問題があることに加えて，第3に，そもそも不開示の範囲が無用に広がりすぎるおそれがあるという行政機関情報公開法の本旨に反する本質的な問題があるとし，具体例を挙げる。すなわち，情報公開が求められている文書の中に，支出した〈1〉年月日，〈2〉相手方，〈3〉予算の区分についての情報があり，そのうち〈2〉については行政機関情報公開法5条各号のいずれかに該当することが明らかである場合，〈2〉は不開示となるが，〈1〉も，〈3〉と突き合わせることによって〈2〉が合理的に推察できるのであれば，これも同条各号のいずれかに該当するものと解されることから，やはり不開示にすべきものとなるが，〈1〉が不開示となったことから，〈3〉だけでは同条各号のいずれにも該当しないのであれば，〈3〉は開示すべきものとなることを指摘する。

　ところが独立一体的情報論をこのようなケースに適用すれば，個々の情報のどれが行政機関情報公開法5条各号のいずれかに該当するかという本来行われるべき解釈論を離れて，まずどこからどこまでの情報が独立一体的情報かという抽象的な議論が先行してしまいがちである結果，〈1〉から〈3〉までの関係性が個々に検討されることなく，およそその全てが全体として独立一体的情報として取り扱われることが概ね考えられる結末ではないかと思われ，それでは，ここに掲げたような相互の情報または事項の関係性を踏まえた分析的な法解釈をする余地がなくなってしまうという大きな問題があるとする。

　そして，最判平成19・4・17判時1971号109頁の藤田宙靖裁判官の補足意見中に，「ある文書上に記載された有意な情報は，本来，最小単位の情報から，これらが集積して形成されるより包括的な情報に至るまで，重層構造を成すのであって……行政機関が，そのいずれかの位相をもって開示に値する情報であるか否かを適宜決定する権限を有するなどということは，およそ我が国の現行情報公開法制の想定するところではない」とあるのは，上記のことを別の表現

─────────────

　参照。

4）　詳しくは，宇賀克也・新・情報公開法の逐条解説〔第8版〕（有斐閣，2018年）132頁以下参照。

で指摘したものではないかと推察していると述べる。したがって，ア・プリオリに，独立一体的情報はどこまでかという無用の議論をするのではなく，むしろ，一般的に，文書の場合であれば文，段落等を，図表の場合であれば個々の部分，欄等を単位として，相互の関係性を踏まえながら個々に検討していき，それぞれが行政機関情報公開法5条各号のいずれかに該当するか否かを判断することで，必要かつ十分であるという考えを披歴している。

7 検 討

(1) 内閣官房報償費に係る初の最高裁判決

　内閣官房報償費は，官房機密費と呼ばれることからも窺えるように，従前は，その全体が秘密として取り扱われるべきものという考えが，政府内部において支配的であった。しかし，内閣補助機関である内閣官房は，「法律の規定に基づき内閣に置かれる機関（内閣府を除く。）」（行政機関情報公開法2条1項1号）であり，同法の対象機関であるから，それが組織として共用する文書は，同法の対象文書になる。そのため，これまでも，同法に基づく内閣官房報償費に係る行政文書の開示請求が行われてきた。本件は，第3次訴訟になるが，本判決は，この問題についての初の最高裁判決になる。

(2) モザイク・アプローチ

　本件では，一審判決，原判決，本判決において，開示すべき行政文書の範囲についての見解が一致していない。この点についての見解の不一致は，モザイク・アプローチにより，不開示情報が露見する蓋然性についての認識の差異によるものと考えられる。もっとも，モザイク・アプローチについて，いわゆる一般人基準をとるか，特定人基準をとるかというような照合すべき他の情報の範囲について，これらの判決の間に差異がみられるわけではない。いずれの判決においても，一般人ではなく，極めて特殊な情報を保有していたり，特殊な情報解析能力を有する者による開示請求がなされた場合も念頭に置いている点では共通している。行政機関情報公開法に基づく開示請求権は何人にも与えられているから，判決で明示されているわけではないが，外国の諜報機関による

262 第9章 内閣官房報償費に係る情報開示請求

開示請求等も想定しているものと思われる。モザイク・アプローチは，行政機
関情報公開法の全ての不開示情報について問題になり，実際，本判決は，同法
5条3号・6号について，他の情報との照合を行っている。

　また，同条2号の法人等に関する情報については，最判平成23・10・14判
時2159号59頁が，競業者にとって，当該数値情報が開示された場合，自らの
同種の数値に関する情報等との比較検討を加味することによって，さらに精度
の高い推計を行うことができ，これを自社の設備や技術の改善計画等に用いる
ことが可能になるとして，不開示情報該当性を肯定している。すなわち，そこ
では，競合他社という特殊な者のみが有する自社の内部情報との照合により，
競争上の不利益が生じうることを不開示情報該当性を肯定する理由の一つとし
ているのである。

　また，公共の安全に関する情報については，最判平成21・7・9判時2057号
3頁が，犯罪を企てている出所者が，自分が出所情報ファイルの記録対象とな
っていることなどを確実に知った場合に，より周到に犯罪を計画し，より細心
の注意を払ってそれを実行しようとする可能性を否定できず，また，出所情報
を活用した捜査方法の一端でも知ったときは，その捜査方法の裏をかくような
対抗策に出る可能性があることも否めないとして，不開示情報該当性を肯定し
ている。すなわち，そこでは，犯罪を企てている出所者という極めて特殊な者
が有する自分が犯した犯罪についての情報との照合が問題とされているのであ
る。この判決は，情報公開条例についてのものであるが，行政機関情報公開法
5条4号と同種の不開示情報が争点になったものであり，同号についても最高
裁が同様に解するであろうことは明らかであろう。

　一般人基準・特定人基準の議論は，行政機関情報公開法5条1号の個人に関
する情報該当性のみを念頭に置いて行われることが多く，これは，同号につい
てのみ不開示情報該当性を判断するためのモザイク・アプローチについての規
定が置かれていることに起因すると思われるが[5]，他の情報との照合による不
開示情報該当性は，全ての不開示情報との関係で審査されるべきであるから[6]，

---

5) 　行政機関情報公開法5条1号の2にも，モザイク・アプローチに関する記述があるが，
これは，不開示情報該当性の判断のためではなく，非識別加工情報を作成する対象となる保
有個人情報の範囲を明確にする観点からのものである。

モザイク・アプローチの方法も，不開示情報全般について統一的になされるべきであろう。とりわけ，不開示情報を開示しないように最も注意を要する個人に関する情報[7]についてのみ一般人基準を採用し，その他の不開示情報については特定人基準を採用することは，明らかに均衡を欠くといえよう。そして，個人に関する情報についての一般人基準は，特殊な情報を有する者による開示請求により，個人の権利利益の侵害が生じうる場合には，「特定の個人を識別することはできないが，公にすることにより，なお個人の権利利益を害するおそれがあるもの」（行政機関情報公開法5条1号柱書本文）という不開示規定を用いることにより，不開示とするのであるから，実質的にみれば，特定人基準と変わらない。換言すれば，個人に関する情報の場合には，行政機関情報公開法5条1号柱書本文のような規定があるので，それを用いることにより，表面上，一般人基準をとり，実質的に特定人基準をとることが可能になるが，それに対応する規定がない他の不開示情報の場合には，正面から特定人基準を採らざるをえないことになる。本判決は，このことをより明確にしたという意義を有する[8]。

---

6) モザイク・アプローチは，アメリカの連邦情報自由法（以下「FOIA」という）の不開示情報について，判例法として発展してきたものである。行政機関情報公開法は，これを参考にして，特にプライバシー侵害を回避するために細心の注意を払う必要がある個人に関する情報について，確認的に規定されたものとみるべきであろう。FOIAの不開示情報に係るモザイク・アプローチについて詳しくは，宇賀克也・情報公開法——アメリカの制度と運用（日本評論社，2004年）209頁以下参照。

7) 行政機関個人情報保護法の立法過程においても，個人に関する情報が特に保護に値すると考えられていたことは，行政改革委員会行政情報公開部会の情報公開法要綱案（中間報告）において，個人に関する情報についてのみ公益上の義務的開示の対象外とされていたことからも窺える。また，情報公開条例においては，個人に関する情報についてのみ，それがみだりに公にされることがないよう最大限の配慮をしなければならないと注意を喚起する解釈規定を置くものが少なくないし（東京都情報公開条例3条後段，大阪府情報公開条例5条参照），公開しないことができる行政文書と公開してはならない行政文書を区別する不開示規定を置く情報公開条例の場合，後者として定められているのは，法令等により開示が禁止された情報と個人に関する情報が記録されている行政文書である（大阪府情報公開条例9条参照）ことも，個人に関する情報が，他の不開示情報よりも，慎重に取り扱われるべきという考え方が，地方公共団体においても広くみられることを示している。

8) 個人に関する情報についての特定人基準への批判は，それでは，家族・親族等，本人に関して特殊な情報を有する者が開示請求をした場合も念頭に置くことになり，不開示情報の範囲が広がりすぎるという懸念に基づいている。この懸念はもっともなものであるが，本人は

(3) 蓋然性についての認識

本件の一審判決，原判決，本判決における開示すべき行政文書の範囲についての不一致が，上記(2)で述べたように，モザイク・アプローチの手法の相違によるものではなく，不開示情報に該当する蓋然性についての認識の相違によるものといえる。最も広範に開示を認めた一審判決と最も開示範囲を狭めた原判決について，公共交通機関に関する交通費に係る記録であって利用者の氏名ないし名称が記録されていないものの開示の是非に係る判示を比較してみると，この点が明らかになる。すなわち，一審判決は，それが開示されたとしても，誰が利用したかを特定されるおそれは抽象的なものにとどまるとしたのに対し，原判決は，支払相手方の氏名等の記載のない公共交通機関の利用に係る交通費の記録であっても，それが開示されることにより明らかとなる情報は憶測を呼ぶ程度の抽象的なものとみるのは相当ではなく，当該記録の開示により，内閣の事務の適正な遂行に支障を及ぼすおそれがあると認めることができると対照的な判示をしているのである。

本判決は，「支払相手方や具体的使途についても相当程度の確実さをもって特定することが可能になる場合がある」かを不開示情報該当性の判断基準とし，支払決定日や具体的な支払金額が開示されれば，モザイク・アプローチにより，「支払相手方や具体的使途についても相当程度の確実さをもって特定することが可能になる場合がある」という立場を採る。支払決定日と実際に支払が行われた日は常に一致するとは限らないし，複数の支払が同時に行われることもありうるので，支払決定日や具体的な支払金額から，「支払相手方や具体的使途についても相当程度の確実さをもって特定することが可能になる場合」は，限定されると思われる。しかし，本判決は，「相当程度の確実さをもって特定することが可能」か否かではなく，「相当程度の確実さをもって特定することが可能になる場合がある」か否かを基準としているため，たとえ少数であっても，「相当程度の確実さをもって特定することが可能」な場合がありうる以上，支

家族・親族等に対しては，一般にプライバシーを放棄していると考えられるので，これらの者との関係では，プライバシーを中心とする個人の権利利益の保護の必要性はないといえよう。したがって，家族・親族等のみが有する情報との照合の必要性はないと思われる。

払決定日や具体的な支払金額は不開示にするという立場が採られたのである。他方，原判決とは異なり，一定期間における支払合計額は開示すべきとしている。本判決は，この場合には，支払相手方や具体的使途を「相当程度の確実さ」をもって特定することはできないと解したのではないかと思われる。

（4）　裁量審査

　一審判決は，行政機関情報公開法5条3号については，行政機関の長の第1次的判断を尊重し，その判断が合理的なものとして許容される範囲内であるかどうかを審理判断すべきとし，裁量権の逸脱・濫用の有無を審査している。原判決は，さらに詳しく，同号の解釈について述べている。すなわち，公開することにより「国の安全が害されるおそれ，他国若しくは国際機関との信頼関係が損なわれるおそれ又は他国若しくは国際機関との交渉上不利益を被るおそれ」があることは行政機関の長が事情をよりよく把握しているものであることからすると，行政機関の長において，同号の規定する情報を記録した文書に当たる根拠となる事実を主張，立証する責任を負うものと解するのが相当であるが，同号の規定された趣旨からすると，行政機関の長において，当該情報の具体的な内容を明らかにすることまで求められているわけではなく，不開示処分のされた文書に記録されている情報の性質，内容等から，一般的，類型的にみて同号所定のおそれがあると判断される事情を主張，立証すれば足りるとする。また，同号の文理および趣旨に照らすと，同号該当性の判断には行政機関の長に一定の裁量が認められるのであり，行政機関の長が同号に該当するとして不開示決定をした場合には，裁判所は，当該行政文書に同号に規定する不開示情報が記録されているか否かについての行政機関の長の第1次的な判断を尊重し，その判断が合理的なものとして許容される範囲内であるかどうかを審理判断すべきであって，同号に該当する旨の行政機関の長の判断が社会通念上合理的なものとして許容される限度を超えると認められる場合に限り，裁量権の範囲の逸脱または濫用があったものとして違法となると解するのが相当であるとする。そして，一審原告の側においては，一般的，類型的にみて同号所定のおそれがあるとはいえないことの根拠となる事情について主張，立証することにより，行政機関の長に裁量の逸脱や濫用があることの違法をいうことができると述べ

ている。

このように，一審判決，原判決が，同号について裁量があることを明示し，明示的に裁量審査を行っているのに対し，本判決では，同号の審査について裁量という文言は使われていない。しかし，「これを公にすることにより，内閣官房において行う我が国の重要政策等に関する事務の適正な遂行に支障を及ぼすおそれがあるものと認められ，さらに，上記情報のうち我が国の外交関係や他国等の利害に関係する事項に関するものについては，これを公にすることにより，国の安全が害され，他国等との信頼関係が損なわれ，又は他国等との交渉上不利益を被るおそれがあるとした内閣官房内閣総務官の判断に相当な理由があるものと認められる」という表現における「さらに」の前の部分は，同条6号についてのものであり，「さらに」の後の部分は，同条3号についてのものであるが，後者についてのみ，「判断に相当な理由があるものと認められる」と述べられている。このことから，本判決が，同条3号については，要件裁量を認めていることが窺われる。他方，同条3号・6号該当性を否定した部分については，両号の区別をせずに，行政裁量を認めずに同じ基準で一括して判断しているようにもみえる。

(5) 情報単位論（独立一体的情報論）

一審判決，原判決は，明確に情報単位論（独立一体的情報論）を採用していた。これに対し，本判決は，この点について明示的には論じていない。しかし，原判決の情報単位論（独立一体的情報論）を否定していないことに鑑みると，それを是認しているものと思われる。他方，山本庸幸裁判官の意見において，情報単位論（独立一体的情報論）に対する明快な批判がなされている。同意見で指摘されているように，情報単位論（独立一体的情報論）は，必要以上に不開示の範囲を広げる問題を有しており，判例変更が期待される。

(6) 情報開示請求の意義と限界

情報開示請求がなされたことによって，それまで国民が全く知りえなかった内閣官房報償費の目的別分類や作成されている書類の種類が明らかになり，また，政策推進費受払簿が実際に開示されたことによって，内閣官房報償費の大

半が，政策推進費として支払われていることを国民が知ることができた。その意義は大きい。他方において，インカメラ審理が認められていない情報公開訴訟において，特に国家安全保障に関わるような情報の場合には，裁判所は慎重にならざるをえず，判決により開示される情報には限界があることも否定できない。また，会計検査は，報償費支払明細書に基づいて行われているが，そこには，支払相手方や具体的使途は記載されていない。会計検査院が領収書等の提出を求めることは可能であるが，内閣官房報償費の大半は領収書等が不要な政策推進費として支出されているので，現行の運用の下では，会計検査にも限界があることになる。諸外国において，機密を要し機動的に支出する必要のある予算費目について，説明責任の要請との調和をいかに図っているのかについて，比較研究を行い，わが国の参考にすることが望まれる。

第 10 章

オープンデータ政策の展開と課題

1　はじめに

　2015（平成 27）年 9 月 3 日に「個人情報の保護に関する法律及び行政手続における特定の個人を識別するための番号の利用等に関する法律の一部を改正する法律」が成立し，同月 9 日に平成 27 年法律第 65 号として公布され，同法附則 12 条 1 項で，国の行政機関および独立行政法人等が保有する個人情報についても，個人情報の保護に関する法律の匿名加工情報制度に相当する制度の導入の検討が政府に求められた。行政機関非識別加工情報制度，独立行政法人等非識別加工情報制度の導入は，直接的には，平成 27 年法律第 65 号附則 12 条 1 項を受けて行われたものである。すなわち，ビッグデータの中でも特に利用価値が高いとされるパーソナルデータの利活用のために民間部門で匿名加工情報制度が導入されたのと平仄を合わせて，行政機関非識別加工情報制度，独立行政法人等非識別加工情報制度が導入されたのである。もっとも，よりマクロの視点でみれば，行政機関非識別加工情報制度，独立行政法人等非識別加工情報制度の導入は，わが国および他の先進国において，近年急速に進められてきたオープンデータ[1]政策の一環として位置付けることが可能である。

---

1)　オープンデータという文言を民間企業が整備しビジネスに用いる民間データも含める意味で用いることもないわけではないが，一般には，オープンデータという用語は無償または実費を超えない範囲での対価で提供されるものを意味するので，公的団体が整備し提供する

270　第 10 章　オープンデータ政策の展開と課題

　オープンデータ政策は，ここ数年のうちに急速に先進国で進展し，わが国においても，着実に発展している。その背景には，ICT の飛躍的な発展により，ビッグデータの分析・加工を通じて重要な情報を産み出すことが可能になり，それを公共サービスの改善につなげたり，新たな産業の創出の触媒としたりすることが期待されるようになったこと，しかも，スマートフォンが広範に利用されるようになり，クラウド・コンピューティングも普及し，多くの者がアプリケーションを開発し，国境を越えてサービスを展開することが，極めて容易になったことがある。したがって，重要なデータさえあれば，個人であっても，アイディアと ICT を用いて，公共サービスを画期的に改善するアプリケーションや新たなビジネスにつながるサービスを提供することが容易になったのである。オープンデータが「21 世紀のインフラ」[2]，「みんなが低コストで協調するための新時代の公共インフラ」[3]と呼ばれる所以である。

　情報法制の観点からみると，オープンデータは，公的主体がその保有する情報を国民に提供する情報提供[4]の一環として位置付けられるが，公的主体の透明性の向上や説明責任の確保という目的のための公的主体から国民への公的情報の流れを超えて，国民が提供された公的データを活用して，公共サービスを向上させたり，新規のビジネスを創出したりする点，すなわち，公的データの国民への提供後の利活用に重点が置かれており，情報法制の新たな進展と評価できる。そこで，本章において，オープンデータ政策の展開について概観し，その課題について述べることとしたい。

　公共データに対象を限定して用いられることが多い。このことを明確にするために，「オープンガバメントデータ」と呼ばれることもある。なお，英米においては，消費者が民間企業保有の自己に関するパーソナルデータに簡易にアクセスし，それを利用して，よりよい自己決定を行うことを可能にする「マイデータ」という取組が行われている。アメリカで 2011（平成 23）年 9 月に行政管理予算庁が発した Informing Consumers through Smart Disclosure と題する覚書，イギリスで 2013（平成 25）年 4 月に制定された Enterprise and Regulatory Reform Act による「マイデータ」の取組について，高木聡一郎「もう一つのオープンデータ——マイデータ動向」行政＆情報システム 49 巻 6 号 59 頁以下参照。
2)　福野泰介「21 世紀を代表するインフラ『オープンデータ』」行政＆情報システム 52 巻 1 号 38 頁参照。
3)　坂村健「オープンデータ流通実現のために」市政 63 巻 3 号 17 頁参照。
4)　宇賀克也・新・情報公開法の逐条解説〔第 8 版〕（有斐閣，2018 年）1 頁参照。

2 オープンデータ政策の国際的展開

(1) OECD

OECD は，2001（平成 13）年 10 月の報告書[5]等で，公共データを公開し，市民参加を促進する方針を示したが，2005（平成 17）年 9 月に出された報告書[6]には，オープンガバメントという章が設けられている。OECD の情報・コンピュータ通信政策委員会は，2008（平成 20）年，「公共データへの有効なアクセス及び利用の拡大に関する理事会勧告」[7]を発し，公共データの効果的な活用のためのアクセス環境の整備，著作権の取扱いルールの整備等を加盟国に求めた。

(2) EU

EU は，1998（平成 10）年，「情報社会における公共セクター情報に関するグリーンペーパー」[8]において，公的部門の情報の利活用を推進するための公開手続，著作権処理の簡素化等の指針を示していたが，2003（平成 15）年 11 月，「公的部門の情報の再利用に関する指令」（以下「PSI 指令」という）[9]を発した。同指令は，（ⅰ）データベースの全体を，（ⅱ）標準化された電子フォーマットで，（ⅲ）選別手続を経ずに全ての申請者に，（ⅳ）無料（または制限された費用）で，（ⅴ）営利・非営利の目的を問わず無条件で（または適切な場合に制限的でない条件

---

5)　OECD, Citizens as Partners: Information, Consultation and Public Participation in Policy-making (October 2001).

6)　OECD, Modernising Government: The Way Forward (September 2005).

7)　OECD, OECD Recommendation of the Council for Enhanced Access and More Effective Use of Public Sector Information [C(2008)36].

8)　European Commission, Green Paper on Public Sector Information in the Information Society, COM (98) 585 final.

9)　Directive 2003/98/EC of the European Parliament and of the Council of 17 November 2003 on the re-use of public sector information. その背景に，公的データに著作権のないアメリカと公的データに著作権がある欧州諸国との公的データに関する経済効果比較があったことについて，植原啓介「オープンデータの概念と日本の取組み」ESTRELA250 号 3 頁参照。

を付したライセンスで）利用を可能にするという基本的考え方に基づいている[10]。

　同指令が適用されるのは，加盟国の中央政府，地方公共団体，政府関係法人という公的主体であるが，国家機密に係る情報，第三者が知的財産権を有する情報，公共放送局・美術館・博物館・図書館・公文書館が保有する情報は対象外とされた。同指令は，以上の前提の下で，公的機関が再利用の対象とする情報の範囲を加盟国の判断に委ねたが，営利目的・非営利目的の如何を問わず，公的部門の情報の再利用を確保すること，再利用の対価を徴収する場合には，当該情報の取得・作成・複製・配布に要する費用を超えないようにすること，原則として排他的契約を行わないことを加盟各国に義務付けた。また，そのライセンスについては，機械可読で標準化された形式が推奨され，これを受けて，クリエイティブ・コモンズ・ライセンス（以下「CC ライセンス」という）の利用やイギリスのオープンガバメント・ライセンスを始めとする独自ライセンスにより，再利用条件の標準化が進行していった。

　2006（平成 18）年に公表された「i 2010 e ガバメント行動計画」[11]では，電子政府による市民参加および民主的意思決定の促進が標榜され，2007（平成 19）年 3 月 14 日には，空間情報・環境情報の EU 域内での共有を推進する「空間情報インフラ構築に関する指令」[12]，2009（平成 21）年 11 月 18 日には，データの第三者利用に関するマルメ宣言，2010（平成 22）年 4 月 19 日には「欧州デジタルアジェンダに関する閣僚宣言」（グラナダ宣言）が発せられた。また，同年にアクション・プランとしての性格を有する「欧州デジタルアジェンダ」が策定された。2011（平成 23）年 12 月には，ボーダーレスなライセンシング制度の構築等を内容とする「欧州オープンデータ戦略」が公表され，これに基づき，EU のデータ・ポータルサイトが開設された。2012（平成 24）年には，孤児著作物指令[13]により，MLA（Museum, Library, Archive）と呼ばれる美術館・

10）　Article 29 Data Prot. Working Party, Opinion 06/2013 on Open Data and Public Sector Information.

11）　i2010 eGovernment Action Plan.

12）　Directive 2007/2/EC of the European Parliament and of the Council of 14 March 2007 establishing an Infrastructure for Spatial Information in the European Community（INSPIRE）.

13）　Directive 2012/28/EU on certain permitted uses of orphan works.

博物館，図書館，公文書館のほか，公共放送局および一定の教育機関が保有する著作物について十分な調査を行っても権利者を発見できない場合には，当該調査記録を提出することにより，事前の補償金を支払うことなく，当該著作物をデジタル化して公開することを可能にしている。また，2013（平成25）年にPSI指令を大幅に改訂し[14]，（ⅰ）公開されたデータを再利用可能とすることを原則とすること，（ⅱ）PDFや画像ではなく，CSV（Comma-Separated Values）等，機械判読が可能なかたちでの公開[15]を原則とすること，（ⅲ）再利用の対価を徴収する場合には対価は限界コストとすること，（ⅳ）独立した機関による監視を行うこと，（ⅴ）PSI指令が当初対象外としていた公的な美術館・博物館，図書館，公文書館というMLAも対象に含めることとした[16]。EUにおいては，2008年にEuropeanaというウェブサイトにより，MLAの保有する文化資産をデジタルアーカイブ化して公開し，参加する文化施設は，著作権を放棄するCC0というライセンス方式を採用することになり，また，著作権が消滅した作品についてはパブリック・ドメイン・マーク（PDマーク）をMLAが明示する方針を採用してきた[17]。上記(ⅴ)により，文化芸術分野で別個に進められてきたMLAのデジタルアーカイブ化が，PSI指令に基づく一般的なオープンデータ政策に統合されることになったのである。ただし，MLAは文化資産のデジタル化に民間資金を必要とすることが多いため，排他的契約の制限が緩和されている。

(3) アメリカ

オープンガバメントという言葉を人口に膾炙させる契機になったのが，オバマ大統領（当時）が，2009（平成21）年1月に「透明性とオープンガバメント

---

14) Directive 2013/37/EU of the European Parliament and of the Council of 26 June 2013 amending Directive 2003/98/EC on the re-use of public sector information.

15) 機械判読可能性に係る議論について，山口翔「オープンガバメント・オープンデータにおけるユーザビリティ・アクセシビリティ」名古屋学院大学論集51巻2号239頁以下参照。

16) この改訂のポイントについて，高木聡一郎「欧州におけるオープンデータ政策動向」行政＆情報システム48巻3号75頁，生貝直人「EUのオープンデータ政策と文化芸術デジタルアーカイブ」行政＆情報システム49巻5号69頁以下参照。

17) EUにおける文化芸術デジタルアーカイブについて，生貝・前掲注**16)**68頁以下参照。

274 第 10 章 オープンデータ政策の展開と課題

に関する覚書」において，透明性，参加[18)]，協働[19)]の 3 原則を標榜したことであった[20)]。アメリカでは，これを受けて，同年 5 月に「オープンガバメント・イニシアティブ」を公表し，共通役務庁（General Services Administration）が管理運用する「Data.gov」を開設するなどの施策を実施し，同年 12 月に，「オープンガバメントに関する指令」が出されている。2012（平成 24）年 5 月 23 日に大統領の覚書として公表されたデジタル政府戦略[21)]に基づき，文書情報等の非構造化データも含めて政府データの公開を推進し，Web API（Application Programming Interface）を具備することを求め，国民参加の一層の拡充が企図された。2013（平成 25）年 5 月に出された大統領命令[22)]では，新規に作成される政府情報をオープンライセンスで，かつ，機械可読なかたちで提供することを原則とする方針が示されている[23)]。同日，行政管理予算庁（OMB）は，オー

---

18) オープンガバメントにおける参加の多様性の確保の重要性については，米山知宏「ファジーなオープンガバメント——曖昧さ・余白が生み出す市民自治」行政＆情報システム 52 巻 3 号 52 頁参照。オープンガバメントと民主主義について，木暮健太郎「討論型世論調査とオープンガバメント」行政＆情報システム 48 巻 5 号 62 頁以下，同「オープンガバメントと民主主義—— Democracy 2.0 へ？」行政＆情報システム 46 巻 6 号 6 頁以下参照。オープンガバメントと E-voting の可能性について，同「オープンガバメントへの潮流と E-voting の可能性」杏林社会科学研究 28 巻 4 号 33 頁以下参照。

19) アメリカ政府のオンライン請願サイトである We the People による協働の例について，庄司昌彦「国内外の動向と今後のオープンガバメント」行政＆情報システム 50 巻 2 号 12 頁参照。官民のネットワークにより公共サービスを実現する「ネットワーク型政府」について，スティーブン・ゴールドスミス＝ウィリアム・D・エッガース著（城山英明＝奥村裕一＝高木聡一郎監訳）・ネットワークによるガバナンス——公共セクターの新しいかたち（学陽書房，2006 年），高木聡一郎「我が国の課題とオープンガバメントの方向性」行政＆情報システム 48 巻 2 号 59 頁参照。

20) オバマ政権のオープンガバメント 3 原則について，奥村裕一「オープンガバメントへの道」行政＆情報システム 46 巻 4 号 60 頁以下参照。

21) "Digital Government: Building a 21st Century Platform to Better Serve the American People".

22) "Making Open and Machine Readable the New Default for Government Information".

23) アメリカのオープンガバメント政策における IT の活用例について，庄司昌彦「オープンガバメントの国内外最新事例」行政＆情報システム 46 巻 6 号 18 頁以下，市川裕康「テクノロジーを活用した行政サービス効率化と市民参画のイノベーション——米国における『Civic Technology（シビックテック）』と呼ばれる新潮流」行政＆情報システム 50 巻 2 号 14 頁以下参照。ビッグデータ処理に必要な IT について，長島哲也「ビッグデータ処理に必要なアーキテクチャとテクノロジー——これからのオープンガバメントを支えるデータ処理の最新技術動向」行政＆情報システム 48 巻 3 号 12 頁以下参照。

プンデータ・ポリシー[24]を公表しており、そこにおいては、（ⅰ）情報の取得・作成作業における機械可読でオープンな形式の採用、データ標準の遵守、オープンライセンスの使用、共通のメタデータの使用、（ⅱ）情報の相互運用性およびアクセシビリティを最大化する調達および技術管理プロセスによる情報システムの構築または更新、（ⅲ）効果的なデータ資産ポートフォリオ管理の実施、（ⅳ）各府省のウェブサイト掲載データ[25]が自動的に「Data.gov」に収集されるような設定、（ⅴ）プライバシー保護対策および機密性確保対策の強化、（ⅵ）基幹プロセスの相互運用性・オープン性の確保等が定められている。そして、省庁におけるオープンデータ・ポリシー導入を支援するため、政府職員、政府との契約締結者、デベロッパー等の間でのオープンソース・プラットフォームである Project Open Data と呼ばれるオンライン・レポジトリが開設されている[26]。「Data.gov」については、民間主導のイノベーションを促進する方針が採られる一方、政府機関間の情報連携については、政府主導で National Information Exchange Model（NIEM）が構築されている。2004（平成 16）年制定の「諜報改革及びテロリズム防止法」（IRTPA）[27]により、省庁間の情報共有を促進させるために情報共有環境構築プログラム・マネージャー（PM-ISE）が任命されたが、2012（平成 24）年 12 月の大統領命令[28]により、NIEM は、テロリズム防止に限らず、省庁間の一般的な情報共有を目的とするものと位置付けられることになった[29]。オバマ大統領は、Open Government Partnership（OGP）[30]

---

24) "Open Data Policy: Managing Information as an Asset".
25) 各府省が公開している主要な高価値データについては、高木聡一郎「米国におけるオープンデータ新展開」行政＆情報システム 49 巻 5 号 59 頁参照。なお、国立公文書館記録管理院（NARA）や政府出版局（GPO）がオープンデータに係るウェブサイト上の多様な情報に対応できているかについて検討するものとして、古賀崇「米国連邦政府におけるウェブ上の情報の多様化とその管理・保存をめぐる現状と課題——オープンデータの扱いを中心に」レコード・マネジメント 69 号 67 頁以下参照。また、国内外の公文書館自身によるオープンデータに係る取組の具体例について、同「オープンデータ時代における政府情報アクセスの変容をめぐる試論—— Frank Upward らの『レコードキーピング情報学』を意識しつつ」レコード・マネジメント 67 号 111 頁参照。
26) Project Open Data については、NTT データ「米国におけるオープンデータポリシーへの取り組み状況」行政＆情報システム 50 巻 3 号 62 頁参照。
27) The Intelligence Reform and Terrorism Prevention Act of 2004.
28) National Strategy for Information Sharing and Safeguarding.

276 第 10 章 オープンデータ政策の展開と課題

を提唱し，2011（平成 23）年に OGP の加盟国に義務付けられるアクション・プランを公表して，その実現に取り組んできたが，2013（平成 25）年 12 月に，第 2 次アクション・プランを公表している。その中には，オープンデータ政策を一層推進する内容も含まれている。2014（平成 26）年 5 月には，連邦政府の支出に関するデータを標準化技術を用いて公開することを義務付ける「デジタルアカウンタビリティ及び透明性法（Digital Accountability and Transparency Act of 2014）」が制定された。

　なお，アメリカでは，ニューヨーク市のように，オープンデータ条例（Local Law 11 of 2012）を制定する地方公共団体も存在する。

(4)　イギリス

　イギリスでは，2004（平成 16）年に，オープンデータの取組を推進することを目的とした NGO である Open Knowledge Foundation が設立されたが，同国は，2005（平成 17）年 7 月に公共データ再利用規則[31]を制定し，2010（平成 22）年 1 月に，内閣府の Government Digital Service（GDS）[32]が管理する「data.gov.uk」の本格運用を開始した。同年 5 月 11 日に首相に就任したキャメロン氏は，同月 29 日に「透明性アジェンダ」を公表し，透明性の向上および経済の活性化を主たる目的としてオープンデータ政策を推進する方針を表明した。そして，同月 31 日，キャメロン首相（当時）は，各府省に宛てて，オープンデータの対象データならびに目標および期限を明示するように指示している。同年 6 月，有識者会議である透明性委員会（Transparency Board）が設置され，この委員会が同年に公表した「透明性原則」において，再利用と機械判読が可能なかたちで公共データを公開すること，同一のオープンライセンス

---

29)　NIEM について詳しくは，田代秀一「英国，米国の電子政府オープンデータ事情」行政＆情報システム 49 巻 4 号 29 頁以下参照。

30)　宇賀・前掲注 4)9 頁，同・情報公開・個人情報保護——最新重要裁判例・審査会答申の紹介と分析（有斐閣，2013 年）80 頁以下参照。

31)　The Re-use of Public Sector Information Regulations 2005.

32)　GDS の活動，特にそのウェブサイトのパフォーマンスについては，庄司昌彦「オープンガバメントがもたらす行政改革と新しい行政サービス——海外事例をもとに」行政＆情報システム 51 巻 2 号 29 頁以下参照。

で公開し，商業目的も含めて自由な利用を認めること，利用が容易な単一のアクセスポイント（data.gov.uk）でデータを入手可能にすること等の方針を明らかにした。同年9月30日には，公共データの民間利用を促すための独自ライセンスであるオープンガバメント・ライセンス（OGL）が設けられた。2011（平成23）年11月には，World Wide Web の開発者の Tim Berners-Lee 氏とオープンデータ標準化研究の専門家であるサウスハンプトン大学教授の Nigel Shadbolt 氏を発起人として，官民の資金により，非営利団体として Open Data Institute（ODI）を設立することが公表され，2012（平成24）年から活動を開始した。これは，オープンデータのアイディアをビジネス化することを促進するためのインキュベーション等を目的としたものであり，オープンデータに関する技術開発，ベンチャー企業の支援，データ・キュレーターないしデータ・サイエンティスト育成のための大学等と連携した教育プログラムの提供，オープンデータを利用して社会課題の解決策を提示した企業の（英国国立科学・技術・芸術基金と共同での）顕彰等を行っている。また，2012（平成24）年の情報公開法改正により，合理的に可能な限り，政府機関は再利用可能な電子的形態で開示することを義務付けられた。イギリスでは，概ね各省庁単位でセクターボードと称される官民協議組織が設けられ，分野別のオープンデータの検討も行われている。さらに，内閣府の GDS が，国民向けの政府情報ポータルサイト「GOV.UK」を構築し，運用している。

(5) フランス

フランスは，2010（平成22）年11月24日，公的部門の情報の再利用を推進する組織として，首相府行政活動刷新総局内に Etalab を設置する閣議決定を行い，2011（平成23）年4月27日，サルコジ大統領（当時）が，オープンデータに関する演説を行った。同年5月26日には，「単一ポータルによる公的部門情報の提供指針」が公表され，同年10月，オープンデータに係る独自ライセンスが制定された。そして，同年12月にオープンデータ・プラットフォームである「data.gouv.fr」が開設された。なお，パリ市等においても，オープンデータのポータルサイトが開設されている[33)34)]。

278　第 10 章　オープンデータ政策の展開と課題

(6)　カナダ

　カナダでは，連邦政府が，2011（平成 23）年 3 月，「data.gc.ca」を公開したが，現在は，「open.canada.ca」が，オープンガバメントのポータルサイトになっている。

(7)　イタリア

　イタリアでは，2011（平成 23）年 10 月，「dati.gov.it」が公開された。また，2013（平成 25）年 2 月に，上院が議会に関する情報を提供するための試行的なポータルサイト（「dati.senato.it」）を開設した。なお，ローマ市等においても，オープンデータのポータルサイトが開設されている。

(8)　ドイツ

　ドイツでは，ベルリン市で 2010（平成 22）年から民間団体とも連携してオープンデータに関するニーズ調査や定期的な会合が開催され，その成果を踏まえて，「ベルリン・オープンデータ・アジェンダ」が公表され，2011（平成 23）年 9 月 14 日，「daten.berlin.de」が開設された。同市は，CC ライセンスを採用している[35]。また，連邦政府は，2013（平成 25）年 2 月，「GovData.de」を公開した。

(9)　デンマーク

　デンマークでは，各省庁のデータを共有化し行政効率を改善する目的で，ベーシックデータ・プログラムが推進されており，各省庁はオープンデータの利

---

33)　イギリス，フランス，パリ市，ベルリン市におけるオープンデータの制度および運用状況を比較したものとして，高木聡一郎「欧州におけるオープンデータ政策（その 2）」行政＆情報システム 48 巻 4 号 73 頁参照。

34)　フランスおよびパリ市のオープンデータについて，榎並利博「欧州の最新オープンデータ事情——フランス，デンマーク，イタリアの実態」行政＆情報システム 49 巻 6 号 9 頁以下参照。

35)　ベルリン市におけるオープンデータについて，高木聡一郎「動き始めた日本のオープンデータ」行政＆情報システム 49 巻 1 号 64 頁参照。

用を義務付けられている。ベーシックデータ・プログラム施策推進の目的は，情報を1か所に集約して配信すること，データの質の改善も集約的に実施すること，データを反復利用すること，国民の利便性を促進することである。デンマークでは，個人情報であっても，特定の個人が識別されないように加工すれば，オープンデータの対象としている[36]。

(10)　オーストラリア

オーストラリアも，2010（平成22）年，「オープンガバメント宣言」を公表している。

(11)　G8

2013（平成25）年6月18日，北アイルランドのロック・アーンで開かれたG8サミットにおいて，オープンデータ憲章が採択されたが，参加国は，（ⅰ）プライバシーを保護しつつ原則として政府の保有するデータを公開する，（ⅱ）公開するデータの高い質を確保し，できる限り多くの量を適時に公開する，（ⅲ）オープンなフォーマットで公開し，誰でも利用可能にする，（ⅳ）データの収集，基準，公開手順等に係る専門性を共有し，ガバナンスの改善のためにデータを公開する，（ⅴ）イノベーションのためにデータを公開することとされ，遅くとも2015（平成27）年末までにこれらを実現するために，G8各国は2013（平成25）年中にアクション・プランを策定し，2014（平成26）年のサミットで進捗状況をレビューすることが合意された。G8オープンデータ憲章においては，オープンデータの対象とすべき価値あるデータとして，学校，環境汚染，気象，農業，政府支出，郵便番号等が挙げられている。

(12)　韓　国

韓国政府は，2010（平成22）年3月，「公共情報の民間活用促進のための総合計画」を樹立し，それに沿って，情報化関係の個別法にオープンデータの根拠規定を設けていった。しかし，対象となる公共データの範囲，提供手段およ

---

36)　榎並・前掲注**34)**13頁以下参照。

び利用者が法律により差異があったため，2013（平成25）年10月に施行された「公共データの提供及び利用の活性化に関する法律」（以下「公共データ法」という）により，統一を図ることになった。公共データ法は，国民に公共データの利用権を保障し，公共データの民間活用を通じて，生活の質の向上および国民経済の発展に寄与することを目的としている。同法は，透明で国民にサービスする政府を目指す朴槿恵政権（当時）の「政府3.0」政策の一環として位置付けられているが，透明性の確保よりも，公共データの利活用による経済の活性化という産業政策に比重が置かれている。同法には，オープンデータの基本原則として，（ⅰ）何人にも公共データを容易に利用できるように努める義務を政府が負うこと，（ⅱ）公共データに対する国民のアクセスとその利用について平等原則を保障すべきこと，（ⅲ）オープンにされた公共データに対しては，法律で定める場合を除き，利用者のアクセスを制限してはならないこと，（ⅳ）他の法律に特別の定めがある場合を除き，公共データの営利的利用も禁止してはならないこと，（ⅴ）公共データを利用する場合，国家安全保障等の公益や他人の権利を侵害しないように法令や利用条件を遵守し，誠実に利用しなければならないこと，を定めている。オープンデータ政策の推進については，公共データ戦略委員会が所管しており，オープンデータ政策に係る基本計画およびアクション・プランの策定・改訂，提供される公共データのリストの決定・公表等を実施している。また，同法に基づく諸政策の推進を支援するため，韓国情報化振興院に公共データ活用支援センターが設置されており，オープンデータのポータルサイトの構築・管理および利用の促進，公共データの標準化の支援等を実施している。同法で注目されるのは，公共データの利用に係る紛争について，ADRの仕組みを設けていることである。すなわち，公共データの提供を拒否されたり，その提供が中断されたりした場合，不服を有する者は，60日以内に行政自治部（当時）に置かれた公共データ紛争調整委員会に調停を申請することができる。調停案が当事者により受諾された場合には，裁判上の和解と同一の効力が発生する。

　公表された公共データ以外の公共データに対しては，公共データ法に基づき提供の求めができるが，2013（平成25）年11月から2015（平成27）年11月までに提供の申請が1万1314件あり，そのうち1090件について拒否決定がされ

た。拒否理由は，第三者の著作権の存在および営利目的の使用により認められ
ないことが613件，提供機関の相違またはデータの不存在が167件，不開示情
報の存在が111件，公表されたデータに対する追加の加工義務の不存在が60
件，その他が139件であった。同法は，2016（平成28）年に改正された。改正
の主要な内容は，公共機関が民間の公共データ利用者と重複または類似するサ
ービスを開発・提供することを禁ずることである。

　なお，韓国では，情報公開法に基づく開示請求の対象になる文書について，
公共データ法による提供の求めがなされた場合，求められたデータ形式に変換
して提供する義務はないという仁川地裁2015（平成27）年8月13日の判決が
ある[37]。また，韓国では，パーソナルデータについてもビッグデータとしての
利活用を容易にするため，2016（平成28）年7月1日，政府が，個人情報の非
識別化措置に関するガイドラインとその解説を公表している。

(13)　台　湾

　台湾では，2012（平成24）年3月に行政院科学技術部会において，「我が国
におけるオープンデータ価値付加推進戦略会議」が開催されて以降，急速にオ
ープンデータ政策が進められ，同年11月8日の行政院会において，行政院科
学技術部会が提出した「政府データオープン化推進戦略」報告が決定され，そ
れにより，行政院研究発展評価委員会（現在は国家発展委員会）に，オープンデ
ータの計画の策定とその実施の権限が委任された。同時期に，行政院経済建設
委員会（現在は国家発展委員会）は，ビッグデータに係る産業発展を展望し，政
府データのオープン化とビッグデータ分析との連携を推進する政策を打ち出し
た。2015（平成27）年12月には，Open Knowledge Foundation の 2015（平成
27）年大会で，台湾のオープンデータの現状は，世界ランキング1位と評価さ
れた。同月，国家発展委員会は，「政府データオープン化の高度化アクション
プログラム」を公表し，従前のオープンデータ政策により生じた3つの問題に
ついて自己検証を行った。3つの問題とは，（ⅰ）行政機関のデータオープン化

---

37)　以上について，慶健「韓国における公共データの開放の法制と争点」第12回東アジア
　　行政法学会国際学術大会論文集所収参照。

の価値に対する認識が高くないこと，（ⅱ）データ利用権に係る法規範が欠如していること，（ⅲ）民間活力の利用との連携が弱いことである。国家発展委員会は，これへの対策として，政府データオープン化諮問システムの構築，信頼性のあるオープンデータ環境の整備，公私協働による利活用の推進を提言している。2016（平成 28）年 10 月 10 日現在，政府のオープンデータ・プラットフォーム（data.gov.tw）には，555 政府機関から 2 万 1708 個のデータが提供され，閲覧人数の累計は 2014 万 1705 人，データのダウンロード数は 379 万 392 人に達している。「data.gov.tw」のほか，一部の行政機関は，独自のデータ利用システムを設けている。一例として，衛生福祉部は，衛生福祉資料科学センターを設置し，健康データを統合し，他の政府機関の事務の遂行または学術研究もしくはその他の専門機関の研究のために，申請に基づき利用を認めている。

　現在では，台湾においても，パーソナルデータのオープンデータ化が最重要の課題と認識されている。個人情報のままでのオープンデータ化は，個人情報保護法と抵触するため，非個人情報への加工が必要になる。「政府データオープン化の高度化アクションプログラム」においては，個人情報については，国の定める基準に従って非識別化措置を講じた後にオープンデータ化が可能になるとしている。この点について，個人情報保護法を所管する法務部は，法律字第 10303513040 号通知において，個人識別性がないように加工されたパーソナルデータは個人情報ではないため，個人情報保護法が定める目的拘束を考慮する必要はないことを確認し，法律字第 10403508020 号通知において，公的機関または学術研究機関の公益的活動または統計もしくは学術研究の目的のために提供されるパーソナルデータは，特定の個人識別性が失われている必要は必ずしもなく，外部に公表される段階で特定の個人が識別できなければよいことを確認した。

　なお，台湾においては，民間の人権団体が，政府のオープンデータ推進計画の一部が個人情報保護法に違反し，個人情報保護に係る自己決定権を侵害するとして，行政訴訟を提起している。すなわち，中央健康保険署が健康保険受診データの非識別化措置を講じた後，政府機関および学術研究機関の申請を審査し，許可した場合には，衛生福祉資料科学センターの専用エリアで申請者によるデータの利用を認めたことが，中央健康保険署の所掌事務の範囲を超え，

「電子計算機処理に係る個人情報保護法」（現在は訴訟係属中に改正された個人情報保護法が施行）の目的外提供に係る規定に違反するとともに，非識別加工処理の要件を満たしておらず，原告の情報自己決定権を侵害したとして，当該提供行為の停止を中央健康保険署に請求したが拒否されたため，行政訴訟を提起したのである。台北高等行政裁判所は，2016（平成28）年5月19日に，原告の請求を全て棄却した。すなわち，第1に，当該データのオープン化または2次利用は，国民健康保険に関連する研究の推進，公衆衛生の向上に資するので，被告行政機関の組織規範において所掌事務として規定された「医療の質の向上に係る研究，企画及び実施」ならびに「その他国民健康保険に係る事務」に該当すると判示された。第2に，データの提供前に厳格な暗号化により，個人情報が非識別化されており，かつ，2次利用の申請に対して厳格な審査を行っており，2次利用の場所も被告行政機関の指定場所に限定されていることに照らし，個人情報保護法上，必要な非識別化がなされ，安全確保措置が講じられていると判示された。第3に，情報自己決定権は絶対的なものではなく，被告行政機関は，法に従い本人の同意を得ずにデータを収集，処理することができ，オプトアウトも認められないとされた。

　国立政治大学法学院の劉定基副教授は，オープンデータ，ビッグデータ時代においては，個人情報か否かの境界が曖昧になり，かかる現実を踏まえて，リスク概念を個人情報保護制度に導入し，プライバシー影響評価をオープンデータの決定に先行させ，国民に影響評価に対する意見を述べる機会を付与することを提唱する。また，個人情報でないとされたパーソナルデータであっても，再識別のリスクがあることに鑑みれば，安全確保義務，定期的な再識別リスクアセスメント，使用目的の特定等の基本的な規律に服するべきとする[38]。

(14)　中　国

　中国では，中華人民共和国国務院令第492号として，情報公開令が2007（平成19）年4月5日に公布され，2008（平成20）年5月1日から施行されている

---

[38]　以上について，劉定基「台湾における政府データのオープン化の現状と難題——個人情報保護をめぐって」第12回東アジア行政法学会国際学術大会論文集所収参照。

が，国務院は，2015（平成27）年，ビッグデータの発展を促進するためのアクション・プランに係る通知を発し，公共データのオープン化を推進する方針を鮮明にした。具体的には，公共データベースのカタログを作成し，オープンデータ計画を策定し，それに沿ってオープンデータを推進する方針が採られており，政府データ統一オープンプラットフォームを構築することが目指されている。2016（平成28）年1月には，貴州省ビッグデータ発展応用促進令が制定された。同令は，公共データ共有の原則のほか，オープンデータのプラットフォーム，フォーマット等についても規定している。また，北京市は「北京市政務データ資源ウェブサイト」，上海市は「上海市政府データベースウェブサイト」を構築する等，地方政府の中にも，オープンデータの統一的なプラットフォームを構築している例がある。

(15)　発展途上国

2013（平成25）年9月に開催されたオープンデータに関する国際会議で，イギリス政府代表が，オープンデータ政策が国内問題からグローバルな問題へと移行した旨の発言をしたが，実際，世界銀行がオープンデータ政策の普及を目指していることもあり，2014（平成26）年からは，発展途上国においても，オープンデータ政策に取り組む例が散見されるようになる。

3　日本政府におけるオープンデータ政策の動向

(1)　草創期

政府は，「行政情報の電子的提供に関する基本的考え方（指針）」（2004〔平成16〕年11月各府省情報化統括責任者〔CIO〕連絡会議決定）に基づき，各府省ウェブサイト等での電子的提供の内容・方法について一定の共通化を図ってきたが，本格的なオープンデータ政策を開始させる契機になったのは，2009（平成21）年3月に官民のCIOが結集したCIO百人委員会が，行政情報をオープン化し，政策形成への国民の参加を促進することを重点プロジェクトとして公表したことであった。同年10月14日から11月14日にかけて，電子政府をテーマにした投票機能付対話型掲示板である「電子経済産業省アイディアボックス」が試

行され[39]，2010（平成 22）年 7 月 29 日には，オープンガバメントラボが設置され[40]，同年 9 月 28 日から，行政情報を提供する「データボックス」の実証実験が開始された[41]。2011（平成 23）年 3 月 11 日に発生した東日本大震災を受けて，行政が保有する避難所の情報，地図データなどを用いて，企業等が震災関連情報を広く周知しようとしたところ，データが PDF，JPEG 等で提供されていたため，機械判読ができず人手による再入力が必要になったこと等が，オープンデータの必要性を強く認識させる契機となった[42]。

(2) 「新たな情報通信技術戦略」

わが国の公式文書で「オープンガバメント」という用語が最初に使用されたのは，2010（平成 22）年 5 月 11 日に IT 戦略本部が決定した「新たな情報通信技術戦略」（以下「新 IT 戦略」という）においてであった。そこでは，「オープンガバメント等の確立」という見出しの下，「行政が保有する情報を 2 次利用可能な形で公開して，原則としてすべてインターネットで容易に入手できるようにするなど，行政が保有する情報の公開を積極的に推進する」「行政が保有する統計・調査などの情報について，回答者の個人情報を保護する観点から，個人が特定できない形に情報の集約化・匿名化を行い，それらを原則としてす

---

39) 大野佳史「オープンガバメントへの挑戦──『電子経済産業省アイディアボックス』の実施」行政＆情報システム 45 巻 6 号 56 頁以下参照。

40) 守谷学「開かれた政府を目指す『オープンガバメントラボ』について」行政＆情報システム 46 巻 6 号 11 頁以下参照。

41) これに対する評価について，佐藤宏之＝飯塚京士＝三島和恵「オープンガバメントとオープンデータ」情報処理 52 巻 3 号 316 頁参照。

42) 2011（平成 23）年 3 月 29 日には総務省が中央省庁と地方公共団体に対し，翌 30 日には経済産業省が経団連を通じて民間企業に，情報提供に当たり，PDF ではなく再加工が容易なテキスト形式や CSV 形式で行うよう要請したこと等，東日本大震災を契機とした動きについて，楠正憲「オープンガバメントが注目される背景と日本での取り組み」行政＆情報システム 48 巻 3 号 7 頁以下参照。東日本大震災は，地方公共団体のオープンデータへの認識にも大きな影響を与えた。福島県相馬市が，東日本大震災時において地理情報システムを用いて行ったオープンデータの実践について，只野聡一＝夛田高志＝桑畠健也「災害時における地理情報システム・データの活用──東日本大震災・相馬市での取り組み」自治体学 27 巻 1 号 16 頁以下参照。また，東日本大震災を契機として，神奈川県海老名市が，防災用アプリケーションを開発したことについて，内野優「スマートフォンを活用した防災アプリを開発──オフラインでも動作し災害時に有効」市政 63 巻 3 号 25 頁以下参照。

べて2次利用可能な形でインターネットで容易に入手し，活用できるようにすることにより，新事業の創出を促進する」こととされた。新IT戦略の実行のために，同年9月，「電子行政に関するタスクフォース」がIT戦略本部に設置された。

(3) 「電子行政推進に関する基本方針」

「電子行政推進に関する基本方針」（2011〔平成23〕年8月3日IT戦略本部決定）では，「オープンガバメント」の見出しの下，特に，統計情報，測定情報，防災情報等について2次利用可能な標準的な形式で情報提供を推進する必要が指摘された。また，「情報通信技術利活用のための規制・制度改革に係る対処方針」（2011〔平成23〕年8月3日IT戦略本部決定）では，政府の保有する統計情報の2次利用を推進する方策を早期に検討・実施することとし，具体的には，2次利用の目的範囲を学術目的以外にも拡大し，2次利用できる統計数を増加させること等が決定された。

(4) 「電子行政オープンデータ戦略」

総務省は，複数の分野間でのデータの流通・連携・利活用の効果的な実証のため，情報流通連携基盤共通APIの実証実験を2012（平成24）年度から開始した。IT戦略本部は，2012（平成24）年7月4日，「電子行政オープンデータ戦略」を公表し，オープンガバメント政策の中心にオープンデータ政策を据えたが，そこでは，公共データの活用を促進する意義・目的として，（ⅰ）透明性・信頼性の向上（公共データが2次利用可能なかたちで提供されることにより，国民が自ら，または民間のサービスを通じて，政府の政策等に関して十分な分析，判断を行うことが可能になる。それにより，行政の透明性が高まり，行政への国民からの信頼を高めることができる），（ⅱ）国民参加・官民協働の推進（広範な主体による公共データの活用が進展し，官民の情報共有が図られることにより，官民の協働による公共サービスの提供，さらには行政が提供した情報による民間サービスの創出が促進される。これにより創意工夫を活かした多様な公共サービスが迅速かつ効率的に提供され，厳しい財政状況，諸活動におけるニーズや価値観の多様化，情報通信技術の高度化等わが国を取り巻く諸状況にも適切に対応することができる），（ⅲ）経済の活性化・行政の効

率化（公共データを2次利用可能なかたちで提供することにより，市場における編集，加工，分析等の各段階を通じて，様々な新ビジネスの創出や企業活動の効率化等が促され，わが国全体の経済の活性化が図られる。また，国や地方公共団体においても，政策決定等において公共データを用いて分析等を行うことで，業務の効率化，高度化が図られる）が挙げられている[43]。

そして，基本原則として，①政府自ら積極的に公共データを公開すること，②機械判読可能な形式で公開すること，③営利目的，非営利目的を問わず活用を促進すること，④取組可能な公共データから速やかに公開等の具体的な取組に着手し，成果を確実に蓄積していくことが掲げられ[44]，政府が保有するデータ（安全保障に関する情報等，公開に適さない情報を除く）について率先して取組を推進し，独立行政法人，地方公共団体，公益企業等の取組に波及させていくこと，創意工夫を活かした様々な方法で公共データの活用を促進する観点から，民間，地方公共団体と十分に連携すること，地方公共団体は，国民に身近な公共データを保有していることから，そうしたデータの提供を主体的かつ積極的に進めることにより，国民がオープンデータに係るメリットを実感する機会を提供することが期待されるとともに，自らの業務の効率化，高度化を図っていく必要があることが指摘されている。

同月には，産官学やオープンデータ支援団体からなるオープンデータ流通推進コンソーシアムが設立されている。また，同年8月，経済産業省は，IT融合フォーラムに公共データワーキンググループを設置し，同月30日にその第1回会合が開催された。そして，オープンデータの推進方針・取組内容の検討，取組のフォローアップ等を行うために，同年11月30日の閣議決定（「日本再生

43） 行政内部での情報の有効活用も，オープンデータの重要な目的である。平本健二「オープンデータの推進と情報共有の基盤の整備」行政&情報システム49巻4号22頁，庄司昌彦「オープンデータを進めるために必要なこと」地方自治職員研修47巻8号5頁参照。

44） オープンデータに係る3要件として，（ア）オープンデータのデフォルト化，（イ）法的オープン性の確保（パブリック・ドメイン化やオープンライセンス等，特に著作権法との調整），（ウ）技術的オープン性の確保（機械判読可能性，オープンフォーマット性，バルクデータ公開）を挙げるものとして，奥村裕一「オープン（ガバメント）データ」ジュリ1464号48頁，同「能動的市民民主主義を支えるオープンガバメントの将来」行政&情報システム50巻2号6頁参照。

288　第 10 章　オープンデータ政策の展開と課題

加速プログラム」）において，電子行政オープンデータ戦略に基づき，オープン
データを推進するための官民による実務者会議を直ちに設置するとともに，当
該実務者会議において，諸外国の制度を参考にしつつ，例えば，CC ライセン
スといった自由な利用を原則とした国際的に普及しているライセンスの活用，
公共情報提供の標準的データ形式・構造の構築，公開すべきデータの考え方の
整理，機械判読可能なデータ形式で公開するための技術的手法の導入等の詳細
な制度設計について検討し，結論を得ることとされた。そして，同日の IT 戦
略本部企画委員会決定により，同委員会に電子行政オープンデータ実務者会議
を置くこととされ，同年 12 月に同会議の活動が開始された。

(5)　「世界最先端 IT 国家創造宣言」

　2012（平成 24）年 12 月 26 日に民主党を中心とした連立政権から自公政権へ
と交代した後も，オープンデータ政策に係る基本的方針は継承され，経済産業
省は，2013（平成 25）年 1 月，Open DATA METI（β 版）を開設し，白書デ
ータ，統計データ，報告書等の提供を CC ライセンスにより開始した。カタロ
グサイトには，メタデータを使用した柔軟な検索が可能なオープンソース・ソ
フトウェア CKAN が利用されている[45]。同年 2 月 1 日から 28 日にかけて，内
閣官房（IT 担当室），総務省，経済産業省は，「オープンデータ・アイディアボ
ックス」サイトを開設し，国民から広くオープンデータに関するアイディアを
募集した。総務省は，同年 4 月から情報通信白書をオープンデータ化し，第三
者が著作権を有する情報を除き，原則的に 2 次利用を許可し，これを明示する
ために CC ライセンスにより，その利用を認めている。同年 6 月 14 日に「世
界最先端 IT 国家創造宣言」が閣議決定されたが，そこにおいては，「公共デ
ータの民間開放（オープンデータ）を推進するとともに，ビッグデータを活用
した新事業・新サービスの創出を促進する上で利用価値が高いと期待されてい
る『パーソナルデータ』の利用を促進するための環境整備等」を図ることとさ
れ[46]，「公共データについては，オープン化を原則とする発想の転換を行い，

---

45)　浅野優「オープンデータ普及促進に向けた国内行政機関の取組み」人工知能 30 巻 5 号
592 頁参照。
46)　ビッグデータ分析によるビジネスインテリジェンス（BI）について，中川慶一郎＝稲葉

ビジネスや官民協働のサービスでの利用がしやすいように，政府，独立行政法人，地方公共団体等が保有する多様で膨大なデータを，機械判読に適したデータ形式で，営利目的も含め自由な編集・加工等を認める利用ルールの下，インターネットを通じて公開する」方針が示された。ここでは，公共データの中でもビッグデータとしてのパーソナルデータの利活用が重視されている点に特色がある。また，同日に閣議決定された「日本再興戦略」においては，公共データの民間開放について，2015（平成27）年度中に世界最高水準の公開内容（データセット1万以上）を実現するとし，（ⅰ）個人情報やセキュリティに配慮した上で，オープン化を原則とし，ビジネス利用等がしやすい形式・ルールの下，インターネットを通じて公開すること，（ⅱ）このため，公共データの総合案内・横断的検索を可能とするデータカタログサイト（日本版 data.gov）を同年秋までに試行的に立ち上げ，地理空間情報（G 空間情報），調達情報，統計情報，防災・減災情報等，優先的に民間開放すべき情報について当該サイトに掲載し，次年度から本格稼働させることとされた。

(6) 「電子行政オープンデータ推進のためのロードマップ」

　同日，IT 総合戦略本部[47]は，「電子行政オープンデータ推進のためのロードマップ」を決定した。そこでは，国が著作権者である公開データについては，2 次利用を制限する具体的かつ合理的な根拠があるものを除き，2 次利用を認めることを原則とすること，2 次利用を制限する場合の根拠・内容については，コンテンツごとに可能な限り分かりやすく統一的に表示すること，インターネットを通じて公開するデータについては，機械判読を考慮した構造で，かつ，機械判読に適したデータ形式でも掲載することを原則とするが，国民への情報公開の観点から，人が読むという従来からの利用形態に適したデータ形式での

　陽子＝矢実貴志「オープンガバメント時代の情報分析――民間企業における情報活用事例」行政＆情報システム 48 巻 3 号 19 頁以下参照。公共データから生み出される市場について，川島宏一「オープンデータの最新動向と公共データ市場に関する考察」行政＆情報システム 48 巻 4 号 44 頁以下参照。

[47]　IT 戦略本部も IT 総合戦略本部も，高度情報通信ネットワーク社会推進戦略本部の略称である。当初は，IT 戦略本部と呼ばれていたが，2013（平成25）年 3 月 28 日から IT 総合戦略本部と呼ばれるようになった。

290　第 10 章　オープンデータ政策の展開と課題

公開も継続すること等が決定された。また，優先的に取り組む重点分野の中には，「人の移動に関する情報」というパーソナルデータも含まれている点が注目される。同月 25 日には，「二次利用の促進のための府省のデータ公開に関する基本的考え方（ガイドライン）」（各府省情報化統括責任者〔CIO〕連絡会議決定）が決定された。そして，G8 サミットにおける合意に基づき，同年 10 月 29 日に，各府省情報化統括責任者（CIO）連絡会議により，「日本のオープンデータ憲章アクションプラン」が決定され，同年 12 月 20 日に CKAN のカタログソフトウェアを用いた政府データカタログサイト試行版（data.go.jp）が開設された。これは，府省のオープンデータの横断的検索を可能にし，API 機能，関連する取組へのリンク機能，利用者からの意見受付機能を具備し，カタログサイト上のデータおよびそのメタデータについて，CC ライセンスで提供を開始するものであった。2014（平成 26）年 6 月には，「政府標準利用規約（第 1.0 版）」[48]が定められ，各府省のウェブサイトの利用規約が標準化され，ウェブコンテンツを原則として自由に利用することが可能になった。同月 24 日に改定された「世界最先端 IT 国家創造宣言」は，オープンデータについて，データカタログサイトのデータを充実すること，地方公共団体におけるオープンデータの取組を推進すること，API 機能を整備することを追加した。また，同月，独立行政法人情報処理推進機構（IPA）が，「共通語彙基盤コア語彙 2.0（検証版）」を公開した[49]。同年 7 月 31 日，オープンデータ流通推進コンソーシアム作成の「オープンデータガイド（第 1 版）」が公開され，同年 10 月，データカタログサイト「data.go.jp」の本格運用が開始された。

(7)　「新たなオープンデータの展開に向けて」

　2015（平成 27）年 2 月，IPA は，「共通語彙基盤コア語彙 2（Ver. 2.2）」を公開した。同年 6 月 30 日には，世界最先端 IT 国家創造宣言が改定され，ニー

48）　「政府標準利用規約（第 1.0 版）」決定までの流れ，その概要については，森隆大朗「日本のオープンデータを前進させる『政府標準利用規約』の改定について」行政＆情報システム 52 巻 2 号 42 頁以下参照。

49）　共通語彙基盤（Infrastructure for Multi-Layer Interoperability）については，平本・前掲注 **43**）22 頁以下参照。

ズオリエンテッドな「課題解決型のオープンデータの推進」に発想を転換していくことが重要であると指摘された。同日に閣議決定された「経済財政運営と改革の基本方針2015〜経済再生なくして財政健全化なし〜」においては，国内外の新たな市場を開拓し，潜在的な需要を獲得するため，オープンデータの活用等の取組を加速することとされた。

同日，IT総合戦略本部が「新たなオープンデータの展開に向けて」を決定したが，これらにおいては，府省庁において策定される重点施策等をはじめ，各々の所掌分野における諸課題への対応を検討するに当たっては，その解決の一手段としてオープンデータによる対応の可否も検討することとし，府省庁の政策決定過程にオープンデータによる対応をビルトイン化するとともに，オープンデータによる取組を活用した場合にはそのユースケースの情報発信も行うこととされている点が注目される。同年7月30日，一般社団法人オープン＆ビッグデータ活用・地方創生推進機構（オープンデータ流通推進コンソーシアムが改組された団体）が，「オープンデータガイド（第2版）」を公表した。

(8) 「政府標準利用規約（第2.0版）」

同年12月24日，政府の各府省情報化統括責任者（CIO）連絡会議において，「政府標準利用規約（第2.0版）」が決定された。「政府標準利用規約（第1.0版）」に対しては，（ⅰ）著作物性のないコンテンツの利用についても出典の記載を求めることは，オープンデータの推進に逆行するという意見，（ⅱ）編集・加工した情報をあたかも国が作成したかのような態様で公表・利用することについて，「禁止」という表現を用いていることが，厳しい制約を追加している印象を与えかねないという意見，（ⅲ）法令・条例または公序良俗に反する利用や国家・国民の安全に脅威を与える利用を禁ずる規定が，禁止対象が不明確であるため，利用者の萎縮を招くという意見があった。以上のような制約のため，「政府標準利用規約（第1.0版）」は，CC BY等のオープンライセンスと互換性があると認められていなかった。そのため，わが国のオープンデータ政策の国際的評価を低めているという意見があったことを踏まえ，オープンライセンスとしての国際的認知を目指し，イギリスのオープンガバメント・ライセンスを参考にして，第1に，「ホームページ」という名称を「ウェブサイト」に変

292 第10章 オープンデータ政策の展開と課題

更し，第2に，著作物性のないデータは自由に利用できる旨が追記され，第3
に，編集・加工した情報を，あたかも国が作成したかのような態様で公表・利
用「することを禁止します」を「してはいけません」という表現に変更し，第
4に，上記(iii)の禁止行為についての規定を削除し，第5に，CC BY 4.0 国際
ライセンスと互換性[50]がある旨を明記する等の改定が行われた[51]。

(9) 「オープンデータ 2.0」

2016（平成28）年5月20日，IT総合戦略本部は，「【オープンデータ 2.0】
官民一体となったデータ流通の促進〜課題解決のためのオープンデータの『実
現』〜」を決定した。そこでは，2020（令和2）年までを集中取組期間と定め，
政策分野を踏まえた強化分野を設定し，オープンデータのさらなる深化を図る
こととされた。具体的には，（ i ）政策課題を踏まえた強化分野を設定すること
により，当該分野の公開を促進し，利用者が課題の気付き・解決に取り組む中
で，別のデータ公開のニーズ等が生まれ，さらなるオープンデータ化が進むオ
ープンデータサイクルを促進すること，（ ii ）国および地方公共団体におけるオ
ープンデータの取組を進めるとともに，民間企業等におけるオープンデータ的
な取組についても一定の範囲内で協力を依頼すること，（iii）地方公共団体にお
ける取組においては，防災等の地域を跨いだ共通的な分野における取組ととも
に，各々の地域特性に応じた自主的な取組も併行して促進すること，（iv）強化
分野以外の分野においても，「電子行政オープンデータ戦略」や「G8 オープン
データ憲章」等に基づく取組については引き続き実施すること，（ v ）オープン
データを利活用する企業等から具体的ニーズがあるものについては，オープン
データ化を検討するとともに，データに法人情報が含まれている場合（調達，
補助金交付，リコール届出，求人等の情報など）は，法人名だけでなく法人番号も
付記して公開するなど，利便性の向上に努めること，が決定された。

50） ライセンス間の互換性確保の重要性については，渡辺智暁「オープンデータにおける著
作権とライセンス──法制度とオープン性の軋轢」情報処理54巻12号1235頁参照。
51） 森・前掲注**48**）45頁以下参照。

（10）　オープンデータ基本方針

　2016（平成28）年12月14日に公布（即日施行）された官民データ活用推進基本法において，国，地方公共団体，事業者が保有する官民データの容易な利用等についての規定が設けられたことを踏まえて，オープンデータ・バイ・デザインの考え方に立脚して，国，地方公共団体，事業者が公共データの公開および活用に取り組む上での基本方針をまとめた「オープンデータ基本方針」が，2017（平成29）年5月30日，IT総合戦略本部・官民データ活用推進戦略会議で決定された。そこでは，オープンデータが，①2次利用可能なルールが適用され，②機械判読に適しており，③無償で利用できるものと定義されている。そして，オープンデータに関する基本ルールとして，（ⅰ）各府省庁が保有するデータは，原則としてオープンデータとして公開し，公開することが適当でない公共データは，公開できない理由を原則として公開するとともに，限定的な関係者間での共有を図る「限定公開」という手法も積極的に活用すること，（ⅱ）公開データの2次利用については，原則として，政府標準利用規約を適用すること，（ⅲ）特にニーズが高いと想定されるデータは，一括ダウンロードを可能とする仕組みの導入や，APIを通じた提供を推進すること，（ⅳ）機械判読に適した構造およびデータ形式で掲載することを原則とし，法人情報を含むデータは法人番号を併記すること，（ⅴ）可能な限り迅速に公開するとともに，適時適切な更新を行うこと，が定められている。オープンデータの公開・活用を促す仕組みとしては，（ア）行政手続および情報システムの企画・設計段階からオープンデータのために必要な措置を講ずること，（イ）各府省庁が保有するデータとその公開状況を整理したリストを公開することで，潜在的なものも含めて利用者ニーズを把握の上，ニーズに即したかたちでのデータの公開に取り組むことが定められている。

（11）　統計情報に係るオープンデータ政策

　統計情報は，一般の行政情報と異なる面があり，また，そのオープンデータ政策も，独自に進められてきた面がある。そこで，以下，統計情報に係るオープンデータ政策について述べることとする。統計調査の個票については，統計

294　第10章　オープンデータ政策の展開と課題

の真実性を確保するために厳格な秘密保持義務が課される一方[52]，調査結果については，その公表が（基幹統計調査については必ず〔統計法8条1項〕，一般統計調査については原則として〔同法23条1項〕）行政機関の長に義務付けられており，わが国でオープンデータ政策が始まる前から，統計局のウェブサイト等を通じて統計結果は公表され，かつ，原則として自由に利用が可能であった。しかし，基本的には，統計調査は行政活動の基礎データとして位置付けられており，社会での有効活用という視点は希薄であったと思われる。このような状態を変化させたのが，2007（平成19）年の統計法の全部改正であり，「行政のための統計」から「社会の情報基盤としての統計」へというパラダイムシフトが行われ，調査票情報の2次利用・提供における総務大臣の承認要件が撤廃され，新たにオーダーメード集計および匿名データの制度が導入された[53]。匿名データの作成・提供の制度は，特定の調査対象者が識別されないように匿名加工を行うものであり，平成30年法律第34号による改正前の統計法において，学術研究の発展または高等教育の発展に資すると認められる場合であって，（i）統計の作成または統計的研究にのみ利用されること，（ii）学術研究または高等教育の用に供することを直接の目的とするものであること，（iii）学術研究の成果または教育内容が公表され，社会に還元されること，のいずれの要件も満たす場合に限り，提供されることになった。その利用条件は厳格であるものの，そのままでは特定の調査対象者が識別されるために外部に提供できない行政情報に匿名加工を施すことにより，社会での有効活用を可能にする点では，行政機関非識別加工情報制度，独立行政法人等非識別加工情報制度の先駆けとしての位置付けが可能であった。平成30年法律第34号による統計法改正により，統計データの2次利用の範囲は拡大されている[54]。

　わが国では，統計調査は，各府省が分散的に行っており，公開方法も各府省に委ねられていたため，PDFで公開する場合もある等，公開の基準が不統一

---

[52]　宇賀克也「統計情報の保護」同・個人情報保護の理論と実務（有斐閣，2009年）418頁以下参照。

[53]　宇賀克也＝中島隆信＝中田睦＝廣松毅「〈座談会〉全面施行された新統計法」ジュリ1381号4頁以下，宇賀克也「全面施行された新統計法と基本計画」ジュリ1381号28頁以下およびそこに挙げた文献参照。

[54]　宇賀克也・個人情報の保護と利用（有斐閣，2019年）275頁参照。

であった。そこで，統計調査等業務の業務・システム最適化計画（2006〔平成
18〕年3月31日各府省情報化統括責任者〔CIO〕連絡会議決定）に基づき，統計調
査業務の最適化の取組の一つとして整備された政府統計共同利用システムのサ
ブシステムとして，政府統計の結果を Excel 等で一元的に提供する「政府統計
の総合窓口（e-Stat）」の運用が2008（平成20）年4月1日から開始された。e-
Stat で提供するデータは，政府標準利用規約（第1.0版）に準拠することとされ，
出典さえ明示すれば，加工・編集・商業利用を自由に行うことができることと
された。

　もっとも，基幹統計調査等の主要な統計については，機械判読に適した
XML（Extensible Markup Language）形式での提供が行われたものの，e-Stat
掲載の Excel 等のデータの多くが，従前の報告書を基に作成されていたため，
データの抽出が容易でなかったり，データ分析等に時間を要すること，統計デー
タの活用方法が分かりにくいこと等の問題があった。そこで，独立行政法人
統計センターが統計におけるオープンデータの高度化の一環として運用してい
る次世代統計利用システム上で統計データを機械可読な形式で提供する API
機能が2013（平成25）年6月10日に試行運用され，e-Stat の機能としての正
式運用が2014（平成26）年10月31日に開始された。この API 機能の活用に
より，利用者の情報システムに e-Stat のデータを自動的に反映したり，利用
者が保有したりインターネット上に存在するデータと連動した高度な統計分析
が可能になる[55]。

　また，e-Stat は，当初から「地図で見る統計」として GIS 機能を有してい
たが，統計データの活用促進のモデルとして，他のオープンデータ等と連携可
能な新しい GIS 機能が構築され，2013（平成25）年から試行運用が開始され，
2015（平成27）年1月から「地図による小地域分析（jSTAT MAP）」として正
式運用が開始された。これにより，地図上に利用者の保有するデータを取り込
んで分析する機能，任意に指定したエリアにおける統計算出機能等が追加され，
地理空間情報と ICT を融合させた統計 GIS 機能の強化が実現した[56]。したが

55） API 機能には，統計表情報取得機能，メタ情報取得機能，統計データ取得機能，データ
　セット登録機能，データセット参照機能があることについて，堀井義之「政府統計の総合窓
　口（e-Stat）の新機能の紹介—— API 機能」ESTRELA250号15頁以下参照。

296 第10章 オープンデータ政策の展開と課題

って，GIS分析システムを有しない地方公共団体や企業であっても，防災やマーケティング戦略のために利活用が可能になった。

さらに，統計局では，スマートフォンやタブレット端末で利用可能（Google Playからインストール可能）なアプリケーション（「アプリDe統計」）の試行版を2014（平成26）年4月15日から無料で提供している。このアプリケーションは，利用者の位置情報に基づき，自分の現在地の市区町村の統計データを表示する「City Stat」，基本的な統計データを簡単に表示する「ポケット統計」，様々な日にちなんだ統計情報を表記し，統計グラフの作成が可能な「とうけいどけい」等の機能を有しているが，同年8月1日から「City Stat」の機能を利用し，表示された統計データの画面から当該市区町村の観光情報等を閲覧できる「ふるさと自慢」の機能が追加された[57]。また，2016（平成28）年2月の統計法施行規則改正により，学術研究を直接の目的とはせず，営利企業が通常の企業活動の一環として研究を行う場合であっても，学術研究の発展に資すると認められる研究であれば，オーダーメード集計を認めることとされた[58]。

このように，統計情報の作成・提供は，オープンデータ政策のフロントランナーとして位置付けうる面があった。

もっとも，統計情報については，データベース化により，種々の機能を利用できるようになるため，データベース化の拡充を行うことが課題といえる。また，e-Statの統計データには，スプレッドシート形式またはCSV形式，XML

---

56)　西村正貴「政府統計におけるオープンデータの取組み」情報の科学と技術65巻12号519頁以下，総務省統計局独立行政法人統計センター「統計におけるオープンデータの高度化」行政＆情報システム49巻5号38頁以下参照。統計GISとjSTAT MAPの具体例について，中原和郎「統計におけるオープンデータの高度化——統計GISを中心に」研究所報（法政大学日本統計研究所）47号11頁以下参照。jSTAT MAPの①利用者保有データを取り込み分析する機能，②任意に指定したエリアにおける統計算出機能，③地域分析レポート（リッチレポート）作成機能，④メッシュ統計を利用した時系列比較機能の活用例について，山田利美「政府統計の総合窓口（e-Stat）の新機能の紹介——地図による小地域分析（jSTAT MAP）（仮称）」ESTRELA250号19頁以下参照。

57)　中原和郎＝永井恵子「統計におけるオープンデータの利用拡大に向けた取組」行政＆情報システム50巻6号34頁以下，中原和郎「総務省統計局におけるオープンデータへの取組み」ESTRELA250号8頁以下参照。

58)　ドイツにおける統計データの2次利用について，縣公一郎「統計データの二次的利用の現状と展望」行政＆情報システム48巻5号38頁以下参照。

形式で提供されているものが少なくないが，これを RDF（Resource Description Framework）の規格に基づくインターネットで利用しやすい標準形式，さらに最終的には，LOD（Linked Open Data）で提供することが課題といえる[59]。

（12）　地理空間情報に係るオープンデータ政策

　地理空間情報についても，一般の行政情報とは異なる独自のオープンデータ政策が推進されてきた面がある。国土地理院は，地理空間情報をウェブで扱う「電子国土 Web システム」を開発し，これを利用したウェブ地図「電子国土ポータル」の運用と「電子国土 Web システム」の提供を 2003（平成 15）年に開始した。

　2007（平成 19）年の測量法改正は，（ⅰ）国土交通大臣が，基本測量の測量成果のうち地図その他一般の利用に供することが必要と認められるものについて，従前は刊行が義務付けられていたが，インターネットによって国民に提供する方法を選択することも可能とし（同法 27 条 2 項），（ⅱ）基本測量・公共測量の測量成果のうち，地図その他の図表，成果表，写真または成果を記録した文書を複製しようとする者が，これらの成果をそのまま複製して，もっぱら営利の目的で販売するものであると認めるに足りる十分な理由がある場合においては，複製を承認してはならないとしていたが，営利目的でそのまま複製する場合であっても承認できるようにし，手続の簡素化を実現するため，測量の用に供し，刊行し，またはインターネットにより不特定多数の者が提供を受けることができる状態に置く措置をとるために複製しようとする者のみ，承認を得なければならないこととし（同法 29 条・43 条），（ⅲ）基本測量・公共測量の測量成果を使用して測量を実施する場合の承認基準を明確化し（同法 30 条 2 項・44 条 2 項），（ⅳ）インターネット上で測量成果のワンストップサービスを実現するため，測量計画機関は，当該測量計画機関の作成に係る測量成果の複製・使用承認申請の受理に関する事務を国土地理院の長に委託することができるようにすること（同法 42 条 3 項）等を内容とする[60]。

---

59)　西村・前掲注 **55**）522 頁以下，中原＝永井・前掲注 **56**）36 頁参照。

60)　宇賀克也「地図情報の公開と保護をめぐる最近の動向」同・前掲注 **52**）個人情報保護の理論と実務 195 頁参照。

298   第 10 章　オープンデータ政策の展開と課題

　また，2007（平成 19）年に地理空間情報活用推進基本法[61]が制定され，同法に基本理念が定められ，地理空間情報の活用の推進に関する施策は，（ⅰ）地理空間情報を高度に活用することができる環境を整備することを旨として講ぜられなければならないこと，（ⅱ）効果的かつ効率的な公共施設の管理，防災対策の推進等が図られ，もって国土の利用，整備および保全の推進ならびに国民の生命，身体および財産の保護に寄与するものでなければならないこと，（ⅲ）行政の各分野において必要となる地理空間情報の共用等により，地図作成の重複の是正，施策の総合性，機動性および透明性の向上等が図られ，もって行政の運営の効率化およびその機能の高度化に寄与するものでなければならないこと，（ⅳ）地理空間情報を活用した多様なサービスの提供が実現されることを通じて，国民の利便性の向上に寄与するものでなければならないこと，（ⅴ）地理空間情報を活用した多様な事業の創出および健全な発展，事業活動の効率化および高度化，環境との調和が図られ，もって経済社会の活力の向上および持続的な発展に寄与するものでなければならないこと，（ⅵ）民間事業者による地理空間情報の活用のための技術に関する提案および創意工夫が活用されること等により民間事業者の能力が活用されるように配慮されなければならないこと等が謳われた。

　同法は，政府に対し，地理空間情報の活用の推進に関する基本的な計画（地理空間情報活用推進基本計画）を策定することを義務付け，2008（平成 20）年 4月 15 日に地理空間情報活用推進基本計画が閣議決定された。第 1 期の地理空間情報活用推進基本計画は，地理空間情報をユビキタス社会の情報基盤と称していた。そして，国は，その保有する基盤地図情報等を原則としてインターネットを利用して無償で提供するものとされた。また，データの 2 次利用により，付加価値がより高い地理空間情報を作成・提供しようとする場合においては，データの提供元において，データの 2 次利用の許諾の考え方等の知的財産等の処理方法を明確にしておかなければならないので，地理空間情報活用推進基本

---

61)　宇賀・前掲注 **59)**188 頁以下参照。また，地理空間情報に係る個人情報保護については，同「地理空間情報に係る個人情報保護」同・前掲注 **30)**情報公開・個人情報保護 96 頁以下，堀部政男＝宇賀克也編・地理空間情報の活用とプライバシー保護——インターネット地図情報サービス等の法制と課題・対応策（地域科学研究会，2009 年）参照。

計画において，（ⅰ）国・地方公共団体等が基盤地図情報を含む地理空間情報を整備する際の元データの知的財産権等の処理や業務受注者等の知的財産権等に関する取扱方法，（ⅱ）国・地方公共団体等が地理空間情報を外部提供する際の2次利用の許諾や制限，データ利用約款等の知的財産権等に関する取扱方法についての実務上のガイドラインを民間に含めた体制で検討し，策定することとされた。

これを受けて，2010（平成22）年9月1日，「地理空間情報の二次利用促進に関するガイドライン」が地理空間情報活用推進会議により決定された。そこでは，行政機関等は，当初の利用目的を達成した地理空間情報については，極力利用制限を設けずに（著作権等を有する場合でもその権利を行使しない等）自由な利用を促進することが望ましいこと，また，利用制限が必要な場合においても煩雑な手続が不要となることが望ましいことが定められている。

その後，オープンソースの地図表示ライブラリが誕生する等，ウェブ地図の普及と技術の一般化が進行したことから，2013（平成25）年10月から，オープンソースを活用したウェブ地図「地理院地図」の運用とウェブ地図形式のデータ「地理院タイル」の提供に施策がシフトした。国土地理院は，地理空間情報活用のオープンイノベーションのための情報共有・意見交換の場として，2014（平成26）年7月に「地理院地図パートナーネットワーク」を構築し，翌月からは，オープンイノベーション施策として，「ベクトルタイル提供実験」を実施している[62]。

このように，統計情報と同様，地理空間情報についても，一般の行政情報に先駆けて，オープンデータ政策が進められてきたといえる[63]。

---

[62]　伊藤裕之「地理空間情報のウェブ配信──オープンデータ，オープンソース，そしてオープンイノベーション」行政&情報システム52巻2号52頁以下参照。地理空間情報におけるオープンデータの動向については，関本義秀＝瀬戸寿一「地理空間情報におけるオープンデータの動向」情報処理54巻12号1221頁以下も参照。

[63]　地理空間情報に係るオープンデータ政策について，大場亨「地理空間情報のオープンデータの現状と課題」自治体学27巻1号6頁以下参照。

300 第10章 オープンデータ政策の展開と課題

(13) 行政機関非識別加工情報制度・独立行政法人等非識別加工情報制度

2016（平成28）年の行政機関の保有する個人情報の保護に関する法律（以下「行政機関個人情報保護法」という），独立行政法人等の保有する個人情報の保護に関する法律（以下「独立行政法人等個人情報保護法」という）の改正で導入された行政機関非識別加工情報制度・独立行政法人等非識別加工情報制度[64]も，最近，国内外で着実に推進されてきたオープンデータ政策の延長線上に位置付けうる。そして，それは，従前のオープンデータ政策を2つの意味において深化させるものといえる。

第1は，非識別加工を施すことにより，行政機関の保有する情報の公開に関する法律（以下「行政機関情報公開法」という），独立行政法人等の保有する情報の公開に関する法律（以下「独立行政法人等情報公開法」という）の不開示情報に該当する個人情報も，社会的に有意義な情報として事業者に提供することを可能とすることである。この点について，以下で敷衍する。

従前は，統計情報に係る匿名データを除き，公開する情報は不開示情報の部分を削除する部分公開の手法を原則としてきた。行政機関情報公開法，独立行政法人等情報公開法に基づく開示請求を受けた受動的開示の場合には，開示請

64） 宇賀克也「公的部門における個人情報の保護と利用」ジュリ1534号20頁以下，同・個人情報保護法制（有斐閣，2019年）275頁以下，333頁以下，同「行政機関個人情報保護法等の改正」ジュリ1498号78頁以下，飯島淳子「行政機関個人情報保護法改正――ビッグデータ時代の『スモールスタート』」法教434号64頁以下，大江裕幸「個人情報の利用と保護のバランス」法教432号29頁以下，原田大樹「ビッグデータ・オープンデータと行政法学」法教432号42頁以下，横田明美「民間での利活用が可能に――行政機関等からの個人情報提供制度」ビジネス法務16巻11号36頁以下，蕎大輔「行政機関個人情報保護法等改正法の概要」NBL1077号35頁以下，同「改正行政機関個人情報保護法の概要」自治実務セミナー653号7頁以下，高野祥一「行政機関個人情報保護法の改正と自治体の対応」自治実務セミナー650号36頁以下，板倉陽一郎「匿名加工情報の民間事業者への提供による住民の権利利益侵害と救済方法」自治実務セミナー653号14頁以下，小松由季「行政機関等の保有する個人情報の利活用に向けた法整備――行政機関個人情報保護法等改正法案」立法と調査379号32頁以下参照。なお，同改正を受けた個人情報保護条例の見直しについては，宇賀克也「個人情報保護3法の改正と個人情報保護条例の見直し」国際文化研修93号32頁以下，小野吉昭「法改正を踏まえた個人情報保護条例の見直し」自治実務セミナー653号12頁以下参照。

求時点で存在する情報を加工せずにあるがままの状態で開示する原則から，不開示情報に当たる部分を削除する部分開示の方法がとられざるをえないが，情報提供としての能動的情報公開の場合であっても，一般に，行政機関情報公開法，独立行政法人等情報公開法の不開示情報に該当する部分を除くかたちでの公開を行ってきたといえる。しかし，加工を施せば，行政機関情報公開法，独立行政法人等情報公開法の不開示情報に当たる部分でも，情報提供が可能になることがあり，それにより，行政情報を社会で有効活用しうる場合が拡大することになる。

　一例を挙げれば，行政機関または独立行政法人等が保有する個人情報に年齢が記載されており，それにより特定の個人が識別されるおそれがあるので，年齢を不開示情報として公開の対象外とせざるをえない場合であっても，20 代，30 代というように 10 年ごとにグルーピングを行い，80 歳以上は一括りにするトップコーディングを行うことにより，特定の個人が識別されるおそれがなくなるのであれば，当該部分を非公開にするのではなく，加工したかたちで提供することが可能になる。そして，そのような加工された情報であっても，「新たな産業の創出又は活力ある経済社会若しくは豊かな国民生活の実現に資する」（行政機関個人情報保護法 44 条の 7 第 1 項 4 号，独立行政法人等個人情報保護法 44 条の 7 第 1 項 4 号）ことは十分にありうるであろう。このような非識別加工の手法により，ビッグデータとしての利用価値が高いにもかかわらず，社会での有効活用ができなかった公的部門保有の個人情報も，オープンデータ政策の対象として位置付けられたことになる。

　第 2 は，事業者からの提案を募集し，提案を審査し，要件を満たす者と契約を締結して，行政機関非識別加工情報，独立行政法人等非識別加工情報を作成する点，すなわち，個々の利用者のニーズにカスタマイズされた情報提供が行われる点である。従前から，オープンデータ政策を進めるに当たって，利用者のニーズを調査し，ニーズが高い情報を優先的に公開の対象とすることは行われてきた。しかし，それは，オーダーメード集計のような例外を除き，一般的なニーズの調査であって，個々の事業者からの具体的な提案に応じて個別にカスタマイズされた情報を提供するものではなかった。積極的なオープンデータ政策を進めた韓国の朴槿恵大統領（当時）は，2013（平成 25）年 6 月，「政府

3.0 ビジョン」を宣言したが，公的部門の情報を公開し，公私協働で行政を改善する政府を「政府 2.0」とすると，それを超える「政府 3.0」は，国民個々のニーズにカスタマイズした情報を提供し，国政運営への国民の能動的な参加を促進し，国政運営を国家中心から国民中心に転換するパラダイムシフトを行う政府と定義することもできよう[65]。行政機関非識別加工情報制度，独立行政法人等非識別加工情報制度は，「新たな産業の創出並びに活力ある経済社会及び豊かな国民生活の実現に資する」ことを直接の目的にしており，行政運営の改善を直接の目的にしているわけではないので，この制度の導入を「政府 3.0」を目指した取組と位置付けるのは，過大評価となろう。しかし，2015（平成27）年 6 月 30 日に IT 総合戦略本部が決定した「新たなオープンデータの展開に向けて」においても，オープンデータ政策の目的として，経済の活性化・新事業の創出，行政の透明性・信頼性の向上と並んで，官民協働による公共サービスの実現が挙げられているように，オープンデータ政策には，民間の創意工夫を活かして，公共サービスを改善する効果も期待される[66]。行政機関非識別加工情報，独立行政法人等非識別加工情報についても，行政機関または独立行政法人等が保有する個人情報の民間における有効活用にとどまらず，その効果が，行政または独立行政法人等の運営の改善として公的部門にフィードバックされれば，この制度への国民の支持が広がると思われる[67]。

　以上述べたように，行政機関非識別加工情報制度，独立行政法人等非識別加工情報制度は，個別の利用者のニーズにカスタマイズされた加工を行った上で，

---

65) 白井京「オープンガバメント推進のための法整備」論ジュリ 9 号 136 頁参照。「政府 3.0」ビジョンを推進するために，2013（平成 25）年 7 月に制定された公共データ法，同年 12 月の著作権法改正による公共著作物の自由利用に関する規定についても，白井・同論文 136 頁以下参照。

66) イギリスにおけるその例について，川島宏一「世界の潮流：オープンデータ——エンドユーザーの視点に立ち便益が明確な事業の推進を」行政&情報システム 48 巻 1 号 29 頁参照。オープンデータによるソーシャルイノベーションについて，同「オープンデータからソーシャルイノベーションへ——公共データ×ICT×市民力で社会課題を自ら解決する社会へ」行政&情報システム 50 巻 2 号 28 頁以下参照。

67) オープンデータ政策が行政への有益なフィードバックによりエビデンスに基づく政策決定に活かされるのみならず，政策形成過程への参加により，関係主体の当事者意識を高め，政策実施段階の実効性を高める効果も指摘するものとして，川島宏一「事実証拠を根拠とした政策策定——オープンデータ推進の効果」行政&情報システム 48 巻 2 号 17 頁以下参照。

行政機関または独立行政法人等が保有する情報を提供する点で，従前の一般の
オープンデータ政策を深化させているといえるが，かかる提供の先例といえる
匿名データ制度との比較を行っておくこととする。

匿名データの提供は，当初は学術研究または高等教育の発展に資する場合に
限って認められていたので，その利用範囲は，かなり限定されていた。平成
30 年法律第 34 号による改正により，その提供範囲は拡大されたが，なお一定
の限定がある。このような限定は，統計制度への信頼確保を重視していること
による。これに対し，行政機関非識別加工情報制度，独立行政法人等非識別加
工情報制度は，そのような限定なしに，営利目的であっても利用を認める点で，
その影響は相当大きくなると思われる。すなわち，行政機関非識別加工情報制
度，独立行政法人等非識別加工情報制度は，「行政のための統計」から「社会
の情報基盤としての統計へ」という理念の下で導入された匿名データの制度と
理念的には共通する面があるが，一般の個人情報を対象とし，営利目的であっ
ても利用を認める点で，オープンデータ政策としてのインパクトは，より大き
くなると思われる。

4　わが国の地方公共団体におけるオープンデータ政策の取組

わが国の地方公共団体においても，オープンデータ政策は，徐々に広がりを
みせている[68]。福井県鯖江市は，1990（平成 2）年に市民憲章，2010（平成 22）
年 3 月に鯖江市市民主役条例を制定して，公私協働のまちづくりを進めてきた。
2011（平成 23）年 4 月には，情報統計課を改組して，行政情報の XML 化，公
共施設の Wi-Fi 化等を担当させるようにした。同条例 10 条において，「市は，

---

68)　オープンデータ政策は，オープンガバメント政策の一環として位置付けられるが，市民
参加を重視したオープンガバメント政策として注目されたのが，1997（平成 9）年 2 月に設
置された藤沢市市民電子会議室（2017〔平成 29〕年 9 月 30 日をもって事業終了）である。
これについて，田中美乃里「藤沢市市民電子会議室にみるオープンガバメントの学びと可能
性」行政＆情報システム 50 巻 2 号 21 頁以下参照。千葉市における ICT を活用した住民参
加による地域課題解決実証実験について，金親芳彦「ちばレポ（ちば市民協働レポート）
──市民と行政をつなぐ新たなコミュニケーションツール」行政＆情報システム 51 巻 2 号
8 頁以下参照。

304　第 10 章　オープンデータ政策の展開と課題

積極的な情報公開や情報提供の運用を進めるとともに，パブリック・コメント，審議会，タウンミーティング，ワークショップ等を通じ，市民との間で情報の共有化，活用を図るよう努めます」と規定されていることから，広報誌，ウェブサイトに続く新しい情報共有の手法として，2012（平成 24）年 1 月，公共データを 2 次利用可能なように機械可読形式（XML 形式）で，また，出典の表示のみで 2 次利用が可能なライセンス（CC BY）で公開するオープンデータ政策を地方公共団体として最初に開始し，総務省の 2013（平成 25）年度オープンデータに係る環境整備のための情報流通連携基盤構築事業に実証地域として横浜市とともに協力する等，「データシティ鯖江」として，この分野で先駆的取組を行っていることで有名である[69]。鯖江市が牽引役となり，福井県では，2014（平成 26）年に県内の全ての市町村でオープンデータ化が実現し，2015（平成 27）年には，5(5)で述べる第 5 段階のオープンデータ化が開始された。

　福島県会津若松市は，2012（平成 24）年 7 月，そのウェブサイト上で公共データを機械判読可能な形式で，かつ，CC BY で公開している。同年 10 月，千葉県流山市は，オープンデータトライアルを開始し，公共データを CC BY で公開した。同市では，市議会も，議会の審議結果をオープンデータで公開している。埼玉県宮代町は，予算・決算の細目，調達情報の詳細をオープンデータとして公開している。同年 12 月 19 日に，横浜市では，市民主導で民間組織として，「横浜オープンデータソリューション発展委員会」が設立され，公私協働で公共データを活用したアイディアソン，ハッカーソン等を開催している。同市では，2013（平成 25）年 5 月，CIO（副市長）が統括する IT 化推進本部に横浜市オープンデータ推進プロジェクト（政策局）が設置され，2014（平成 26）

---

69)　鯖江市におけるオープンデータ政策の取組について，牧田泰一「データシティ鯖江――オープンデータの取り組みについて」自治体学 27 巻 1 号 13 頁以下，牧野百男「データシティ鯖江の取り組み――市民主役，市民協働のまちづくり」市政 63 巻 3 号 22 頁以下，橋本和久＝牧田泰一「データシティ鯖江＆ JK 課プロジェクト――市民主役，市民協働のまちづくり」行政＆情報システム 50 巻 6 号 39 頁以下，渡辺信一「国のオープンデータ政策と自治体のオープンガバメントに向けた取り組み――オープンデータの活用による自治体行政の展開に向けて」NRI パブリックマネジメントレビュー 131 号 8 頁以下，直井亮裕「鯖江市のオープンデータの取り組みについて」月刊自治研 664 号 23 頁以下，都道府県 CIO フォーラム報告「自治体でのオープンデータへの取り組み」日経コンピュータ 831 号 11 頁参照。

年 3 月，「横浜市オープンデータの推進に関する指針」が策定された[70]。同年
6 月には，特定非営利活動法人「横浜コミュニティデザイン・ラボ」およびア
クセンチュア株式会社が地域の社会課題解決のために市民参加を促すウェブプ
ラットフォームである「LOCAL GOOD YOKOHAMA」の運用を開始した[71]。
同年 7 月には，「よこはまオープンデータカタログ（試行版）」が開設された。

　2013（平成 25）年 2 月 23 日に開催された第 3 回インターナショナル・オー
プンデータ・デイには，世界 34 か国 102 都市でイベントが開催されたが，わ
が国においても，青森，会津若松，千葉，東京，横浜，名古屋，鯖江，福岡の
8 会場で約 400 人の市民が参加して，アイディアソンやハッカーソンが行われ
た[72]。2013（平成 25）年 4 月 1 日には，佐賀県武雄市，千葉市，奈良市，福岡
市が，ビッグデータ・オープンデータ活用推進協議会を設置し，公開シンポジ
ウムなどを開催している[73]。同年 8 月 9 日には，鳥取県が，2013（平成 25）年
度予算でオープンデータ活用ベンチャー支援事業を創設した[74]。和歌山県有田
市は，スマートフォン向けの自治体公式アプリケーションを開発し，特産品を
宣伝している[75]。静岡県は，オープンデータのポータルサイト「ふじのくにオー
プンデータカタログ」を 2012（平成 24）年 8 月に開設した[76]。室蘭市等も，

---

70)　長谷川孝「地方公共団体におけるオープンデータの取組——横浜市の事例から(3)」自
　　治実務セミナー 640 号 35 頁以下，渡辺・前掲注 68)13 頁以下参照。横浜市泉区の泉交通安
　　全協会が公共データを用いて行っている市民向けサービスについては，渡辺・前掲注 68)14
　　頁，高橋睦「地域におけるオープンデータと G 空間情報の効果的な活用に向けて」NRI パ
　　ブリックマネジメントレビュー 130 号 5 頁参照。
71)　関口昌幸「横浜市における『オープンガバメント』の展開——『ローカルグッドヨコハ
　　マ』を中心に」行政＆情報システム 51 巻 2 号 15 頁以下，長谷川孝「地方公共団体における
　　オープンデータの取組——横浜市の事例から(4)」自治実務セミナー 641 号 50 頁以下参照。
72)　庄司昌彦「インターナショナル・オープンデータ・デイから考える行政新時代」行政＆
　　情報システム 49 巻 2 号 52 頁以下参照。
73)　小松政「オープンデータ活用推進協議会と武雄市の取り組み」自治体学 27 巻 1 号 10 頁
　　以下参照。
74)　川島宏一「オープンデータの 5W1H——今，自治体は『オープンデータ』にどのように
　　取り組むべきか」自治体学 27 巻 1 号 4 頁以下参照。
75)　望月良男「育成ゲームで特産品を PR——全国初の自治体公式アプリ開発に挑む」市政
　　63 巻 3 号 28 頁以下参照。
76)　静岡県は，都道府県で初となる「ふじのくにオープンデータカタログ」を 2012（平成
　　24）年 8 月に開設し，多数の防災関連情報を公開している静岡県統合基盤地理情報システム

306　第 10 章　オープンデータ政策の展開と課題

オープンデータを一元的に検索しダウンロード可能なカタログサイトを構築している[77]。

　また，総務省は，2014（平成 26）年 3 月，「電子自治体の取組みを加速するための 10 の指針」を公表しているが，その中で，オープンデータの推進に向けて，地方公共団体が保有するデータに対するニーズの精査および推進体制の整備の必要性を指摘している。また，2015（平成 27）年 2 月 12 日に，内閣官房情報通信技術（IT）総合戦略室が「地方公共団体オープンデータ推進ガイドライン」を公表し，同月には，「オープンデータをはじめよう～地方公共団体のための最初の手引書～」を公開した。また，同年 6 月 30 日に IT 総合戦略本部が決定した「新たなオープンデータの展開に向けて」においては，（ⅰ）オープンデータの取組を介したコミュニティ活動の推進や，データの分析等を通じた地域課題の解決などを推進する民間有識者等の人材の育成や地方公共団体に対する派遣を行うこと，（ⅱ）すでにオープンデータに取り組んでいる地方公共団体の成功事例の他の地方公共団体への横展開等に関する支援を行うこと，（ⅲ）地方公共団体がオープンデータに取り組むに当たり，全国的にデータの利活用を容易に行えるよう，すでに取り組んでいる地方公共団体にも配慮しつつ，政府において国の標準化とは別に，地方公共団体特有のデータ形式の標準化（情報の分類方法，タグ付けの方法等）に取り組むとともに，必要な情報提供を行うこと，（ⅳ）府省庁の所管法令等に基づき地方公共団体が作成・管理等を行っているデータのうち，オープンデータとしての公開の可否が制度上明確になっていないものの取扱いについて，早急に整理を行い，必要に応じ，法改正も含め，その対応策について検討すること，（ⅴ）地方公共団体におけるオープンデータの取組体制の負担軽減を図るとともに，データカタログサイトのデータの

　のデータからオープンデータ化を進めている。渡辺・前掲注 **68**）13 頁，都道府県 CIO フォーラム報告「自治体にとってのオープンデータとは」日経コンピュータ 857 号 20 頁参照。

77）　神戸市もオープンデータ政策を強力に推進している。その取組については，奥田隆則＝秋定敦＝宮田善章＝瀬合達也＝橋本暁彦＝多名部重則＝衣川俊明「オープンデータの推進による新しい市民サービスの創出と IT 産業の振興」都市政策 160 号 82 頁以下参照。地方公共団体におけるオープンデータの動向について，大向一輝「日本におけるオープンデータの進展と展望」情報管理 56 巻 7 号 443 頁以下，高橋・前掲注 **69**）4 頁，庄司昌彦「地方自治の在り方を変えるオープンデータ」市政 63 巻 3 号 19 頁以下も参照。

質の向上を図る観点から，地方公共団体によるデータカタログサイトを通じた
データ提供について検討することが定められた。

　さらに，2014（平成26）年12月27日に閣議決定された「まち・ひと・しごと創生総合戦略」の付属文書（アクション・プラン）においても，オープンデータの高度化の推進が謳われ，2015（平成27）年6月30日に，「地方創生IT利活用促進プラン」がIT総合戦略本部に設置された「地方創生IT利活用推進会議」で決定された。

　また，個別の分野で，政府が，主として市町村向けにオープンデータの活用に関するガイドラインを示す例もあり，国土交通省が2015（平成27）年9月30日に，「オープンデータを活用した歩行者移動支援サービスの取組に関するガイドライン」を公表したのがその例である[78]。2015（平成27）年3月1日現在，その保有するデータを2次利用可能なかたちで公開している地方公共団体は，都道府県では15，市区町村では88にのぼっていたが[79]，2019（平成31）年3月11日現在，全ての都道府県，418市区町村でオープンデータが実施されており，地方公共団体におけるオープンデータ政策の導入が急速に進んでいることが窺われる[80]。

5　オープンデータ政策の課題

(1)　情報提供の範囲の拡大

　「電子行政オープンデータ戦略」においては，公共データの活用を促進する意義・目的として，（ⅰ）透明性・信頼性の向上，（ⅱ）国民参加・官民協働の推

---

[78]　松田和香「オープンデータを活用した歩行者移動支援サービスの展開に向けて」行政＆情報システム52巻1号43頁以下参照。

[79]　村上文洋「公開から活用へ──地方創生にオープンデータをいかに活かすか」行政＆情報システム51巻2号33頁参照。

[80]　https://fukuno.jig.jp/app/opendatacity/ によると，一部は独自ライセンスを用いているものもあるが，大多数は，CC BY のライセンスによっており，わが国の地方公共団体においては CC BY のライセンスが主流であることが窺われる。また，5 (5) で述べるデータ形式の5つ星評価では，317自治体のうち，5つ星が16，4つ星が31，3つ星が200，2つ星が67，1つ星が3であった。

308   第10章　オープンデータ政策の展開と課題

進，（ⅲ）経済の活性化・行政の効率化を挙げていたことは前述した。このうち，（ⅰ）については，公開されるデータの拡大が課題である。「Web サイト等による行政情報の提供・利用促進に関する基本的指針」（2015〔平成 27〕年 3 月 27 日各府省情報化統括責任者〔CIO〕連絡会議決定）において，社会的な有効活用に資する情報は，国民，企業等第三者に不利益が生じ，または行政活動に重大な支障が生じるおそれがある場合等を除き，積極的に提供することとされ，行政機関情報公開法に基づき開示した情報および当該情報と同様の取扱いが可能と考えられる同種の情報で，反復継続的に開示請求が見込まれるものについては，原則としてウェブサイトによる提供を図ることとされている[81]。また，2011（平成 23）年に国会に提出された行政機関情報公開法改正案 25 条 2 項にも同様の規定（「行政機関の長は，同一の行政文書について 2 以上の者から開示請求があり，その全ての開示請求に対して当該行政文書の全部を開示する旨の決定をした場合であって，当該行政文書についてさらに他の者から開示請求があると見込まれるときは，当該行政文書を適時に，かつ，国民が利用しやすい方法により提供するよう努めるものとする」）が設けられていた[82]。情報提供の範囲は，なお十分でなく，その範囲の拡大が望まれる。

　国民・住民に対する説明責任という観点から，公開されるべき情報は，「Web サイト等による行政情報の提供・利用促進に関する基本的指針」，独立行政法人等情報公開法 22 条，情報公開条例やそれに基づく規則・要綱等において，かなり明確にされているが，公共サービスの改善や新規ビジネスの創出

81）　「Web サイト等による行政情報の提供・利用促進に関する基本的指針」の前身である「行政情報の電子的提供に関する基本的考え方（指針）」（2001〔平成 13〕年 3 月 29 日行政情報化推進各省庁連絡会議了承）において，すでに反復して情報開示請求の対象になる行政文書を電子的に提供する方針が示されていた。宇賀克也・情報公開の理論と実務（有斐閣，2005 年）26 頁，116 頁参照。

82）　これは，アメリカにおいて，情報自由法（FOIA）の 1996 年改正（電子的情報自由法）〔EFOIA〕により，未処理の開示請求案件を減少させることを主たる目的として，反復して開示請求があり，かつ開示された情報を電子的に情報提供することを義務付ける規定が設けられたことを参考にしている。電子的情報自由法について，宇賀克也「アメリカにおける電子情報の公開」同・情報公開法の理論〔新版〕（有斐閣，2000 年）170 頁以下，同「電子的情報自由法再論」同・行政手続・情報公開（弘文堂，1999 年）265 頁以下，佐伯彰洋「米国電子情報自由法改正法（EFOIA）の分析」同志社法学 50 巻 6 号 1599 頁以下参照。

という観点からは，活用ニーズが大きい公的データを優先的に公開することが効率的である。活用ニーズが大きい公共データを把握するためには，アンケート調査やアイディアソンも有効であるが，過去に情報開示請求の対象になった頻度を調査し，頻度の大きい情報を調べる方法もある。

　例えば，東京都では，1999（平成11）年に東京都公文書の開示等に関する条例を全部改正[83]した際，反復して開示請求の対象になる公文書については情報提供を行う努力義務規定（東京都情報公開条例35条2項）を設けた[84]。実際，東京都では，公共工事の金入り設計書に対する開示請求が極めて多かったため，2013（平成25）年11月1日以降に締結された建設局契約の工事設計書から，概ね2年分を東京都庁第一本庁舎3階都民情報ルーム映像コーナーにおいて，パソコンを持参して（東京都情報公開条例の非開示情報に当たる部分を除き）CD-Rから閲覧・電子データの複写ができることとした[85]。東京都は，ICT活用の一環として，都民からインターネットを通じて情報提供依頼を受けて公文書情報を電子データにより無料で提供する「公文書情報提供サービス」を2017（平成29）年末に開始し，2018（平成30）年末までに1655件の依頼があった。さらに，開示請求や情報提供依頼が多い公文書情報をデータベース化し，都民からの請求を待つことなく，積極的に公開するための「公文書情報公開システム」を構築し，2019（令和元）年7月11日から運用を開始した。「公文書情報公開システム」で公開予定の文書は，（ⅰ）開示請求，情報提供依頼件数の多い公文書（工事設計書等），（ⅱ）都民情報ルームで配架している公文書（附属機関の答申書等），（ⅲ）その他公開することが望ましい公文書（統計データ等）である。これにより，都民のニーズが大きい公文書情報を簡単に検索し，取得することができるようになり，都民にとっての利便性が向上するのみならず，開示請求や情報提供依頼への対応が不要になることで，手続に係る事務の効率化が図られ，職員の負担を軽減することも期待される。この「公文書情報公開システム」が，

83）　改正の経緯および内容について，宇賀克也「東京都情報公開条例の制定」同・前掲注**82）**行政手続・情報公開225頁以下参照。

84）　宇賀・前掲注**83）**222頁以下参照。

85）　秋田県，北九州市，三重県伊勢市等においても，同様に金入り設計書の情報提供を開始した。

310 第10章 オープンデータ政策の展開と課題

機械可読なデータ形式で行われれば，オープンデータ政策を大きく前進させる
ものといえる。

また，神奈川県では，神奈川県県土整備局が発注する公共工事の積算に係る
文書に対する開示請求が多かったため，ウェブサイトで情報提供を開始した。
さらに，食品営業許可取得施設台帳についても，情報開示請求が多いが，福井
県や静岡市は，オープンデータとして提供を開始している。このように，商業
目的と思われる情報開示請求が頻繁に行われる情報は，民間での利用価値が高
い情報といえるから，そのオープンデータ化は，情報開示請求に対応する行政
コストの軽減につながるのみならず，公的データの民間での有効活用を促進す
る可能性が高いということがいえよう[86]。

なお，公共データの提供を公的主体が躊躇する一因として，データの内容が
不正確な場合や誤解を招く場合の責任問題を懸念することが挙げられる。その
ため，政府が公共データ提供側の免責条件を明確にする必要が指摘されてい
た[87]。この点について，政府標準利用規約（第2.0版）においては，国は，利
用者がコンテンツを用いて行う一切の行為（コンテンツを編集・加工等した情報を
利用することを含む）について何ら責任を負わず，万一，正確性等に欠けるコン
テンツがあったために利用者に損害が発生したとしても，国は損害賠償責任を
負わないとしている。

(2) 分かりやすい情報公開

情報が公開されていても，それが国民に分かりやすいかたちで公開されてい
なければ，真に透明性が確保され，国民の政府に対する信頼性が向上すること
にはつながらない。オバマ政権においては，政府の歳出情報を国民に分かりや
すく公開するため，Recovery.gov, USAspending.gov, ITDashboard.gov のよ
うなウェブサイトを設けている[88]。国民が膨大で難解な情報を解析することを

---

86) Innovation Nippon プロジェクトは，かかる問題意識から，全国の主要な地方公共団体
を対象に情報開示請求制度の利用状況，企業等が開示請求している文書名等を調査し，商業
的な利用価値を有する公的データを抽出している。庄司昌彦「情報公開制度とオープンデー
タ」行政＆情報システム51巻6号76頁以下参照。

87) 庄司昌彦「国内における活用環境整備」情報処理54巻12号1247頁参照。

88) オバマ政権下の情報公開全般について，宇賀克也・情報公開と公文書管理（有斐閣，

期待するのではなく，国民に対して説明責任を負う情報については，分かりやすいかたちでの情報公開を進める必要がある。また，利用しやすいかたちでの公開により，横断的な検索・集計などが容易になり，また，加工により，国民に分かりやすいかたちでのデータが作成されることが期待され，透明性・信頼性の向上につながることになるので，後述するデータ形式やライセンスの問題は，透明性・信頼性の向上という観点からも重要である。

(3) 無償または低廉な情報提供

情報にアクセスすることが法的に認められていても，それに高額の費用がかかる場合には，経済的な理由から，事実上，アクセスが困難な者が生じてしまうことになる。したがって，行政機関または独立行政法人等が保有する情報であって，国民に知らせるべき基礎的な情報は無償で提供されるべきであり，行政機関非識別加工情報，独立行政法人等非識別加工情報のように，商業目的で利用されることが想定されるものであっても，非識別加工情報を作成するのに要した実費の範囲内の手数料の徴収にとどめるべきと思われる（行政機関個人情報保護法44条の13，独立行政法人等個人情報保護法44条の13）[89]。

(4) 国民参加・公私協働の深化

前述した公共データの活用を促進する意義・目的の(ii)については，重要な情報が国民に提供されれば，それに基づき国民が意見を述べ，行政機関または独立行政法人等がそれを参酌することにより，ベーシックな国民参加・公私協働の推進は可能ともいえる。しかし，より本格的な国民参加・公私協働を実現するためには，情報が単に国民に提供されるだけでは十分ではない。オバマ政権が，2009（平成21）年5月に公表した「オープンガバメント・イニシアティブ」においては，透明性，参加，協働が基本理念とされているが[90]，そこでは，

2010年）330頁以下参照。

[89] 行政情報を国民に提供する場合の対価をいかに考えるべきかについては，宇賀克也「行政情報の流通政策と問題点」同・情報公法法・情報公開条例（有斐閣，2001年）211頁以下参照。

[90] オバマ大統領の「透明性とオープンガバメントに関する覚書」では，行政管理予算庁長

3段階にわたり，オンラインで協議が行われる点に特色がある。第1段階はブレーンストーミングであり，特定のテーマについて，国民から主としてオンラインで自由に意見を出してもらう。第2段階では，第1段階で出された意見を通じて認識された課題について，オンラインで議論が行われる。第3段階では，具体的な政策提言の起草が行われるが，これも国民が行い，多数の案が起草される。国民は，起草された案に対して評価をオンラインで行う。このような徹底した参加・協働のプロセスが，アメリカでは，多くの行政分野で用いられている[91]。わが国の国民参加は，多くの場合，上記の第1段階にとどまっており，今後，第2段階，第3段階の試行を増加させていくべきであろう。パブリック・コメント手続についても，提出されているコメントを提出期限までに市民が閲覧することを可能とし，他者によるコメントを踏まえて意見を提出することができるように，一段進化した手続に発展していくことが望まれる[92]。

　オープンデータに対する国民の認知度を高め，公私協働でデータ活用のアイディアを産み出したり，公共サービスの改善[93]や新規ビジネスにつながるアプリケーションを開発するためには，アイディアソン，ビジュアライズソン，ハッカーソン，コンテスト[94]を行ったりすることも有効であり[95]，わが国を含め，

官に「オープンガバメントに関する指令」を発するように指示していた。これを受けて，2009（平成21）年12月8日，行政管理予算庁長官は，「オープンガバメントに関する指令」を各行政機関に通知している。その内容については，宇賀・前掲注**88**）333頁参照。

91）　FOIA の運用について，この3段階のプロセスがいかに行われたかについて，宇賀・前掲注**88**）332頁参照。

92）　奥村裕一「オープンガバメントの本格化に向けて──電子政府の新潮流」行政＆情報システム51巻2号6頁参照。

93）　オープンデータによる公共サービスの改善例として，「5374.jp」が有名である。これについて，長谷川孝「地方公共団体におけるオープンデータの取組──横浜市の事例から(1)」自治実務セミナー638号38頁参照。

94）　コンテストには，オープンデータを活用した課題が設定され，利用対象となるオープンデータが指定されている「課題解決型」と，課題もデータも自由な「自由型」がある。乙守信行＝中辻真＝萩野達也「オープンデータの普及促進を加速させるコンテストの開催──LOD チャレンジ Japan の取組み」人工知能30巻5号599頁参照。

95）　諸外国におけるアイディアソン，ハッカーソン，コンテストの実例について，高木聡一郎「動き始めたオープンガバメント──海外動向と日本の状況」CIAJ journal 53巻7号10頁以下参照。また，オープンデータサイトにおいて，オープンデータを活用して開発されたアプリも紹介している例について，仁木孝典「オープンデータの取り組みで先行する各国の現状」InfoCom REVIEW58号62頁参照。

先進国でも，これらのイベントがポピュラーになっている。シビックテックを支援する NPO である Code for Japan も，これらに取り組んでいる[96]。しかし，そこから公共データの活用を促進する意義・目的（iii）の新規ビジネスの創出による経済の活性化につなげるためには，データ・サイエンティスト[97]の人材育成やプロトタイプサービスのショーケース化[98]，ベンチャー企業支援等のインキュベーションの土壌が必要になる[99]。経済産業省は，2014（平成 26）年度より，オープンデータを活用したイベントの成果を集約し，一元的検索を可能にし，アイディアやアプリケーションを創出した者とビジネスパートナーのマッチングを支援しているが，このような試みは有効と思われる[100]。

(5) データ形式

公共データの活用を促進する意義・目的の（iii）については，とりわけイノベーションシステムが重要になる。イノベーションシステムとしては，技術面，法制面等，多面的に考える必要がある。技術面では，機械可読で 2 次利用がしやすいデータ形式で公開することが極めて重要である[101]。Tim Berners-Lee 氏は，オープンデータの形式について，5 つ星でレベルを示している。第 1 段

---

96) 関治之「オープンガバメント推進団体による先進自治体との協働事例」行政＆情報システム 51 巻 2 号 20 頁以下参照。このようなアドボカシー団体の重要性について，奥村裕一「オバマが進めるオープンガバメント」エコノミスト 88 巻 11 号 51 頁，庄司昌彦「オープンデータ活用を進めるために」行政＆情報システム 48 巻 4 号 63 頁参照。

97) データ・サイエンティストについて，工藤卓哉「公共データ活用とデータサイエンティストのかかわり——オープンデータ利活用の発展に必要な要素」情報処理 54 巻 12 号 1217 頁以下参照。

98) 高木聡一郎「オープンデータにおけるイノベーション推進策」行政＆情報システム 50 巻 2 号 53 頁参照。

99) 高木聡一郎「欧州におけるオープンデータ政策の最新動向」情報管理 55 巻 10 号 752 頁参照。財政難の中で地方公共団体が公共データからビジネスを創出するために，クラウドファンディングを活用した「自治体オープンデータ活用地域 ICT 事業化モデル事業（仮称）」について，川島・前掲注 **74)** 5 頁参照。

100) 海外におけるオープンデータの活用環境整備について，高木聡一郎「海外における活用環境整備」情報処理 54 巻 12 号 1238 頁以下参照。

101) Open Knowledge Foundation は，「Open」を「オープンなアクセス」，「オープンな形式」，「オープンなライセンス」の 3 要件を満たすものと定義しているが，データ形式は，「オープンな形式」の問題である。オープンデータの定義について，庄司昌彦「オープンデータの動向とこれから」情報の科学と技術 65 巻 12 号 496 頁参照。

階は，いかなる形式でもよいので，オープンライセンスでウェブ上に公開する段階であり，PDF での公開は，この段階に当たる。第2段階は，データを構造化データとして公開する段階であり，Excel 等の機械処理が可能な形式は，この段階に当たる。第3段階は，特定のソフトウェアベンダーに依存しない非独占のデータ形式であり，CSV 形式や XML 形式は，この段階に当たる。第4段階は，RDF の規格に基づきインターネットでの利用がしやすい標準形式である。URI（Uniform Resource Identifier）を使用して個々のデータを表現することにより，外部からのリンクが可能になる。第5段階は，さらに他のデータとリンクさせて提供される LOD（Linked Open Data）形式である[102]。オープンデータによってイノベーションを活性化させていくためには，データ形式をより上位の段階に移行させる努力が必要になる。

(6) ライセンス

オープンデータによるイノベーションを活性化させるために法制面で重要なのが，ライセンスである。オープンデータのライセンスについて，（ⅰ）アメリカ連邦著作権法のように連邦政府の保有する文書等に著作権を認めず，パブリック・ドメイン化する類型，（ⅱ）オーストラリアやニュージーランドのように，すでに広範に用いられている CC ライセンス（CCPL）を利用する類型，（ⅲ）イギリス等のように独自ライセンスを策定する類型がある[103]。

わが国は，憲法その他の法令（地方公共団体の条例，規則を含む），国もしくは地方公共団体の機関，独立行政法人または地方独立行政法人の告示，訓令，通達その他これらに類するもの，裁判所の判決，決定，命令および審判ならびに行政庁の裁決および決定で裁判に準ずる手続により行われるもの，以上に掲げ

---

[102] LOD について，大向一輝「オープンデータと Linked Open Data」情報処理 54 巻 12 号 1204 頁以下，武田英明「行政のオープン化と Linked Open Data」行政＆情報システム 52 巻 2 号 36 頁以下参照。

[103] 小泉直樹＝奥邨弘司＝駒田泰土＝張睿暎＝生貝直人＝内田祐介・クラウド時代の著作権法——激動する世界の状況（勁草書房，2013 年）153 頁参照。この問題については，渡辺・前掲注 50）1232 頁以下，東修作「OpenStreetMap の事例を通じて考えるオープンデータのライセンス設定」情報管理 56 巻 3 号 140 頁以下，中川隆太郎「CC 4.0 時代のオープンデータとライセンスデザイン」情報の科学と技術 65 巻 12 号 509 頁以下参照。

るものの翻訳物および編集物で，国もしくは地方公共団体の機関，独立行政法人または地方独立行政法人が作成するものは，著作者の権利の目的となることができないとしている（著作権法 13 条）。しかし，一般的には，行政主体の職員が職務上作成した文書等であっても，著作権が発生する法制を採用している。確かに，政府がその保有する文書等について著作権を有しない場合，改ざん等に対抗することが困難にならないかという懸念が生ずるし，多額の公費を投じて作成した著作物を営利目的で一部の民間企業が情報開示請求制度の下で低廉な手数料で取得することを認めてよいのかという議論も存在する[104]。このような議論がある中で，著作権法改正により，行政主体の職員が作成する文書等について著作権を発生させない法制に転換することは容易ではなく，わが国のオープンデータ政策においては，この選択肢は採用されてこなかった[105]。

　他方，この点について，オープンデータ政策は，政府自身のメッセージ（政府言論）を伝えるための助成というよりも，私人の多様な表現活動を促進するための助成としての側面が強く，したがって，オープンデータ政策においては，純粋な政府言論の場合よりも，私人の表現の自由に対する十分な配慮が求められることになり，政府が著作権を根拠に政府の見解に反するような利用を抑止することは控えるべきとの指摘がある[106]。オープンデータ政策という政策論とは別に，表現の自由という憲法上の理由からも，行政主体が自己の著作権を主張することは必要最小限であるべきであろう。また，著作権侵害に対しては刑事罰も定められていることから，何が著作権法違反になるかが不明確である

---

104)　茨城県牛久市は，2008（平成 20）年に情報公開条例を改正して，26 条の 2 の規定を追加し，①実施機関の職員が職務上作成した著作物については，原則として，著作権法 2 章（公表権，氏名表示権，同一性保持権を除く）に規定する著作者の権利は，主張しない（同条 1 項），②ただし，著作権法 15 条の規定に基づき，実施機関が著作者として権利を行使するものについては，実施機関が定める（同条 2 項）こととし，「牛久市長が管理保有する情報の公表，提供及び利用の推進に関する規則（平成 21 年規則第 2 号）」10 条において，同条例 26 条の 2 第 2 項の規定に基づき，（ⅰ）市発行の有償刊行物，（ⅱ）市が開発または購入し，市が著作権を有するコンピュータプログラム，（ⅲ）以上に掲げるもののほか，牛久市情報公開・個人情報保護審査会の意見を聴いた上で市長が著作権を行使する必要があると認めた著作物については，市は著作権を行使するものとするとしている。

105)　友岡史仁「日本におけるオープンデータ法制の構築と課題」行政法研究 16 号 109 頁参照。

106)　成原慧「オープンデータと表現の自由」行政＆情報システム 50 巻 1 号 67 頁参照。

316　第10章　オープンデータ政策の展開と課題

ことは犯罪構成要件の明確性の要請に反することになり，利用条件はできる限り明確にする必要がある。「政府標準利用規約（第2.0版）」において，不確定概念を用いた利用制限規定が削除されたことは，この意味でも歓迎される。

　韓国では，2013（平成25）年12月に著作権法24条の2の規定を新設し，国または地方公共団体が職務上作成もしくは取得した著作物または契約により著作権を取得した著作物については，許諾なく自由に利用できることとされた。国または地方公共団体が著作権を有する著作物については，パブリック・ドメイン化を図る規定であり，大いに注目され，わが国においても，参考にされるべきと思われる[107]。なお，韓国の著作権法35条の3においては，フェアユースに関する規定が置かれているが，フェアユースに当たるか否かを判断するためには，営利目的か否かが考慮要素の1つとされていたため，営利目的の場合には，フェアユースと認められにくいという問題があった。このことは，オープンデータの理念と抵触するものであるので，2016（平成28）年3月の著作権法改正により，営利目的か否かを考慮要素とする規定が削除された。

（7）　オープンデータ推進基本法の制定

　日本経済団体連合会は，2016（平成28）年7月19日に公表した「データ利活用推進のための環境整備を求める～Society 5.0の実現に向けて～」において，データ利活用推進基本法の制定を提唱している。新経済連盟も，データの利活用促進のための法整備を提言している。そして，同年12月に，議員立法で官民データ活用推進基本法が制定された。同法は，国および地方公共団体が，自らが保有する官民データについて，個人および法人の権利利益，国の安全等が害されることのないようにしつつ，国民がインターネットその他の高度情報通信ネットワークを通じて容易に利用できるよう，必要な措置を講ずるものとすることを定めており（同法11条1項），これは，オープンデータの方針を法律

107）　オープンガバメント政策を推進するためのパブリック・ライセンスについて，渡辺智暁「オープンガバメントと著作権」行政＆情報システム48巻3号25頁以下参照。データベースの著作権性や政府内で管理する民間著作物が，オープンデータ政策の課題となることについて，中山亮「オープンデータのライセンスと日本の法制度上の課題」行政＆情報システム48巻6号57頁以下参照。

上宣言したものといえる。

　また，学界からは，国と地方公共団体が協力して進める目的として情報利活用促進による産業振興や社会活動促進を明示し，国と地方公共団体で不統一に進んでいるオープンデータの取組に横串を刺すために，オープンデータ推進基本法の制定が提案されている[108]。多様な地方公共団体に対して画一的な義務付けを行うことには慎重であるべきであるものの，オープンデータの目的，基本原則，基本計画，国・地方公共団体の責務を法律で明確にすることは，オープンデータ政策の推進に拍車をかける効果を期待することができ，望ましいといえよう。

---

108)　庄司昌彦「オープンデータ推進基本法を提案する」行政＆情報システム 52 巻 2 号 74 頁以下参照。

第11章

国税局ウェブサイトへの注意文書の掲載と名誉毀損，信用毀損
―― 東京地裁平成 18 年 6 月 6 日判決

1 はじめに

本章では，政府のウェブサイトに掲載された情報が名誉毀損，信用毀損になるかが争われた東京地判平成 18・6・6 判時 1948 号 100 頁（以下「本判決」という）[1]について検討する。ウェブサイトに掲載された記事による名誉毀損，信用毀損の問題が，インターネット社会の今日において，極めて深刻になっているが，政府のウェブサイト上の記事においても，この点が問題になることはありうる。本判決は，この問題を考察する好個の素材といえる。なお，控訴審の東京高判平成 18・11・30 税務訴訟資料 256 号順号 10589 は控訴棄却，上告審の最決平成 19・6・14 税務訴訟資料 259 号順号 11356 は上告棄却，上告不受理としている。

2 事実の概要

X₁ 社の代表取締役である X₂ は，償却資産全てを対象とした全企業向けのサービスを展開するビジネスモデルとして，企業が新規投資をする資産（償却資

---

1) 吉田和夫・判評 582（判時 1968）号 203 頁，藤中敏弘・法学研究科論集（北海学園大学大学院）9 号 109 頁参照。

産）を，単年度または複数年度において有利な償却比率で損金処理するサービスおよび企業の未償却資産（残存価格）を，単年度または複数年度において有利な償却比率で損金処理できるシステム（以下，両者を併せて「Watto システム」という）を考案し，X1 において，これを商品化しようとしていた。X2 は，2002（平成 14）年 9 月 2 日，取引等に係る税務上の取扱い等に関する事前照会手続により，東京国税局に対し，Watto システムによる方式が税法上どのように取り扱われるかについて，リース取引，売買，金融取引のいずれにも該当しないという X1，X2 らの見解を述べるとともに，国税局の見解についての回答を求めた。これに対して国税局が回答したが，X2 は，2003（平成 15）年 3 月 11 日，前記文書回答には漠然とした部分があるので，再度の回答を求める旨記載した書面を提出した。X2 は，同年 4 月 1 日，前記書面に対する回答を求めたがこれを拒否されたので，これに対して，大いに不満がある旨答え，東京国税局の回答姿勢に対して強く抗議した。

　同年 6 月 11 日，国税庁は，一般の納税者から，「最近ホームページで『Watto』システムといって東京国税局 課税第一部より許可を得ているかのような書き方で，企業が新規投資（償却資産／設備投資等）する物品を単年度で 100% 又は自由な償却比率をもって損金（経費）処理することができるビジネスモデルを販売している会社があるのですが，本当にこのようなことができるのでしょうか？」という質問を受けた。国税庁の職員は，同月 12 日，X1 のウェブサイトの掲載内容を確認したところ，最初のページに「速報→→→節税・身軽な経営『Watto』システムが東京国税局より文書回答書を頂きました」という記載があり，「会社概要」欄には「平成 15 年 2 月 26 日付　東局課一審第 17 号　東京国税局　課税第一部　審理課において審理・文書回答済み」との記載，「『Watto』／償却資産損金処理システム」という見出しの欄には，「さて，ここで問題になるのが国税局の『Watto』に対する税務上の取扱いに関する判断が気になる事と思います。そこで当社は平成 14 年 9 月 2 日，"取引等に係る税務上の取扱いに関する事前照会（質問書）"を東京国税局課税第一部審理課へ提出し，約半年間もの時間をかけて審理していただいた結果，平成 15 年 2 月 26 日付東局一審第 17 号において文書回答をいただく事が出来ました。その要点を幾つか挙げてみます。」との記載の後，「企業が新規投資（償却資

産）する場合，単年度において 100% 又は自由な償却比率で損金処理すること
が出来ます」，「企業の未償却資産（残存価額）を単年度において 100% 又は自
由な償却比率で損金処理する事が出来ます」との記載がなされていた。

東京国税局は，同年 6 月 27 日付けで，X₁ に対し，同社のウェブサイトから
事実に反する掲載内容を全て削除するように求める旨記載した「抗議及び警告
書」を送付し，また，X₂ と面談した際，X₂ に対し，X₁ のウェブサイトには事
実に反する記載があるとしてその削除を要請した。

X₂ は，同年 7 月 2 日，東京国税局を訪ね，編集済みの X₁ のウェブサイトの
掲載内容を印字したものを持参した。その内容は，「『Watto』／償却資産損金
処理システム」という見出しの欄において，東京国税局の回答内容を，
「Watto 1」と「Watto 2」とを書き分けるかたちで紹介している点において前
記のウェブサイトの内容が修正されているが，「Watto 1」については 20% に
ついてのみ否定または否定的な回答内容であったと紹介し，Watto 2 について
は「当社の考え通りの回答（約 95%）を頂きました。」との紹介をするもので
あった。

X₁ は，同年 10 月ころから 2004（平成 16）年 7 月ころまで，同社のウェブサ
イトを閉鎖していた。X₂ は，同年 7 月 1 日，東京国税局を訪ね，「文書回答に
対する見解と確認書」と題する書面を提示し，その内容を相互に確認しあうこ
とを提案したが，確認を得ることはできなかった。また，X₂ は，同年 8 月 2
日にも東京国税局を訪問し，「文書回答（平成 15 年 2 月 26 日付け　東局課一
審第 17 号）に対する見解と確認」と題する書面とともに同日現在の X₁ のウ
ェブサイトの内容を印字した書面を提出した。同ウェブサイトの内容は，
「『Watto』／償却資産損金処理システム」という見出しの欄において，
「『Watto 1』，『Watto 2』ともに東京国税局・審理課において検証して頂いて
いる，新ビジネスモデルであることをご承知下さい。」との紹介を含むもので
あった。東京国税局の職員は，同月 3 日，X₂ と面会し，同人に対し，同月 2
日現在の X₁ のウェブサイトには，各ページ左上の「検証：東京国税局・審査
課」，会社概要ページの「事業内容」欄の「検証：東京国税局・審査課」，
「Watto」／償却資産損金処理システムと題するページの「『Watto 1』，
『Watto 2』ともに東京国税局・審理課において検証して頂いている，新ビジ

ネスモデルであることをご承知下さい。」,「Watto」概説と題するページの「『Watto』システムは東京国税局・審理課において検証済みです（平成15年2月26日付　東局課一審17号）」の各記載があるが，これらは，東京国税局が文書回答においてX₁，X₂の見解を認めたとの誤解を招きかねないとして，当該部分の削除ないし訂正を要請した。

　X₂は，同月5日，東京国税局を訪問し，同月4日現在のX₁のウェブサイトの修正案を提出し，これに対し，なお削除および修正の必要性があれば申し出てほしい旨告げた。上記修正案の内容は，各ページ左上に事前照会先：東京国税局・審理課」,「会社概要」と題するページには，事前照会先として「東京国税局・審理課」,「『Watto』／償却資産損金処理システム」と題するページには「『Watto 1』『Watto 2』ともに『取引等に係る税務上の取扱等に関する事前照会』手続きを東京国税局・審理課において済ましている，新ビジネスモデルであることをご承知下さい。」との各記載があるものであった。

　東京国税局の職員は，X₁，X₂に対し，同月9日付けの抗議書および警告書（以下「本件警告書」という）を送付し，また，東京国税局のウェブサイトのトップページの「お知らせ」欄において，「誤解を招くホームページにご注意ください」と題し，X₁およびX₂の氏名を明記して，注意文書（以下「本件注意文書」という）を掲載した。

　X₂は，同月20日，東京国税局を訪問し，なぜ警告の対象となるのか疑問である旨抗議した。しかし，東京国税局の職員は，X₂に対し，全て本件警告書のとおりであるから速やかに対処するようにと告げた。

　本件注意文書の掲載に気づいたX₂は，同年10月4日，東京国税局を訪問し，抗議書を提出するなどし，さらに，同月20日にも東京国税局を訪問し，その職員と面会し，前記抗議書提出後の東京国税局の考え方を問うとともに，本件注意文書の削除を求め，訂正したX₁のウェブサイトの内容を書面にしたものを提出した。

　X₁，X₂の訴訟代理人は，2005（平成17）年1月12日，東京国税局の職員と面会し，同人に対し本件注意文書の削除を求めたところ，同職員は，今後，X₁，X₂が誤解を招くようなウェブサイトの掲載をしないという趣旨の文書の提出を求めた。同訴訟代理人は，同月18日，東京国税局の職員に電話をかけ，

X₂ から文書の提出はしないとの返事があったこと，現在の X₁ のウェブサイト
には，東京国税局の文書回答について一切触れておらず，また，X₂ も今後は
注意するといっているので，本件注意文書を削除してほしい旨述べた。東京国
税局職員が，X₁ のウェブサイトを確認したところ，本件文書回答に関する記
述が削除されており，また，同代理人から東京国税局に対し，再度 X₁ がウェ
ブサイトに事実に反する内容の掲載をした場合には，代表者である X₂ に注意
する旨の発言があったことから，同年 2 月 2 日，東京国税局は，同局ウェブサ
イトの「お知らせ」欄から本件注意文書を削除した。

　X₁，X₂ は，東京国税局が同局のウェブサイトにおいて，X₁，X₂ の実名を挙
げて，X₁ のウェブサイトの記載中に事実に反する部分がある旨公表したこと
が，X₁，X₂ の名誉・信用を毀損する不法行為を構成し，それにより X₁，X₂
は無形損害を被ったとして，国を被告として損害賠償および遅延損害金（X₁ に
おいては訴状送達の日の翌日から，X₂ においては前記公表の日からそれぞれ前記損害賠
償金の支払済みまで）の支払を請求した。

3　判　旨

　「本判決」は，以下のように判示した。

(1)　公表に係る法律上の根拠

　行政機関が特定の事業者等の情報を公表することは，それが行政上の規制や
勧告に従わない者に対する制裁ないし強制手段としての性格を有せず，消費者
等国民に対する情報提供を目的とするものである限りは，非権力的な事実行為
にすぎないものとして，法的根拠は不要というべきである。

　2003（平成 15）年 6 月 11 日，国税庁が，一般の納税者から，X₁ のウェブサ
イトにおける記載内容について質問を受けたことから，東京国税局の職員が
X₁ のウェブサイトを調査したところ，一般人が閲覧した場合，あたかも東京
国税局が，事前照会に対する回答により，Watto システムの税務面での効果を
承認しているかのような印象を抱くものであったと認める記載がなされていた。
その後，東京国税局の抗議・警告および指摘に従い，X₁，X₂ は，そのウェブ

324　第11章　国税局ウェブサイトへの注意文書の掲載と名誉毀損，信用毀損

サイトの内容につき，変更を加えた。しかし，本件注意文書掲載の直前である
2004（平成16）年8月4日当時の同ウェブサイト記載内容も，いまだ X_1 のウ
ェブサイトの閲覧者が，東京国税局が承認したかのような印象を抱きうる内容
であるものであったと認めるのが相当である。

　東京国税局の職員は，X_1，X_2 に対し，本件文書回答において，理由を付し
て「標題のことについては，下記の理由から，貴見のとおり取り扱われるとは
限りません。」と回答しており，前記 X_1 のウェブサイト上の記載は，東京国
税局の「Watto」システムについての税法上の取扱いに関する認識とは異なる
内容であった。

　このような事実関係の下で本件注意文書が掲載されたという経緯および同注
意文書が広く国民の閲覧の対象となる東京国税局のウェブサイトのトップペー
ジの「お知らせ」欄に掲載されていることからすると，同注意文書は，X_1 の
ウェブサイトによって誤解を招くことがないよう，東京国税局が X_1，X_2 の見
解のとおり取り扱って差し支えない旨回答したことはないとの情報を広く国民
に提供する目的で掲載されたと認めることができる。

　同注意文書の内容は，X_1 のウェブサイトに Watto システムについて，東京
国税局が X_1 の見解のとおり取り扱って差し支えない旨回答したかのような記
載がなされている事実および東京国税局が同趣旨の回答をしたことはない事実
を告知するにとどまるものであり，X_1 の営業行為を禁止するものではなく，
国民に対し X_1 が販売するシステム等の購入を差し控えるよう呼びかけるもの
でもない。

　以上の検討からすれば，本件注意文書の掲載行為は，X_1 と国税当局の間で
Watto システムの税法上の取扱いについて異なる認識が存在していた状況を踏
まえ，X_1 のウェブサイトの記載内容により，一般国民が Watto システムに対
し，東京国税局が公的な承認を与えたとの誤解に陥ることがないよう，そのよ
うな回答を東京国税局が行ったことがないという情報を提供することを目的と
するものであり，その記載内容も前記の範囲にとどまるものであるから，制裁
としての公表制度ないし強制手段とはその目的および性格を異にする非権力的
事実行為というべきである。したがって，上記掲載行為については，法律上の
根拠を要するとはいえない。また，本件注意文書の掲載前には，東京国税局か

らX₁に対し「抗議書及び警告書」が送付され，それ以前にもX₁，X₂主張の交渉経過が存在するが，これらの事情を考慮しても，上記掲載行為は関係者に制裁を課すものとはいえない。

(2)　行政当局による事実の公表行為の違法性判断基準

　本件注意文書は，「誤解を招くホームページにご注意下さい」との見出しの下，X₁およびX₂の実名を挙げて，X₁のウェブサイトにおいて，東京国税局が文書回答によりWattoシステムの税法上の取扱いについてX₁，X₂の見解に承認を与えたかのような記載があること，および東京国税局がそのような承認を与えるような回答を行った事実はないことという情報を公開するものである。X₁，X₂は，このような注意文書の内容によれば，同文書を読んだ一般人は，X₁の提案している損金処理システムは，法人税法に違反する違法なビジネスではないかと疑いの念を抱き，あるいはいかがわしいビジネスではないかとの印象を受けると主張する。同注意文書は，X₁のビジネスそれ自体ないし同ビジネスと法人税法との関係について言及するものではないから，これを読んだ一般人が，X₁，X₂の主張するような印象を受けるとまではいえない。しかしながら，少なくとも，同注意文書の内容からすれば，一般人の通常の理解において，X₁，X₂は，東京国税局が承認を与えていないにもかかわらず，あたかもそれがなされたかのような内容のウェブサイトを掲載しているとの認識を有するに至ると認められ，X₁，X₂が虚偽の広告を行う者であるとの評価は免れない。したがって，同注意文書掲載により，X₁，X₂の社会的評価や経済的信用は低下させられたというべきである。

　マスコミ等私人の名誉毀損性を有する表現行為について違法性が阻却されるかについては，その行為が公共の利害に関する事実に係り，専ら公益を図る目的に出た場合には，摘示された事実が真実であることが証明されたときは，当該行為には違法性がなく，不法行為は成立しないものと解するのが相当であり，もし，当該事実が真実であることが証明されなくても，その行為者においてその事実を真実と信ずるについて相当の理由があるときは，当該行為には故意または過失がなく，結局，不法行為は成立しないという，いわゆる真実性・相当性の基準をもって判断される。

326 ・ 第11章 国税局ウェブサイトへの注意文書の掲載と名誉毀損，信用毀損

しかし，私人の表現の自由と名誉権との調整を図るこの基準を，言論の自由を有しない行政当局による事実の公表行為にそのまま採用することはできない。行政当局が私人の社会的評価を低下させるような事実の公表を行った場合においては，（ⅰ）公表目的の正当性，（ⅱ）公表の必要性，（ⅲ）公表内容の真実性ないし真実と信ずるについて相当な理由の存在，（ⅳ）公表態様ないし手段の相当性，の4点が肯定される場合には，当該公表行為は公務員の適切な職務行為の一環として評価され，違法性が阻却されると解するべきである。

(3) 公表目的の正当性

東京国税局が本件注意文書を掲載した目的は，X₁のウェブサイトを閲覧した納税者において，X₁が販売するWattoシステムの税法上の取扱いについて，東京国税局による承認がなされた旨誤信することを防ぐところにあったと認められる。

わが国においては，申告納税制度が採用されており，納税者が正しい申告および納税を行うためには，納税者自身が税法および納税手続について正しい情報を有することが必要となる。国税庁は，このような要請を満たすため，納税者に対し，税法および納税手続について正しい情報提供をする任務を負う。

2004（平成16）年8月2日現在および同月3日以降同月4日までの本件X₁のウェブサイトにおいては，東京国税局がWattoシステムに係る税法上の取扱いについてX₁，X₂主張のとおりである旨承認を与えたかのような記載がなされ，それがインターネット上で広く国民が閲覧できる状態になっていた。しかしながら，Wattoシステムの税法上の取扱いについては，東京国税局の職員が本件文書回答において，X₁，X₂の見解のとおり取り扱われるとは限らない旨回答し，X₁，X₂とは異なる見解が課税当局の側に存在しているのであり，この点の事実関係につき，X₁のウェブサイトの内容は国民に誤解を与えうる内容であったといえる。そして，多くの国民が同ウェブサイトの内容が真実であり，東京国税局の承認もあるのであるから，Wattoシステムは税法上X₁，X₂の主張どおりに取り扱われると信じてWattoシステムを購入して税務申告を行った場合，現実には東京国税局の職員がむしろX₁，X₂の見解について否定的な回答をしていることからすれば，それらの者が税法上不利益を被り，不

測の損害を被るおそれは大きかったといえる。

X₁, X₂ は, X₁ が取引に当たり税の専門家の同席を求めている上, 東京国税局担当者の回答でも, X₁ の見解どおり扱われる場合を全面的に否定はしていないから, 納税者に不測の損害は生じない旨を主張する。しかし, 現に, 東京国税局には, X₁ のウェブサイトの内容について, 東京国税局が承認を与えたという部分につき, その真偽の問合せがなされており, このような状況下においては, 前記納税者に対して税法および納税手続について正しい情報を提供するという国税庁の職務からすると, X₁ のウェブサイトにおける記載内容の真実性について, 広く国民に情報提供するという目的は正当なものであったというべきである。

(4) 公表の必要性

Watto システムの税法上の取扱いについて東京国税局が X₁, X₂ の主張に承認を与えたかのような X₁ のウェブサイト上の記載内容は真実に反するものであり, 一般納税者がこれを真実と誤信して X₁ と Watto システムの購入契約を締結して納税手続をなした場合, X₁, X₂ の主張どおりに取り扱われずに同納税者らが不測の損害を被る可能性があった。X₁ のウェブサイトはインターネット上に公開され, 不特定多数の者が自由に閲覧できる状況にあり, さらに, 現実に納税者から X₁ のウェブサイトの内容について, 東京国税局に対し問合せもなされていたことからすれば, 東京国税局としては, 上記のような事態を未然に防ぐために X₁ のウェブサイトの内容が真実に反する旨の情報提供をする必要があったといえる。

(5) 公表内容の真実性

本件注意文書の内容は, (ⅰ)X₁ のウェブサイトにおいて, 東京国税局が文書回答により同社の見解どおりに取り扱って差し支えない旨の回答を得たかのような記述がある, (ⅱ)東京国税局が税務上の取扱いについて, 同社のウェブサイトの内容の回答を行ったことはない, の2点の事実を摘示するものである。

本件注意文書は, 2004 (平成16) 年8月2日現在の X₁ のウェブサイトおよび一部訂正された同月3日以降のものを対象としているが, 同月2日現在の

328 第 11 章 国税局ウェブサイトへの注意文書の掲載と名誉毀損，信用毀損

X₁ のウェブサイト，同月 4 日現在の X₁ のウェブサイトにおいても，同ウェブ
サイト上で X₁，X₂ が公表している Watto システムについての取扱いを東京国
税局が承認しているかのような印象を与える記載がなされていた。したがって，
X₁ のウェブサイトにおいて，東京国税局が文書回答により同社の見解どおり
に取り扱って差し支えない旨の回答を得たかのような記述があるという事実は
真実であったと認めるのが相当である。

　また，東京国税局の職員は，X₁，X₂ による Watto システムの税法上の取扱
いについて，本件文書回答により詳細な理由を付して「貴見のように取り扱わ
れるとは限りません。」と回答していることからすれば，東京国税局が Watto
システムの税法上の取扱いについて，X₁ のウェブサイトの内容の回答を行っ
たことはないという事実についても真実性の証明があるといえる。

　この点，X₁，X₂ は，2003（平成 15）年 7 月 2 日に東京国税局の職員の指導
に従って X₁ のウェブサイトの内容を訂正し，その了解を得たと主張する。し
かし，被告国は，これを否定しているし，また，X₁ は同社のウェブサイトを
同年 10 月ころから 2004（平成 16）年 7 月ころまで閉鎖していることについて
は当事者間に争いがないところ，X₁，X₂ 主張のとおり東京国税局の職員から
了承を得ていたならばこのように X₁ のウェブサイトを閉鎖する必要はない。
さらに，同年 8 月 3 日，東京国税局の職員が，X₂ に対し，同月 2 日現在の X₁
のウェブサイトに事実に反する部分があることを指摘し，その部分の削除ない
し訂正を要請していること，東京国税局の職員は，同年 8 月 9 日付けで，東京
国税局が Watto システムの税法上の取扱いが X₁，X₂ 主張のとおりであると了
承したかのような X₁ のウェブサイトの内容が事実に反することを前提にして，
事実に反する部分の削除等を求める本件警告書を X₁ に送付していることなど，
これらの X₁，X₂ の主張と矛盾する各事実が存在することからすれば，X₁，X₂
の主張する東京国税局の職員の了解の事実を認めることはできない。以上のと
おり，前記（ⅰ）および（ⅱ）のいずれの事実についても真実性が肯定される。

(6)　公表態様ないし公表手段の相当性

①　公表手段

　X₁ のウェブサイトはインターネット上において公開されており，不特定多

数の国民が閲覧できる状態にあった。そして，X₁のウェブサイトにおける表現の内容からすれば，閲覧者をして，Wattoシステムの税法上の取扱いについて，X₁，X₂の主張に対し東京国税局が承認を与えたと誤解する危険があり，現実にはそのような承認がなされていないという情報を迅速に提供する必要があったと認められるところ，このような情報提供の必要性からすれば，本件注意文書を東京国税局のウェブサイトの「お知らせ」欄において公表することは，東京国税局の見解を直接かつ正確に国民に対して情報提供するための相当な手段であったといえる。

② **公表内容**

公表の内容についても，本件注意文書は，前記（ⅰ）および（ⅱ）の事実を告知するにとどまり，それを超えてX₁と取引することを控えることを要請したり，X₁自体に対する否定的な表現等はなされておらず，Wattoシステムの税法上の取扱いについて，X₁，X₂の主張のとおりである旨東京国税局が承認を与えたか否かについての正しい情報を提供して，国民が不測の損害を被ることを防止するという本件注意文書掲載の目的達成のための必要最小限の内容であったといえる。

X₁，X₂は，東京国税局が本件文書回答の内容を公表せず，本件注意文書のみを掲載したのは不当であると主張する。しかし，2004（平成16）年2月17日以前になされた本件文書回答については，これを公開するという運営指針はなく，被告国にこれを公開すべき法的義務は肯定できない。また，X₁のウェブサイトを閲覧した者が抱くであろう，東京国税局がWattoシステムの税法上の取扱いについてX₁，X₂の主張を承認したという認識は，「貴見のとおり取り扱われるとは限りません」と結論付けている本件文書回答と相反していることは明らかであり，あえて国民に対し，同文書回答の内容を公表し，X₁のウェブサイトの内容と対比させて判断させる必要性は認められない。よって，本件注意文書掲載に当たり本件文書回答をも公表しなかったことが不当であるとはいえず，X₁，X₂の主張には理由がない。

また，X₁，X₂は，本件注意文書掲載に当たり，X₁代表者であるX₂の氏名を公表することまでは必要がなかったと主張するが，本件注意文書においては，問題となっているウェブサイトを掲載している会社を特定する必要があり，代

330　第 11 章　国税局ウェブサイトへの注意文書の掲載と名誉毀損，信用毀損

表取締役の氏名を摘示することは，当該会社を特定するために通常用いられる相当な手段であるといえ，X₁，X₂ の主張には理由がない。

③　手続保障

　行政機関が特定人の社会的評価を低下させる事実を公表するに当たっては，それが行政上の制裁ないし行政指導に該当しない場合においても，その影響力を考慮すると一定の手続保障の精神が尊重されるべきであるといえる。

　この点，東京国税局は，X₁ に対し，2003（平成 15）年 6 月 12 日当時の X₁ のウェブサイトに事実に反する部分があるとして当該部分の削除を求め，また，これが実行されない場合には，東京国税局のウェブサイトにおいて X₁ の会社名および同社ウェブサイトが事実に反する旨を公開することを告知する警告を書面で送付しているし，X₁ のウェブサイトが再開された後においても，東京国税局の職員が X₂ に対し，X₁ のウェブサイトには納税者の誤解を招きかねない部分があるので，当該部分の削除ないし訂正を要請していることからすれば，X₁，X₂ において，東京国税局の要請に従わなかった場合には同局がそのウェブサイト上において前記内容の注意文書を掲載することは十分に予測できたといえ，手続保障の精神は満たされていたというべきである。

④　本件注意文書の掲載期間

　本件注意文書は，2004（平成 16）年 8 月 9 日から 2005（平成 17）年 2 月 2 日まで東京国税局ウェブサイトに掲載された。この間，X₁，X₂ は，東京国税局に対し，2004（平成 16）年 10 月 20 日に変更後の同社ウェブサイトを印字したものを提出しているが，その内容は，一部修正が施されているものの，依然として閲覧者の誤解を招く危険をもたらすものであったといえる。

　また，2005（平成 17）年 1 月 12 日現在の X₁ のウェブサイトにおいては，従前存在した「『Watto 1』，『Watto 2』ともに『取引等に係る税務上の取扱い等に関する事前照会』手続きを終えている，新ビジネスモデルであることをご承知下さい。」という部分が削除されたことが認められ，この内容であれば同ウェブサイトが閲覧者の誤解を招く危険はなくなったと一応いえる。しかしながら，X₁ は，最初の警告書の送付を受けた後いったんは同社ウェブサイトを閉鎖したが，後に以前と同じく閲覧者に誤解を生じさせるようなウェブサイトの掲載を再開しているのであり，このような従前の経緯からすれば，東京国税局

において，前記同社ウェブサイト上問題となっている部分の削除がなされた後も，再び同社がウェブサイトの掲載内容を変更し，再度従前と同様に誤解を招く内容のウェブサイトを掲載するという危険があると予測したとしても不合理とはいえず，X₁に対して以後事実に反する内容の記載をしない約束を求め，それがなされるまでは本件注意文書の掲載を継続するという取扱いをしたとしても相当性を逸脱するとまではいえない。したがって，X₁，X₂の訴訟代理人から東京国税局に対し，再度X₁がウェブサイトに事実に反する内容の掲載をした場合には，X₂に注意する旨の申入れがなされた後の2005（平成17）年2月2日まで本件注意文書の掲載を継続したことについても相当性がないとはいえない。

（7）　違法性の阻却

以上のとおり，本件注意文書の掲載には，（ⅰ）公表目的の正当性，（ⅱ）公表の必要性，（ⅲ）公表内容の真実性，（ⅳ）公表態様ないし手段の相当性が肯定される。したがって，本件注意文書の掲載は，公務員による適切な職務行為として評価され，違法性が阻却される。

4　検　討

（1）　行政機関が行った公表行為における名誉毀損等の判断基準

私人間における名誉毀損の場合には，一方における表現の自由と他方における人格権の比較衡量により，不法行為となるか否が判断されることになり，これについては，最判昭和41・6・23民集20巻5号1118頁が，「民事上の不法行為たる名誉棄損については，その行為が公共の利害に関する事実に係りもっぱら公益を図る目的に出た場合には，摘示された事実が真実であることが証明されたときは，右行為には違法性がなく，不法行為は成立しないものと解するのが相当であり，もし，右事実が真実であることが証明されなくても，その行為者においてその事実を真実と信ずるについて相当の理由があるときには，右行為には故意もしくは過失がなく，結局，不法行為は成立しないものと解するのが相当である（このことは，刑法230条の2の規定の趣旨からも十分窺うこ

332　第 11 章　国税局ウェブサイトへの注意文書の掲載と名誉毀損，信用毀損

とができる。）」と判示して以来，この真実性・相当性の基準が確立した判例法
になっている。

　これに対して，行政機関が行った公表行為の場合，一方において，行政主体
は私人と異なり表現の自由を有せず，他方において，公益を図るために必要な
情報を国民に提供する責務を有する。したがって，私人間における真実性・相
当性基準をそのまま用いることには疑問が提起されてきた。この点について下
級審裁判例をみると，東京高判平成 11・10・21 判タ 1045 号 135 頁，東京地判
平成 12・10・27 判タ 1053 号 152 頁，旭川地判平成 24・6・12 判時 2157 号 79
頁のように，行政機関が行った公表行為についても，私人間における真実性・
相当性基準を用いるものがある一方，両者の相違を指摘し，私人間の場合とは
異なる基準を用いるものもある。すなわち，O-157 事件に係る東京地判平成
13・5・30 判時 1762 号 6 頁，東京高判平成 15・5・21 判時 1835 号 77 頁（本書
第 12 章参照），大阪地判平成 14・3・15 判時 1783 号 97 頁，大阪高判平成 16・
2・19 訟月 53 巻 2 号 541 頁は，①公表目的の正当性，②公表の必要性，③公
表の方法等を判断基準とした。本判決は，（ⅰ）公表目的の正当性，（ⅱ）公表の
必要性，（ⅲ）公表内容の真実性，（ⅳ）公表態様ないし手段の相当性という基準
で判断しており，O-157 事件に係る下級審裁判例と同様，行政機関が行った公
表行為については，私人間における真実性・相当性基準とは異なる基準を用い
るべきという考え方をとっている。

(2)　法律の根拠

　行政機関が行う公表行為には，制裁的性格のものと公益のための情報提供と
しての性格を有するものに大別される。そして，前者の場合には法律の根拠が
必要であるが，後者の場合には，法律の根拠を要しないとするのが，通説・裁
判例の立場といえる[2]。本判決も同様の解釈を採用している。X₁，X₂ は，本件
公表は，東京国税局職員の指導に従わなかったことに対する制裁であるから，
法律の根拠を要し，また，行政指導に従わなかったことを理由とする不利益扱

---

[2]　宇賀克也・行政法概説 I〔第 6 版〕（有斐閣，2017 年）267 頁，東京地判平成 13・5・30
　　判時 1762 号 6 頁，東京高判平成 15・5・21 判時 1835 号 77 頁（本書第 12 章参照），大阪地
　　判平成 14・3・15 判時 1783 号 97 頁参照。

いであるから行政手続法32条に違反すると主張した。確かに，本件公表は，誤解を招く内容の X_1 のウェブサイトの記載を削除するよう求める指導に従わなかった結果，行われたものであるが，行政指導に従わなかったことに対する制裁というよりも，東京国税局が X_1 のビジネスモデルに係る税法解釈を承認しているという誤解を納税者に与え，その結果，後に増額更正処分・過少申告加算税賦課処分という不利益を受けることを回避することを目的としていたとみるべきであろう。すなわち，本件公表は，公益上必要な情報の提供を主眼とするものであったとみるべきである。本判決が，本件公表行為は情報提供目的でなされたものであり，法律の根拠を要しないとしたことは正当であろう。

(3)　公表目的の正当性

　国が私人と異なるのは，「政府の有するその諸活動を国民に説明する責務」（行政機関の保有する情報の公開に関する法律1条）を負っていることにある。この責務を履行するために，政府は，開示請求を待って受動的に開示するのみならず，能動的な情報提供を行う責務をも負っている。本件では，東京国税局の見解について納税者に誤解を与えるような内容の記載が X_1 のウェブサイト上でなされていることを認識したため，その削除ないし訂正を要請したところ，是正策が講じられなかったので，納税者に対して税法および納税手続について正しい情報を提供するという国税庁の職務を履行するために，X_1 のウェブサイトにおける記載内容の真実性について，広く国民に情報提供するという目的で公表を行ったものであり，公表目的は正当なものであったと思われる。

(4)　公表の必要性

　東京国税局が X_1 のビジネスモデルに係る X_1 の税法解釈を承認したか否かについて，X_1 のウェブサイトを閲覧した納税者から東京国税局に実際に照会がなされており，X_1 のウェブサイトの関連部分の削除ないし訂正を要請したが，X_1，X_2 はこれに従わなかったのであるから，東京国税局が対抗措置として本件公表を行わなければ，他の納税者が X_1 のウェブサイトの記載を信じて取引を行い，その結果，増額更正処分を受ける等，不測の損害を受けるおそれがあった。したがって，本件公表の必要性は是認できると思われる。

もっとも，「取引等に係る税務上の取扱い等に関する事前照会手続」は，法令上の根拠を有しない納税者へのサービスであり，回答に法的拘束力はない。納税者が回答に従って納税申告をしたとしても，税務行政庁が見解を改めて，増額更正処分を行う可能性は排除されないというのが国税庁の立場である。しかも，「取引等に係る税務上の取扱い等に関する事前照会手続」に対する回答の中には，納税者に対する予測可能性を付与するために，公表されるものもあるが，本件回答は公表されていなかった。そうすると，未公表の法的拘束力のない回答と異なる内容の掲示が X₁ のウェブサイトでなされていたとしても，それを信用するか否かは，納税者が自己責任で判断すべきであって，東京国税局が，本件のような公表を行うことは私的取引への過剰な干渉であり，必要性は認められないという見解もありえないわけではない。しかし，東京国税局が承認を与えた税法解釈であるとの誤解を与えるような掲示を X₁ がウェブサイト上で行っていることを認識しながら東京国税局がこれを放置することは，①税務官庁が納税者に対し信頼の対象となる公的見解を表示したに等しいという見方もありうると思われる。そして，②納税者がその表示を信頼しその信頼に基づいて X₁ と契約を締結し，③後に当該表示に反する課税処分が行われ，④そのために納税者が経済的不利益を受けることになり，⑤納税者がその信頼に基づいて行動したことについて納税者の責めに帰すべき事由がない場合には，最判昭和 62・10・30 判時 1262 号 91 頁に照らし，信義則上，税務官庁は増額更正処分を行うことができなくなると解する余地がある[3]。そうすると，東京国税局は，かかる事態を避けるためにも公表の必要性があったということもできるかもしれない。

　なお，X₁，X₂ は，控訴審において，X₁ の広告が虚偽，誇大にわたる場合には，公正取引委員会（当時。以下同じ）に「不当表示」として通知して公正取引委員会による法執行に委ねるべきであり，不当景品類及び不当表示防止法（以下「景表法」という）上，「不当表示」に係る法執行の権限を有しない税務官庁が，不当表示である旨の情報提供を行うことは越権行為であるという主張も追加しているが，たとえ，公正取引委員会が景表法上，「不当表示」を取り締ま

---

3)　宇賀・前掲注 2) 44 頁以下参照。

る権限を有していたとしても，通知を受けた公正取引委員会が法執行にとりかかるか否かは定かではないし，仮にとりかかるとしても，実効ある規制がなされるまで相当の時間を要するであろうから，東京国税局として，自ら情報提供を行う必要があることは否定できないし，それが越権行為で許されないということにはならないと考えられる。

(5)　公表内容の真実性

　東京国税局の職員が Watto システムの税法上の取扱いについて，X1 のウェブサイトの内容の回答を行ったことはないという事実について真実性の証明があるといえるとした本判決の事実認定には合理性があるように思われるが，事実認定の問題であるので，ここでは立ち入らない。

(6)　公表手段の相当性

　X1 が，不特定多数の国民が閲覧できる自社のウェブサイト上において，東京国税局の承認を得ていると閲覧者に誤解を与えるような掲示をしていたのであるから，この誤解を回避するために東京国税局が行う公表としては，同じく不特定多数が閲覧可能な同局のウェブサイト上で行うことが最も効果的であり，公表手段としての相当性を肯定できよう。

(7)　公表内容の相当性

　東京国税局がそのウェブサイトで本件に関して掲示したのは，（ⅰ）X1 のウェブサイトにおいて，東京国税局が文書回答により同社の見解どおりに取り扱って差し支えない旨の回答を得たかのような記述がある，（ⅱ）東京国税局が税務上の取扱いについて，同社のウェブサイトの内容の回答を行ったことはない，の2点の事実のみである。X1 と取引をしないように呼びかけたり，X1 のウェブサイトにおける掲示について，「虚偽」「誇大」等の否定的表現を用いているわけでもない。本件公表の目的に照らし，過大な内容を公表したとはいえないように思われる。もっとも，Watto システムの税法上の取扱いについて注意を促せば足り，X1 の社名を掲示する必要があったか，社名の掲示の必要性が肯定されたとしても，代表取締役である X2 の氏名まで公表する必要があったか

336 第11章 国税局ウェブサイトへの注意文書の掲載と名誉毀損, 信用毀損

という点については検討が必要と思われる。X₁, X₂ は, 控訴審において, X₁, X₂ の名称, 氏名を掲示することなく, X₁ の URL のみ示せば足りたという主張も追加しているが, かかる情報提供を行う場合, 風評被害を防止するためには, どの会社のウェブサイトの記載に問題があるのかを納税者に明確に伝えることが望ましく, そのために, X₁ の会社名を掲示したことは許容されると思われる。また, 会社を特定するために, 代表取締役名を付すことは一般に行われており, 東京国税局が X₁ をより具体的に特定するために X₂ の氏名を掲示したことも許容限度内と思われる。確かに, 東京国税局のウェブサイトにおいて, X₁ のウェブサイトの URL を記載して, そこにアクセスするように誘導する方法もあるが, 東京国税局のウェブサイトにアクセスする者は, 誤解を与えるような会社のウェブサイトについての情報を得ようとしているわけではないのが通常と思われるので, 単に URL を記載してアクセスを誘導するよりも, 一瞥して, どの会社のウェブサイトにどのような問題のある記載がなされているのかを理解できるような表示をするほうが効果的であり, 本件のような表示の仕方が違法とまではいえないと考えられる。

(8)　手続保障

制裁目的の公表の場合には当然であるが, 情報提供目的の公表であっても, 実際には, 特定の者に大きな不利益を与えることがありうるので, 事前の手続保障が原則として必要になることは, O-157 事件で前掲大阪地判平成 14・3・15 が明確に指摘するところである。本判決もこのことを否定していない。しかし, (i)東京国税局は, X₁ に対し, 2003 (平成 15) 年 6 月 12 日当時の X₁ のウェブサイトに事実に反する部分があるとして当該部分の削除を求め, また, これが実行されない場合には, 東京国税局のウェブサイトにおいて X₁ の会社名および同社ウェブサイトが事実に反する旨を公開することを告知する警告を書面で送付していること, (ii)X₁ のウェブサイトが再開された後においても, 東京国税局の職員が X₂ に対し, X₁ のウェブサイトには納税者の誤解を招きかねない部分があるので, 当該部分の削除ないし訂正を要請していることに鑑み, X₁, X₂ において, 東京国税局の要請に従わなかった場合には同局がそのウェブサイト上において前記内容の注意文書を掲載することは十分に予測できたの

で，手続保障の精神は満たされていたというべきであると判示している。（ⅱ）については，相当な期間内に削除ないし訂正の要請に従わなければ，東京国税局のウェブサイトにおいて X₁ の会社名および同社ウェブサイトが事実に反する旨を公開することを告知する警告がなされたことは確認されていないようであるが，（ⅰ）において，かかる警告がなされており，（ⅰ）と（ⅱ）は一体としてとらえられるので，（ⅱ）についても，相当の期間内に削除ないし訂正の要請に従わなければ東京国税局のウェブサイトで前記のような掲示がなされることを X₁，X₂ は予見しえたという認定と思われ，そのことは首肯できる。

（9）　東京国税局のウェブサイトにおける掲載期間

　本件注意文書は，2004（平成 16）年 8 月 9 日から 2005（平成 17）年 2 月 2 日まで東京国税局ウェブサイトに掲載された。X₁ のウェブサイトから Watto システムについて，「取引等に係る税務上の取扱い等に関する事前照会」手続を終えている旨の記載が削除され，前記のような誤解が生ずるおそれがなくなったのは，同年 1 月 12 日である。そうすると，それ以後，同年 2 月 2 日まで，東京国税局が本件注意文書を同局のウェブサイトに掲載し続ける必要はなく，この期間の公表は違法ではないかという問題が生じうる。

　実際，名古屋地判平成 15・9・12 判時 1840 号 71 頁は，歯科医師の保険医登録取消処分等の記事が，保険医の再登録が可能となった後も，厚生省（当時）のウェブサイトに掲載し続けられた事案において，原告の本件取消処分から 2 年間の欠格期間経過後においては，本件記事をウェブサイトから削除するか，掲載を継続するのであれば，すでに欠格期間が経過していることが閲覧者に分かるような態様で掲載すべき注意義務があったにもかかわらず，かかる注意義務を懈怠して漫然と掲載を継続したことは違法として請求を一部認容していること，2006（平成 18）年の医師法改正で，厚生労働大臣は，医療を受ける者その他国民による医師の資格の確認および医療に関する適切な選択に資するよう，医師の氏名その他の政令で定める事項を公表するものとする旨の規定が新設され（同法 30 条の 2），医師の氏名以外の公表事項は，性別，医師の登録年月日，戒告（再教育研修を修了していない場合に限る），医業停止（停止期間が終了していないか，再教育研修を修了していない場合に限る）とされており（同法施行令 14 条）[4]，

338　第 11 章　国税局ウェブサイトへの注意文書の掲載と名誉毀損，信用毀損

懲戒処分については，その目的を達した場合には公表を終了する方針が採られていること，食品衛生法 69 条の規定に基づく同法または同法に基づく処分に違反した者の名称等のウェブサイトへの公表については，改善措置が図られたと認められる段階で，過去の情報を削除する運用になっていること[5]に照らすと，X₁ のウェブサイトから前記のような誤解が生ずるおそれのある記載が削除された後においても，本件注意文書が東京国税局ウェブサイトに掲載され続けたことは違法であるともいえそうである。

しかしながら，X₁ は，最初の警告書の送付を受けた後いったんは同社ウェブサイトを閉鎖したが，後に以前と同じく閲覧者に誤解を生じさせるようなウェブサイトの掲載を再開しているのであり，このような従前の経緯からすれば，同局において，前記同社ウェブサイト上問題となっている部分の削除がなされた後も，再び同社がウェブサイトの掲載内容を変更し，再度従前と同様に誤解を招く内容のウェブサイトを掲載する危険があると予測したとしても不合理とはいえず，X₁ に対して以後事実に反する内容の記載をしない約束を求め，それがなされるまでは本件注意文書の掲載を継続するという取扱いをしたとしても相当性を逸脱するとまではいえないと思われる。したがって，X₁，X₂ の訴訟代理人から東京国税局に対し，再度 X₁ がウェブサイトに事実に反する内容の掲載をした場合には，X₂ に注意する旨の申入れがなされた後の 2005（平成17）年 2 月 2 日まで本件注意文書の掲載を継続したことについても相当性がないとはいえないと考えられる。

(10)　違法性阻却

したがって，本件注意文書の掲載について，国家賠償責任は成立しないという本判決の結論は支持しうる。なお，本判決が名誉毀損の成立を認めた上で，違法性阻却事由の有無を検討しているのは，民事法的発想によるものであるが，そもそも，行政機関による公表の場合には，公表の目的が正当であり，公表の

---

4)　歯科医師法 28 条の 2，薬剤師法 28 条の 2 等，医師以外の医療職についても同様の改正がなされた。詳しくは樋口範雄＝岩田太編・生命倫理と法 II（弘文堂，2007 年）256 頁以下［宇賀克也執筆］参照。

5)　宇賀克也・情報公開と公文書管理（有斐閣，2010 年）238 頁参照。

必要性があり，公表内容が真実であり，公表態様ないし手段が相当であるなら
ば，公表行為は違法でないと構成すべきではないかと思われる。O-157 事件の
諸裁判例[6]も，同様の基準の下で，端的に公表行為が適法であったか否かを判
断している。行政機関は，国民に必要な情報提供を行う責務を有しており，責
務の履行として行われた公表であれば，たとえ，それにより関係者の名誉を毀
損したとしても，当該公表は適法と解すべきである。本件公表も，国税庁の責
務の履行として行われたものであって，行為規範を逸脱したものではないから，
端的に違法性を否定すれば足りると考えられる。

---

6) 宇賀克也・前掲注 5) 224 頁以下参照。

第12章

行政による食品安全に関する情報提供と国の責任
—— 東京高裁平成15年5月21日判決

1 はじめに

　食中毒等が発生した場合，食品の安全に関する情報を可及的速やかに国民に提供する必要がある。しかし，発生源について断定できるほどの情報はないが，ある程度の蓋然性で発生源を推定しうることも少なくないと思われる。かかる場合，行政機関は，風評被害を回避するために，発生源に関する情報の公表を見合わせるべきなのか，それとも，国民の安全を守るために，相当程度の蓋然性があれば，迅速に公表すべきなのかが問題になる。また，断定できない情報を公表する場合，風評被害をできる限り防止するため，どのような表現を用いるべきかも重要な問題である。本章では，この問題を考える好個の素材であるO-157事件を取り上げる。

2 事実の概要

　堺市において1996（平成8）年7月中旬ころ発生したO-157に起因する学童らの集団食中毒につき，厚生大臣（当時。以下同じ）が，貝割れ大根が原因食材とは断定できないが，その可能性も否定できないとする中間報告と，原因食材としては特定施設から同年7月7日，8日および9日に出荷された貝割れ大根が最も可能性が高いと考えられるとする最終報告を記者会見の方法で公表し，

342　第 12 章　行政による食品安全に関する情報提供と国の責任

これにより，貝割れ大根が上記食中毒の原因食材であり，貝割れ大根一般の安全性に疑問があるかのような印象を与え，貝割れ大根の売上げが激減したとして，X₁（日本かいわれ協会―原告・控訴人）および X₁ の構成員で貝割れ大根の生産，販売等を業とする X₂ ら（原告・控訴人）が，国家賠償請求を行った。

　一審の東京地判平成 13・5・30 判時 1762 号 6 頁（以下「原判決」という）[1]は，本件各公表には，法律の明示の根拠は不要であり，また，本件各公表は法の趣旨に沿ったものであり，公表の必要性，合理性も認められ，公表の方法の相当性も認められるとして，請求を棄却した。そこで，X らが控訴したところ，東京高判平成 15・5・21 判時 1835 号 77 頁（以下「本判決」という）[2]は，以下のように判示した。

3　判　旨

　「本件において，厚生大臣が，記者会見に際し，一般消費者及び食品関係者に『何について』注意を喚起し，これに基づき『どのような行動』を期待し，『食中毒の拡大，再発の防止を図る』目的を達しようとしたのかについて，所管する行政庁としての判断及び意見を明示したと認めることはできない。かえって，厚生大臣は，中間報告においては，貝割れ大根を原因食材と断定するに至らないにもかかわらず，記者会見を通じ，前記のような中間報告の曖昧な内容をそのまま公表し，かえって貝割れ大根が原因食材であると疑われているとの誤解を広く生じさせ，これにより，貝割れ大根そのものについて，O-157 による汚染の疑いという，食品にとっては致命的な市場における評価の毀損を招き，全国の小売店が貝割れ大根を店頭から撤去し，注文を撤回するに至らせたと認められる。」

---

1)　原判決について，阿部泰隆・判自 236 号 114 頁，久保茂樹・自治研究 79 巻 1 号 122 頁，藤原静雄・判評 529（判時 1806）号 168 頁，瀬川信久・判タ 1107 号 69 頁，澁谷勝海・平成 13 年行政関係判例解説 288 頁参照。

2)　本判決について，村上裕章・行政情報の法理論（有斐閣，2018 年）112 頁，横田光平・平成 15 年度重判解（ジュリ臨増 1269 号）44 頁，鈴木秀美・法時 75 巻 12 号 68 頁，森淳子・ひろば 57 巻 4 号 75 頁参照。

4　検　討

(1)　本判決の意義

　本件は，食品に起因する危害が発生した場合，食品安全に関する情報の行政
機関による国民への公表が違法となるかが国家賠償請求訴訟において争われた
事案であり，クライシス・コミュニケーションの在り方が正面から問われた点，
また，上記食中毒の原因食材を生産した可能性があるとされた特定施設の生産
業者ではなく，風評被害を受けた X らが提訴した事案であり，風評被害を避
けるための情報公表の在り方が争点になった点において，注目されるものであ
る。薬害事件等において，情報公表の遅滞を批判されてきた厚生省（当時）が，
生産者の利益よりも消費者の利益を優先して，早期に公表に踏み切ったことは
画期的であったが，結果として国家賠償責任が認められることになった。この
事件をめぐって，食中毒の疫学調査の在り方，報告のタイミング，公表の方法
等，多岐にわたる問題の所在が明らかになり，理論と実務の双方において，大
きな影響を与えた事案であったといえる。

(2)　関連裁判例

　原因食材を生産した可能性があるとされた特定施設の生産業者は，別途，損
害賠償請求訴訟を提起しており，これについては，大阪地判平成 14・3・15 判
時 1783 号 97 頁が，中間報告の公表は相当性を欠き違法であり，最終報告につ
いては，内容も公表の方法も，相当性を欠き違法であるとし，請求を一部認容
している。そして，その控訴審の大阪高判平成 16・2・19 訟月 53 巻 2 号 541
頁も，同様の理由で控訴を棄却している。この大阪高判平成 16・2・19 に対し
ても，風評被害を受けた X らが提訴した本件訴訟における控訴審判決である
本判決に対しても，上告受理の申立てがなされたが，最決平成 16・12・14 判
例集未登載は，上告を受理しない旨の決定を行い，両高裁判決が確定している。

(3)　疫学調査

　本件各調査においては，本件特定施設の水や土壌，種子からは O-157 の菌

344　第 12 章　行政による食品安全に関する情報提供と国の責任

が検出されず，汚染源，汚染経路については，生産過程，流通過程を含め，解明されなかった。そのため，そもそも疫学調査の方法が適切であったかも争点になった。前掲大阪地判平成 14・3・15，前掲大阪高判平成 16・2・19 は，本件各調査の疫学的方法を批判し，問題のある調査を基礎とした最終報告の記述内容自体，相当性を欠き違法としたのであるが，本判決は，本件各報告が基礎とした疫学的な調査は適切で，本件各報告における判断を合理的なものと認めた原判決を是認すべきものと判示している。もっとも，本判決は，本件各報告の結論には合理性を認めうるとしたものの，結論に至る検討には不十分な点があったことを指摘する。すなわち，本件特定施設から出荷された貝割れ大根の総量と学校給食に納入された量とを比較すると，出荷量の 95％ 超を占める出荷先からは発症の報告が皆無に近く，本件集団下痢症が学校関係者に大量発生したことは，学校給食を含む流通の過程が大きく寄与した疑いを抱かせ，貝割れ大根の汚染の事実に疑問を抱かせるとし，学校給食に関してのみ本件集団下痢症が大量発生した原因についての検討が不足していることを批判しているのである。

(4)　公表の法的根拠

　本判決は，原判決と同様，本件のような公表には法的根拠は不要とする。すなわち，本件各報告の公表については，当時，これを許容し，または命ずる規定がなかったが，関係者に対し，行政上の制裁等，法律上の不利益を課すことを予定したものでないので，法的根拠は不要であるとするのである。国または地方公共団体の機関による公表には，制裁を目的としたり，義務履行を確保するための間接強制手段として行われるものもあり，かかる場合には，法律または条例の留保が及ぶとするのが，今日の通説となっている。本判決も，本件公表が，行政上の制裁等，法律上の不利益を課すことを予定したものでないと述べていることから，制裁目的や義務履行確保を目的とする公表には，法律または条例の留保が及ぶとする通説の立場を前提としていると思われる。しかし，本件各報告の公表は，そのような目的で行われたわけではなく，本判決の認定によれば，国民の不安感を除去するとともに，一般消費者や食品関係者に対して注意を喚起することによって，食中毒の拡大・再発の防止を図ることを目的

345

とするものである。かかる場合の公表については，法的根拠は不要とするのが，わが国の通説の立場であり，本判決も同様の立場をとっている。もっとも，ドイツの連邦行政裁判所の判例には，情報提供型の公表についても法的根拠が必要としたものがある。わが国においても，情報提供型の公表一般について，法的根拠が不要と考えてよいかについては疑問を留保する見解がある[3]。なお，現在では，消費者安全法38条1項により，所定の要件が満たされる場合，内閣総理大臣に消費者事故等情報の公表が義務付けられている。

(5)　公表の違法性の判断基準

公表の違法性の判断基準について，本判決は，公表は，目的，方法，生じた結果の諸点から，是認できるものであることを要し，これにより生じた不利益につき，注意義務に違反するところがあれば，国家賠償法1条1項に基づく責任が生じることは避けられないとする。「生じた結果の諸点」という表現からは，結果の重大性を念頭に置いているとも読みうる。かつては，行政機関による公表についても，私人間の名誉毀損に係る不法行為の成立要件をそのまま当てはめようとする裁判例が主流であったが，私人間の名誉毀損に係る不法行為の成立要件は，表現の自由と名誉権の調整を図るものであるのに対し，行政主体は表現の自由の享有主体ではなく，また，国民（住民）に対する説明責任を負う主体であるから，私人間の名誉毀損に係る不法行為の成立要件とは異なる基準で違法性が判断されるべきことは，かねてより少なからぬ学説の指摘するところであった。本判決において，この学説の立場が支持されたとみることができると思われる。

(6)　中間報告の公表

本判決は，厚生大臣が，最終報告を待たず，中間報告を公表したことは，調査結果について，いまだ最終結論を得るに至っていない制約と目的を的確に意識し，情報を選別して公表し，それが適切，相当である限り，格別には違法の問題は生じないとする。消費者事故情報公表の迅速性と正確性のトレードオフ

---

3)　久保・前掲注 1)127 頁参照。

346 第 12 章 行政による食品安全に関する情報提供と国の責任

の関係を適切に処理するためには，多段階的公表が重要となり[4]，本判決の上記指摘は適切であろう。

(7) 公表の方法

本判決は，調査報告書の内容を正確に伝えるだけの，いわば取捨選択および評価を情報の受領者に委ねる方法によっては，食中毒の拡大および再発防止の目的は必ずしも達成されないとし，判旨に掲げたように，所管する行政庁としての判断および意見を明示すべきであったのにそれを行わなかったことは相当性を欠き違法としている。本判決は，特定施設以外の業者が生産する貝割れ大根は疑われていないことを強調すべきであったと考えていると思われるが，記者会見において，報道関係者において他の大阪府内の業者に迷惑が及ばないように配慮を求めるなど，本件特定施設の貝割れ大根が疑われていることを前提とする応答がされている。しかし，本判決は，それでは不十分であり，中間報告後，内閣官房長官が貝割れ大根全般に言及したものではないとして報道機関に慎重な対応を求めたり，厚生大臣が国会において，中間報告は，本件特定施設が生産した貝割れ大根を対象とするもので，貝割れ大根全般について言及したものではない旨を公表し，報道関係者の面前において貝割れ大根を生で食べたり，農林水産省が，小売団体等に対し冷静な対応を求める通知を出したことも，中間報告の公表方法の瑕疵を治癒するものではないとする。なお，本判決は，Ｘらが主張する損害は，中間報告の公表により生じたと認められ，最終報告の公表により生じたと認めうる部分は見当たらないとして，最終報告の当否については判断していない。

(8) 損 害

本判決は，Ｘらが主張する損害が，全て国の注意義務違反によるものと認めることはできないとして，貝割れ大根の売上げ減少等を理由とする損害は認めず，その扱う商品である貝割れ大根の市場における評価，信用を毀損させたこ

---

4) 消費者事故情報公表の法的論点に関する研究会「消費者事故情報公表の法的論点の整理」（2009〔平成 21〕年 9 月 28 日）論点 2 参照。

とによる損害を認め，それは，本判決により厚生大臣の公表に違法性があると
判断されることにより，大部分は回復されるものであると認められるとし，X
ら各自について100万円（100万円以下の請求をする者については請求額）の賠償
を認めている。本判決が逸失利益の賠償を認めなかったのは，因果関係がある
とはいえないということを理由としているようであるが，中間報告の公表方法
が相当でなかったために風評被害が生じたとする認定と整合するのか明確でな
い。

（9）　損失補償

　控訴審において，Xらは，憲法29条3項の規定に基づく損失補償請求も追
加した。しかし，国が請求の追加に同意しなかったため，本判決は，最判平成
5・7・20民集47巻7号4627頁に従い，損失補償に係る請求は不適法として
却下している。

第13章

公文書管理

第1節　意思形成過程の文書作成と情報公開

1　行政手続法・行政手続条例における透明性の向上

　1993（平成5）年に制定された行政手続法は，その目的規定において，行政運営における公正の確保と透明性の向上を明記した。わが国の法律において，「透明性」という文言が用いられたのは初めてであり，そのため，透明性については，「行政上の意思決定について，その内容及び過程が国民にとって明らかであることをいう」と定義された（同法1条1項）。ここで重要なのは，行政上の意思決定の内容のみならず，その過程も国民にとって明らかにする必要が明記されたことである。同法は審査基準を作成し公にしておく義務，処分基準を作成し公にしておく努力義務，行政指導指針を定め公表する義務について定めた。これにより，従前は内規として公にされないことが多かった審査基準，処分基準，行政指導指針を国民が知ることができるようになり，処分，行政指導の意思決定過程の透明性が向上することになった。

　1999（平成11）年3月23日に「規制の設定又は改廃に係る意見提出手続」が閣議決定され，規制に限定されているとはいえ，政令，府省令，告示，審査基準，処分基準，行政指導指針の策定過程において案等を公表し，これに対し

350　第13章　公文書管理

て提出された意見・情報を考慮して意思決定を行う意見提出手続が定められた。
さらに，2005（平成17）年の行政手続法改正で，規制に限定せず，意見公募手
続（いわゆるパブリック・コメント手続）が法定化されることになった（これに伴
い前記の「規制の設定又は改廃に係る意見提出手続」は廃止された）。これにより，
行政立法の過程における原案が事前に公表され，それに対して何人も意見を述
べることができるようになり，かつ，提出された意見をどのように考慮したか
も公表されるようになったことは，行政立法過程の透明性を向上させる意義を
有する。

　なお，行政手続法の規定は，地方公共団体の機関が行う条例または規則に基
づく処分，地方公共団体の機関に対する条例または規則に基づく届出，地方公
共団体の機関が行う行政指導，地方公共団体の機関が行う命令等を定める行為
については適用されないが（同法3条3項），普通地方公共団体はほぼ全て（特
別地方公共団体についても特別区は全て），行政手続法に準じた行政手続条例を制
定している[1]。

2　審議会等の公開

　従前は，審議会等は非公開で議事録も公表されず，答申・報告書のみが公開
される例が多かったが，1995（平成7）年9月29日に「審議会等の透明化，見
直し等について」が閣議決定され，（i）会議または議事録を速やかに公開する
ことを原則とし，議事内容の透明性を確保すること，特段の理由により会議お
よび議事録を非公開とする場合には，その理由を明示するとともに，議事要旨
を公開すること，（ii）議事録および議事要旨の公開に当たっては，所管府省に
おいて一般の閲覧，複写が可能な一括窓口を設けるとともに，一般のアクセス
が可能なデータベースやコンピュータ・ネットワークへの掲載に努めることと
された。1998（平成10）年に制定された中央省庁等改革基本法においては，

---

[1]　行政手続条例の中には，行政手続法と異なる独自の工夫を行ったものもあるが，それら
　については，宇賀克也・自治体行政手続の改革（ぎょうせい，1996年）65頁以下参照。地
　方公共団体におけるパブリック・コメント手続の条例化の例について，同編著・改正行政手
　続法とパブリック・コメント（第一法規，2006年）63頁以下参照。

「会議又は議事録は，公開することを原則とし，運営の透明性を確保すること」
（同法 30 条 5 号）とされ，会議または議事録の原則公開が，法律上の義務にな
った。今日では，審議会等の議事録のウェブサイトでの公表は一般化している。

　さらに，中央省庁等改革基本法 50 条 2 項は，「政府は，政策形成に民意を反
映し，並びにその過程の公正性及び透明性を確保するため，重要な政策の立案
に当たり，その趣旨，内容その他必要な事項を公表し，専門家，利害関係人そ
の他広く国民の意見を求め，これを考慮してその決定を行う仕組みの活用及び
整備を図るものとする」と規定しており，行政手続法が定める命令等の制定過
程における意見公募手続以外についても，パブリック・コメント手続が広範に
行われるようになっており，審議会等の中間報告や最終報告書に対するパブリ
ック・コメント手続がとられることも多くなっている。

3　情報公開法・情報公開条例による説明責任の確保

　わが国では，先進的な地方公共団体が国に先駆けて情報公開条例を制定して
きたが，1999（平成 11）年に行政機関の保有する情報の公開に関する法律（以
下「行政機関情報公開法」という）が制定された。同法は，「政府の有するその諸
活動を国民に説明する責務が全うされるようにする」（1 条）と定めている。こ
れが契機となり，説明責任という言葉が人口に膾炙するようになった。行政機
関情報公開法が政府の説明責任を明記したことの意義は大変大きい。

　ここで重要なのは，開示請求の対象になる「行政文書」が，「行政機関の職
員が職務上作成し，又は取得した文書，図画及び電磁的記録……であって，当
該行政機関の職員が組織的に用いるものとして，当該行政機関が保有している
ものをいう」（同法 2 条 2 項柱書本文）と定義されたことである。従前の情報公
開条例においては，開示請求の対象になる行政文書ないし公文書は，決裁また
は供覧の手続を終了したものに限るのが一般的であった。しかし，それでは意
思形成過程の情報がほとんど開示されないことになってしまう。行政機関情報
公開法は，「国民の的確な理解と批判の下にある公正で民主的な行政の推進に
資すること」（1 条）を目的としているが，この目的を実現するためには，意思
形成が終了してしまった後に行政文書が開示されても手遅れになることが多い。

352　第13章　公文書管理

意思形成過程の行政文書が開示されてこそ，国民は，意思形成過程を監視し，その過程に参加することが可能になるのである。行政機関情報公開法が，決裁，供覧という事案処理手続が終了していない文書であっても，組織共用文書であれば開示請求の対象にしたことは，意思形成過程の情報を公開する上で，画期的な意味を持っていたといえる。

　もとより，意思形成過程の行政文書を開示した場合，特定の者がそれにより不当に利益を得たりする弊害が生ずる場合はありうるが，それに対しては，適切な不開示規定を定めれば足りるのであって，意思形成過程の文書を開示請求の対象から除外する理由にはならない。

　2001（平成13）年には，独立行政法人等の保有する情報の公開に関する法律（以下「独立行政法人等情報公開法」という）も制定された。その後，情報公開条例未制定の地方公共団体においても情報公開条例の制定が進み，また，すでに情報公開条例を制定していた地方公共団体においても，行政機関情報公開法に準じた条例への改正が行われていった。2017（平成29）年10月1日現在，普通地方公共団体はほぼ全て（特別地方公共団体についても特別区は全て）が，情報公開条例を制定している。現行の情報公開条例においては，行政機関情報公開法に準じて，開示請求対象文書を組織共用文書とするのが一般的になっている。

4　公文書管理法による説明責任の確保

　行政機関情報公開法の要綱案を作成した行政改革委員会行政情報公開部会は，情報公開と文書管理を車の両輪と位置付けていた。行政文書の開示請求をしても，行政文書が存在しなければ，文書不存在を理由とする不開示決定がされることになるからである。従前は，府省大臣の訓令による文書管理規則が存在するのみであり，同一の種類の行政文書であっても，府省により保存期間が異なる等の不統一がみられたため，行政機関情報公開法施行令により，文書管理の基本的事項を統一的に定め，それに基づいて，各行政機関の長が文書管理規則を定めることになった。

　さらに，2009（平成21）年に公文書等の管理に関する法律（以下「公文書管理法」という）が制定された。同法が，目的規定（1条）において，公文書等を

第1節　意思形成過程の文書作成と情報公開　　353

「健全な民主主義の根幹を支える国民共有の知的資源」であり，「主権者である
国民が主体的に利用し得るもの」として位置付けたこと，「国及び独立行政法
人等の有するその諸活動を現在及び将来の国民に説明する責務が全うされるよ
うにする」と定めたことの意義は大きい。

　同法は，行政機関における経緯も含めた意思決定に至る過程ならびに当該行
政機関の事務および事業の実績を合理的に跡付け，または検証することができ
るよう，処理に係る事案が軽微なものである場合を除き，（ⅰ）法令の制定また
は改廃およびその経緯，（ⅱ）前記（ⅰ）に定めるもののほか，閣議，関係行政機
関の長で構成される会議または省議（これらに準ずるものを含む）の決定または
了解およびその経緯，（ⅲ）複数の行政機関による申合せまたは他の行政機関も
しくは地方公共団体に対して示す基準の設定およびその経緯，（ⅳ）個人または
法人の権利義務の得喪およびその経緯，（ⅴ）職員の人事に関する事項，その他
の事項について，文書を作成しなければならないと定めている。ここで重要な
のは，「経緯も含めた意思決定に至る過程」を合理的に跡付け，または検証す
ることができるように文書を作成することが義務付けられたことである。公文
書管理法施行前は，行政文書の作成については，行政機関情報公開法施行令
（平成22年政令第250号による改正前のもの）16条1項2号柱書において，「当該
行政機関の意思決定に当たっては文書……を作成して行うこと並びに当該行政
機関の事務及び事業の実績について文書を作成することを原則」とする旨定め
られていた。そこでは，行政機関の意思決定についての文書を作成することは
定められていたものの，意思形成過程の文書作成義務については定められてい
なかった。公文書管理法が，意思形成過程の文書作成義務について定めたこと
の意義は大きい。

　公文書管理法は，地方公共団体が保有する文書には適用されないが，地方公
共団体に対して，同法の趣旨にのっとり必要な措置を講ずる努力義務を課して
いる（同法34条）。公文書管理法制定前に少数の地方公共団体において文書管
理条例が制定されていたが，それらは，現用文書の管理について定めたもので
あり，現用文書と非現用文書の双方を含めた文書のライフサイクル全体につい
ての管理法ではなかった。公文書管理法制定後，同法の趣旨にのっとり，非現
用文書も含めた公文書管理条例に改正した例（大阪市）があり，また，徐々に

354 第13章 公文書管理

ではあるが，公文書管理条例を制定する地方公共団体が増加しつつある[2]。

5 文書不存在

(1) 解釈上の不存在

　以上のように，意思形成過程の文書を作成し，パブリック・コメント手続により公表したり，情報開示請求に応じて開示する仕組みは，国のレベルでは相当程度整備されている。地方公共団体においては，公文書管理条例の制定率はなお高いとはいえないものの，通常，重要な意思形成過程においては文書が作成されているから，情報開示請求を行うことにより開示させる可能性は存在する。しかし，実際には，意思形成過程の文書の開示請求を行っても，不存在を理由とする不開示決定がされることがある。

　不存在の中には，解釈上の不存在と呼ばれる類型があるので，まず，これについて説明することとする。これは，文書自体は物理的に存在するが，情報公開請求の対象にはならないので，対象文書は不存在とするものである。情報公開条例においても，対象文書は一般に組織共用文書であるから，職員の個人的メモであって組織として共用されていない場合，当該文書は開示請求対象文書ではないので，他に組織共用文書がない場合，不存在を理由とする不開示決定がされることになる。もっとも，組織共用文書に当たるものが，実施機関により個人的メモであると誤って解釈されて不開示決定を受ける可能性がある。その場合には，行政不服審査法に基づく審査請求を行えば，各地方公共団体に置かれている情報公開審査会[3][4]は，実際に当該文書を見分して，当該文書が上

---

2)　公文書管理条例制定の動向とその内容については，宇賀克也・逐条解説 公文書等の管理に関する法律〔第3版〕（第一法規，2015年）277頁以下参照。

3)　地方公共団体によっては，個人情報保護条例に基づく不開示決定等に対する審査請求に係る諮問も受けるため，情報公開・個人情報保護審査会としているものもあり，相模原市のように，公文書管理条例に基づく利用決定等に係る審査請求がなされた場合に諮問を受ける役割も兼務する情報公開・個人情報保護・公文書管理審査会としているものもある。また，栃木県，東京都狛江市のように，既存の情報公開審査会，個人情報保護審査会を拡充改組して，行政不服審査会とした例もある。

4)　国では，総務省に情報公開・個人情報保護審査会が置かれている。

司や同僚等も閲覧し組織として共用したといえるかについて審理することになるので，仮に組織共用文書であるにもかかわらず，個人的メモであるとして不開示決定が行われた場合，情報公開審査会の答申で，当該決定が違法または不当であるとされる可能性が高い。答申には法的拘束力はないが，審査庁が情報公開審査会の答申と異なる内容の裁決を行う場合には，異なることとなった理由を記載しなければならず（行政不服審査法 50 条 1 項 4 号），審査会の答申理由以上に説得力のある理由を示さなければ，理由提示の不備という瑕疵が裁決の取消事由になるので，答申に従わないことは困難であろう。また，解釈上の不存在による不開示決定を受けた者は不開示決定の取消訴訟を提起することもできる。この場合，現行法上，裁判所が開示請求対象文書を見分することはできないとするのが判例法であるが（最決平成 21・1・15 民集 63 巻 1 号 46 頁），当該文書が組織共用文書でないことの主張立証責任は，被告となる地方公共団体が負うと解される[5]。

(2) 物理的不存在

文書不存在の中には，物理的不存在もある。これは，そもそも文書が作成されていなかったり，作成されたが保存期間が満了して廃棄されたり，紛失したりした場合である。物理的不存在を理由とする不開示決定がされた場合にも，行政機関の長は，不開示決定の理由を提示しなければならないから，「○年△月□日に作成したが，▽年◇月◆日に保存期間が満了したので廃棄した」等の理由を提示する義務を負うことになる。物理的不存在を理由とする不開示決定がされた場合であっても，開示請求者は，不開示決定に対して審査請求を行ったり，取消訴訟を提起したりすることができる。情報公開審査会や裁判所は，作成していないことによる不存在の場合には，法令等で作成義務が課されていないか，作成義務が課されていないにしても，同種の文書を作成する慣行になっていないか等を審査することになり，廃棄による不存在の場合には，保存期間が満了しているか，文書廃棄簿で廃棄の事実を確認できるか等を審査するこ

---

[5]　解釈上の不存在に関する裁判例について，宇賀克也・情報公開・個人情報保護——最新重要裁判例・審査会答申の紹介と分析（有斐閣，2013 年）289 頁参照。

とになる。物理的不存在の場合には，文書の存在が開示請求権発生の要件になるため，開示請求者である原告が，その存在について主張立証責任を負うとするのが判例の立場である（最判平成 26・7・14 判時 2242 号 51 頁）。具体的には，原告は，①過去のある時点において，当該行政機関が作成または取得により，当該文書を保有するに至り，②その保有状態が開示請求時点まで継続していることを主張立証しなければならない。原告が①を主張立証した場合，②が事実上推認されるかについては，当該行政文書の内容や性質，その作成または取得の経緯や上記不開示決定時までの期間，その保管の体制や状況等に応じて，その可否を個別具体的に検討すべきというのが上記判例の立場である。

6　現行法における文書不存在への対応

(1)　文書作成

内閣官房に置かれた「行政文書の管理の在り方等に関する検討チーム」が 2017（平成 29）年 9 月 19 日にまとめた「行政文書の管理において採るべき方策について」（以下「検討チームとりまとめ」という）において，行政文書に当たる紙文書については，文書管理者による確認の上，共用の保存場所（ファイリングキャビネット，書棚等）に保存し，個人的な執務の参考資料等については，職員各自の机の周辺のみに置くことを徹底するとされ，行政文書に該当する電子文書についても，文書管理者による確認の上，共用の保存場所（共有フォルダ等）に保存し，個人的な執務の参考資料等については，当該職員のみがアクセス可能な個人フォルダに置くことを徹底するとされている。これは，組織共用文書と個人文書が紛れないようにという観点からの対策であって，共用の保存場所に保存されていなければ，組織共用文書に当たらないことを意味するものではないことはいうまでもない。組織共用文書であれば，それを共用の保存場所に移すことが懈怠されていても，行政文書として位置付けなければならない。

検討チームとりまとめにおいて注目されるのは，意思形成過程や事務および事業の跡付け・検証を適切に行えるようにするため，方針変更の経緯が分かる文書など必要な行政文書が適切に保存される必要があるが，その場合，行政文

書の位置付け等を明らかにしておくことが重要であり，（ⅰ）検討や内容確認等の過程で随時内容が更新される行政文書については，確定した方針等に係る行政文書との区別を図る観点から，例えば「○○課長説明資料」「○○局議説明資料」等，更新のどの過程にある文書であるかを明示する，（ⅱ）当該行政文書の作成時点や作成担当を判別できるよう，日付やクレジット（「○○課」「○○係」）等を付すとされていることである。これが徹底されれば，行政文書か否かの明確化に資することになろう。

　検討チームとりまとめにおいては，公文書管理法4条の趣旨を徹底する観点から，行政機関内部の打合せや行政機関外部の者との折衝等を含む，同条に掲げる事項および「行政文書の管理に関するガイドライン」（2011〔平成23〕年4月1日内閣総理大臣決定。以下「ガイドライン」という）別表第1に掲げる事項に関する業務に係る政策立案や事務および事業の実施の方針等に影響を及ぼす打合せ等（以下「打合せ等」という）の記録については，文書を作成すること，ガイドライン別表第1は，各行政機関に共通する業務を類型化した上で，行政機関が作成すべき行政文書の具体例を示しているが，それ以外の業務についても類型化が可能なものについては，各行政機関の文書管理規則の別表第1に追加することとされている。現行のガイドライン別表第1においては，法令の制定・改廃の経緯に係る「各省への協議案」，「関係団体・関係者のヒアリング」等が作成すべき行政文書の具体例として明示されているが，それに限らず，上記の打合せ等についての文書を作成する方針が徹底されれば，意思形成過程の文書の物理的不存在を減少させることができよう。

(2) 文書保存

　行政文書が作成されても，それが廃棄されることによって物理的不存在となることがあり，それへの対応も考える必要がある。最も大きな問題は，保存期間1年未満の文書である。公文書管理法は，行政文書ファイル等の管理を適切に行うため，行政文書ファイル等の分類，名称，保存期間，保存期間の満了する日，保存期間が満了したときの措置および保存場所その他の必要な事項（行政機関情報公開法5条に規定する不開示情報に該当するものを除く）を行政文書ファイル管理簿に記載することを行政機関の長に義務付けているが（7条1項本文），

358　第13章　公文書管理

1年未満の保存期間が設定された行政文書ファイル等については，この限りで
ないとしている（同項ただし書，同法施行令12条）。行政機関の長は，行政文書
ファイル管理簿の記載状況その他の行政文書の管理の状況について，毎年度，
内閣総理大臣に報告しなければならず（公文書管理法9条1項），行政機関（会計
検査院を除く）の長は，保存期間が満了した行政文書ファイル等を廃棄しよう
とするときは，あらかじめ，内閣総理大臣に協議し，その同意を得なければな
らないので（同法8条2項），行政文書ファイル管理簿等に記載された行政文書
ファイル等については，廃棄に当たり，内閣総理大臣（実際には内閣府大臣官房
公文書管理課）がチェックする仕組みが存在する。また，行政文書ファイル管
理簿はインターネットで公表されるので（同法7条2項，ガイドライン第6〔行政
文書ファイル管理簿〕1〔行政文書ファイル管理簿の調製及び公表〕(2))，国民も容易
にその存在を知ることができる。しかし，1年未満の保存期間が設定された行
政文書については，内閣総理大臣への報告義務もないし，国民もその存在を知
ることができない。ガイドライン第4（整理）3（保存期間）(4)では，公文書
管理法2条6項の歴史公文書等に該当するとされた行政文書にあっては，1年
以上の保存期間を定めるものとされているが，歴史公文書等とは，「歴史資料
として重要な公文書その他の文書」であり，その範囲が必ずしも明確でないた
め，実際には歴史公文書等に当たるものが，行政機関の長により，1年未満の
保存期間とされてしまうことはありうる。そこで，内閣府公文書管理委員会に
おいて，保存期間1年未満の行政文書の扱いについて審議がなされ，①行政が
適正かつ効率的に運営され，国民に説明する責務が全うされるよう，合理的な
跡付けや検証に必要となる文書については，原則として1年以上の保存期間を
設定する必要があること，②定型的・日常的な業務に関する行政文書であって
歴史的重要性を有しないものについては，保存期間を1年未満とすること，③
課室単位の固有の業務に関するものについては，可能な限り具体的な業務内容
を標準文書保存期間基準に記載するとともに，全ての標準文書保存期間基準を
公表すること，④上記③に拠り難いものは歴史公文書等に該当しないかを文書
管理者が厳正に確認した上で，別途定める指定廃棄日に一括して廃棄し，どの
ような業務に係るものを廃棄したのかを記録しておくこと等，についてガイド
ラインに位置付ける方針が決定された。これは，内閣府大臣官房公文書管理課

第1節 意思形成過程の文書作成と情報公開 359

が2017（平成29）年9月に行った調査によると，保存期間1年未満の行政文書について，細則等において定めているもの，標準文書保存期間基準において定めているもの（その双方に定めがあるものもある），何らの定めがないものに分かれており，統一的な取扱いがされていないが，ガイドライン改正を受けて，各行政機関の長が行政文書管理規則を改正することによって，1年未満の保存期間の行政文書について，政府全体で統一のとれた取扱いを確保し，歴史公文書等に1年未満の保存期間が設定されることを防止することを意図したものである。この方針に沿って，ガイドラインが2017（平成29）年12月26日に改正された。この改正の最大のポイントは，1年未満の保存期間の設定を恣意的に行えないように，その裁量を限定するとともに，透明性の向上を図ったことにある。これを受けて，各府省の行政文書管理規則が改正され，2018（平成30）年4月1日から，改正行政文書管理規則が施行されている。

　文書保存の問題は，保存期間が1年未満の行政文書に限られない。総務省行政評価局が行った「公文書管理に関する行政評価・監視」の調査結果および勧告（以下「行政評価・監視結果」という）が2017（平成29）年9月20日に公表されたが，それによると，2014（平成26）年に公布された12府省の25法律に係る本省保有文書を調査したところ，法律の制定・改廃に関する文書につき，保存期間が30年と設定されるべきところ，10年とされている文書があり，この中には，各府省の文書管理者が定める基準が誤っているもの（2府省の3文書），基準どおりに保存期間が設定されていないもの（2府省の2文書）があった。また，2012（平成24）年から2013（平成25）年に採択された3府省の17事業に係る地方支分部局保有文書について調査した結果，公共事業の実施に関する文書については，保存期間が「事業終了の日に係る特定日以後5年又は事後評価終了の日に係る特定日以後10年のいずれか長い期間」が保存期間として設定されるべきところ，これと異なる保存期間（1年，3年，10年等）が設定されていた例があり，この中には，各府省の文書管理者が設ける基準が誤っていたもの（2府省の8事業），基準どおりに保存期間が設定されていないもの（2府省の3事業）が存在した。このように本来の保存期間よりも短い保存期間が誤って設定された結果，本来ならなお保存されているはずの行政文書が廃棄されて不存在となってしまうこともありうるのである。総務大臣から勧告されていると

おり，文書管理者が定める保存期間に関する基準に誤りがないかを確認し，誤っている場合には，基準を見直すとともに，見直した基準に基づき行政文書の保存期間を設定することが必要である。

7　文書の保存状況

（1）長期間保存文書

　行政文書が作成され保存されていても，当該文書を読むことができなければ意味がない。したがって，文書の保存状況も重要である。行政評価・監視結果によると，ガイドラインにおいて，原則として国立公文書館等に移管することとされている 1952（昭和 27）年度までに作成または取得された文書について，14 府省・12 地方支分部局の 137 ファイル（1 機関当たり 5 ファイル程度）を抽出して調査した結果，文字情報を損ねるような破損のあるもの（7 府省の 17 ファイル），褪色により文字が読めなくなっているもの（6 府省の 7 ファイル），綴じられた簿冊の製本がゆるみ，ページが外れ，散逸のおそれがあるもの（5 府省の 15 ファイル）が発見された。これらの文書については，温度・湿度・照度管理が適切になされていない書庫等で保存され，半数以上が年 1 回の利用もなく，保存期間満了日は 10 年以上先であり，また，点検・監査による保存状態の確認も行われていなかった。これらの行政文書が国立公文書館等に早期に移管されていれば，国立公文書館等では温度・湿度・照度管理を適切に行うことが確保されているので，上記のような遺憾な事態は避けられたのではないかと思われる。行政文書を国立公文書館等に移管しても，移管元行政機関による利用の特例（公文書管理法 24 条）が認められており，その利用に支障はないので，利用頻度が極めて低い行政文書は，早期に国立公文書館等へ移管することが期待される。

　また，行政評価・監視結果によると，長期間にわたり保存されている電子文書について，外部媒体に保存されている 185 ファイルを抽出して調査したところ，ワープロ専用のフロッピーディスクであったためデータを閲覧することができないものが存在した（3 府省の 5 ファイル）。このように長期間にわたり記録媒体に保存されている電子文書については，利活用が可能かを確認し，利活

用できないときは対策を講ずる必要がある。内閣府公文書管理委員会が 2016（平成 28）年 3 月 23 日にまとめた「公文書管理法施行 5 年後見直しに関する検討報告書」においては，電子中間書庫について検討する必要が指摘されているが，電子文書の長期保存のための媒体変換等を電子中間書庫で行う仕組みも検討すべきと思われる。

(2)　引継文書

　行政文書自体は存在しても，引継手続が適切に行われないと，行政文書ファイル管理簿への記載やその公表ができず，結果として，国民の当該文書へのアクセスができなくなるおそれがある。行政評価・監視結果によると，2011（平成 23）年 4 月 1 日に公文書管理法が施行された後，①行政機関の新設，②行政機関間の事務移譲，③所管する独立行政法人の廃止，④国から都道府県への権限移譲による文書の引継ぎを行った 14 府省の 26 事例を抽出して引継手続等の状況を調査したところ，引継文書について，リスト，内容が不明であるため，内容確認等に時間を要し，行政文書ファイル管理簿への記載およびその公表ができていないもの，引継文書に背表紙がなく，特定が困難であるため，行政文書ファイル管理簿への記載およびその公表ができていないものがみられた。公文書管理法を所管する内閣府が，引継手続の具体的なルールを定め，各府省に提示することが必要であろう。

8　文書不存在問題への抜本的対策

　文書不存在問題への抜本的対策は，情報公開法制を文書に対する開示請求制度から情報に対する開示請求制度に変更することである。諸外国の情報公開制度の中には，有形の文書に対する開示請求制度を採用するもの（アメリカ，カナダ等）と無形の情報に対する開示請求制度を採用するもの（オランダ，ニュージーランド等）がある。わが国の行政機関情報公開法，独立行政法人等情報公開法および大多数の情報公開条例は，有形の文書に対する開示請求制度を採っているため，文書不存在の問題が発生するが，わが国においても，無形の情報に対する開示請求制度を認めるものがあった。2019（平成 31）年 3 月 13 日に

全部改正される前の福岡県直方市情報公開条例がその例であり，同条例は，実施機関は，文書等の記録媒体に保管していないものの開示を求められたときは，できる限り速やかに当該情報を文書化し，開示しなければならないと定めていた（2019〔平成31〕年全部改正前の同条例3条3項）。

　なお，北海道ニセコ町情報公開条例は，公開請求に係る町政情報が存在しないときは，実施機関は，公開請求があった日から起算して15日以内に，(1)当該町政情報が不存在であることを理由として公開をしない旨の決定をすること，(2)当該公開請求に係る町政に関する文書等を新たに作成し，または取得して，当該文書等を請求者に対して公開する旨の決定をすること，のいずれかの措置をとらなければならないとしている（同条例13条1項）。そして，公開請求に係る情報を作成および取得することが可能であり，かつそのことが町の利益に資すると認められるものについては，新たに文書等を作成または取得して情報を公開する方針をとっており，「町の利益に資すると認められるもの」とは，作成する文書等が大量であること等により通常の業務に大きな影響を与えるものでないもので，作成することが町の業務にとっても効果があると認められるものを意味し，「町の業務にとっても効果があると認められるもの」とは，作成した文書等が町政情報として，今後においても保存管理する価値があるものまたは本来整理しておくべきものでいまだ作成されていなかったもの等を意味するとしている。このように文書作成が地方公共団体の利益になるときには，文書作成を義務付けるという立法政策もありうる。

　大阪市の「説明責任を果たすための公文書作成指針」（2006〔平成18〕年1月制定，最終改正2015〔平成27〕年4月総務局）は，情報公開請求に対して不存在を理由とする非公開決定が行われた事例を分析し，その結果に基づき，公文書の作成や個人メモとの区別について，特に留意すべき事項を明らかにすることにより，統一した取扱いを実現するとともに，公文書の作成・管理マインドを醸成するために作成されたものである。大阪市の取組は，情報開示請求制度の対象を行政文書（公文書）としている地方公共団体においても，条例を改正せず運用上可能であり，国や他の地方公共団体においても参考にされるべきであろう。

9 審議・検討・協議に関する情報

　行政文書（公文書）が存在し，開示請求が可能であっても，審議・検討・協議に関する不開示情報に該当するとして，不開示決定がされることがある。行政機関情報公開法5条5号は，「国の機関，独立行政法人等，地方公共団体及び地方独立行政法人の内部又は相互間における審議，検討又は協議に関する情報であって，公にすることにより，率直な意見の交換若しくは意思決定の中立性が不当に損なわれるおそれ，不当に国民の間に混乱を生じさせるおそれ又は特定の者に不当に利益を与え若しくは不利益を及ぼすおそれがあるもの」を不開示とする規定を設けている。この規定は，情報公開条例について，一般に意思形成過程情報と称されているものであるが，意思形成過程という言葉が，連続した行政過程を包括的にとらえるかたちで理解されることによって，過度に広くこの不開示規定が解釈されるおそれがあることから，同号は，意識的にこの文言の使用を避けている。審議・検討・協議に関する情報の中には，確かに，開示請求時点においては不開示にせざるをえないものがあるので，かかる不開示規定の必要性は否定できない。しかし，「国民の的確な理解と批判の下にある公正で民主的な行政の推進」という行政機関情報公開法の目的に照らせば，最終的な意思決定前に情報を開示することが必要なことが少なくない。したがって，審議・検討・協議に関する不開示規定の解釈に当たっては，説明責任の観点から情報を開示することによる利益と，開示によりもたらされる不利益とを比較衡量する必要がある。そこで，同号は，それぞれの支障について「不当」という文言を付加することによって，開示することの利益を考慮しても，なお，開示のもたらす不利益の重大性に鑑み，不開示とすることに合理性が認められる場合に限り不開示とすることとしている。また，開示により生ずる「おそれ」は，単なる確率的な可能性ではなく，法的保護に値する蓋然性があるものでなければならない。情報公開条例の審議・検討・協議に関する不開示規定の解釈に当たっても，開示により生ずる不利益の「おそれ」が法的保護に値する蓋然性があるものといえるのか，開示によりもたらされる利益を凌駕する不利益が生ずるおそれがあるといえるのかについて，慎重に検討する必要がある。

364　第13章　公文書管理

第2節　情報公開と公文書管理

1　情報公開と公文書管理をめぐる深刻な問題の発生

　長年の懸案であった行政機関の保有する情報の公開に関する法律（以下「行政機関情報公開法」という）が1999（平成11）年に制定され，2001（平成13）年4月1日に全部施行された。行政機関情報公開法の制定から10年を経て，2009（平成21）年に公文書等の管理に関する法律（以下「公文書管理法」という）が制定され，2011（平成23）年4月1日に全部施行された。行政機関情報公開法の要綱案を作成した行政改革委員会の答申では，「情報公開法と行政文書の管理は車の両輪」と表現されていたが，法制度上は，この両輪がそろった状態で施行されてから，約8年が経過した2017（平成29）年から2018（平成30）年にかけて，情報公開と公文書管理に関する深刻な問題が噴出し，両法の精神が定着しているというにはほど遠い状況にあることが明らかになった。

　すなわち，2017（平成29）年に防衛省では，「南スーダン派遣施設隊日々報告」に関し不適切な行政文書管理および情報公開業務が行われていたことを踏まえた再発防止策の一環として，「日報」を含む全ての定時報告を，統合幕僚監部参事官に送付し，同参事官において整理・保存することによって，一元的に管理することとされた。しかし，その後，「イラク日報」について，当時の稲田朋美防衛大臣から探索の指示があった後に，それが発見されていたにもかかわらず，大臣に報告されなかったというシビリアン・コントロールに関わる重大な事件が発生した。2018（平成30）年4月4日，当時の小野寺五典防衛大臣の指示に基づき，陸上自衛隊の「イラク日報」に関する調査チームが設置され，（ⅰ）「イラク日報」が発見されていたことが，当時の稲田大臣に報告されなかった理由および（ⅱ）「イラク日報」が発見されたという情報が共有されていた範囲について，事実関係を明らかにすることが命じられた。同年5月23日に「『イラク日報』に関する調査チーム報告書」が公表され，同日，防衛省は，「『統合幕僚監部等によるイラク「日報」に係る大臣報告の経緯について』，

『陸上自衛隊国際活動教育隊における「日報」を巡る経緯について』，『航空自衛隊におけるイラク「日報」を巡る経緯について』に関する調査報告書」を公表している。同日に防衛省が公表した再発防止策においては，電子決裁システムへの移行の加速，研修の充実等，「公文書管理の適正の確保のための取組について」(2018〔平成30〕年7月20日行政文書の管理の在り方等に関する閣僚会議決定）と共通する内容も含まれているが，独自の対策として，部外有識者から指導・助言を受ける枠組を構築すること，統合幕僚監部においては，「日報」について，行政文書管理・情報公開等に熟達したOBを非常勤職員として活用すること等も盛り込まれている。同省は，大臣政務官を委員長とする防衛省公文書管理等適正化推進委員会を設置し，その下に，政務指示・資料要求WG，文書管理WG，情報公開WG，監察組織・有識者WG，研修WG，人事WG，日報管理WGを設置し，各WGの作業の進捗状況の報告・情報共有を公文書管理等適正化推進委員会で定期的に行うこととした。この防衛省公文書管理等適正化推進委員会には，部外有識者を顧問とする体制がとられた。

　財務省は，学校法人森友学園を相手方とする国有地処分案件において，決裁文書の改ざんが行われた原因の究明と再発防止策を検討するため内部調査を行い，2018（平成30）年6月4日に，「森友学園案件に係る決裁文書の改ざん等に関する調査報告書」を公表した。そこでは，いったん決裁を経た行政文書について，事後的に誤記の修正等の範疇を超える改ざんを行ったことは，公文書管理法の趣旨に照らしても不適切な対応だったこと，応接録の取扱いについても，国会審議等において各種応接録の存否が問題になった後に廃棄を進め，存在しない旨の回答をしたことは不適切であること，会計検査院による会計検査に対して，廃棄されずに残された応接録の存在を明かさなかったり，改ざん後の決裁文書を提出したことは不適切な対応であったことが指摘された。再発防止策として，幹部職員を含めて，総合的な研修を行うこと，電子決裁への移行を加速すること，決裁完了後の文書について事後的な検証が可能となるよう，修正等が必要な場合には決裁を取り直すことを原則とするなど，決裁ルールの見直しを検討することが盛り込まれた。

2 公文書管理の適正の確保のための取組

(1) 「行政文書の管理に関するガイドライン」の改正

このような情報公開と公文書管理をめぐる深刻な問題の発生を受けて，「行政文書の管理に関するガイドライン」（以下「ガイドライン」という）が2017（平成29）年12月26日に改正された。この改正により，1年未満の保存期間を設定できる場合を限定している。行政文書ファイル等の名称等が行政文書ファイル管理簿に記載されると，行政機関の長は，その管理の状況について，毎年度，内閣総理大臣に報告する義務があるし，保存期間が満了した行政文書ファイル等を廃棄する時には，あらかじめ内閣総理大臣と協議をして，その同意を得なければならない。しかし，そもそも行政文書ファイル等の名称等が行政文書ファイル管理簿に記載されていなければ，このチェックにも掛からないことになる。行政文書ファイル管理簿はインターネットで公開されているので，国民も容易にその存在を知ることができ，これに基づいて情報公開請求をすることも想定されているが，保存期間1年未満の文書は，インターネットの公表対象からも漏れてしまうのである。歴史公文書等に該当するものについては，1年以上の保存期間を定めることになっているが，歴史公文書等とは，法律上は「歴史資料として重要な公文書その他の文書」と抽象的な表現で定義されており，その範囲は必ずしも明確ではない。したがって，実際には，歴史公文書等に該当するものが，行政機関の長によって，1年未満の保存期間に分類されるということがありうる。そして，内閣府大臣官房公文書管理課の調査（2017〔平成29〕年9月）の結果，保存期間が1年未満の行政文書について，細則等のレベルで定めているもの，標準文書保存期間基準で定めているもの，その両方で定めているもの，全く定めがないものと，各行政機関で全く不統一な状態にあることが判明した。そこで，①行政が適正かつ効率的に運営されて，国民に説明する責務が全うされるように，合理的な跡付けや検証に必要となる文書については，原則として1年以上の保存期間を設定する必要があること，②定型的・日常的な業務に関する行政文書であって，歴史的重要性を有しないものなど，具体的に7つの類型に該当する文書は保存期間を1年未満とすることができる

こと，③課室単位の業務に関するものについても，可能な限り具体的な業務内容を標準文書保存期間基準に記載して，それを公表すること，④これに拠り難いものについては，歴史公文書等に該当しないことを文書管理者が確認した上で，別途定める指定廃棄日に一括して廃棄し，どのような業務に係るものを廃棄したのかを記録しておくことが，ガイドラインに明記された。

(2) 行政文書の管理の在り方等に関する閣僚会議決定

「行政文書の管理の在り方等に関する閣僚会議の開催について」（2018〔平成30〕年6月5日閣議決定）により，政府における行政文書の管理の一層の適正化に向けた検討を行うため，「行政文書の管理の在り方等に関する閣僚会議」（以下「会議」という）を開催することとされた。会議は，内閣総理大臣が議長を務め，他の全ての国務大臣を構成員とするが，議長は，必要があると認めるときは，関係者の出席を求めることができることとされた。会議は，必要に応じ，幹事会を開催することができ，幹事会の構成員は，関係行政機関の職員で議長の指定する官職にある者とされた。会議および幹事会の庶務は，内閣府および総務省の協力を得て，内閣官房において処理し，以上のほか，会議および幹事会の運営に関する事項その他必要な事項は，議長が定めることとされた。

2018（平成30）年6月5日，第1回の会議が開催され，「行政文書の管理の在り方等に関する閣僚会議幹事会の構成員の官職の指定について」（2018〔平成30〕年6月5日行政文書の管理の在り方等に関する閣僚会議議長決定）により，幹事会の構成が決定された。第1回の会議では，安倍晋三内閣総理大臣より，梶山弘志公文書管理担当大臣（当時）および野田聖子総務大臣（当時）に対して，一連の公文書に関する問題の再発防止を徹底するため，（ⅰ）公文書に関するコンプライアンス意識の改革を促す実効性のある取組の推進，（ⅱ）行政文書をより体系的・効率的に管理するための電子的な行政文書管理の充実，（ⅲ）決裁文書の管理の在り方の見直し，電子決裁システムへの移行の加速について，早期に実施・実現するよう，全力で取り組んでほしいという指示がなされ，閣僚に対して，自らが先頭に立って，公文書管理の適正の確保に万全を期してほしい旨の指示があった。この会議の後，同日に，第1回の幹事会が開催され，さらに，同年7月19日に第2回の幹事会が開催されている。第2回の会議は，同

年 7 月 20 日に開催され，そこで，「公文書管理の適正の確保のための取組について」が決定された。その内容は，以下のとおりである。

　第 1 に，基本的な考え方が示されている。すなわち，一連の公文書をめぐる問題により，行政への信頼が損なわれ，再発防止が喫緊の課題であり，このために 2018（平成 30）年 6 月 5 日の会議において内閣総理大臣から示された方針に基づき，職員一人ひとりが，公文書は国家公務員の所有物ではなく健全な民主主義の根幹を支える国民共有の知的資源であり，行政文書の作成・保存は決して付随的業務ではなく，国家公務員の本質的な業務そのものであることを肝に銘じて職務を遂行し，公務員文化として根付かせていくとの理念の下，コンプライアンス意識改革への取組や，信頼を損なう事態を発生させないための仕組みやルールについて検討を行ってきたことが述べられている。そして，「公文書管理の適正の確保のための取組について」は，検討の結果として公文書管理の適正化に向けて必要となる施策を取りまとめたものであり，全ての閣僚が，本取りまとめにおける施策の実施・実現に全力で取り組むことが必要であることを強調している。

　第 2 に，取組の方向性について，文書管理の状況を常にチェックする体制を構築して文書管理の PDCA サイクルを確立するとともに，これまでのともすれば各府省任せの文書管理から，政府全体で共通・一貫した文書管理へと考え方の転換を図り，文書管理の実務を根底から立て直すことを目指すことが述べられる。

　そして，このため，内閣府は，各府省の実態を的確に把握した上で，電子的な行政文書管理の分野等において積極的に各府省統一のルール策定を進め，内閣府にいわゆる「政府 CRO（Chief Record Officer）」を設け，ルールに基づく各府省の取組状況のチェックを行い，各府省においてもいわゆる「各府省 CRO（Chief Record Officer）」を新設し，各府省内のガバナンスを強化することが示される。その上で，公文書管理の取組の人事評価への反映や，特に悪質な事案には重い懲戒処分が行われることを含めた不適正な公文書管理に対する懲戒処分の明確化といった人事制度面の取組を進めるとしている。これらにより，日常の業務遂行が自然と的確な行政文書の作成・保存につながる仕組みを早急に構築し，公文書管理のあるべき姿を定め，実施できることから順次，実行に移

していくという方針が表明される。

　第3に，公文書管理の適正を確保するための取組が具体的に述べられる。すなわち，公文書管理の適正を確保するため，ガイドラインが2017（平成29）年12月26日に改正され，それに従って改訂された各府省の行政文書管理規則が2018（平成30）年4月1日から施行されているので，まずは，各府省において行政文書の作成・保存から廃棄までの各段階における新たなルールの遵守を徹底することが求められ，内閣府は各府省における取組の実態を的確に把握し，その確実な実施を図ること，財務省，防衛省においては，それぞれの省において発生した事案の調査結果を踏まえて定めた再発防止策を着実に実行することが重要であることが指摘される。

　その上で，さらなる公文書管理の適正を確保するための取組として，新たに以下の方策を推進するものとしている。

　（ア）　公文書に関するコンプライアンス意識改革を促す取組の推進

　公文書に関するコンプライアンス意識の改革を促すため，（ⅰ）職員一人ひとりに働きかけるための取組，（ⅱ）人事制度面での取組を進めるとともに，（ⅲ）内閣府および各府省における体制の強化を図ることとしている。

　（ⅰ）職員一人ひとりに働きかける取組としては，まず，公文書管理に関する研修の充実強化が重視されている。すなわち，職員のコンプライアンス意識の改革を着実に促すためには，職員の一人ひとりに対し職階に応じた研修を行い，それぞれの職責に応じて，公文書管理に対する自覚を促しルールに従った適正な管理を行わせることが基本となると指摘する。そして，内閣府は，各府省の総括文書管理者，副総括文書管理者等の管理責任を負う者全員を対象とする全体研修を2018（平成30）年夏に実施し（同年8月3日に実施済み），責任者としての役割・使命を自覚して各府省における行政文書管理に取り組むよう促し，内閣府・国立公文書館は，研修教材・研修手法の一層の充実を図ること，各府省において，総括文書管理者は，全ての文書管理者およびそれ以上の幹部職員ならびに文書管理担当者を対象とする対面方式での研修を同年秋までに実施するとともに，2019（平成31）年度以降も毎年度それらの職の新任の者全てを対象として同様に実施すること，また，e-ラーニング等も活用して，速やかに全ての職員が確実に研修を受講するよう取り組み，さらに，2019（平成31）年度

以降，新規採用の職員に対する採用時の研修の項目に公文書管理を必ず取り入れることとすることが決定された。

（ⅱ）人事制度面の取組としては，(a)公文書管理の取組を人事に反映する仕組み，(b)不適正な公文書管理に対する懲戒処分の明確化が，2本柱になっている。(a)については，コンプライアンス意識の改革を制度面からも促進するため，公文書管理の取組を人事評価制度に明確に位置付けることとされた。具体的には，2018（平成30）年秋に実施する人事評価から，各職員の行政文書の管理の状況を適切に反映させることとし，内閣官房（具体的には内閣人事局）は各府省に対してその確実な実施を求め，各府省は人事評価実施規程等を変更して行政文書の適正な管理が人事評価の対象である旨を職員に周知することになった。

（b）については，コンプライアンス違反に対する抑止効果を高めるため，公文書管理法や各府省の行政文書管理規則に反する不適正取扱事案に対し科される懲戒処分を明確化することとされ，具体的には，刑法上の罰則には必ずしも当たらない行政文書の不適正取扱事案についても懲戒処分の対象となることを明確化し，中でも，決裁文書の改ざんや行政文書の組織的な廃棄など，特に悪質な事案については，免職を含む重い懲戒処分が行われることを明示する方向で，人事院の「懲戒処分の指針について」（平成12年3月31日職職−68）の一部改正が，2018（平成30）年9月7日に行われた。すなわち，①公文書を偽造し，もしくは変造し，もしくは虚偽の公文書を作成し，または公文書を毀棄した職員，②決裁文書を改ざんした職員は，免職または停職とし，③公文書を改ざんし，紛失し，または誤って廃棄し，その他不適正に取り扱ったことにより，公務の運営に重大な支障を生じさせた職員は，停職，減給または戒告とするという内容が，同指針に追記された。

（ⅲ）体制面の取組については，コンプライアンスの確保を確実に行うためには，実効性のあるチェック体制を構築することが重要であり，このため，各府省の行政文書の管理の在り方について，内閣府において第三者的な立場からチェックを行うための体制を整備し，各府省においては自ら適正な管理を行うための体制を整備することにより，各府省自らの検証に加え第三者的視点からも行政文書管理の状況が厳しく検証され，不適正な取扱いが見過ごされない仕組

みを構築することとされた。具体的には，内閣府では，2018（平成30）年秋までに，特定秘密の指定等の適正を確保するための検証・監察事務を担っている独立公文書管理監を局長級に格上げし，各府省における行政文書の管理状況について常時監視するなどの一般の行政文書のチェック機能を追加すること，それと併せて，この独立公文書管理監（「政府CRO」）の下に，同機能を担当する審議官を配置するとともに，増員を行って「公文書監察室」を設置すること，各府省における適正な行政文書管理を促進するため，公文書管理の専門的知識を持つ職員を内閣府・国立公文書館から政府CROの指揮監督の下，派遣する仕組みについて，2018（平成30）年度の内閣府を派遣先とした試行的な実施の成果を踏まえ，2019（平成31）年度より派遣先府省の拡大を含め拡充を図ること，派遣に必要な公文書管理の専門的知識を持つ人材の確保および歴史公文書等該当性の評価選別のチェック機能拡充等のための内閣府・国立公文書館の体制強化について，2019（平成31）年度に必要な措置を講ずることが決定された。これを受けて，内閣府本府組織令の一部を改正する政令（平成30年政令第245号）により，独立公文書管理監が審議官級から局長級に格上げされ，一般行政文書の管理のチェックに関する職務が追加され，2018（平成30）年9月3日，内閣府訓令により，内閣府に公文書監察室が設置された。その所掌事務は，公文書管理法9条3項・4項に規定する行政機関の長に対する報告もしくは資料の提出の求め，実地調査に関する事務，これらの措置の結果に基づいて行う同法31条に規定する勧告に関する事務である。

　各府省においては，総括文書管理者の機能を分担し，各府省における行政文書の管理および情報公開の実質責任者となる「公文書監理官（仮称）」（「各府省CRO」と通称）を大臣官房等に設置し，公文書監理官は審議官級など，適切なチェック機能が働くクラスとすること，公文書監理官の下に，府省内の行政文書の管理および情報公開への対応の適正性や統一性を確保するため，「公文書監理官室（仮称）」を設置すること，これらの各府省における体制整備について，2019（平成31）年度に必要な措置を講ずること，それに先立ち，2018（平成30）年夏に，大臣官房審議官等の中から「公文書管理担当」を職務発令することも決定された。そして，公文書監理官室には，各府省プロパー職員のほか，公文書管理の研修を受けたOB職員など公文書管理に係る専門的知見や実務経

験を有する者を配置することを検討することとされた。「公文書監察室」および「公文書監理官室」において，職員からの公文書管理に係る通報を受け付ける窓口を設置することも決定された。ガイドライン本則（各府省等の行政文書管理規則に反映される）においては，（ⅰ）各府省等の組織令等において規定される「公文書監理官」について，当該府省等の行政文書管理規則において位置付けること（本省の「公文書監理官」と共同設置する場合，当該外局の規則改正は任意），（ⅱ）「公文書監理官」は，総括文書管理者の職務を助け，および公文書管理に係る通報の処理に関する事務を行うものとすること，（ⅲ）従前より規定されている「副総括文書管理者」について，現行の総括文書管理者に加え，原則，「公文書監理官」についても補佐するものとすることが定められ，ガイドラインの「留意事項」（各府省等の行政文書管理規則に反映されない）として，①「公文書監理官」のサポート体制として，「公文書監理官室」等を設置すること，②「公文書監理官」は，関係府省庁申合せに基づき，公文書管理に係る通報に関する事務を行うこととし，当該行政機関の職員等からの通報を一元的に受け付ける窓口機能を果たすこと，③従来は業務監査部門の課長を充てることとされた「監査責任者」について，「公文書監理官室」等の課長を充てることを原則とすることが定められた。これを受けて，各府省の行政文書管理規則が改正され，2019（平成31）年4月1日から改正行政文書管理規則が施行された。

　（イ）　行政文書をより体系的・効率的に管理するための電子的な行政文書管理の充実

　一連の公文書をめぐる問題において，不存在と決定された行政文書が後刻発見される事案が発生する等，行政文書の確実な所在把握が課題となっていることに鑑み，行政文書を電子的に管理することにより，体系的・効率的な管理を進めることで，行政文書の所在把握，履歴管理や探索を容易にするとともに，職員一人ひとりにとって文書管理に関する業務の効率的運営の支援につながり，ひいては文書管理の質の向上をもたらすことが期待されるとする。

　そこで，まずは現在電子化されている行政文書の効率的な管理を進めるため，（ⅰ）電子的な行政文書の所在情報把握ができる仕組みを構築し，さらに（ⅱ）作成から保存，廃棄・移管まで一貫して電子的に管理する仕組みについても検討することが決定された。（ⅰ）については，情報公開への対応を始め，行政文書

第 2 節　情報公開と公文書管理　　373

の利用を適正に行うため，どのような行政文書がどこにあるか，所在を把握し管理することが必要であり，電子的な行政文書について，当該行政文書の原本に責任を持つ文書管理者が一元的に管理できるよう，所在情報を的確に把握できる仕組みを構築することとされた。そこで，(a)行政文書の所在の把握および管理に当たり，共有フォルダにおける体系的管理を適正に行うための，体系的保存の標準例およびそれを実現するための各府省共通のマニュアル作成すること，(b)電子的な行政文書検索の効率向上のための，行政文書ファイル等の名称や文書属性等の付与・明示の方法を標準化すること，(c)複製された行政文書が把握されず散在していることが検索に困難をもたらすことから，複製された行政文書の所在把握のための，特に厳格な管理が必要な行政文書についての閲覧制限等，複製や共有の手順の共通ルールを作成すること，(d)共有フォルダで保存すべき電子メールの基準作り等選別・保存を支援する仕組み作り等について，内閣府において，その具体策を総務省等の協力を得て検討を進め，可能なものから早期に各府省での導入を促すこととされた。

　(ⅱ)については，効率的・確実な文書管理の確立に向けて，今後作成する行政文書は電子的に管理することを基本とし，そのためには，行政文書の作成から保存，廃棄・国立公文書館等への移管までを一貫して電子的に行うための仕組みの確立が必要であるので，内閣府において，総務省等の協力を得て，機密の確保，改ざん防止等に十分配慮した，一貫した電子的な文書管理の在り方について，2018（平成 30）年度中に基本的な方針を策定することとされた[1]。これを受けて，公文書管理委員会で審議が行われ，2019（平成 31）年 3 月に，「行政文書の電子的管理についての基本的な方針」が内閣総理大臣により決定された。その概要は，①電子媒体を正本・原本として管理することを原則とすること，②各行政機関における利便性・効率性が確保される必要があるが，他方，機密保持・改ざん防止や，移管・廃棄の確実な実施も確保される必要があること，③こうした作業を確実・効率的に行うためにはシステムの構築が適当であり，本方針において，業務フロー・備えるべき仕様の標準的な在り方を提示し，

---

1)　ドイツでは，2013（平成 25）年に電子政府法が制定され，2020（令和 2）年までの行政事務の電子化について規定され，これを受けて，2017（平成 29）年に連邦国立公文書館法が全面改正された。

374　第13章　公文書管理

閣僚会議決定における取組とあいまって，行政文書管理および情報公開の対応
適応性を確保すること，④各行政機関におけるシステム上の対応は，電子決裁
移行加速化，デジタル・ガバメントへの取組の進展を勘案しつつ，既存システ
ムの更改に応じて措置し，政府全体としては，新たな国立公文書館の開館時期
を目途として本格的な電子的管理に移行することを目指すことというものであ
る。

　（ウ）　決裁文書の管理の在り方の見直し，電子決裁システムへの移行の加速
　　決裁文書は，行政機関の意思決定を記録・表示した行政文書であるから，そ
の改ざんはあってはならないことであり，その管理は通常の行政文書よりも厳
格になされなければならないので，いったん決裁が終了した後の決裁文書の修
正は認めないこと，修正が必要な場合は，新たな決裁を取り直すことを再確認
しルール化することが決定された。具体的には，（a）起案段階および決裁過程
における決裁文書の内容チェックを徹底すること，（b）再度の決裁を経ずに決
裁終了後に決裁文書の内容を修正することを禁止すること，（c）再度の決裁を
経る際の手続等のルールの詳細を内閣府で速やかに定め，これに基づき各府省
に文書取扱規則等の改正を求めること，（d）総務省等は，このルールを電子決
裁のシステムに反映すること，（e）決裁時点において未確定である事項を，確
定後に追記することを明示した上で決裁を取り，事後にその内容を追記するこ
とは，修正には当たらないものとし，内閣府において，そのための手順につい
て定めること，（f）決裁文書に記載する内容や編綴すべき書類については，決
裁の性格・内容を踏まえ，各府省において検討を進め，順次明確化を図ること，
（g）各府省は，「電子決裁移行加速化方針」（2018〔平成30〕年7月20日デジタル・
ガバメント閣僚会議決定）に基づいて，計画的に電子決裁への移行を推進するこ
とが決定された。これを受けて，内閣府大臣官房公文書管理課長から各行政機
関副総括文書管理者宛てに，「決裁終了後の決裁文書の修正について」（府公第
172号，2018〔平成30〕年8月10日）と題する通知が発出された。その別紙には，
再度決裁を経ない決裁終了後の決裁文書の修正の禁止等を定めた「各府省文書
取扱規則等におけるモデル規定」とその留意事項が記載されており，それを踏
まえて，文書取扱規則等の決裁手続に関して置いている既存の定めを同年9月
3日までに改正・施行することが求められている。

第2節　情報公開と公文書管理　375

3　情報公開および公文書管理の課題

　以上のように，情報公開および公文書管理をめぐる一連の問題の発生を受けて，当面の対策は講じられることになったが，以下においては，今後の課題について述べることとする。情報公開請求において，最大の問題は，文書不存在である。文書の存在を認めた上で，不開示決定がなされたのであれば，行政不服審査法に基づく審査請求を行えば，原則として，情報公開・個人情報保護審査会（地方公共団体においては，個人情報保護審査会と別に情報公開審査会を設置するものもある）に諮問される。そして，情報公開・個人情報保護審査会は，開示請求対象文書を見分するインカメラ審理の権限を有するから，不開示情報に該当しないものを不開示情報とする決定がなされていたと判断すれば，不開示決定は取り消されるべき旨の答申を出すことになる。答申には法的拘束力はないが，答申には詳細な理由が付され，それが公表されること，審査庁が答申に従わない場合には，その理由を裁決に付記する義務があり，答申に従わない合理的理由が示されていなければ，裁決は手続的瑕疵により取り消されうるため，実際には，ほぼ全ての事案において，答申に従った裁決がなされている。したがって，違法または不当に不開示情報を広く解釈した決定については，審査請求を行うことによって是正される可能性はかなりあるのである。

　これに対し，不存在を理由とする不開示決定の場合には，問題は複雑になる。不存在を理由とする不開示決定の問題を解消する抜本的方策は，情報公開制度を文書ではなく情報の公開とすることである。有形の文書ではなく無形の情報の公開という原則に立脚することが，本来は望ましいといえよう。もっとも，かかる法制を採用した場合，情報公開請求に対応するための職員の労力は増加せざるをえないので，文書ではなく情報を公開する仕組みに転換することへの合意の形成が可能な地方公共団体は少数にとどまらざるをえないと思われる。国においても，かかる転換は容易でないであろう。しかし，文書の公開という法制の下でも，文書不存在の場合，情報提供を行うことは可能であり，かつ，望ましいといえよう。行政機関情報公開法 24 条は，「政府は，その保有する情報の公開の総合的な推進を図るため，行政機関の保有する情報が適時に，かつ，

適切な方法で国民に明らかにされるよう，行政機関の保有する情報の提供に関する施策の充実に努めるものとする」と規定している。すなわち，情報開示請求制度は，総合的な情報公開制度の主軸をなすものとはいえ，情報公表義務制度や（狭義の）情報提供制度[2]とあいまって，国民に対する説明責任を果たしていくべきなのである。したがって，現行法の下でも，文書不存在を理由とする不開示決定で足りるとするのではなく，不開示情報に該当しない情報であれば，（狭義の）情報提供をすべきであるし，本来，国民に知らせるべき情報については，開示請求を受けて受動的に開示するのではなく，公表を義務付けるべきである。また，多数の開示請求がなされ，開示決定が行われている情報については，公表を義務付けるか，任意に情報提供を能動的に行うことにより，開示請求に対応する行政機関の負担も軽減しうることになる。わが国においても，行政機関情報公開法に基づき開示した情報および当該情報と同様の取扱いが可能と考えられる同種の情報で，反復継続的に開示請求が見込まれるものについては，原則としてウェブサイトによる提供を図ることとされているが（「Web サイト等による行政情報の提供・利用促進に関する基本的指針」〔2015（平成 27）年 3 月27 日各府省情報化統括責任者（CIO）連絡会議決定〕），必ずしも実践されていないように見受けられる。その理由の一端は，「反復継続的に開示請求が見込まれる」という要件が不明確な点にあると思われる。アメリカにおいても，1996（平成 8）年の情報自由法の改正[3]の改正により，反復して開示請求のあった開示文書については，インターネットで閲覧可能にすることが義務付けられたが，反復して開示請求があるとは何回開示請求があった場合か法律上明確でなかったため，実効性が上がっていないという批判があった（同法を所管する司法省のガイドラインでは 3 回以上としていた）。そこで，2016（平成 28）年の同法改正で 3回開示請求を受けたか，3 回目の開示請求が予想される場合にインターネットによる閲覧を可能とする義務があることが法律上明確にされた。わが国においても，過去に一定回数（例えば 3 回）開示請求があり，かつ開示決定をした情

---

2) 情報開示請求制度，情報公表義務制度，（狭義の）情報提供制度については，宇賀克也・新・情報公開法の逐条解説〔第 8 版〕（有斐閣，2018 年）1 頁以下参照。

3) 宇賀克也・情報公開法の理論〔新版〕（有斐閣，2000 年）169 頁以下，同・行政手続・情報公開（弘文堂，1999 年）265 頁以下参照。

報については，インターネットで公表するという指針に変更したほうが，要件が明確になり，情報提供を促進することになるのではないかと考えられる。

初 出 一 覧

第 1 章 「情報公開・個人情報保護に係る最近の裁判例の動向(1)(2)」季報情報公開・個人情報保護 47 号（2012 年）・48 号（2013 年）

第 2 章 「情報公開の国際的動向 2011 年〜2016 年」季報情報公開・個人情報保護 45 号（2012 年）・48 号（2013 年）・53 号（2014 年）・56 号（2015 年）・61 号（2016 年）・65 号（2017 年）

第 3 章 「請求対象の捉え方（最判平成 17・6・14）」IP27 号（2012 年）

第 4 章 「電子メールの公文書該当性（大阪高判平成 29・9・22 判時 2379 号 15 頁）」IP45 号（2019 年）

第 5 章 「審査会への諮問の遅滞を理由とする国家賠償（東京高判平成 24・11・29)」IP32 号（2012 年）

第 6 章 「文書不存在の主張立証責任——沖縄返還『密約』文書開示請求事件（最判平成 26・7・14)」IP35 号（2015 年）

第 7 章第 1 節 「情報公開訴訟におけるヴォーン・インデックスとインカメラ審理」季報情報公開・個人情報保護 46 号（2012 年）

第 7 章第 2 節 「情報公開訴訟におけるインカメラ審理——沖縄ヘリ墜落事件」論究ジュリスト 3 号（2012 年）

第 8 章 「地質地盤情報の共有化と公開」季報情報公開・個人情報保護 65 号（2017 年）

第 9 章 「内閣官房報償費に係る情報開示請求（最判平成 30・1・19 判時 2377 号 4 頁)」行政法研究 29 号（2019 年）

第 10 章 「オープンデータ政策の展開と課題」季報情報公開・個人情報保護 63 号（2016 年）

第 11 章 「国税局ホームページへの注意文書の掲載と名誉毀損，信用毀損（東京地裁平成 18 年 6 月 6 日判決)」IP37 号（2016 年）

第 12 章 「行政による食品安全に関する情報提供と国の責任」消費者法判例百選（2010 年）

第 13 章第 1 節 「意思形成過程の文書作成と情報公開」都市問題 108 巻 11 号（2017 年）

第 13 章第 2 節 「情報公開と公文書管理」Research Bureau 論究 15 号（2018 年）

事 項 索 引

あ 行

アイディアソン ················ 304, 309, 312
アクション・プラン ····················· 52, 69
意見公募手続（パブリック・コメント）
　··· 350
意思形成過程情報························ 363
委託契約 ·································· 85
位置情報···································· 248
逸失利益··································· 347
一般人基準······························ 5, 261
違法性阻却······························· 338
インカメラ審理
　·········· 142, 146, 165, 169, 180, 187, 375
インカメラ手続···························· 170
Webサイト等による行政情報の提供・利
　用促進に関する基本的指針 ······ 308, 376
ヴォーン・インデックス
　············· 168, 177, 178, 180, 181, 193, 194
閲覧・謄写請求権 ············· 172, 175, 191
FOIポータル ······························ 67
O-157事件 ················ 332, 336, 339, 341
OGP··································· 52, 69
オーダーメード集計······················· 294
オープンガバメント··· 69, 271, 273, 285, 303
オープンガバメントデータ·············· 270
オープンガバメントに関する指令
　··· 274, 312
オープンガバメント・ライセンス
　·· 207, 272, 277
オープンデータ
　········· 63, 69, 79, 89, 93, 101, 205, 208, 269

オープンデータ基本方針·················· 293
オープンデータ憲章 ················· 61, 279
オープンデータ2.0 ····················· 292
オープンデータ・バイ・デザイン····· 293
オープンライセンス····················· 208
沖縄ヘリ墜落事件························ 165
沖縄返還「密約」文書開示請求事件··· 151

か 行

会計検査·································· 267
会計検査院····························· 254, 267
外交史料館······························· 162
解釈上の不存在 ··············· 134, 155, 354
閣議等議事録 ···························· 83
各府省CRO ···························· 368, 371
活動関係費 ························· 35, 252
過　料 ··············· 88, 90, 100, 104, 201
環境影響評価法·························· 243
環境と開発に関するリオ宣言 ··········· 58
関西圏地盤情報ライブラリー··········· 218
監査責任者······························· 372
間接強制··································· 344
間接強制調査 ···························· 34
官民データ活用推進基本法··· 226, 293, 316
管理された非秘密指定情報 ·············· 64
技術文献・地質情報提供システム
　（TRABIS）···························· 213
規制の設定又は改廃に係る意見提出手続
　··· 349
基盤地図情報····························· 298
基本法···································· 225
義務付け訴訟···························· 135

事項索引 381

義務履行確保 …………………………… 344
客観的情報開示請求制度 ……………… 103
教 示 ………………………… 77, 89, 119
行政機関の保有する個人情報の保護に関す
　る法律 …………………………………… 236
行政機関の保有する情報の公開に関する
　法律 ……………………………… 227, 351
行政機関非識別加工情報（等）
　………………………………… 232, 269, 300
行政指導指針 …………………………… 349
行政手続条例 …………………………… 350
行政手続法 ……………………………… 349
行政不服審査法 ………………………… 137
行政文書 ………………………… 114, 351
行政文書管理規則 ……………… 359, 372
行政文書の管理に関するガイドライン
　………………………… 133, 163, 357, 366
行政文書の電子的管理についての基本的な
　方針 ……………………………… 136, 373
行政文書ファイル（等） … 156, 164, 357, 366
行政文書ファイル管理簿
　………………………… 156, 164, 357, 366
共同訴訟 ………………………………… 195
共有フォルダ ………………… 123, 356, 373
記録管理 ………………………………… 67
空間情報インフラ構築に関する指令
　………………………………… 206, 272
国の安全等に関する情報 ………… 18, 233
クライシス・コミュニケーション …… 343
クリエイティブ・コモンズ・ライセンス
　………………………… 210, 211, 272, 278, 314
グルーピング …………………………… 301
黒塗り …………………………………… 115
計画段階配慮書 ………………………… 243
刑事確定訴訟記録 ……………………… 198

刑事訴追 ………………………………… 99
決裁文書 ………………………………… 374
研 修 …………………………………… 369
検 証 ………………… 167, 169, 171, 188, 193
検証調書 ………………………………… 171
検証物提示義務 ………………………… 170
憲法裁判所 ……………………………… 103
権利濫用 ……………………………… 4, 84
公益上の義務的開示… 7, 10, 13, 18, 231, 233
公益上の裁量的開示 ……………… 8, 10
公益通報者 ……………………… 82, 100
公共工事の品質確保の促進に関する法律
　………………………………………… 249
公共データ再利用規則 ………………… 276
公共データの提供及び利用の活性化に関す
　る法律 ………………………………… 280
公共の安全に関する情報 ………… 234, 262
公私協働 ………………… 303, 304, 311
公衆送信権 ……………………………… 241
拘束力（取消判決） …………………… 145
公的部門の情報の再利用に関する指令
　（PSI 指令） ………………………… 271
口頭弁論期日外における証拠調べ
　………………………………… 178, 187, 188
口頭弁論手続 …………………………… 188
公判手続 ………………………………… 188
公 表 ……………………………… 323, 344
公表権 …………………………………… 241
公文書 …………………………………… 114
公文書監察室 …………………………… 371
公文書監理官 …………………………… 371
公文書監理官室 ………………………… 371
公文書管理条例 ………………………… 353
公文書管理に関する行政評価・監視… 359
公文書情報公開システム ……………… 309

公文書情報提供サービス……………… 309
公文書等の管理に関する法律（公文書管理
　法）………………………… 156, 163, 352
公領域情報 ………………………………… 10
港湾版土質データベース……………… 213
国際連合環境計画 ……………………… 58
国土強靱化基本計画……………………… 226
国土地盤情報………………………………… 215
国土地盤情報検索サイト（KuniJiban）
　…………………………………………… 216
国土利用計画法…………………………… 234
国立公文書館 ………………… 67, 369, 372
国立公文書館等…………………………… 360
孤児著作物指令………………………… 272
個人情報 ………………… 230, 231, 236
個人データ…………………………………… 239
個人的メモ…………………………… 156, 354
個人に関する情報 …………… 4, 229, 262
個人フォルダ……………………………… 356
個人用メールアドレス………………… 121
個人用メールボックス………………… 121
国家安全保障と情報への権利に関する国際
　原則……………………………………… 63
根拠規範…………………………………… 239
コンテスト………………………………… 312

さ 行

採取産業透明性イニシアティブ ……… 63
サイバーセキュリティ基本法………… 234
裁判所外における証拠調べ…………… 189
裁判の公開 ……………… 165, 169, 190, 198
裁判を受ける権利……………………… 174
CC ライセンス　→クリエイティブ・コモ
　ンズ・ライセンス
G 空間行動プラン……………………… 225

施行日前文書……………………………… 111
自己評価報告書 ………………………… 56
実効的権利保護………………………… 174
支払決定書………………………………… 253
支分権……………………………………… 241
事務・事業に関する情報 ………… 30, 235
諮　問……………………………………… 137
釈明権……………………………………… 182
釈明処分 ………………… 168, 181, 182, 194
　――の特則 ………………… 146, 180, 182
自由心証主義…………………………… 185
自由選択主義 ………………………… 141, 146
重要インフラ…………………………… 234
自由擁護法 ……………………………… 82
受託裁判官……………………………… 189
主張立証責任 …… 40, 134, 151, 155, 355, 356
守秘義務…………………………………… 196
受命裁判官……………………………… 189
準備書…………………………………… 244
証拠共通の原則………………………… 195
情報及び個人情報保護コミッショナー
　…………………………………………… 90
情報開示請求制度……………………… 376
情報公開（・個人情報保護）審査会… 137
情報公開条例…………………………… 351
情報公開に関する公務員の氏名・不服申立
　て事案の事務処理に関する取扱方針（各
　府省申合せ等）………………………… 140
情報公表義務制度……………………… 376
情報コミッショナー… 80, 82, 91, 104, 106
情報コミッショナー国際会議 ………… 60
情報自己決定権………………………… 283
情報単位論 …………………… 37, 259, 266
情報提供 ………… 103, 228, 270, 301, 307,
　　　　　　　　　323, 326, 332, 345, 375

事項索引 383

情報提供制度（狭義）……………… 376
情報統制権 …………………………… 49
嘱　託…………………………………… 189
所在情報………………………………… 372
書　証………………………… 188, 193
職権証拠調べ………………………… 192
職権探知主義………………………… 193
処分基準……………………………… 349
知る権利……………………… 157, 177
白抜き………………………………… 115
人格権………………………………… 331
審議・検討・協議に関する情報
　……………………………… 26, 234, 363
審議会等……………………………… 350
審議会等の透明化，見直し等について
　……………………………………… 350
信義則………………………………… 334
審査基準……………………………… 349
真実性・相当性の基準…………… 325, 332
人事評価……………………………… 370
迅速諮問義務………………………… 138
信用毀損……………………………… 319
出納管理簿…………………………… 253
推　認………………………… 180, 187, 192
制　裁………………………… 324, 332, 344
政策推進費 ………………………… 34, 252
政策推進費受払簿………………… 36, 253
政府 CRO ………………………… 368, 371
政府統計の総合窓口（e-Stat）……… 295
政府標準利用規約
　——（第 1.0 版）………………… 290
　——（第 2.0 版）………………… 291, 316
セキュリティ・クリアランス……… 196
説明責任 … 267, 270, 308, 311, 345, 351, 363
説明責任を果たすための公文書作成指針

………………………………………… 362
センシティブ情報 …………………… 49
専用フォルダ………………………… 123
総括文書管理者……………………… 369
双方審尋主義 ……… 172, 174, 183, 187, 191
即時抗告……………………………… 201
測量法………………………………… 297
組織規範……………………………… 239
組織共用文書 ……… 132, 156, 352, 354, 356
組織用メールアドレス……………… 121
訴訟指揮権…………………………… 182, 194
損失補償……………………………… 245, 347

た　行

第三セクター ………………………… 84
対　審………………………………… 188
大統領記録 …………………………… 70
大統領記録法 ………………………… 77
立会権 ……………………… 167, 171, 175, 191
単一ポータルによる公的部門情報の提供
　指針 ………………………………… 277
地質地盤影響評価…………………… 248
地質地盤情報………………………… 203
知的財産……………………………… 298
中央省庁等改革基本法……………… 350
抽象的規範統制訴訟 ………………… 99
懲戒処分……………………………… 370
懲戒処分の指針について…………… 370
長期間保存文書……………………… 360
調査情報対策費 …………………… 35, 252
調査票情報…………………………… 294
著作権 ……… 83, 205, 241, 271, 273, 314
著作権者……………………………… 289
著作権法……………………………… 240
著作者人格権………………………… 240

著作者の権利 ················ 240, 315
著作物 ····················· 240
地理空間情報 ········ 215, 224, 231, 295, 297
地理空間情報活用推進基本計画 ··· 225, 298
地理空間情報活用推進基本法
················· 216, 224, 231, 298
地理空間情報の二次利用促進に関するガイ
ドライン ·················· 299
通 報 ······················ 372
強くしなやかな国民生活の実現を図るため
の防災・減災等に資する国土強靱化基本
法 ······················· 225
ツワネ原則 ················· 63
データ形式 ················· 313
デジタルアカウンタビリティ及び透明性法
················· 70, 276
手数料 ················ 81, 88, 89, 90, 96
手続保障 ················· 330, 336
電子行政オープンデータ戦略 ········ 286
電子決裁 ················· 374
電子決裁移行加速化方針 ··········· 374
電子国土 Web システム ··········· 297
電子国土ポータル ··············· 297
電子署名 ··················· 89
電子中間書庫 ················ 361
電子的情報自由法 ·········· 71, 308
電子文書 ················· 356, 360
電子メール ··········· 70, 77, 121, 373
統計 GIS ··················· 295
統計情報 ··················· 293
同報メール ················· 123
透明性 ····················· 349
特定人基準 ················· 5, 261
特定秘密 ··················· 163
特定秘密の保護に関する法律 ········ 163

特別の犠牲 ················· 245
匿名加工情報 ················ 269
匿名データ ·············· 294, 303
独立一体的情報論 ·········· 260, 266
独立行政法人等の保有する情報の公開に
関する法律 ·············· 228, 352
独立行政法人等非識別加工情報 ··· 269, 300
独立公文書管理監 ·············· 371
土地基本法 ················· 229
トップコーディング ············· 301
取引等に係る税務上の取扱い等に関する
事前照会手続 ·············· 334

な 行

内閣官房報償費 ············ 34, 251
内閣官房報償費取扱要領 ··········· 251
内閣官房報償費の取扱いに関する基本方針
····················· 251
2 次的著作物 ················ 241
ネットワーク型政府 ············· 274

は 行

パーソナルデータ ······ 269, 281, 282, 288
high 2 ····················· 66
ハッカーソン ·············· 304, 312
パブリック・インボルブメント ········ 30
パブリック・コメント →意見公募手続
パブリック・ドメイン ··· 205, 273, 314, 316
PSI 指令 →公的部門の情報の再利用に
関する指令
引継文書 ··················· 361
非公開約束 ················· 233
非識別加工 ················· 300
ビジュアライズソン ············· 312
ビッグデータ ·········· 269, 281, 288

ビデオカメラ ………………………… 78	防災科研ジオ・ステーション………… 218
秘密保持業務………………………… 294	報償費支払明細書…………………… 254
秘密保持命令………………………… 192	法人等に関する情報 ………… 10, 232, 262
評価書………………………………… 244	法人文書……………………………… 114
表現の自由 ………… 315, 326, 331, 345	法律要件分類説……………………… 156
標準文書保存期間基準 …………… 358, 366	ボーリングデータ ………………… 248
開かれた政府パートナーシップ ……… 51	本人収集原則………………………… 48
開かれた政府法 ……………………… 71	

ま 行

風評被害 ………… 336, 341, 343, 347	マイデータ…………………………… 270
フェアユース………………………… 316	水俣病認定お待たせ賃訴訟最高裁判決
複製権………………………………… 241	……………………………………… 149
副総括文書管理者…………………… 372	民間委託……………………………… 91
物理的不存在 ……… 134, 156, 186, 355, 357	名誉毀損…………………………… 319, 345
不当景品類及び不当表示防止法……… 334	名誉権……………………………… 326, 345
不服申立て ………… 68, 85, 111, 137	免責条項……………………………… 249
不服申立前置 ………………………… 68	目的外提供…………………………… 237
部分開示 ……………… 37, 106, 116	目的外利用・提供禁止原則………… 236
プライバシー………………………… 230	目的拘束……………………………… 236
プライバシー影響評価……………… 283	目的の変更…………………………… 236
プライバシー権 …………… 49, 65	モザイク・アプローチ…………… 5, 261

や・ら行

文書管理者…………………………… 369	
文書管理担当者……………………… 369	要件裁量 ……………………… 37, 266
文書提出義務………………………… 170	ライセンス…………………………… 314
文書提出命令 ………… 193, 197, 201	立証責任……………………………… 16
文書取扱規則………………………… 374	理由提示 ……………… 43, 186, 355
文書の特定…………………………… 1	利用停止請求………………………… 46
文書不存在	歴史公文書等……………………… 358, 366
… 42, 114, 151, 187, 352, 354, 356, 361, 375	歴史的文書…………………………… 85
弁護士費用 …………………………… 74	レコード・スケジュール…………… 163
弁論権………………………………… 174	low 2………………………………… 66
弁論主義……………………………… 182	
弁論準備手続………………………… 189	

判 例 索 引

最判昭和 41・6・23 民集 20 巻 5 号 1118 頁‥‥‥‥‥‥‥‥‥‥‥‥‥‥‥‥ 331

最判昭和 45・3・26 民集 24 巻 3 号 165 頁 ‥‥‥‥‥‥‥‥‥‥‥‥‥‥‥‥ 190

最判昭和 62・10・30 判時 1262 号 91 頁 ‥‥‥‥‥‥‥‥‥‥‥‥‥‥‥‥ 334

最決平成 2・2・16 判時 1340 号 145 頁‥‥‥‥‥‥‥‥‥‥‥‥‥‥‥‥ 198

京都地判平成 3・3・27 判タ 775 号 85 頁 ‥‥‥‥‥‥‥‥‥‥‥‥‥‥‥ 28

最判平成 3・4・26 民集 45 巻 4 号 653 頁 ‥‥‥‥‥‥‥‥‥‥‥‥‥‥‥ 149

長野地判平成 4・2・27 判タ 814 号 131 頁 ‥‥‥‥‥‥‥‥‥‥‥‥ 229, 231

東京高判平成 5・3・22 判時 1458 号 49 頁 ‥‥‥‥‥‥‥‥‥‥‥‥‥‥ 230

大阪高判平成 5・3・23 判タ 828 号 179 頁 ‥‥‥‥‥‥‥‥‥‥‥‥‥‥ 28

徳島地判平成 5・7・16 判タ 854 号 108 頁 ‥‥‥‥‥‥‥‥‥‥‥‥‥‥ 29

最判平成 5・7・20 民集 47 巻 7 号 4627 頁 ‥‥‥‥‥‥‥‥‥‥‥‥‥‥ 347

最判平成 6・3・25 判時 1512 号 22 頁‥‥‥‥‥‥‥‥‥‥‥‥‥‥‥‥ 29

高松高判平成 6・5・31 判タ 854 号 105 頁 ‥‥‥‥‥‥‥‥‥‥‥‥‥‥ 29

大阪高判平成 6・6・29 判タ 890 号 85 頁 ‥‥‥‥‥‥‥‥‥‥‥‥ 230, 234

最判平成 6・12・18 判例集未登載‥‥‥‥‥‥‥‥‥‥‥‥‥‥‥‥‥‥ 29

浦和地判平成 11・1・25 判時 189 号 68 頁 ‥‥‥‥‥‥‥‥‥‥‥‥‥‥ 145

東京高判平成 11・10・21 判タ 1045 号 135 頁 ‥‥‥‥‥‥‥‥‥‥‥‥ 332

最決平成 12・3・10 民集 54 巻 3 号 1073 頁 ‥‥‥‥‥‥‥‥‥‥‥‥‥‥ 202

岐阜地判平成 12・5・24 判例集未登載 ‥‥‥‥‥‥‥‥‥‥‥‥‥‥‥ 118

岐阜地判平成 12・9・28 判例集未登載‥‥‥‥‥‥‥‥‥‥‥‥‥‥‥ 116

東京地判平成 12・10・27 判タ 1053 号 152 頁 ‥‥‥‥‥‥‥‥‥‥‥‥ 332

最決平成 12・12・14 民集 54 巻 9 号 2743 頁 ‥‥‥‥‥‥‥‥‥‥‥‥‥ 201

最判平成 13・3・27 民集 55 巻 2 号 530 頁 ‥‥‥‥‥‥‥‥‥‥‥‥‥‥ 259

名古屋高判平成 13・3・29 判例集未登載‥‥‥‥‥‥‥‥‥‥‥‥‥‥ 118

東京地判平成 13・5・30 判時 1762 号 6 頁 ‥‥‥‥‥‥‥‥‥‥‥‥ 332, 342

名古屋高判平成 13・6・28 判例集未登載‥‥‥‥‥‥‥‥‥‥‥‥‥‥ 116

名古屋高判平成 13・8・9 判例集未登載 ‥‥‥‥‥‥‥‥‥‥‥‥‥‥ 119

名古屋地判平成 13・11・9 判自 230 号 52 頁‥‥‥‥‥‥‥‥‥‥‥‥ 32

大阪地判平成 14・3・15 判時 1783 号 97 頁 ‥‥‥‥‥‥ 332, 336, 343, 344

横浜地判平成 14・10・23 判例集未登載 ‥‥‥‥‥‥‥‥‥‥‥‥‥‥ 4

東京高判平成 14・11・14 裁判所ウェブサイト ‥‥‥‥‥‥‥‥‥‥‥ 240

東京高判平成 15・3・26 判自 246 号 113 頁‥‥‥‥‥‥‥‥‥‥‥‥‥ 4

判 例 索 引　　387

東京高判平成 15・5・21 判時 1835 号 77 頁 ……………………………………… 332, 341

名古屋地判平成 15・9・12 判時 1840 号 71 頁 …………………………………… 337

最決平成 15・9・25 判例集未登載 ……………………………………………………… 4

大阪高判平成 16・2・19 訟月 53 巻 2 号 541 頁 ………………………… 332, 343, 344

最決平成 16・12・14 判例集未登載 ………………………………………………… 343

東京地決平成 16・12・21 訟月 51 巻 10 号 2578 頁 …………………………… 167, 171

最判平成 17・6・14 判時 1905 号 60 頁 ………………………………………… 113, 115

東京地判平成 18・6・6 判時 1948 号 100 頁 ……………………………………… 319

東京高判平成 18・11・30 税務訴訟資料 256 号順号 10589 ……………………… 319

最判平成 19・4・17 判時 1971 号 109 頁 ………………………………………… 40, 260

大阪地判平成 19・4・26 判タ 1269 号 132 頁 ……………………………………… 49

最決平成 19・6・14 税務訴訟資料 259 号順号 11356 ……………………………… 319

大阪地判平成 19・6・29 判タ 1260 号 186 頁 …………………………………… 235

大阪高判平成 19・11・30 判例集未登載 …………………………………………… 49

東京高判平成 20・1・31 裁判所ウェブサイト …………………………………… 168

福岡高決平成 20・5・12 判時 2017 号 28 頁 ……………………………… 167, 168, 190

最決平成 21・1・15 民集 63 巻 1 号 46 頁 ……………… 146, 169, 183, 187, 191, 355

東京地判平成 21・5・28 判例集未登載 …………………………………………… 138

最判平成 21・7・9 判時 2057 号 3 頁 ……………………………………………… 262

東京高判平成 21・9・30 裁判所ウェブサイト …………………………………… 13, 14

東京高判平成 21・12・16 判例集未登載 …………………………………………… 138

最判平成 22・3・30 判時 2083 号 68 頁 …………………………………………… 148

東京地判平成 22・4・9 判時 2076 号 19 頁 ……………………………………… 152

東京地判平成 22・4・28 判例集未登載 …………………………………………… 138

名古屋地判平成 22・8・23 裁判所ウェブサイト …………………………………… 16

最判平成 22・9・10 民集 64 巻 6 号 1515 頁 ……………………………………… 148

横浜地判平成 22・10・6 判自 345 号 25 頁 ………………………………………… 1

岐阜地判平成 22・11・24 裁判所ウェブサイト …………………………………… 43

東京地判平成 23・2・18 裁判所ウェブサイト …………………………………… 159, 160

東京地判平成 23・4・14 判例集未登載 …………………………………………… 44

横浜地判平成 23・6・15 判自 353 号 9 頁 ………………………………………… 30

名古屋高判平成 23・7・8 裁判所ウェブサイト …………………………………… 18

東京高判平成 23・7・20 判自 354 号 9 頁 ………………………………………… 1, 4

東京地判平成 23・8・2 判時 2149 号 61 頁 …………………………………… 27, 29, 30

横浜地判平成 23・8・31 判時 2187 号 15 頁 ………………………………… 46, 49, 50

東京高判平成 23・9・29 判時 2142 号 3 頁 ………………………… 153

最判平成 23・10・14 判時 2159 号 55 頁………………………………… 10

最判平成 23・10・14 判時 2159 号 59 頁 ……………………………… 262

大阪地判平成 23・11・10 労判 1039 号 5 頁 ………………… 4, 14, 33

東京高判平成 24・3・15 裁判所ウェブサイト ………………… 42, 160

大阪地判平成 24・3・23 判時 2166 号 33 頁 ………… 18〜26, 34〜37, 38, 40

旭川地判平成 24・6・12 判時 2157 号 79 頁 ………………………… 332

東京地判平成 24・7・10 判時 2170 号 37 頁 ………………………… 139

東京高判平成 24・7・18 判時 2187 号 3 頁 …………………………… 46

東京高判平成 24・11・29 判時 2170 号 33 頁 ………………… 137, 142

大阪高判平成 24・11・29 判時 2185 号 49 頁 …………………………… 4

津地判平成 26・3・6 判時 2229 号 50 頁 ……………………… 246, 249

津地判平成 26・3・6 LEX/DB25503246 ……………………………… 246

最判平成 26・7・14 判時 2242 号 51 頁 ………………… 151, 154, 356

大阪地判平成 27・10・22 判例集未登載 …………………………… 255

名古屋高判平成 27・11・27 LEX/DB25447763 …………………… 246

大阪高判平成 28・2・24 判時 2323 号 41 頁 …………………………… 18

名古屋高判平成 28・7・28 裁判所ウェブサイト………………… 247

大阪地判平成 28・9・9 判時 2379 号 20 頁 ………………………… 125

大阪高判平成 28・10・6 判例集未登載………………………………… 256

最判平成 28・12・24 民集 7 巻 13 号 1604 頁 ……………………… 193

大阪高判平成 29・9・22 判時 2379 号 15 頁………………………… 130

最判平成 30・1・19 判時 2377 号 4 頁 …………………………… 251, 257

最決平成 30・11・20 判例集未登載 …………………………………… 132